# 로펌 비서 실무

조계숙 · 최애경

도서출판 대영문화사

# 머리말

여러 해 동안 끌어왔던 한미 자유무역협정(FTA)이 최종적으로 타결되었다. 앞으로 FTA가 양국의 비준을 거쳐 발효되면 자동차·전자기기 등의 공산품뿐만 아니라 법률, 의료, 교육 등 고부가가치의 서비스 산업도 본격적으로 개방될 예정이다. 그 중에서도 법률 서비스 분야에서 우리나라는 짧은 역사를 가지고 겨우 걸음마를 벗어난 단계이나 오랜 역사를 자랑하는 미국과 영국 등의 선진국 로펌들은 글로벌 네트워크와 체계적인 관리 시스템 그리고 막강한 전문 인력을 가지고 있다. 이에 우리나라의 로펌들도 본격적인 글로벌 경쟁에 대비하여 변호사와 법률 비서의 숫자를 늘리고 중·소형 법무법인은 흡수·합병을 통해 경쟁력 향상을 위한 방안을 모색하고 있다.

선진국의 경우 법원, 정부기관, 기업, 변호사 사무실 등 여러 곳에서 변호사나 법률 관련 프로페셔널과 함께 일하는 비서를 법률 비서라고 한다. 우리나라의 중·소형 법률사무소에서는 법률 비서가 제대로 자리매김하지 못하고 사무장과 직원 등의 형태로 근무하고 있다. 그나마 대형 법무법인 즉 로펌에서는 변호사와 비서가 전문 인력 중 가장 높은 비율은 차지하는 핵심 인력이며 비서들을 위해 체계적인 교육훈련과 인사관리 시스템을 갖추고 있다. 이러한 대형 로펌에서 근무하는 비서를 로펌 비서라 칭하는데, 이 책에서는 이들 로펌 비서가 실행하는 업무를 중심으로 서술했다.

로펌 비서는 최근에 와서 여러 분야의 비서 중 법률 영역에 관한 지식을 갖춘 전문 비서로 자리잡고 있다. 근무환경 또한 여성들이 결혼 및 출산 등의 과정을 겪더라도 안정적으로 오랫동안 근무할 수 있는 여성 친화적인 분위기 때문에 여성들 사이에 매우 선호되는 직업으로 각광받고 있다. 로펌 내에서의 경력개발 경로도 다양하여 주니어 비서로 시작하여 비서 경력이 쌓이면 오피스 매니저, 인사관리자, 패러리걸 등의 직무로 발전되어 나가기도 한다.

일반적으로 로펌 비서는 주로 자문 비서와 송무 비서로 나뉘고, 리셉셔니스트와 빌링(billing)을 담당하는 직원들을 비서로 분류하기도 한다. 이 책에서는 부서에 상관없이 대형 로펌이나 중·소형 법무법인에서 근무하기 위해 알아야 할 기본 지식과 능력을 함양할 수 있도록 다양한 내용을 수록했다. 특히 현장에서 자주 활용되는 법률 양식들을 포함하여 법률사무에 관한 기본 개념과 용어들을 익힐 수 있도록 했다.

이 책이 로펌 비서가 되고자 하는 학생에게나 로펌에서 근무하는 비서들에게 로펌에 대한 업무 능력과 지식을 향상시켜 주고 업무의 지침이 될 수 있기를 바란다. 로펌 비서와 기업 비서의 실무가 전혀 다른 것이 아니라 기본적으로 상사를 보좌하는 업무를 수행한다는 의미에서는 유사한 점이 많다. 그러나 로펌 비서는 법률에 관한 전문 지식을 갖추고 변호사와 클라이언트 즉 의뢰인 사이에서 법과 관련된 업무가 원활히 진행될 수 있도록 보좌한다는 측면에서 차이가 있을 수 있다.

이 책이 나오기까지 애써 준 제자들에게 감사한다. 김운경, 황미선, 이아름, 이지혜 등 로펌 비서로 근무하면서 쌓은 경험을 함께 나누어 준 대학원생들과 원고 입력에서부터 자료 조사에 이르기까지 많은 수고를 아끼지 않은 권세정 조교에게도 특별히 감사의 마음을 전하고 싶다.

열심히 자료 수집과 연구를 통해 법률 비서 실무라는 새로운 영역을 개척하고자 했으나 초판이라 내용면에서 여러 가지 부족할 수도 있으므로 현장에서 근무하는 로펌 비서들과 이 책으로 후학을 가르칠 교수님들의 피드백과 가르침을 기대하는 바이다. 그리고 항상 비서학 발전을 위해 변함없는 애정을 가지고 아낌없이 후원해 주시는 대영문화사 임춘환 사장님께 감사드린다.

2011년 1월
저자 씀

# 차 례

## PART_2 로펌 비서 실무

PART 01

# 로펌 비서의 개요

# 제 1 장
# 법률회사 조직과 특성

법률 서비스 시장이 글로벌화·대규모화함에 따라 법률에 대한 수요가 높아지고 지속적인 변호사 수의 증가가 예상된다. 외국 로펌의 점진적 한국 진입은 생산성과 효율성을 갖춘 외국 로펌과 국내 로펌의 치열한 경쟁 강화의 불가피성을 의미한다고 볼 수 있다. 이러한 환경 변화에 대응할 뿐만 아니라 경쟁력 강화를 위해 국내 로펌은 법률사무소의 대형화·전문화를 꾀하고 조직원들의 전문성을 높여야 한다.

## 1.1 법률시장 환경

### 1) 법률시장 개방

2006년 FTA 2차 협상에서 법률시장 개방에 관한 논의가 시작된 이래 국내 대형 로펌들은 대형화를 통해 자체 경쟁력 확보와 규모 확대를 꾀하고 있다. 변호사 인력 확충을 위해 사법연수원을 수료한 한국 신입 변호사들의 고용과 특히 법률시장 개방에 맞춰 국제법 지식을 갖춘 국제화 시대에 능동적으로 대처할 수 있는 외국 변호사의 채용에도 노력을 기울이고 있다. 변호사 인원의 지속적인 증가는 곧 그들을 업무적으로 보좌해야 하는 법률 사무직원 충원의 필요성 확대와 직결된다. 그 중 변호사들을 가장 측근에서 업무적으로 보좌하는 법률 비서의 수요가 지속적으로 늘어날 뿐만 아니라 그 역할 또한 매우 중요시되고 있다. 따라서 법률 지식과 실무 능력을 갖춘 법률 전문 비서의 수요는 앞으로 꾸준히 증가할 것이며, 여성들의 유망 직종으로 점차적으로 부각될 전망이다.

법률 비서가 수행하는 업무는 일반 기업이나 공기업의 비서 업무와 공통되는 부분도 있으나 전문적인 실무 업무에서는 상당한 차이를 보인다. 로펌 비서가 담당하는 업무 성격도 로펌의 글로벌화와 함께 변화하기 때문에 그들에게 요구되는 역할과 능력도 과거와는 다르게 변화할 것이다.

### 2) 법률 서비스

법률 서비스(legal service)란 법무 서비스와 동일한 의미로 사용되며, 미국에서 정립된 개념이다. 변호사직 자체의 공익성을 강조해 온 우리나라의 일반적인 관점과는 달리 법률 서비스라는 용어 자체에 직업적인 성격을 내포한다. 변호사의 주요 업무를 분석해 보았을 때 의뢰인이나 고객사와의 관계에서 서비스라는 측면을 배제할 수 없다는 점이 가장 큰 이유라 할 수 있다. 특히 변호사의 업무 영역 중 기업 상대 업무 및 국제 관련 업무 영역에서 이러한 서비스적인 측면은 더욱 부각되고 있다.

법률 서비스에 관한 광의적인 개념을 살펴보면 법무(자문) 및 송무(소송) 서비스는 물론 판사, 법원서기, 검사, 국가 송무 수행자 등에 의한 법의 집행(administration of justice)과 관련된 일체의 활동을 의미한다.

## 1.2 법률회사의 정의와 조직구조

### 1) 정 의

법률기관은 국가기관인 법원과 변호사들로 이루어진 법률사무소로 구분할 수 있다. 법원의 경우는 전문 비서를 아직까지 크게 활용하고 있지 않기 때문에 이 책에서는 주로 법률사무소 중 일정 규모 이상의 대형 로펌(law firm)을 중심으로 서술한다.

로펌이란 법률회사, 즉 회사 형태로 운영되는 법률사무소를 지칭하며, 영국에서 시작하여 미국에서 더욱 발달한 제도이다. 변호사들이 전문 분야별로 나뉘어 조직적으로 법률 서비스를 제공하며, 한 번의 사건 의뢰로 고객이 요청하는 내용을 일괄적으로 처리하는 법률 서비스가 특징이다.

개인 법률사무소와 로펌의 차이를 구체적으로 살펴보면 다음과 같다.

#### (1) 개인 법률사무소

개인 법률사무소란 일반적으로 변호사 한 명과 사무장, 그리고 비서 혹은 직원 인력으로 운영되는 단독 법률사무소이다. 개인 법률사무소의 경우 실질적인 법률 업무는 모두 변호사가 처리하며 사무장 또는 법률 비서는 소송과 관련된 법적 절차 지원 업무와 변호사가 클

〈표 1-1〉 대형 로펌과 소형 로펌 비교

| | Advantages | Remarks |
|---|---|---|
| 소형 로펌 (small firms "boutiques or solo practice") | Highly Varied Work | 다양한 업무를 해볼 수 있음 |
| | Flexible Work Schedules | 근무 시간의 융통성이 많음 |
| | "Hands On" Experience→might be asked to write briefs and letters | 실무 경험을 쌓을 기회가 많음 |
| | Significant Client Contact | 고객과의 접촉이 빈번함 |
| | Informal, Relaxed Atmosphere →more autonomy and responsibility | 딱딱하지 않은 분위기, 자율성과 책임감이 요구됨 |
| | Abbreviated Partnership Track | 변호사의 경우 파트너의 지위에 오르는 시간이 짧음 |
| | Friendly, Collegiate Environment→ made to feel part of a team→ family-like atmosphere | 친밀하고 가족적인 분위기 유지 |
| | Little Competition | 경쟁이 적음 |
| | Greater Input into Firm Processes and Management | 관리와 업무 처리 과정에 인풋이 많음 |
| | Increased Visibility | 무슨 행동을 하든(고객과 동료 및 상사들의) 곧 눈에 돋보이게 됨 |
| 대형 로펌 (large firms "full-service firms") | The High-degree of Specialization | 고도의 전문성 |
| | Opportunity to Work on Mega Big-name Cases | 초대형 사건을 맡을 기회 |
| | High Salaries | 높은 급여 |
| | Well-Credentialed Colleagues | 스펙이 화려한 동료들 |
| | Sophisticated, Challenging Work | 전문성을 요하는 도전해 볼 만한 일들 |
| | Large, Diverse Client Base →opportunity to make many contacts | 고객층이 많고 다양함 |
| | Extensive Firm Resources | 복사센터, 도서관, 체력단련실, 카페테리아 등 다양한 부대시설 |
| | Large Support Staff | 지원 인력이 많음 |
| | Luxurious Offices in Prime Locations | 번화가 소재 고급 사무실 |
| | Global Perspective | 글로벌 관점 배양 |
| | Well-Developed Training Programs → more training offered | 훈련 프로그램 풍부 |
| | Significant Advancement Opportunities | 발전 기회 많음 |
| | Commitment to Divesity→chance to rotate through different practice areas | 다양한 분야의 직무순환 |
| | Law Firm Perks → can be invited to social events | 스포츠 이벤트, 보너스 등 다양한 부가 혜택에 따른 사기 충만 |
| | Pro Bono Initiatives | 다른 사람을 위해 봉사할 기회가 많음 |
| | Name-recognition and Prestige | 인지도와 명성 |
| | Intellectual Chanllenge→might be allowed to conduct research and manage court books | 지적인 도전 기회 |

※ 출처: 이동욱(2010).

라이언트와 직접 상담하기 곤란한 보수 협의나 패소한 클라이언트의 민원 등 분쟁이 생기지 않도록 적절히 조정하는 일 등을 맡아서 하게 된다.

#### (2) 로펌

로펌이란 변호사 여러 명이 공동으로 운영하는 법률사무소로서, 다양한 배경을 가진 변호사들과 기타 전문가들을 영입해 폭넓은 경험과 지식에 기초한 종합 법률 서비스를 제공한다. 업무 분야를 여러 개의 전문 파트(국제 거래 및 기업 법무, 소송 업무, 특허 업무, 공증 업무 등)로 나누고, 사건별로 전담팀을 구성하는 등 전문성이 극대화된 조직이다.

### 2) 조직구조

로펌 조직은 소유주를 의미하는 대표 변호사(partner)와 고용된 변호사를 의미하는 associate attorney, 그리고 이들의 중간 지위를 차지하는 associate junior, associate partner, senior partner 등의 변호사들이 전문 분야별로 파트너십(partnership) 형태로 구성된다. 큰 규모의 로펌은 100명 이상의 변호사를 비롯해 로펌 비서, 공인회계사, 변리사, 세무사 등의 전문 인력으로 구성된다.

로펌 조직은 구성원 간의 결합 형태가 소수의 대표자와 다수의 소속 변호사로 조직된 일반 회사와 같은 피라미드 형태를 띠며 경우에 따라 대표자는 1인 또는 그 이상이다. 로펌에 소속된 변호사는 수임사건을 분배받아 업무를 수행하고 대표자로부터 급여를 받는 피고용인의 형태를 갖기도 한다. 로펌은 업무가 체계적이고 전문적으로 분화되어 있으며, 변호사, 회계사, 변리사 그리고 기타 전문가들로 이루어진 전문가 조직과 법률 업무를 지원하고 회사를 경영하는 관리조직이 있다.

로펌은 규모에 따라 많은 차이를 보이므로 조직구조가 동일할 수는 없으나 법률회사의 일반적 조직의 예는 [그림 1-1]과 같다. 예를 들면, 비서와 기타 직원을 관리하는 비서/인사팀, 회사 홍보를 담당하는 홍보팀, 회사의 전반적인 업무를 담당하는 총무팀, 그리고 회계/경리팀 등으로 크게 나눌 수 있다. [그림 1-2]는 미국 로펌 조직도로, 법적인 업무를 처리하며 주로 고객과의 상담, 회의 및 계약 서류 작성, 검토를 하는 변호사와 법률회사의 전반적인 행정 업무를 관할하고 변호사가 지정하는 서류 작성, 번역, SPC(Special Purpose Company: 특수목적회사)를 담당하는 전문 사무원인 패러리걸(paralegal)이 있다.

각 담당 변호사를 도와 업무의 진행 사항을 검토하고 서류를 작성 보관하는 업무직인 비서, 사무실의 전반적인 관리 및 행정 업무를 담당하는 관리경영진 그리고 도서실의 모든 서적을 총괄하여 분류, 구입, 대출 등의 업무를 담당하는 사서로 구성되어 있다.

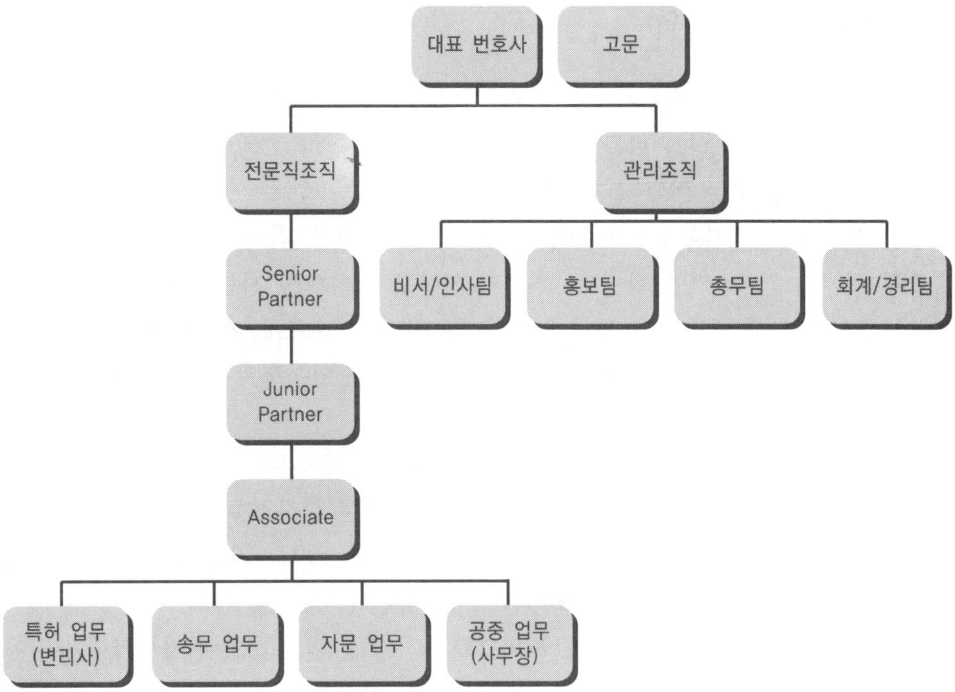


**[그림 1-1]** 국내 대형 로펌 조직도의 예

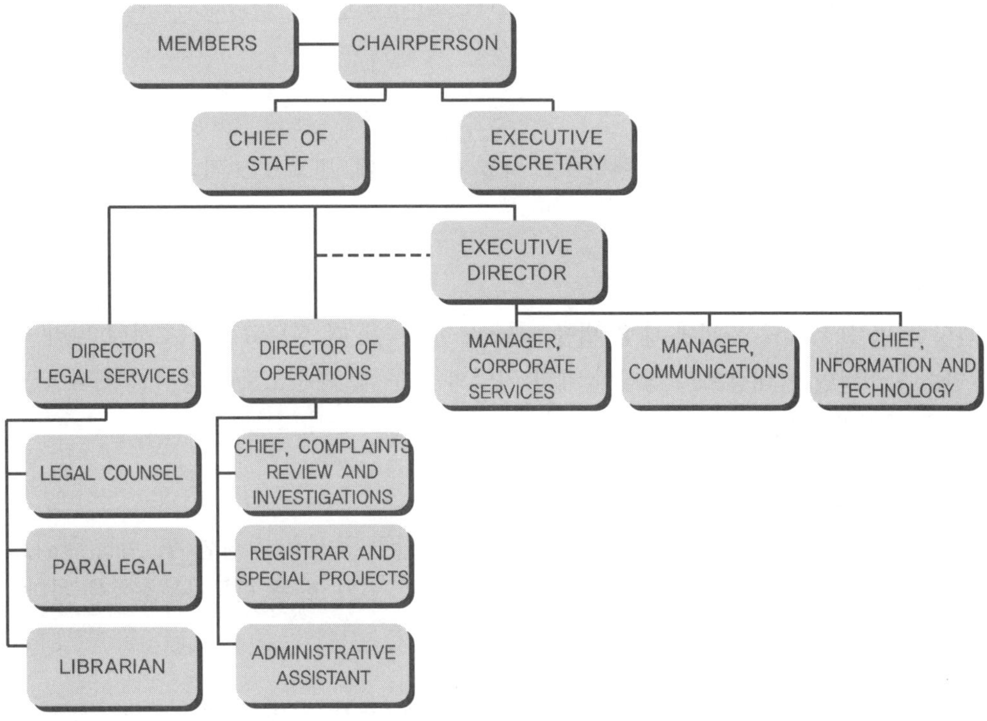


**[그림 1-2]** 미국 로펌 조직도의 예

### 3) 변호사의 업무 영역

일반적으로 법률회사는 변호사가 담당하는 업무에 따라 비서의 업무에도 차이가 있다. 변호사는 재판 업무뿐 아니라 법률 상담, 계약서 작성, 기업의 고문, 각종 중재·조정위원회의 자문 활동, 화해, 공증 업무 등도 담당한다.

즉 변호사의 업무는 재판이나 소송에 관계된 소장, 답변서, 취하서 등을 작성하는 업무를 하는 송무 업무와 금융, 기업 합병 등 기업의 자문을 담당하는 자문 업무로 나눌 수 있다. 변리사가 주축이 되어 담당하는 특허 업무나 사무장과 스태프로 이루어진 공증 업무를 제외하고는 변호사가 주업무로 담당하는 송무 업무와 자문 업무별로 법률 비서의 업무 차이가 나타난다.

업무 분야를 좀 더 자세히 살펴보면, 송무 업무에는 금융 관련 소송, 증권 및 인수 합병(M&A) 회사 관련 소송, 지적재산권 관련 소송, 기업 관련 형사소송 및 공정 거래, 노동, 조세 및 행정 등 각 전문 분야 관련 소송 업무 등이 있다. 그리고 자문 업무에는 인수 합병, 기업 지배구조 및 소유와 경영, 부동산 및 건설, 인사관리 및 노사 관계, 기업 도산 및 구조조정, 공정 거래, 국제무역, 외환 거래, 해외 투자, 민영화, 정보통신, 전자상거래와 같은 기업 법무 및 국제 거래 업무와 은행 및 금융지주회사, 증권회사, 자산 운용 업무, 보험, 신용카드 및 할부금융, 리스, 자산 유동화, 프로젝트 파이낸싱, 파생상품 거래 등 금융 관련 업무 등이 있다. 그 외 회사 규모나 업무 분류에 따라 조세 업무 및 지적재산권 관련 업무 등을 다루기도 한다.

#### (1) 소송 업무

소송은 크게 민사, 형사, 가사, 행정으로 나눌 수 있는데, 변호사는 의뢰인의 법적 대리인으로서 법정에 나가 변론을 한다.

#### (2) 법률 상담

다양한 법률 분야의 문제에 대한 법률 상담을 한다. 이 때 상담료는 변호사에 따라 차이가 있으나 일반인을 대상으로 상담할 때와 기업의 고문 및 자문으로서 상담할 때의 상담료는 매우 차이가 크다.

#### (3) 공증 업무

당사자 외에 공적 기관이 관여하여 법률적으로 적합한 문서를 작성한 후, 이를 공적으로 증명해 주는 공증 업무는 법무부의 인가를 받은 공증 인가 합동 법률사무소에서 한다.

#### (4) 법률 관계 문서 작성

변호사가 소송을 맡지 않더라도 소송과 관련된 서류(소장, 답변서, 소송비용 확정신청서,

가압류신청서, 가처분신청서 등)를 소정의 수수료만 받고 작성해 주기도 한다.

### (5) 상표, 특허 업무

변호사는 특허청에 특허 출원, 실용신안등록 출원, 의장등록 출원, 상표등록 출원 등의 업무를 담당하기도 한다.

### (6) 세무 업무

변호사는 세무사의 업무인 세금의 신고, 과세 처분에 대한 이의 신청, 국세심판소에 심판청구인의 대리인 등으로서 업무를 할 수 있다.

#### 법률회사의 운영 형태

변호사법 제21조(법률사무소)에 의하면 변호사는 법률사무소를 개설할 수 있다고 되어 있다. 일반적으로 법률사무소는 다음과 같은 세 가지 법적 조직 형태 중 하나의 형태를 취하게 된다.

① 공증 인가 합동 법률사무소

1971년 1월 1일 제정 공포된 간이절차에 의한 민사분쟁사건 처리특례법에 의해 5인(서울의 경우) 이상의 변호사가 주로 공증 업무를 합동으로 하기 위해 동일 장소에 사무실을 개설한 경우이다. 대부분 협업 형태이며 구성원은 독립채산제도를 취한다. 기본적인 업무는 공증 업무와 소송 업무의 수행이며 능률 향상을 위해 자체적인 연구와 노력이 필요하다.

② 법무법인

국내 법무법인 제도는 변호사업의 대형화, 국제화, 전문화를 이루고 영미계 로펌과 유사한 역할을 해 낼 수 있는 법인태적 변호사업의 육성 발전을 목표로 도입하게 되었다. 변호사는 그 직무를 조직적·전문적으로 수행하기 위해 법무법인을 설립할 수 있으며(변호사법 제40조), 5인 이상의 변호사로 구성하고, 그 중 1명 이상이 통산하여 10년 이상 '법원조직법' 제42조 제1항 각 호의 어느 하나에 해당하는 직(판사, 검사, 변호사)에 있었던 자이어야 한다.

기업의 일종인 변호사업에서 공증 인가 합동 법률사무소와 법무법인은 제도적인 창설 취지가 상이하나 상호 병존이 절대적으로 필요하다. 특히 법무법인은 회사 내 주력 업무 부문에 전문 변호사를 배치하고 법무법인의 창설 목적이라 할 수 있는 변호사업의 대형화, 국제화, 전문화의 실현을 위해 노력해야 한다.

③ 임의 합동 법률사무소

대형화한 법률사무소 중 위의 두 조직 형태가 특정 법률에 근거하여 설립된 형태임에 비해 임의 합동 법률사무소는 여러 명의 변호사가 임의로 결합된 조직 형태로 공증 업무를 수행할 수 없는 것이 특징이다.

# 제 2 장
# 로펌 비서에 대한 이해

현재 국내 대형 로펌들은 자체 경쟁력 확보와 규모 확대를 위해 사법연수원을 수료한 한국 신입 변호사들의 채용은 물론 법률시장 개방에 따라 국제법 지식을 갖춘 국제화 시대에 능동적으로 대처할 수 있는 외국 변호사의 채용에도 노력을 기울이고 있다.

변호사 인원의 지속적인 증가는 곧 그들을 업무적으로 보좌해야 하는 법률 사무직원 충원의 필요성 확대와 직결된다고 볼 수 있다. 그 중 변호사와 가장 근접한 위치에서 업무적으로 지원하는 로펌 비서직 또한 예외가 아니다. 따라서 로펌 전문 비서의 수요는 앞으로 꾸준히 증가할 것이며, 로펌 비서 직군이 또한 여성들의 유망 직종으로 점차적으로 부각될 전망이다.

## 2.1 로펌 비서의 정의와 직급

### 1) 정 의

로펌 비서는 개인 법률사무소나 회사의 법률 관련 부서, 법원 등의 분야에서 법률에 관련된 문서를 처리하고 소송 문의, 클라이언트 응대를 하는 비서를 말한다. 법률사무소에 따라 로펌 비서를 junior, senior, executive, chief secretary 등으로 직급을 나누기도 하고, 관리자로 보기도 한다.

미국에서의 법률 비서(legal secretary, legal assistant)는 법률회사뿐만 아니라 기업의 법률 부서, 법정, 정부기관, 공증사무소 등 많은 곳에서 법률에 관계되는 업무를 수행하는 비서를 의미한다.

미국에서 비서직의 발전에 빼놓을 수 없는 것이 비서협회인데, 특히 각 주마다 지부를 두고 있는 법률비서협회(NALS: National Association of Legal Secretaries)가 있다. 미국 법률비서협회의 이사회에서는 법률 비서(legal assistant)와 패러리걸(paralegal)의 개념을 "일정 교육의 자격 요건, 훈련, 근무 경력을 갖춘 변호사에 의해 고용되고 변호사가 맡고 있는 중요한 법률 관련 업무를 구체적으로 위임받아 수행하는 법률사무소, 기업, 정부기관 또는 다른 집합체에 소속된 사람"이라고 정의한다. 미국 법률비서협회에서는 협회에 가입한 비서 및 사무 직원을 위한 정기적인 법률 교육 및 다양한 교육 프로그램을 제공한다. 이 협회가 지정한 전문 법률 비서 인증(Certified Professional Legal Secretary) 시험에 합격한 비서들은 PLS라는 공인된 명칭을 받게 된다. 즉, 미국에서 전문 법률 비서란 법률비서협회에서 명시하듯 5년의 경력을 가지고 전문 법률 비서 시험(Professional Legal Secretary Examination)을 통과한 사람을 뜻한다. 법률 비서(legal secretary)라는 명칭이 일반적이지만, lawyer's assistant, administrative assistant, executive assistant라는 명칭이 사용되기도 한다.

우리나라에서는 법률 비서의 정의를 "법률사무소 혹은 회사의 법률 부서, 법원 등 법률에 관계된 분야에서 일하는 비서", "변호사나 기업의 법률 담당원의 비서로서 법률 문서의 작성, 관리, 기록, 비용 계산 등의 업무를 담당하는 사람"이라 정의한다. 특히 법률 비서는 특정 법률 용어, 법률 속기, 소송, 변호에 관한 지식, 회사 설립, 부동산 등기 등의 법률 수속에 관한 광범위한 지식을 요구하는 것이 일반 비서의 자격 요건과 차이점이다.

이 책에서는 대형 법률회사에서 근무하는 비서의 업무를 주로 다룰 것이며, 명칭도 일반적으로 불리는 '로펌 비서'로 지칭한다.

우리나라에서의 로펌 비서는 법무(자문) 비서와 송무 비서로 세분화할 수 있는데, 법무 비서란 로펌 내 담당하는 변호사의 주된 업무 분야가 기업의 계약서 작성이나 검토, 자문을 담당하는 자문 분야인 경우가 많다. 외국 고객과 자주 접촉하는 것이 특징이며 고객관리, 상사의 일정관리, 기업에 대한 리서치 및 정보 수집 업무를 주로 담당하는 비서를 말한다. 송무 비서는 송무 업무를 담당하는 변호사의 업무를 지원하는 역할을 하며, 재판이나 소송에 관련된 소환장, 고소장, 명령 신청과 같은 법률 관련 서류 준비 및 작성 업무를 주로 담당하는 비서를 말한다.

### 2) 직급 체계

각 회사의 특성이나 직급 체계에 따라 차이가 있으나 일반적인 로펌 비서직의 직위 변화를 살펴보면 입사 초기 junior legal secretary로 업무를 시작하여 경력을 3년 정도 쌓게 되면 legal secretary로 진급이 가능하다. 후에 senior legal secretary, law office manager 또는 paralegal 등 다른 비서들을 교육 및 관리할 수 있는 직급으로 승진이 가능하다. 로펌

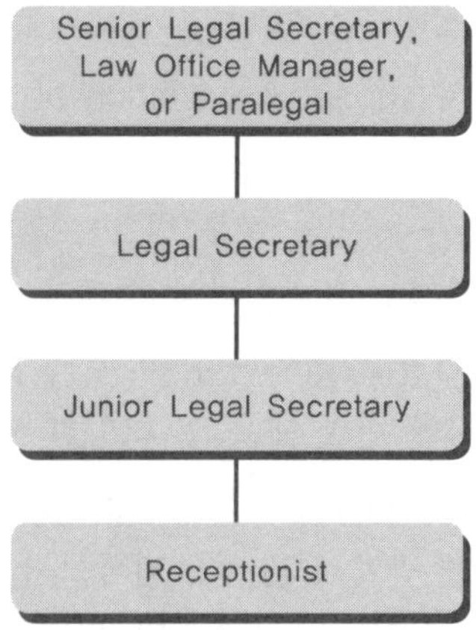


**[그림 2-1]** 로펌 비서의 직급 체계

비서의 직급 체계는 [그림 2-1]과 같다.

일반적으로 로펌 비서는 비서팀 소속으로 비서 한 명이 2~4명의 전문가를 업무적으로 지원하게 되는데, 비서 한 명이 보좌하는 변호사의 수는 변호사의 업무량이나 업무 강도, 비서의 작업 수행 능력 및 성향 등을 고려해 결정된다. 일반적으로 한 팀에 소속된 비서들은 상사의 구분 없이 같은 팀이라는 소속감을 가지고 공동으로 업무를 책임지고 수행한다. 예외적으로 로펌의 대표나 고위 파트너 변호사의 경우에는 한 명의 비서가 한 명의 상사를 보좌하기도 한다.

이 밖에도 국내에서 법과대학을 졸업하거나 외국어에 능통한 사람들이 변호사의 요청에 따라 계약서나 서류를 번역하는 일을 주로 담당하게 되는데 이를 패러리걸(paralegal: 법무조사역)이라고 칭한다. 일반적으로 국내에서는 패러리걸의 의미가 변호사의 구체적인 업무 지시에 따라 주로 영문이나 외국어의 법률 관련 서류의 번역을 담당하는 사람을 일컫는 용어로 사용된다.

**리셉셔니스트(receptionist)**

대형 로펌의 경우 리셉셔니스트가 층마다 1명 이상씩 배치된다. 리셉셔니스트는 손님 안내, 대표 전화 응대, 회의실 관리, 탕비실 관리, 비품 관리 등의 업무를 담당하게 된다. 로펌을 찾아온 손님을 가장 처음 맞이해 담당 비서나 부처게 연락을 하는 직원인 만큼 리셉셔니스트의 친절한 자세와 태도가 매우 중요하다.

## 2.2 로펌 비서의 업무

### 1) 업 무

로펌 비서의 업무는 소속되어 있는 법률회사의 규모나 담당하는 변호사의 업무 종류 및 성향에 따라 다양하다. 주로 담당하는 업무 성격에 따라 송무 비서, 자문 비서로 나뉘는 것이 일반적이며, 같은 법률회사 소속이라 할지라도 보좌하는 변호사의 업무에 따라 비서의 업무도 확연히 달라진다.

#### (1) 법률 문서 작성/관리

변호사들이 처리하는 업무에서 비롯되는 법원 서류 작성, 반대 심문에 대비한 문서 준비 등의 완결이 무엇보다도 우선시된다. 사본의 양도 많으며 미국의 경우 회의록을 속기로 받아 써서 정리해 문서를 작성하기도 한다. 또한 법원 서류, 법률 문서, 의뢰인들과의 계약서 등을 사건별로 체계적으로 보관, 유지하고 관계 부처에 배부한다.

#### (2) 대인 관계 업무 및 일반 사무 업무

로펌 비서는 의뢰인, 법원, 조직원과의 전화, 회의, 구두 발표 등의 커뮤니케이션을 예의를 갖춤과 동시에 능률적으로 해야 한다.

① 일정관리: 소송사건 일정표, 법원 일정표(재판 일정 기록), 변호사 개인의 일정표를 관리하고 이를 변호사에게 상기시킨다.

② 전화 및 의뢰인 응대: 기업 비서와 달리 로펌 비서는 어떤 형태로든 해결해야 할 문제를 가진 의뢰인을 응대해야 하기 때문에 그들과의 관계에서 항상 친절한 태도로 유지한다.

#### (3) 정보관리 업무

도서관 자료 및 인터넷을 통해 소송 및 판결에 필요한 여러 자료를 검색하고 상사의 지시에 따른 문헌 정보를 분석하여 보고한다. 즉, 해당 사건(case)에 대한 정보를 분석 및 가공하는 업무를 수행한다.

① 도서의 회람 및 도서관의 이용 기준 정리 유지

② 법률 업무와 관련된 신문, 잡지, 간행물, 서적 등 스크랩

③ 데이터베이스 관리 업무: 변호사의 주소록 분류/정리, 업무에 필요한 데이터베이스 작성, 색인 작성, 기록 정보의 작성/축적/검색

④ 변호사의 이메일이나 블로그 등을 관리

⑤ 변호사나 법률사무소의 홈페이지 관리

**(4) 회계 및 총무 업무**

한 건당 비용이 정해지는 법 소송 업무와는 달리 자문 업무는 소요된 변호사들의 시간 및 실제 비용을 기준으로 비용이 산출된다. 이에 필요한 시간 기록 및 정리, 수임료 청구 및 회수도 비서의 주요 업무이다. 구체적인 회계 업무에 대한 로펌 비서의 역할은 로펌의 크기에 따라 많이 좌우된다. 보통 이상의 규모에서는 회계 업무를 관리하는 회계 부서를 두고 있는 반면 소규모의 사무소에서는 로펌 비서에 의해 행해진다. 그리고 회계 부서가 따로 있는 사무소에서도 로펌 비서는 재정에 관련된 기록들(회계장부, 영수증, 전표 등)을 관리하고 회계사의 업무를 보조하는 등의 재정 업무에 관여한다. 총무 업무로는 사무실 환경 정비, 사무실과 기록의 안전 보관, 문구류 등 보관 및 주문, 직원 급여, 은행 거래 등이 있다.

로펌 비서의 직무를 좀 더 구체적으로 살펴보면, <표 2-1>과 같이 로펌 비서 개개인의 업무는 관련성 있는 작업을 하나의 업무 영역으로 범주화하여 10개의 업무 영역, 즉 대인관계 업무, 계획 조정 업무, 문서 작성 업무, 문서관리 업무, 정보관리 업무, 사무관리 업무, 홍보관리 업무, 교육훈련 업무, 시스템 활용 업무, 회계 정리 업무로 주요 업무 영역을 나눌 수 있다. 일반 비서가 주로 대인 관계 업무와 계획 조정 업무, 사무관리 업무, 기타 업무를 수행하는 것과 달리 로펌 비서는 일반 비서의 업무를 수행하는 동시에 법률회사에 근무하는 스태프의 개념으로 변호사 고유 업무 영역을 제외한 법률회사에서 일어나는 모든 일을 수행할 수 있는 능력을 갖추어야 하는 것을 의미한다.

〈표 2-1〉 로펌 비서의 업무 영역

| 업무 영역 | 업무 내용 |
|---|---|
| 대인 관계 | 고객 및 대인 관련 업무, 커뮤니케이션 관련 업무, 외국어 관련 업무, 상사 주변의 도움과 개인적 업무 |
| 계획 조정 | 상사 및 자신의 스케줄 관리, 회의 준비 및 운영, 출장 관련 업무 |
| 문서 작성 | 각종 문서 작성 및 편집 관련 업무 |
| 문서관리 | 문서의 취급 및 정리, 보관 관련 업무, 우편물 관리 업무 |
| 정보관리 | 고객정보 관리, 정보의 수집, 요약 정리 및 활용 |
| 사무관리 | 사무실 환경 유지 및 전반적인 관리, 사무기기 및 물품관리 |
| 홍보관리 | 경조사 관련 정보 수집 및 조치, 연하장 발송, 회사 관련 자료 수집, 행사 및 홍보 관련 업무 |
| 교육훈련 | 신입 직원의 교육 및 훈련, 업무 매뉴얼 작성, 업무 경험 및 지식이전 관련 업무 |
| 시스템 활용 | 사무 소프트웨어 및 사무기기 활용 관련 업무 |
| 회계 경리 | 영수증 관리 및 지출경비 처리, 비용 청구 및 정산, 상사의 업무 내역서 작성 |

※ 출처: 황정희(2002)에 나타난 내용을 기초로 작성.

〈표 2-2〉 로펌 비서의 과업과 작업

| 과 업 | 작 업 | |
|---|---|---|
| 일정관리 업무 | - 일정 확인<br>- 일정 입력<br>- 일정 메일 발송 | - 기일 출석 일정 확인<br>- 기일 출석 준비(배차)<br>- 해외 출장 준비 |
| 고객관리 업무 | - 고객정보 DB관리<br>- 전화 연결<br>- 외부 전화 메모 작성 및 전달<br>- 전화 선별<br>- 리턴콜 연결 | - 내부 전화 메모 작성 및 전달<br>- 명함관리<br>- 경조사 관리<br>- 안내장, 연하장 발송<br>- 선물 발송(명절) |
| 송무/법무관리 업무 | - 수임 관련 제안서 초안 작성<br>- 송무 기록 만들기<br>- 송무 문건 접수<br>- 인지대 및 송달료 계산 및 청구<br>- 증거 자료 제작<br>- 제출 서류 마감일 관리<br>- 송무 관련 기일관리 | - 소송 진행 상황 보고(보고 대상: 클라이언트, 담당 변호사)<br>- 법원 우편물 발송(결정문)<br>- 소송 기록 이동 경로 확인<br>- 송무, 법무 기록관리<br>- 보수금 청구안 회람<br>- 법무 바이블 만들기 |
| 문서관리 업무 | - 담당변호사 이력 관련 문서관리<br>- 상담전 작성(법무, 송무)<br>- 타임 시트(time sheet) 입력<br>- 지급품의서 작성<br>- 자료 수집<br>- 의견서 교정 | - 의견서 발송<br>- 변호사 조회서 작성<br>- 우편물 관리<br>- 통번역 관련 업무 처리<br>- 문서 보관 및 폐기 |
| 회의관리(지원) 업무 | - 일정 조정<br>- 회의실 예약<br>- 회의 공지<br>- 회의 관련 기기 및 물품 준비 | - 리마인드(참석자, 준비자)<br>- 회의 자료 준비<br>- 다과 및 식사 준비<br>- 회의 후 회의실 정리 |
| 사무실 관리 업무 | - 담당변호사 방 정리<br>- 필요 물품 요청<br>- 사무용품 관리 | - 사무실 재배치 협조<br>- 아르바이트 및 인턴 관리 |
| 행사 관련 업무 | - 내부행사 committee 모집<br>- 내부행사 일정계획<br>- 장소 섭외<br>- 식음료업체점 메뉴 선정<br>- 행사장 기자재 확인<br>- 행사 일정 및 주제 공지<br>- 참석 여부 확인 | - 행사 홍보물 최종 검토<br>- 행사 관련 비용 처리<br>- 외부 행사 진행 협조<br>- 비서교육 참석<br>- 비서교육 실시<br>- 비서 회의 참석 |
| 변호사 개인 지원 업무 | - 개인적 모임관리(식당 예약, 골프, 콘퍼런스)<br>- 상사 건강관리(약 챙기기 등)<br>- 은행 업무(원천 징수, 세금 납부, 연말정산)<br>- 개인 서적 구독 신청 및 갱신<br>- 휴가 지원(호텔/비행기 예약) | - 경조사 관리<br>- 개인 서류 관리(여권, 통장 사본, 주민등록증)<br>- 취미활동 지원<br>- 변호사 유학 준비(학교 정보 수집, 지원서 작성 등)<br>- 변호사 공익봉사 관리 |

### 2) 로펌 비서의 과업과 작업

앞의 <표 2-2>는 로펌 비서의 업무를 크게 여덟 영역의 과업(duty)으로 나누고, 각 과업을 다시 구체적인 작업(task)으로 상세화한 것이다.

로펌 비서의 작업을 현직 로펌 비서를 대상으로 설문조사한 결과 중요도 면에서 다음과 같이 나타났다. 직무 관련 작업 중 전화 응대 업무(4.58) 중요도가 가장 높게 나타났으며, 다음으로 사건 파일 및 서류를 서고에 보관 및 정리 업무(4.24), 스케줄 관리 업무(4.24), 서류나 작성된 문서 복사 및 제본(3.94), 사무 메모 분류 및 작성(3.82), 클라이언트에 대한 법원 신청과 청구 및 서류 양식에 맞게 작성(3.75), 소환장, 고소장 명령 신청과 같은 법적 문서 및 서류 준비 및 작성 업무(3.74), 증거 자료 제출(3.65) 등의 순으로 중요도가 나타났다. 한편, 고객 인터뷰, 증인 녹취, 기록 정리를 위한 회의 참석 업무(2.48)의 중요도는 낮게 나타났으며, 기업 리서치나 다른 기록에 대한 정보 수집 업무(3.29) 역시 다른 작업에 비해 중요도가 낮게 나타났다.

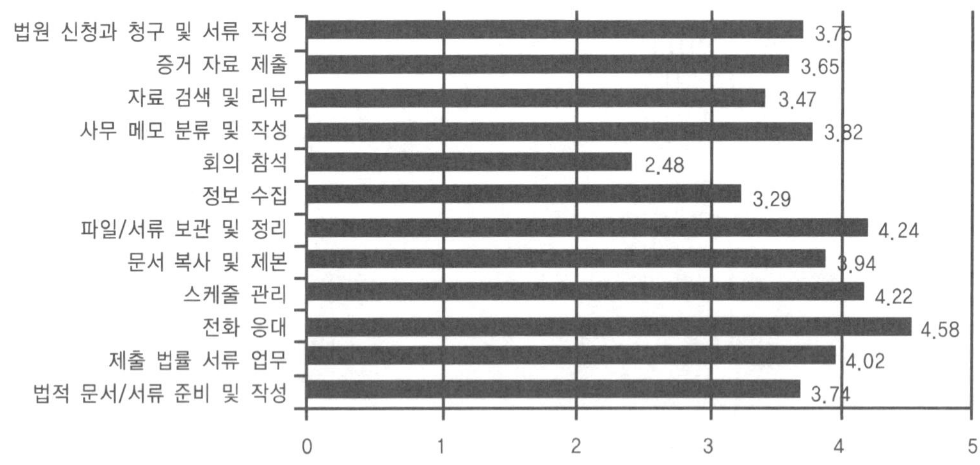


[그림 2-2] 직무 중요도

## 2.3 로펌 비서의 역량과 자질

로펌 비서는 법률 지식, 실무 능력을 구비함과 동시에 의뢰인에게 신뢰성과 좋은 인상을 줄 수 있는 태도나 다른 구성원과 잘 지낼 수 있는 인간 관계 능력을 함양해야 한다. 로펌 비서가 되기 위해 갖추어야 할 역량과 자질은 다음과 같다.

## 1) 핵심 역량

핵심 역량이란 높은 성과를 창출하는 고성과자(high performer)에게서 일관되게 나타나는 행동 특성을 말하며, 지식(knowledge), 기술(skill), 태도(attitude), 가치(value)의 상호작용에 의해 성공적 결과를 이끌어 낸 행동을 말한다. 또한 역량을 특정한 상황이나 직무에서 효과적이고 우수한 수행 원인이 되는 개인의 내적인 특성이라고 정의할 수 있다.

미국 직업정보 분류 체계(O*NET: The Occupational Information Network)에서 제시한 법률 비서 직무 역량을 바탕으로 로펌 비서 역량을 직업적 역량과 내면적 역량으로 나누어 각 역량과 관련 세부 역량을 정리하면 <표 2-3>과 같다.

### (1) 직무

로펌 비서의 직무 요소 중요도 우선순위 열두 가지는 소환장, 고소장 명령 신청과 같은 법적 문서 및 서류 준비 작성, 고객이나 법원에 제출하는 법률 서류 접수 및 우편, 팩스로 발송, 전화 응대, 스케줄 관리, 서류 복사 및 작성된 문서 제본, 사건 파일 및 서류를 서고에 보관 및 정리, 기업 리서치나 다른 기록에 대한 정보 수집, 고객 인터뷰, 증인 녹취, 기록 정리를 위한 회의 참석, 사무 메모 분류 및 작성, 사건과 관련된 판결 및 법령 확인을 위한 자료 검색 및 리뷰, 증거 자료 제출과 고객에 대한 법원 신청과 청구 및 서류 양식에 맞게 작성하는 업무이다.

### (2) 지식

로펌 비서에게 중요한 지식은 사무 지식, 법률 지식, 영어, 고객 서비스, 회계 및 경제 지식, 컴퓨터 및 사무 전자기기 지식, 관리 및 경영 지식, 수학 및 통계 계산법, 커뮤니케이션과 미디어 지식 그리고 인적 자원 지식 등이다.

### (3) 기술

로펌 비서에게 필요한 기술은 문서 이해 능력, 주의깊게 듣기 및 이해 능력, 시간관리 능력, 문서 커뮤니케이션 능력, 활발한 학습 능력, 구두 커뮤니케이션 능력, 학습전략, 판단 및 의사결정 능력, 조정 및 협력 그리고 비판적 사고 능력 등이다.

### (4) 태도

로펌 비서에게 필요한 직무 태도는 세심함, 성실성, 신뢰성, 협동심, 독립성, 진취성 및 창의성, 인내심, 자기통제, 성취감과 적응력 등이다.

## 2) 자 질

로펌 비서가 업무를 수행하는 데 요구되는 자질은 선천적인 성격, 후천적인 경험, 교육, 환경 등에 영향을 받아 형성되며 선천적인 자질이 부족할지라도 자신의 끊임없는 노력과

〈표 2-3〉 로펌 비서의 역량

| 구 분 | 직업적 역량과 내면적 역량 |
|---|---|
| 직무(task) | 법적 문서 및 서류 준비 및 작성 |
| | 법률 서류 접수 및 우편, 팩스 발송 |
| | 전화 응대 |
| | 스케줄 관리 |
| | 서류나 작성된 문서 복사 및 제본 |
| | 사건 파일 및 서류를 서고(파일 룸)에 보관, 정리 |
| | 기업 리서치나 다른 기록에 대한 정보 수집 |
| | 클라이언트 인터뷰, 증인 녹취를 위한 회의 참석 |
| | 사무 메모 분류 및 작성 |
| | 판결 및 법령 확인을 위한 자료 검색 및 리뷰 |
| | 증거 자료 제출 |
| | 법원 신청과 청구 및 서류 양식에 맞게 작성 |
| 기술(skill) | 문서 이해 능력 |
| | 주의 깊게 듣기 및 이해 능력 |
| | 시간관리 능력 |
| | 문서 커뮤니케이션 능력 |
| | 활발한 학습 능력 |
| | 구두 커뮤니케이션 능력 |
| | 학습전략 |
| | 판단 및 의사결정 |
| | 조정 및 협력 |
| | 비판적 사고 |
| 지식(knowledge) | 사무 지식 |
| | 법률 지식 |
| | 영어 |
| | 고객 서비스 |
| | 회계 및 경제 지식 |
| | 컴퓨터 및 사무 전자기기 지식 |
| | 관리 및 경영 지식 |
| 태도(attitude) | 세심함 |
| | 성실성 |
| | 신뢰성 |
| | 협동심 |
| | 독립성 |
| | 진취성 및 창의성 |
| | 인내심 |
| | 자기통제 |
| | 성취감 |
| | 적응력 |

교육, 그리고 경험을 통해 전문 로펌 비서로서 자질을 길러 나가는 노력이 필요하다. 로펌 비서의 자질은 특히 로펌의 특성으로 인해 정확성과 기밀성, 책임감은 기본이 되어야 하며, 이러한 자질을 포함해 로펌 비서가 지녀야 하는 자질은 <표 2-4>와 같다.

〈표 2-4〉 로펌 비서의 자질

| 항 목 | 내 용 |
|---|---|
| 책임성 | 양심적으로 업무를 수행하고 결정 사항은 자발적으로 지키며 업무를 책임감 있게 수행하는 자세 |
| 판단력 | 비상 상황에서 업무 처리 능력 |
| 신속성 | 사무 처리에서 신속한 행동 요구 |
| 임기응변 | 비상 상황에서 업무 처리 능력 |
| 성실성 | 거짓이 없고 정성스러운 태도 |
| 친절성 | 친절한 태도로 회사의 밝은 분위기 창출 |
| 기억력 | 업무와 사람에 관련된 사항을 정확히 기억하는 능력 |
| 신뢰성 | 약속된 서비스를 정확하게 수행하는 믿을 수 있는 근거 |
| 외모 | 단정한 옷차림과 용모 및 침착한 목소리 |
| 예의 | 고객과 상사를 대하는 친절하고 공손한 자세 |
| 충성심 | 상사에게 무조건 복종이 아니라 자신의 임무를 최선을 다해 수행함으로써 상사의 성과를 높이는 태도 |
| 사회성 | 주변 사회환경 요소와의 친화력 |
| 의사결정 능력 | 상황과 정보의 신속한 분석과 정확한 의사결정 |
| 정확성 | 신속하면서 정확한 업무 처리 |
| 적응력 | 조직의 변화에 능동적으로 대처해 나가는 능력 |
| 헌신 | 상사 및 고객의 일에 대해 열심히 하는 태도 |
| 창의력 | 업무와 관련하여 기존의 방식과는 달리 생각하는 능력 |
| 신중함 | 민첩하면서도 침착하고 신중하게 일을 처리하는 능력 |
| 협조성 | 다른 부서 혹은 팀원들과 업무를 서로 돕는 태도 |
| 비밀 유지 | 상사, 업무 및 고객에 대한 기밀을 유지할 수 있는 자세 |

※ 출처: 황혜경(2001).

로펌의 서비스를 찾는 클라이언트 중 많은 사람은 스트레스 상황에 처해 있는 경우가 많다. 소송과 관련된 용건이든 합병 관련 자문에 관한 용건이든 개인이나 회사를 대리하는 대리인은 때로는 자신의 문제가 빨리 해결되기 원하는 마음에서 무리한 요구를 하는 경우도 있다. 로펌 비서는 로펌 혹은 자신의 상사인 변호사를 대리하여 클라이언트를 응대하는 접

점에 있다. 따라서 비서는 이해력과 포용력 그리고 배려심을 가지고 클라이언트에게 친절하게 응대하는 것이 매우 중요하다.

## 2.4 로펌 비서 업무의 장단점

### 1) 로펌 비서직의 장점

#### (1) 법률시장 개방에 따른 로펌 비서직의 수요 증가

앞으로 로스쿨 출신 변호사가 배출되고, 한·미 FTA로 법률시장이 완전히 개방되면 법률시장 규모는 더욱 커질 것으로 보인다. 최근에는 다국적 기업의 국제 비즈니스가 활발해져 관련 업무를 다루는 국제 법률사무소의 경우에는 상당한 수준의 영어, 일어 등 외국어를 구사할 수 있는 로펌 비서에 대한 수요가 증가하고 있다.

#### (2) 직업의 안정성

법률회사의 특수성으로 인해 계약직이 거의 없고 대부분의 비서가 정규직으로 근무하기 때문에 직업의 안정성이 높다.

#### (3) 시간 외 근무 인정

로펌 비서는 일반 회사에서 근무하는 사무직이나 비서와 비교해 시간 외 근무(오버타임, overtime)가 인정된다. 이것은 로펌의 특성상 변호사들이 클라이언트와 면담 또는 회의를 하는 모든 시간이 타임 시트로 작성되어 보수금 청구를 하기 때문에 이에 따라 법률 비서의 근무 시간도 함께 기록해 오버타임 근무를 인정받게 된다. 또한 법률 회사들은 밤 9시까지 근무하는 당직 비서(overtime secretary, OT비서)제를 실시하여 한 달에 한두 번 정도 번갈아가며 근무를 하기 때문에 다른 사무직과 달리 야근이 적다.

#### (4) 쾌적한 근무 환경

로펌 비서의 물리적인 근무 환경은 쾌적하다. 또한 함께 근무하는 사람들이 변호사, 변리사, 회계사 등 전문가 집단이기 때문에 조직 분위기가 양호하고 지식 기반 서비스 산업의 중심에 있다는 심리적 만족감을 갖게 된다.

#### (5) 높은 수준의 보수와 복리후생

일반적으로 로펌 비서의 보수는 일반 사무직원보다 높다. 로펌에는 변호사를 보좌하는 로펌 비서의 직원 수가 많기 때문에 후생 복지가 비교적 잘 되어 있다.

#### (6) 직장 생활과 육아의 병행

로펌 비서직은 비교적 출퇴근 시간이 정확한 편이며, 회식 · 야근 등이 빈번하지 않고 근무 시간이 일정해 결혼 후에도 육아 등 가정과 일을 병행하기에 비교적 용이한 직종으로 꼽힌다. 또한 로펌에서 경력을 오래 쌓은 법률 비서는 출산과 육아 등의 사유로 회사를 그만둔 경우라도 후에 재입사가 가능하다.

#### (7) 로펌 비서직 경험을 바탕으로 한 경력 전환

로펌에서 근무한 비서 경험을 바탕으로 대기업이나 다른 업종의 회사 비서로 경력 전환이 가능하다.

### 2) 로펌 비서직의 단점

① 고정된 업무로 인해 성취감 부족과 매너리즘에 빠질 수 있다.
② 클라이언트로부터 받는 스트레스 관리가 필요하다.
③ 비서가 클라이언트의 마음의 상처를 잘 감싸 주어야 하므로 이해력과 인내심을 요구한다.
④ 대형 로펌의 경우 업무가 비교적 정형화되어 있어 다양한 형태의 업무를 경험하기를 원하는 사람에게는 단조로울 수 있다.
⑤ 다른 로펌으로 이직하는 데 제약이 있을 수 있다.

다음은 한 로펌 회사의 당직 비서 매뉴얼이다.

**당직 비서(OT비서)의 당직 근무 시 주의 사항**

1. 로펌 비서는 퇴근 시에 반드시 당직 비서에게 담당 변호사의 사무실 재실 상황을 알려 주어 변호사를 찾는 전화가 왔을 때 원활히 처리할 수 있도록 해야 한다.
2. 담당 변호사가 외부 회의에 참석하고 있는 경우에는 연락이 왔을 때 해당 사건(case)의 참조 번호, 함께 참석한 변호사, 장소 등을 꼼꼼히 알려 준다.
3. 당직 비서가 잠시 자리를 비울 때 전화 벨소리가 잘 들리지 않을 수 있으므로 프런트 데스크의 대표 전화 벨소리를 최대 크기로 설정한다.
4. 전화 메모는 받는 즉시 전달한다. 자리를 비울 수 없는 경우 이메일로 전달한다.
5. 팩스 수신 시 해당 사건 참조 번호를 아는 경우, 원본을 복사한 후 담당 변호사에게 바로 전달한 뒤 원본은 해당 사건 담당 비서의 자리에 놓는다. 해당 사건 참조 번호를 모르는 경우에는 원본을 복사한 후 참고해야 하는 변호사에게 바로 전달하고, 원본은 참고 변호사의 담당 비서 자리에 놓는다.
6. 서류가 퀵 서비스로 송부되었을 때 개인적인 서류는 개봉하지 말고 바로 변호사에게 전달하고, 해당 사건 관련 서류일 경우 원본을 복사해 서류에 참조 번호를 적어 담당 변호사 수대로 복사해 전달한다. 원본 서류는 해당 사건 담당 비서 자리에 메모를 간단히 적어 놓는다.
7. 클라이언트가 변호사의 개인 휴대폰 번호를 알려달라고 하더라도 변호사의 허락이 있는 경우를 제외하고는 함부로 알려 줘서는 안 된다.
8. 클라이언트가 찾아온 경우 먼저 빈 회의실로 안내 후 변호사에게 알린 뒤 차를 준비해 대접한다.
9. 팩스를 보낼 때는 항상 팩스 커버를 작성해 보낸다. 이 때에는 참조 번호 및 보내는 문서명을 정확히 기재

해야 한다. 참조 번호를 모르는 경우 빌링 시스템(billing system)에서 찾아본다.

10. 퀵 서비스를 보내야 할 경우 퀵 서비스 대장에 내용을 정확히 기재한 뒤 발송하고 사본은 항상 남겨 둔다. 또한 담당 법률 비서에게도 반드시 알려 준다.
11. 당직 시 회의가 끝난 경우에 커피메이커, 회의실 정리 등 회의 사후 처리는 당직 비서가 한다.
12. 클라이언트에게 주차권을 제공할 때에는 주차증 관리대장에 입/출차 시간을 기입하고 주차권과 무료 주차권, 주차증 관리대장을 서로 겹쳐 도장이 반반씩 찍히도록 한다. 해당 사건(case) 관련으로 빌(bill)을 청구할 경우를 대비해 주차증 관리대장에는 참조 번호를 정확히 적어야 한다.
13. 당직 비서가 근무할 때에는 낯선 사람이 허가 없이 사무실에 출입할 수 있으므로 현관문을 비롯해 모든 출입문을 잠그고 근무하는 것이 좋다. 또한 새벽에 청소 용역 직원의 출입 이후에도 반드시 출입문을 잠그도록 한다.
14. 당직 비서가 퇴근하기 전에 사무실의 모든 복사기 및 프린터에 A4 용지가 충분히 있는지 확인하고 사무실의 모든 전등은 소등하고, 주방에 설치된 기기(커피메이커 등)의 전원이 꺼져 있는지 확인한다.

# 제 3 장
# 로펌 비서의 근무 자세

비서는 로펌을 찾는 클라이언트에게 회사와 상사의 이미지를 전달하는 역할을 하게 된다. 직업인으로서 투철한 직업 의식을 갖추고 전문가적인 태도로 클라이언트에게 좋은 인상을 줄 수 있도록 노력하는 것이 무엇보다 중요하다. 또한 로펌 비서는 업무상 기밀 사항을 많이 다루기 때문에 평소 보안을 철저하게 유지하고 기밀이 유출되지 않도록 유의한다. 비서로서의 근무 태도를 살펴보자.

## 3.1 업무 수행 자세

### 1) 근무 수칙

자리를 비울 때에는 항상 어디에 무슨 일로 가는지 다른 비서에게 알려 준다. 회의 준비 또는 아주 급한 경우를 제외하고는 동시에 자리를 비우지 않도록 한다. 프린터 및 복사기의 복사 용지 채우기, 연필깎이 비우기, 먼지 닦기 등은 솔선수범하도록 한다. 복사실을 쓰고 나면 파지나 스테이플러 심 등은 말끔히 정리한다. 문서를 폐기할 경우에는 문서의 기밀을 지키기 위해 반드시 문서세단기를 이용하며, 그렇지 않을 경우에는 최소 8등분하여 폐기해야 한다. 퇴근 시 담당 변호사가 외부 회의에 참석 중인지 혹은 사무실에 근무 중인지 여부를 당직자에게 반드시 알려 준다. 각 담당 변호사의 차(茶) 기호 및 방 정리 정돈, 업무 스타일 등을 정리해 다른 비서와 공유한다.

퇴근 시에는 책상 위와 작업 공간 등에 나와 있는 오피스 파일(office file)이나 이메일(e-mail) 프린트물, 서명본 계약서, 참고 자료 등 해당 사건(case)과 관련된 문서 일체를 정리해 눈에 띄지 않는 곳에 보관한다. 사무실 연락처는 클라이언트 및 외부인이 보지 못하는 곳에 붙이도록 한다. 각 담당 변호사의 방 및 회의실, 프런트 데스크 등의 먼지를 꼼꼼히 체크한다. 당직 퇴근 시에는 에어컨·컴퓨터 등의 전원을 끄고, 프린터·복사기 등은 절전 상태로 설정해 둔다. 사무실 내에서는 반말, 친한 동료끼리 팔짱을 끼거나 이름을 부르는 등의 행동은 주의해야 하며, 큰소리로 웃거나 뛰어다니면 안 된다. 근무 시간 중에는 사적인 통화 및 이메일 그리고 메신저 사용을 삼간다.

### 2) 복장 규정

로펌은 기업 특성상 보수적인 성향이 강하므로, 복장도 유행을 좇기보다는 단정하고 깔끔한 정장을 선호한다. 복장은 정장, 세미 정장(니트+정장 바지/스커트)이 바람직하다. 사무실 내에 큰 회의나 서명식 등의 행사가 있을 경우에는 반드시 정장 착용을 원칙으로 한다.

비서의 복장으로 캐주얼이나 면 스커트, 면바지, 면티, 가죽 재킷, 청재킷과 너무 짧은 스커트나 상의, 몸에 많이 붙는 디자인은 삼가야 한다. 스커트의 길이는 무릎 약간 아래가 바람직하다. 앉아서 근무할 때 스커트가 무릎 위로 올라가지 않아야 하고, 뒷트임이 심한 스커트보다 A라인, H라인 등의 보수적인 디자인을 선호한다. 너무 얇은 블라우스나 원피스 혹은 앞/뒤가 많이 파인 옷이나 디자인이 단정하더라도 많이 비치는 것은 삼가도록 한다. 화려한 무늬의 옷과 스타킹의 착용도 자제한다.

진한 눈화장이나 화려한 색의 매니큐어는 삼가고 귀걸이, 목걸이, 반지 등은 크기가 너무 크거나 화려한 것은 피한다. 여름에 신는 샌들 중 앞이 트인 것을 신을 때에는 스타킹을 착용해야 하고, 앞이 막힌 디자인일 경우에는 착용하지 않아도 된다. 단, 앞/뒤가 모두 트인 것은 피하도록 하고, 사무실 내에서 슬리퍼를 신지 않도록 하며 굽이 너무 높은 신발도 자제한다. 헤어 스타일은 튀지 않도록 하며 너무 짧거나 길게 치렁거리는 것도 바람직하지 않다.

## 3.2 직업윤리

### 1) 직업 의식

같은 일을 해도 어떠한 생각을 가지고 하느냐에 따라 태도와 업무 성과는 달라진다. 즉 직업에 임할 때 생계 수단으로 할 수 없이 일하는 것과 자신이 하는 일에 가치를 부여하며 최선을 다해 일을 수행하는 것에는 결과면에서 차이가 날 뿐만 아니라 일하는 사람의 성취감에도 중대한 영향을 미친다. 따라서 자신의 직업에 긍지를 느끼며 그 일에 열성을 가지고 성실히 임하는 천직(天職) 의식이 필요하다.

흔히 변호사나 의사와 같이 일반적으로 전문직이라고 생각하는 직종에서만 전문적 지식을 필요로 한다고 생각하기 쉬우나 모든 직종에서 그 분야의 전문 지식을 필요로 한다. 로펌 비서는 전문적인 지식과 사무 능력을 갖추고 주어진 권한 내에서 효율적으로 업무를 수행하는 전문직업인이기 때문에 투철한 직업 의식으로 무장하고 상사와 회사의 이익을 위해 책임을 다해야 한다. 그뿐만 아니라 비서로서의 전문성을 유지하고 향상시키기 위해 지속적인 자기 계발에 노력해야 한다. 비서는 전문직에 대한 윤리와 자신이 속한 조직의 윤리가 상충될 때 전문직으로서의 윤리를 준수해야 한다. 만일 상사나 동료가 그들의 지위를 남용해 업무와 무관한 이익을 추구하고자 할 때 이에 협조하거나 모른 척해서는 안 된다.

### 2) 조직원의 직업윤리

사람들은 일반적으로 다른 사람들은 자신보다 덜 윤리적이라고 생각한다. 사적인 전화를 한다든가 회사 봉투나 필기 도구를 집으로 가지고 간다든가 하는 사소한 행동들도 엄밀히 따지면 비윤리적인 행동이다. 더구나 로펌과 같이 법적인 문제를 다루는 기업에서는 조직원에게 높은 수준의 윤리 의식을 요구한다.

미국의 직장인들을 대상으로 설문조사한 결과 비윤리적인 행위와 비윤리성의 정도는 아래와 같다. 비서는 이러한 비윤리적인 행동을 본인 스스로도 하지 않아야 하며 조직이 윤리적인 분위기를 유지할 수 있도록 협조해야 한다.

**직장인들의 비윤리적 행위와 비윤리성 정도**

- 매우 비윤리적인 행동
  - 아무 죄 없는 동료에게 실수에 대한 비난을 전가한다.
  - 대외비 정보를 발설한다.
  - 시간/품질/수량에 관한 보고서를 허위로 작성한다.
  - 다른 사람의 공을 자신의 것으로 가로챈다.
  - 경비를 10% 이상 불려서 허위 청구한다.
  - 회사의 물품과 비품을 훔친다.

- 중간 정도의 비윤리적인 행동
  - 특혜를 조건으로 뇌물이나 호의를 받는다.
  - 특혜를 얻기 위해 선물이나 호의를 제공한다.
  - 경비를 실제 경비보다 10% 이내로 불려서 허위 청구한다.
  - 부하 직원으로 하여금 회사의 규칙을 위반하도록 승인한다.
  - 아프다는 핑계를 대고 회사를 빠진다.

- 직장인들이 흔히 범하는 비윤리적인 행동
  - 자신의 잘못이나 실수를 은폐한다.

- 고의로 일을 질질 끌거나 게을리한다.
- 개인적인 목적으로 회사의 서비스를 이용한다.
- 회사 업무 시간 중 개인적인 일을 본다.
- 점심 시간이나 휴식 시간을 규정보다 오래 가진다.
- 다른 사람이 회사의 정책이나 규칙을 어기는 것을 보고도 모른 체한다.

### 3) 로펌 비서의 직업윤리

로펌 비서는 직무 특성상 기밀정보를 많이 다루고, 법원·고객 등 다양한 당사자들과 의사소통하기 때문에 무엇보다 철저한 기밀 유지가 요구된다. 따라서 비서는 업무와 관련하여 얻게 되는 조직이나 상사, 혹은 고객의 정보를 누설하거나 업무 이외의 목적으로 사용해서는 안 된다. 기밀정보를 고의적으로 유출하지 않더라도 스스로도 심각성을 인지하지 못하는 사이에 기밀을 유출할 수도 있다. 예를 들면 블로그나 자신이 활동하는 카페 혹은 동호인들과의 채팅에서 회사나 상사에 대한 내용을 올리거나 이야기하는 것은 피해야 하며 친구나 지인과의 만남에서나 공개된 장소에서 업무에 관련된 이야기를 하지 않아야 한다.

또한 일상적으로 다루는 서류도 기밀 서류가 많기 때문에 중요한 문서는 반드시 문서 세단기를 사용해 버려야 하며, 책상 위 같은 곳에 함부로 문서를 두거나 컴퓨터를 켜두고 장시간 자리를 비우는 등의 행동은 삼가야 한다.

비서는 업무 수행과 관련해 외부인으로부터 어떠한 이익을 위한 대가를 받지 않으며 회사의 돈이나 물품을 개인적인 용도로 사용하지 않아야 한다. 또한 성실한 업무 수행을 통해 상사에게 신뢰를 얻고 동료들과도 상호 협조적인 관계를 유지하는 것이 필요하다.

PART 02

# 로펌 비서 실무



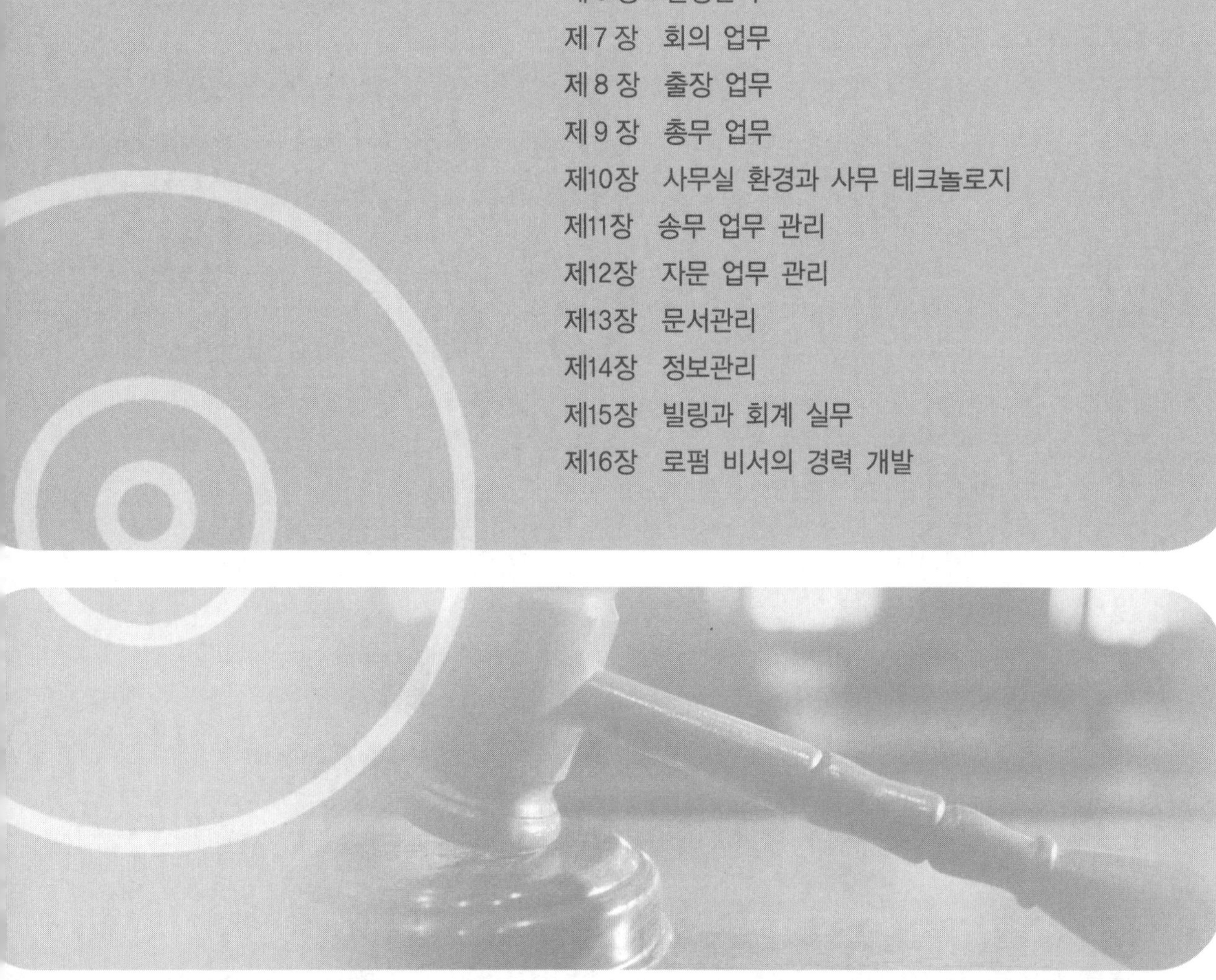

# 제 4 장 전화 업무

오늘날과 같이 컴퓨터 통신이 발달한 첨단 정보통신 시대에도 사무실 음성 커뮤니케이션의 대표적인 수단은 전화이다. 전화의 서비스와 기능 또한 점점 더 다양하고 편리해지고 있다. 특히, 전화는 메모나 편지, 이메일(e-mail)보다 시간이 적게 들고 피드백을 즉각 받을 수 있는 장점이 있어 업무 처리에 유용하게 사용된다.

비서는 전화를 통해 상사의 지시 사항을 회사 내・외부로 연락하고, 원하는 정보를 확보하여 업무를 처리한다. 비서의 밝고 예의 바른 전화 응대는 상대방에게 비서 자신뿐만 아니라 보좌하는 상사 및 조직에 대해서도 좋은 인상을 주게 된다. 전화 응대 방식이 조직의 첫 인상을 좌우할 수 있고, 나아가 상사 및 조직의 성과에 중요한 영향을 미칠 수 있기 때문에 비서는 바람직한 통화 방법 및 예절을 익혀야 한다.

## 4.1 전화 업무의 기본

전화는 업무에서 가장 빈번하게 이용되는 의사 소통 수단이면서도 상대방을 보지 않고 의사를 전달하기 때문에 의사 소통에 주의해야 한다. 전화 통화 중에는 목소리, 발음, 문법, 어휘와 같은 언어 구사 능력은 물론 전화를 받는 태도, 현재의 기분 상태, 성격까지 상대방에게 전달될 수 있다. 조직 내 의사 소통의 연결 통로(bridge)로서 비서의 전화 커뮤니케이션 능력은 아무리 강조해도 지나치지 않다. 효과적인 전화 업무를 위한 중요한 능력은 다음과 같다.

## 1) 음성과 말의 속도

저명한 심리학자 메라비언(Albert Mehrabian)의 저서 『침묵의 메시지: 감정과 태도에 숨어 있는 커뮤니케이션(*Silent Messages: Implicit Communication of Emotions and Attitudes*)』에 의하면, 전달 메시지의 55%는 시각적 신호(body language)를 통해 전달되고, 38%는 목소리의 높낮이, 크기, 말하는 속도 같은 음성적 신호로 전달되며, 7% 정도만 사용 어휘 같은 언어적 신호에 의해 메시지가 전달된다고 한다.

따라서 메시지 전달에 중요한 요소로 작용하는 음성적 신호를 효과적으로 활용할 수 있어야 한다. 화상 전화의 사용은 전화에서는 전달하기 어려운 시각적 신호에 의한 메시지 전달을 가능하게 해 준다.

### (1) 음성의 높낮이와 크기

단조로운 어조의 음성은 듣는 사람을 지루하게 하거나 주의를 집중해서 경청하기 어렵게 만든다. 따라서 밝고 생기있는 음성으로 성공적인 의사 소통을 가능하게 해야 한다.

또한, 통화 중 너무 큰 음성은 상대방의 기분을 상하게 할 수 있고 너무 작은 음성은 통화 내용을 제대로 이해하기 어렵게 만든다. 따라서 대화 내용을 효과적으로 전달할 수 있도록 음성의 크기를 조절해야 한다. 음성 톤에서도 지나치게 콧소리를 내거나 너무 높게 혹은 낮게 내는 것은 바람직하지 않다.

### (2) 말의 속도

통화 중 전문 용어나 중요한 정보의 전달이 필요할 때 너무 빠르게 말하면 듣는 사람이 메시지를 알아듣기 어렵다. 반대로, 간단한 메시지를 너무 천천히 말하면 상대방이 지루해하거나 무시당하는 느낌을 받을 수 있다. 따라서 통화 내용에 따라 속도를 적절히 조절할 수 있어야 한다.

## 2) 언어 구사 능력

통화자가 적절한 음성 톤과 속도로 말한다 하더라도 듣는 사람이 상대의 발음이나 어휘 자체를 이해할 수 없다면 커뮤니케이션은 매우 어려워진다. 평소 웅얼거리거나 부정확하게 말하는 습관을 가진 사람은 정확한 발음을 하기 위해 단어를 또박또박 분명하게 말하는 훈련이 필요하다.

문법도 발음과 마찬가지로 전문성과 교육 수준을 나타낸다. 상대방에게 호의적인 인상을 줄 수 있는 대화를 하기 위해서는 문법에 맞는 문장을 사용해야 한다. 또 국제 통화를 할 경우에는 반드시 국제적으로 통용되는 표현을 사용한다.

대화를 할 때도 상대방의 수준에 맞는 어휘를 선택해야 한다. 수준이 너무 높거나 낮은 어휘는 상대방에게 무시당한다는 느낌이나 지루함을 줄 수 있다. 또한 법률 전문 용어나 약어(略語)의 사용은 일반 클라이언트들에게는 정확한 이해를 어렵게 하므로 가능한 한 풀어서 사용하는 것이 좋다.

그러나 조직원끼리는 조직이나 업무와 관련된 전문 용어나 약어를 익혀 사용한다면 효과적인 의사 소통을 할 수 있다. 비서는 로펌에서 자주 사용되는 전문 용어나 개인적 관심 분야의 어휘 실력을 향상시키도록 노력해 업무 능력 증진 및 자기 계발을 꾀해야 한다.

외국인과 통화할 때를 대비해 외국어의 예의 바른 표현들을 익혀 두는 것이 좋다. 기본적인 표현의 발음과 해석을 정리해 목록을 만들어 꾸준히 연습한다면 갑작스러운 외국인과의 통화에서도 당황하지 않고 응대할 수 있다.

### 3) 태 도

전화 통화를 할 때 상대에게 자신의 모습이 보이지 않더라도 밝고 명랑한 목소리와 다른 사람을 배려하는 예의 바른 태도는 상대에게 그대로 전달된다. 따라서 전화 통화를 할 때는 개인의 불쾌하거나 사사로운 감정이 표현되지 않도록 조심하며, 통화자가 좋은 인상을 받을 수 있도록 친절하게 전화 응대를 해야 한다.

## 4.2 효과적인 전화 응대

전화 통화 시 자신이 회사나 상사를 대표하는 경우가 많기 때문에 상대방의 감정을 좋게 혹은 반대로 상하게 함으로써 회사의 인상과 거래 관계를 좌우할 수 있으므로 주의해야 한다. 비서는 전화 응대 시의 기본 예절을 알고, 전화 응대의 순서를 익혀 실천해야 한다.

### 1) 전화 응대 시의 기본 예절

① 신호가 울리면 즉시 전화를 받고, 정확한 발음으로 예의 바르게 말한다. 아무리 바쁜 일을 하던 도중이라도 전화 벨이 세 번 울리기 전에 받아야 한다. “Speak with smile”, 즉 목소리로 상대방에게 자신의 미소를 전달할 수 있을 정도로 친절하게 응대해야 한다.

② 회사명, 부서명, 혹은 상사의 이름이나 자신의 이름을 상황에 맞게끔 즉시 밝힌다. 외부에서 직통으로 걸려오는 전화는 먼저 회사의 이름을 밝힌 후 부서명 혹은 자신의 이름을 밝히고, 다른 부서를 거쳐 들어오는 경우에는 회사명을 밝힐 필요가 없다.

③ 용건이 많아 통화 시간이 길어질 듯하면 “시간이 좀 걸릴 듯 싶은데, 지금 통화해도 괜찮으십니까?”라고 미리 상대의 형편을 물어 본다.

④ 회사마다 통화하기 쉬운 시간대와 그렇지 않은 시간대가 각기 다르다. 그러나 대체적으로 휴일 다음 날이나 월요일에는 긴급한 용건이 아니면 바쁜 오전을 피해 오후 시간대를 택하는 것이 좋다.

⑤ 상사가 출장, 회의, 개인 용무로 인해 부재 중인 경우에는 상사의 부재 이유에 대해 부정적으로 응답하거나 지나치게 자세하게 이야기할 필요는 없다.

⑥ 가능한 한 상대방의 입장에서 협조적으로 말하고 도움이 될 만한 정보를 제공한다. 상사 및 상대방이 통화하고자 원하는 사람이 통화 중일 경우 전화한 사람을 오래 기다리게 해서는 안 된다. 계속 기다리겠는가, 메시지를 남기겠는가, 다시 걸겠는가, 아니면 이쪽에서 통화가 끝나는 대로 전화를 걸어 주기를 원하는가를 물어 본다.

⑦ 통화를 마칠 때까지 친절하게 응대한다. 상대방은 목소리를 통해 나의 모습이나 태도까지 추측할 수 있다. 좋은 전화 목소리는 톤이 지나치게 높지 않으면서도 공손하고 활기찬 목소리이다.

⑧ 회사 전화로 개인적인 통화는 될 수 있는 대로 피하되, 피치 못할 경우에는 용건만 간단히 하고 길게 통화하지 않는다. 개인 통화는 회사로 오는 전화를 지연시키거나 통화 시점을 놓치게 함으로써 업무 방해를 할 수 있다는 점을 항상 기억한다.

## 2) 전화 응대 순서

### (1) 인사하기

① 전화 대화의 첫 부분에서는 어느 쪽이든 먼저 인사와 함께 자신의 소속과 이름을 밝힌다.

> "감사합니다. 조앤최 법률사무소의 OOO 변호사실입니다."
> "안녕하십니까? 법무법인 조앤최, 비서 OOO입니다."

② 상대방의 이름을 알 수 없거나, 상대방이 자신의 신분을 밝히지 않는 경우에는 누구인지를 정중하게 물어 보아야 한다. 이 경우 '실례지만' 혹은 '죄송하지만'과 같은 정중한 언어를 반드시 사용한다.

> "실례지만, 어느 분 전화라고 여쭐까요?"
> "죄송하지만, 성함을 말씀해 주시겠습니까?"

③ 발신자가 연결을 원하는 대상을 모르거나 대표번호로 걸려온 경우에는 해당 변호사에게 직접 연결하지 말고 담당 변호사의 비서 내선으로 연결한다.

"담당 변호사실로 연결하겠습니다. 잠시만 기다려 주십시오."

### (2) 통화 사정 확인

① 상대가 다른 중요한 업무를 하고 있거나 전화받기 어려운 상황일 수 있으므로 상대방의 통화 사정을 물어 본다. 특히, 휴대폰으로 연결하는 경우에는 회의 중이거나 운전 중일 수 있으므로 반드시 통화 가능 여부를 물어 본다.

"지금 통화해도 괜찮으시겠습니까?"
"지금 전화받기 어려우십니까?"

② 반대로 전화를 받을 수 없는 상황일 경우에는 후에 다시 걸어 줄 것을 요청한다. 전화를 건 사람은 통화 가능 시간을 물어 보아야 한다.

"죄송합니다. 지금 운전 중이라 통화하기 어려우니 다시 전화 주시겠습니까?"
"제가 언제 다시 전화를 드리면 되겠습니까?"

### (3) 용건 표현

① 전화를 거는 사람은 예의 바르고 조리있게 용건을 이야기하고 상대방의 답을 기다린다.
② 용건을 말할 때는 전화를 건 목적, 이유, 설명의 순서로 한다.

"변호사님께서 갑자기 조찬회의에 참석하게 되셔서 9시 회의가 10시로 변경되었습니다."

"어떤 제품이 있는지 종류를 알고 싶습니다. 계약하기 전에 샘플을 볼 수 있을까요?"

### (4) 메모 및 용건 확인

① 전화 메모를 받을 때는 상대방의 용건을 정확히 확인한다.
② 특히 숫자나 글자 중에서 통화 발음이 명확하지 않은 것은 확인하며 적는다.

"일-일-공-칠 번 맞습니까?" (천 백 칠 번이라고 했을 경우)
"한세의 '세'자는 '세계'할 때의 '세'자입니까?"

③ 용건에 대한 대화가 끝나면 메모한 내용을 복창해 다시 한 번 용건을 확인한다.

#### (5) 끝 인사

① 전화를 건 사람의 용건 전달이 끝나면 인사를 하고 전화를 끊는다.

② 용건이 끝났는데도 상대방이 계속 이야기를 할 때에는 상대방의 기분이 상하지 않도록 주의하면서 전화를 끊도록 유도한다.

> "전화 주셔서 감사합니다. 안녕히 계십시오."
> "손님이 기다리고 계셔서 다음에 다시 전화드리겠습니다."

## 4.3 전화 걸기

전화를 걸 때에는 통화의 목적을 달성할 수 있도록 사전 준비를 함으로써 효과적으로 통화를 끝낼 수 있도록 한다.

### 1) 전화 거는 방법

#### (1) 통화 준비

① 통화하고자 하는 사람의 이름과 전화 번호를 확인한다.

② 전화 거는 목적을 명확히 하고 전달해야 할 용건을 육하 원칙, 즉 5W1H(when, who, where, what, why, how)에 따라 순서대로 정리한다.

③ 전화 용건과 관련된 참고 자료나 서류를 준비한다.

④ 통화 중에 기록할 필기 도구나 정보 입력을 위한 컴퓨터를 준비한다.

⑤ 상대방의 이름과 직책명을 재확인하고 전화 번호를 정확히 누른다.

#### (2) 통화 방법

① 정확한 발음으로 자신의 소속과 이름을 밝히고 상대를 확인한다.

② 용건을 전달한 후에는 상대방의 이해 여부를 확인한다.

③ 예의 바르게 마무리 인사를 하고 통화를 마친다.

④ 통화를 마칠 때에는 전화를 건 사람이 먼저 전화를 끊는 것이 일반적이다. 이 때 상대방이 끊을 준비가 되기도 전에 전화를 끊는 것처럼 느끼지 않도록 주의한다.

⑤ 전화를 잘못 걸었을 경우에는 "죄송합니다. 전화가 잘못 걸린 것 같습니다만 ○○○-○○○○번 아닙니까?"라고 정중히 사과 인사를 한 후 전화 번호를 확인한다.

## 2) 상황에 따른 전화 걸기

### (1) 통화 희망자가 부재 중일 경우

① 통화 희망자의 통화 가능 시간을 묻는다.

② 다시 전화할 것을 약속하거나 경우에 따라서 통화 희망자가 돌아오면 전화해 줄 것을 요청한다.

③ 메시지를 남길 경우에는 전화 건 사람의 이름, 소속, 전화 번호를 알려 주고 전화 건 용건을 명확하게 설명한다.

④ 통화를 마치기 전에 메시지를 받은 사람의 이름과 통화하려 했던 상대와의 관계를 확인해 둔다.

### (2) 상사의 전화를 중재할 때

① 상사에게 전화를 연결할 때는 항상 상사와 통화 상대자의 지위 서열을 염두에 두고 전화 연결 순서를 정한다.

② 전화를 걸고 상대방의 비서가 나오면 인사를 한 후, 상사의 부탁으로 전화했음을 밝힌다.

③ 고위직의 상대가 직접 전화를 받았을 때는 "안녕하십니까? 이렇게 전화드려서 죄송합니다만 ○○○ 변호사께서 통화를 원하십니다."라고 정중히 인사하고 전화를 연결한다.

④ 상사보다 고위직의 사람과 통화 연결 시에는 우선 상대방의 비서와 통화해 상사의 이름과 직위, 회사명 등을 밝힌 후 고위직인 상대방이 수화기를 들기 전에 먼저 상사가 수화기를 들도록 중재한다.

⑤ 직급이 비슷한 상사들의 전화를 중재할 경우, 상대방 비서에게는 "같이 여쭐까요?"라고 말하고 동시에 전화 연결을 하는 것이 무난하다.

### (3) 통화 중에 전화가 끊어졌을 경우

① 전화를 건 쪽에서 다시 전화를 거는 것이 원칙이다. 전화 번호의 재다이얼이 더 쉬울 뿐만 아니라, 용건이 있는 쪽이기 때문이다.

② 상사가 통화 중에 전화가 끊겼다고 하면, "네, 다시 연결해 드리겠습니다."라고 말하고 신속히 전화 연결을 한다.

③ 전화를 다시 걸 때에는 "전화가 도중에 끊어졌습니다. 다시 연결해 드리겠습니다."라고 한 후, 통화를 다시 연결한다.

### (4) 전화가 잘 들리지 않는 경우

① 상대방의 목소리가 잘 들리지 않는다고 소리를 크게 내지 않도록 주의한다.

② "뭐라구요? 잘 안들리는데요." 등과 같은 표현을 쓰지 않도록 주의한다.

③ "감이 먼 것 같습니다. 좀 더 크게 말씀해 주시겠습니까?" 혹은 "죄송합니다만, 다시 한 번 말씀해 주시겠습니까?"라고 공손히 상대방에게 요청한다.

④ 계속 상태가 나쁜 경우에는 전화를 끊고 다시 연결한다.

**(5) 자동 응답기에 녹음해야 할 경우**

① 상대방이 부재 중이거나 전화를 받을 수 없어 자동 응답기에 녹음해야 할 경우에는 끊지 말고 반드시 메시지를 정확하게 남긴다.

② 전화 건 사람의 소속, 이름, 용건뿐만 아니라 연락 전화 번호, 메시지를 남긴 날짜와 시각도 함께 남긴다.

## 4.4 전화 받기

전화가 걸려 올 때는 적절히 전화 받는 방법과 상황별 전화 응대 기술이 필요하다. 특히 신입 비서는 상황별로 전화를 다루는 방법과 전화를 건 사람의 요구와 문제를 해결해 주는 방법이 익숙하지 않기 때문에 전화를 제대로 잘 받기란 결코 쉬운 일이 아니다.

### 1) 전화 받는 방법

**(1) 전화 받기**

① 전화 벨이 울리면 하던 일을 멈추고 즉시 받는다.

② 동료와 대화를 나누고 있었다면 얼른 중단한 뒤 수화기를 든다.

③ 왼손으로 수화기를 들고 오른손으로 메모할 준비를 한다. 단, 왼손잡이일 경우에는 반대로 오른손에 수화기를 들고 왼손으로 메모할 준비를 한다. 전화기 옆에는 항상 필기도구와 기록할 수 있는 노트나 전화 메모지 등을 갖추고 있어야 한다.

④ 밝고 명랑한 목소리로 회사명과 담당 변호사의 이름을 밝힌다.

> "네, 법무법인 조앤최 OOO 변호사실입니다."

⑤ 상대방의 신분을 확인한 후 인사를 한다.

> "아! 네, 김이사님 안녕하십니까?"

⑥ 법원 전화나 상담 전화인 경우에는 담당 변호사를 정중히 물어본 뒤 담당 비서에게 연결한다.

### 점검 사항

**전화 응대**
- 벨이 세 번 울리기 전에 받기
- 인사와 소속 말하기
- 상대방의 요점을 빨리 파악하기
- 전화 메모 시 적어야 할 내용을 미리 살피기
- 메모 내용을 복창 · 확인하기
- 친절하고 예의 바르게 응대하기

#### (2) 용건 듣기

① 주의를 집중해서 경청한다.

② 빠짐없이 메모하면서 듣는다.

③ 메시지를 기록할 때는 통화한 날짜와 시각, 전화 건 사람의 이름과 소속 회사 · 부서 · 직책, 지역 번호를 포함한 전화 번호, 메시지의 상세 내용, 전화 수신자명이나 이니셜(initial)을 정확하게 기록한다.

④ 용건의 중요한 사항을 복창한다. 특히 날짜, 시각, 금액 등 숫자는 잘못 기록하는 일이 없도록 꼭 확인한다.

⑤ 이해가 안 되거나 궁금한 사항은 바로 질문한다.

⑥ 상대의 질문에 신속하고 정확하게 대답한다.

⑦ 상대와 마주 보고 대화하는 것처럼 바른 자세로 통화에 임한다.

### 점검 사항

**메시지 수신 요령**

1. 전화가 언제 걸려 왔는지가 중요한 의사결정 기준이 되는 경우도 있으므로 전화 메모에는 걸려온 시각을 반드시 적는다.
2. 비서가 자리를 비운 후 돌아왔을 때 동료에게 부재 중 전화는 없었는지 반드시 확인한다. 상사를 찾는 급한 전화는 상사에게 연결한다.
3. 전화 메모를 만들어 사용하면 메시지를 빠뜨리지 않고 전달할 수 있다. 전화 메모는 업무 내용에 맞추어 가장 효과적인 양식을 개발해 사용한다.
4. 전화 메모에서 특히 숫자는 정확하게 적도록 유의한다. 가격이나 수량을 흘려 쓴다거나 자릿수를 잘못 쓰게 되면 큰 문제를 야기할 수 있다.
5. 메시지를 전할 때에는 메모를 남겼더라도 다시 구두로 확인하는 것이 좋다. 메모를 책상 위에 두었다고 하더라도 상사가 귀사해 메모를 보았는지 확인한다.
6. 내방객이 많은 경우에는 보안을 위해 전화 메모를 전언 노트 형식으로 작성하는 것이 좋다. 중대한 정보가 아니더라도 통화 내용 가운데 사외 사람이 알아서는 안 될 정보가 있을 수 있다.
7. 통화 중에 흘려 쓴 글씨는 전화 메모지에 옮겨 적었다 하더라도 바로 버리지 않는다. 흘려 쓴 글씨를 메모지에 옮겨 쓰는 단계에서 누락이나 착오가 생길 우려가 있기 때문에 전언이 확실히 전달될 때까지 보관해 두는 것이 좋다. 노트를 지정해 통화 중 메모 내용을 받아 적은 후 메모지에 옮겨 쓰면 메모 노트를 후일에 참고 자료로 활용할 수 있다.

### (3) 통화 마무리

① 통화를 끝낼 때에는 "전화 주셔서 감사합니다. 김부장님, 안녕히 계십시오." 등 전화한 사람의 이름을 다시 한 번 불러 사무적인 대화를 부드러운 분위기로 바꿔 주면서, 상황에 맞는 마무리 인사를 한다.

② 통화가 완결된 후에는 상대가 먼저 끊은 것을 확인 후 조용히 수화기를 내려놓는다.

**〈표 4-1〉** 전언 기록부

| 시각 | 이름 및 직책 | 소 속 | 내 용 | 전화 번호 | 통화 희망자 | 전화 수신자 |
|---|---|---|---|---|---|---|
| 09:30 | 고주회 부장 | 삼미기업 | 법률자문 건<br>(다시 전화하겠음) | 2302-4091 | 김동수 변호사 | Lee |
| 09:40 | 최수만 검사 | 서울중앙<br>지방검찰청 | 법원기일 건<br>(전화 요망) | 5692-3354 | 신경남 변호사 | Lee |
| 10:10 | 이석태 변호사 | ○○로펌 | 골프모임 일정<br>변경(9월 8일) | 3282-7696 | 박근태 변호사 | Lee |

전 화 메 모

자리를 비우신 동안에
________ 변호사님께 전화가 왔었습니다.

20××년 월 일 시 분(a.m., p.m.)

발신자: ______ 회사명: ______
☐ 전화 요망 (TEL: )
☐ 다시 거시겠다고
☐ 그냥 전화했다고만
☐ 급한 용무라고
☐ 기타

MEMO
____________________
____________________

전화 받은 사람: ______

TELEPHONE MEMO

DATE: ______ TIME: a.m. ______
p.m. ______
TO ________________
While You Were Out
____________________
of ________________
Tel No: ______ Ext. ______
☐ Telephoned
☐ Will call again
☐ Returned your call
☐ Please call
☐ Wants to see you
Message ________________
____________________
____________________

Taken by: ______

**[그림 4-1]** 전화 메모 양식

## 2) 상황에 따른 전화 받기

### (1) 전화를 상사에게 연결하는 경우

① 상대방의 신분과 용건을 확인한 후 상사에게 연결한다.

② 상대의 이름, 소속, 용건을 상사에게 전해 상대가 반복해서 이야기하지 않도록 한다.

③ 상사가 통화 중이거나 전화 받기 어려운 상황일 때는 상대에게 사정을 이야기하고 기다릴 것인지, 잠시 후에 다시 전화할 것인지 의견을 묻는다.

### (2) 상대를 기다리게 할 경우

① 상사가 금방 전화를 받지 못할 경우에는 상황을 알리고 계속 기다릴지 여부를 묻는다.

② 상사가 통화 중이어서 즉시 바꿔 주지 못하고 지연될 때에는 수시로 중간 상황을 알린다.

③ 계속 기다린다고 하더라도 상사의 다른 통화가 금방 끝나지 않을 것으로 예상되거나, 상대방의 직위가 상사보다 높거나 고객인 경우 상사의 통화가 끝나는 대로 비서가 연결할 것을 제의한다.

### (3) 전화를 선별해야 할 경우

① 전화 건 사람과 용건을 정확히 파악해 상사에게 필요한 전화와 불필요한 전화를 선별(screen)해서 연결한다.

② 전화 건 사람이 무례하거나 자신의 신분을 밝히기를 꺼려하더라도 예의 바르게 응대해야 한다.

### (4) 상사가 부재 중일 경우

① 상사가 부재 중일 경우에는 전화 건 사람에게 부재 사실을 알리고, 비서 또는 다른 사람이 도와 줄 수 있는 일인지를 물어 보거나 메시지를 받는다.

② 상사의 부재를 설명할 때에는 지나치게 자세한 정보까지 제공하지 않도록 한다.

### (5) 전화가 잘못 걸려 온 경우

① 잘못 걸려 온 전화라도 친절하게 응대한다.

② 회사 내의 다른 부서를 찾는 경우는 통화 전환 시 전화가 끊어질 수 있음을 알리고 해당 부서의 내선 번호나 직통 번호와 담당자 이름을 안내하고 해당 부서로 연결한다.

### (6) 통화를 대기시키는 경우

① 전화를 받고 있는 중에 다른 전화가 걸려 오면 먼저 통화하던 사람에게 양해를 구하고 전화를 잠시 대기시킨다.

② 나중에 온 전화를 받은 후 먼저 전화를 건 사람과 통화가 끝날 때까지 기다려 줄 수 있는지를 물어 양해를 구하고 전화를 대기시킨다.

③ 정확한 답변을 주기 위해 약간의 시간이 소요될 것으로 예상될 때에는 상대에게 전화를 다시 거는게 좋은지, 아니면 기다리겠는지에 대한 의견을 구한다.

**(7) 항의 전화를 받는 경우**

① 상대방이 화가 나 있어도 같이 흥분하거나 맞서지 않는다.

② 일단 상대방이 화를 내는 이유를 충분히 들어 주고, 상대방의 감정을 가라앉히도록 노력한다.

③ 먼저 비서가 해결할 수 있는 방안을 찾아보되, 그래도 상사를 바꿔달라고 하면 상황을 알아본 후 다시 전화를 드리겠다고 설득한다.

**점검 사항**

**불만 전화 응대법 10단계**

1. 전화를 받기 전에 우선 미소를 지어 본다. 고객도 그 미소를 느낄 수 있다.
2. 자신이 누구인지를 밝히고, 어떤 도움을 필요로 하는지 물어 본다.
3. 우선 열심히 들어 준다. 고객의 말을 가로막지 말고 문제가 무엇인지를 경청한다.
4. 흥분하지 않는다. 고객이 화를 내는 대상은 내가 아니라는 사실을 늘 염두에 두고 고객의 불평을 개인적으로 받아들이지 않는다.
5. 문제에 대해 진심으로 사과한다. 고객은 가식적인 말과 진심어린 사과를 분명히 구분할 수 있다.
6. 고객의 입장에서 응대한다. "네, 선생님께서 왜 그렇게 화가 나셨는지 이해할 수 있습니다."와 같이 공감을 표시한다.
7. 상세한 질문을 통해 자세한 불만 사항을 알아낸다.
8. 고객이 쓴 단어를 다시 사용하며 고객의 불만을 재확인한다.
9. 실현 가능한 해결책을 제시한다.
10. 자신의 이름을 다시 한 번 밝히고 전화 번호를 알려 준다. 마지막으로 고객의 전화에 대한 감사의 말을 잊지 말아야 한다.

## 4.5 국제전화 이용

기업의 글로벌화와 함께 사무실 내에서의 국제전화의 사용 빈도가 급증하고 있다. 외국어로 전화를 응대할 수 있는 능력과 아울러 각종 국제전화 서비스의 종류를 알고 적절하게 선택할 수 있는 능력을 갖추어야 한다.

### 1) 시차 검색

국제전화를 걸 때는 통화 상대국과의 시차를 알고 반드시 현지 시각을 확인해야 한다. 만약 정규 근무 시간 내에 전화 통화가 불가능한 시차 지역(time zone)이 있다면 업무 시간 후에 전화를 걸어야 할 경우도 있다. 또한 통화 상대국의 국경일이나 휴무일을 확인하고, 그 나라의 문화도 알고 있다면 전화 통화가 용이할 것이다. 예를 들어 멕시코의 경우에는 12시부터 3시까지 점심 시간이어서, 이 시간대에는 전화 통화가 거의 불가능하다. 국제전화를 걸 때는 인터넷 검색이나 휴대폰 세계 시각 확인을 통해 현지 시각을 확인한 후 통화한다.

## 2) 국제전화 서비스

국제전화 비용은 통화 시간대, 통화 유형, 통화 소요 시간에 따라 결정된다. 국제전화 업체들은 다양한 가격대를 제공하므로 업체를 선택하기 전에 다양한 프로그램과 가격을 검토한 후 사용하는 것이 바람직하다. 비용이 저렴한 인터넷 전화 이용도 확대되고 있다.

### (1) 직통 전화

전화 교환원의 중개 없이 전화를 걸 수 있고, 전화 비용은 상대방이 전화를 받고나서부터 요금이 부과되기 시작한다.

이용 방법: 통신 사업자 번호 → 국가 번호 → 지역 번호 → 전화 번호

〈표 4-2〉 자주 이용되는 국가 번호

| 미 국 | 1 | 한국(해외에서 연결시) | 82 |
|---|---|---|---|
| 대 만 | 886 | 일 본 | 81 |
| 싱가포르 | 65 | 중 국 | 86 |
| 영 국 | 44 | 오스트레일리아 | 61 |
| 독 일 | 49 | 프랑스 | 33 |

### (2) 수신자 요금 부담 통화(collect call)

전화 요금을 수신인에게 부담시키는 서비스로, 교환원이 수신인에게 요금을 지불할 것인지를 물어 본 후 반드시 수신인이 승낙했을 경우에만 통화가 가능하다.

### (3) 지명 통화(person-to-person call)

통화하고자 하는 상대방을 지정하는 통화 서비스로, 수신인의 전화 번호와 통화하고자 하는 사람의 이름을 지정해서 신청한 후, 지정한 사람과 통화했을 경우에만 통화료를 지불한다.

#### (4) 국제전화 제3자 요금 부담 서비스

특정 전화 번호를 요금 부담 전화 번호로 미리 등록하고, 최대 10개까지 국제 통화 번호를 지정하면 어디에서 전화를 하든지 미리 지정해 둔 번호로 국제 통화 요금이 청구되는 서비스(예: 업무상 밤에 집에서 미국 거래처와 통화한 요금이 회사로 청구됨)이다.

#### (5) 국제전화 통역 서비스

외국인과의 국제 통화 시 언어의 불편을 해소하기 위한 전화 통역 서비스로 영어, 일본어, 중국어, 불어 등 통역이 가능하다.

#### (6) 국제전화 요금 즉시 통보 서비스

통화가 끝난 직후 이용 시간과 요금을 알려 주는 서비스로 추후 법률 서비스 요금을 청구할 때 통화 시간이 비용 청구의 내역이 되므로 매우 유용한 서비스이다.

#### (7) 국제 클로버 서비스

소비자가 해외에서 상품 상담 및 주문을 하거나 호텔, 항공사 등에 예약할 때 기업에서 고객의 통화 요금을 부담하는 서비스이다.

#### (8) 한국 직통 전화(HCD or HCDC: Home Country Direct Call)

해외에서 한국으로 전화할 때 방문 국가 언어를 몰라도 한국 교환원을 통해 통화하고 요금은 추후에 한국에서 수신자가 부담하는 서비스이다.

#### (9) 신용 카드 통화 서비스

국내에서 발행된 신용 카드 회원이 국제전화를 이용하고, 요금은 자신의 신용 카드 계좌 번호로 청구하는 서비스이다.

그 밖에 다양한 사업자들의 선불 전화 카드(calling card)나 인터넷 폰 서비스를 이용하면 비교적 저렴한 가격으로 국제전화를 할 수 있다.

### 3) 전화 영어

국제화 시대의 비서에게는 외국어 능력이 필수이다. 비서를 채용할 때, 세계 공용어인 영어는 물론이고 요즘은 중국어나 일본어와 같은 제2외국어를 요구하는 기업들도 늘고 있다. 상사의 잦은 해외 출장에 따른 해외 관련 기관과의 스케줄 확인과 호텔 및 항공편을 예약할 때 비서는 외국어로 커뮤니케이션이 가능해야 한다. 또한 상사에게 걸려 온 국제전화 메시지를 정확히 받아 적을 수 있고, 상사와 외국인과의 전화 연결 시에도 자연스럽게 대화할 수 있어야 하므로, 평소에 꾸준히 외국어 능력 향상을 위해 노력해야 한다.

• 전화를 받을 때

▶ Good morning, 본인 이름 speaking. How can I help you?
▶ Thank you for calling Joh & Choi. Can I help you?

• 상대방을 찾을 때

▶ May(Can) I speak(talk) to Mr. 상대 이름, please?
▶ I'd like to speak(talk) to Mr. 상대 이름, please.
▶ Is Mr. 상대 이름 there, please?

• 본인이 전화를 받을 때

▶ This is 본인 이름.
▶ 본인 이름 speaking.

• 신분을 확인할 때

▶ May I have your name, please?
▶ Who's calling, please?
▶ May I ask who's calling, please?
▶ Who am I speaking to, Sir/Madam?

### 포네틱 알파벳 코드(Phonetic Alphabet Code)

영어로 전화 통화 중 메시지를 받거나 상대의 이름 또는 상호를 물어 볼 때 정확한 철자 파악을 위해 이용하면 신속하고 정확한 의사 전달이 가능하다.

| | | |
|---|---|---|
| A as in Alice | J as in John | S as in Sugar |
| B as in Bertha | K as in King | T as in Thomas |
| C as in Charles | L as in Lincoln | U as in Union |
| D as in David | M as in Mary | V as in Victory |
| E as in Edward | N as in Nellie | W as in William |
| F as in Frank | O as in Ocean | X as in X-ray |
| G as in George | P as in Peter | Y as in Young |
| H as in Henry | Q as in Queen | Z as in Zero |
| I as in Ida | R as in Romeo | |

• 신분을 밝힐 때

▶ This is 본인 이름 from 회사 이름.
▶ This is 본인 이름, Mr. 상사 이름's Secretary.

• 다른 사람에게 연결해 줄 때

▶ I'll transfer this call to Mr. ____.
▶ I'll put you through to Mr. ____.
▶ He/She will be right with you.

• 기다려 달라고 할 때

▶ Just a moment, please.
▶ Hold on, please.
▶ One moment, please.

• 기다리게 했을 때

▶ Thank you for your waiting.
▶ Thank you for holding, Mr. 상대방 이름 .
▶ I am sorry to have kept you waiting.

• 상사가 받을 수 없는 상황일 때

▶ He/She is not available right now.
▶ He/She is on another line.
▶ He/She is with a client.

• 상사가 부재 중일 때

▶ I'm afraid he/she is not in.
▶ He/She is not in at the moment.
▶ He/She is out for lunch.
▶ He/She is in a meeting.
▶ He/She is on a business trip.
▶ He/She is out of the office for the rest of the day.
▶ He/She is gone for the day.
▶ He/She is off today.

• 메시지를 받을 때

▶ Can I take a message?
▶ Would you like to leave a message?
▶ Would you like him/her to call you back?
▶ Do you want me to have him call you back?

• 메시지를 남길 때

▶ Please tell him/her that I called.
▶ Please leave a message that I called.
▶ I am returning his call.
▶ I just called to say hello.
▶ Would you ask him/her to call me back?
▶ Please tell him to call me back as soon as possible.
▶ I'd like to meet him/her next week when he/she is available.

• 메시지를 남기고 싶지 않을 때

▶ I'll call back later.
▶ No. Thanks. This is not urgent at all.

• 연락 번호를 물어 볼 때

▶ May I have your phone number, please?
▶ What is your phone number?

• 번호를 알려 줄 때

▶ My phone number is 123-4567.
▶ The country code is 82, the area code is 31, and the phone number is 123-4567.(지역 번호의 '0'은 해외에서 걸 때 생략함)

**전화 번호를 읽는 방법**

① 전화 번호는 간격을 두고 읽는다.
274-4276 → Two seven four, four two seven six
② 같은 숫자가 반복될 때는 'double'로 표현하기도 한다.
732-7009 → Seven three two, seven double oh nine
③ 0은 'zero' 또는 'oh'라고 읽는다.
④ 00로 끝나면 'hundred'로, 000으로 끝나면 'thousand'로 읽는다.
386-3200 → Three eight six, three two hundred
231-5000 → two three one, five thousand

• 상사가 전화 걸 시간을 물어 볼 때

▶ What time should he/she call you back?
▶ When would be a good time for him/her to call you back?
▶ When is it convenient for you to get his/her return call?

• 전화 받고 싶은 시간을 알릴 때

▶ I'll be in by 3:00 p.m.
▶ After three will be fine.
▶ I'll be in between three and five.
▶ I'll be in anytime this afternoon.

• 전화를 끊을 때

▶ Thank you very much, Mr. 상대방 이름 . Good-bye.
▶ Thank you for your help. Good-bye.

• 영어를 잘 못할 때

▶ I'm sorry, I cannot speak English well.
▶ I'm sorry, but I'll get someone who speaks English well.
▶ Hold on, please. I'll transfer this call to somebody who can speak English well.

• 빨리 말해서 못 알아들을 때

▶ Could you speak a little bit slowly?
▶ Could you say that again, please?
▶ Would you repeat that, please?

• 잘 안 들릴 때

▶ I'm sorry, but I cannot hear you well.
▶ Would you speak up, please?
▶ Could you speak a little bit slowly?

• 혼선이 되었을 때

▶ Would you try again?
▶ We have a bad connection.
▶ The lines are crossed.

• 잘못 걸려 왔거나 찾는 사람이 없을 때

▶ I'm afraid that you have the wrong number.
▶ I'm afraid that you've got the wrong number.
▶ What number did you call?
▶ There is no one by that name.

• 상대가 언제 돌아올지 물어 볼 때

▶ When do you expect him/her back?
▶ What time is he/she expected back?
▶ Do you know what time he/she will be in?

• 돌아오는 시간을 가르쳐 줄 때

▶ I expect him/her back in about two hours.
▶ He/She will be back in 30 minutes.
▶ He/She will be back at about 4 o'clock.
▶ He/She won't be back until 2:00 p.m.

• 국제전화를 걸 때

▶ Can I have an overseas call, please?
▶ I'd like to have an overseas collect call, please.
▶ Could you connect a person-to-person call, please?
▶ I will accept the charge. (collect call을 승인할 때)

# 제 5 장 내방객 응대

로펌에서는 로펌과 업무 계약을 하는 고객들을 일반적으로 내방객(client)이라고 부른다. 내방객은 로펌의 수익성과 직결되므로 내방객을 친절하게 응대하는 일은 매우 중요하다. 내방객 중 대부분은 약속을 하고 방문하지만, 약속 없이 불쑥 찾아오는 내방객에 대해서는 상황에 맞게 대처하는 기술이 필요하다. 약속하지 않고 오는 내방객 중에는 근처를 지나다가 들르는 친분 관계의 사람, 급한 용무로 다급하게 면담을 요청하는 사람, 미리 말하기 곤란한 용건을 가지고 오는 사람, 사무실을 잘못 찾아온 사람 등 매우 다양하다. 어떠한 내방객이든지 비서는 하던 일을 멈추고 신속히 응대하며, 모든 내방객에게 친절하고 호의적인 태도로 응대함으로써 상사와 회사의 대외 이미지를 높일 수 있도록 해야 한다.

내방객을 응대할 때 가장 유의해야 할 것은 내방객이 만족스러운 응대를 받았다는 느낌과 함께 회사 및 상사에 대해 좋은 인상을 갖도록 하며, 내방객과 관련된 업무가 효과적으로 진행되도록 하는 것이다. 비서는 내방객에게 최대한의 만족감을 주도록 노력함으로써 상사와 내방객 간에 좋은 인간 관계를 유지하는 데 도움이 되도록 한다.

## 5.1 면담 준비

### 1) 상사의 기호 파악

비서가 상사의 성격과 취향을 미리 파악해 두면 내방객 응대에 도움이 된다. 개방적인 성향의 상사는 자신을 찾아오는 대부분의 내방객과 부하 직원들을 직접 만나는 반면, 그 반대의 성향을 가진 상사는 내방객 외 내방객과의 면담을 불편하게 여기기도 한다. 또, 상사가 아주 바쁜 경우에는 비서가 어느 정도 알아서 내방객을 선별해 주기를 바라기도 한다. 그러므로 비서는 전임 비서에게 상사가 선호하는 내방객 응대 방식을 묻거나, 또는 상사로부터 직접 지시를 받아 상사의 기호에 맞는 내방객 응대법을 잘 알아 둘 필요가 있다.

상사의 내방객 응대 방식에서 미리 파악해야 할 사항은 다음과 같다.

① 상사는 주로 어떤 사람들과 만나는가?
② 개인적인 용무로 친지나 친구들이 방문하는가?
③ 손님이 방문했을 때 어떤 방식으로 알려 주기 원하며, 어떻게 안내하는 것을 선호하는가?
④ 선약 없이도 만나는 내방객들은 어떤 사람들인가?

## 2) 면담 약속

상사의 하루는 서류 결재, 회의 참석, 우편 서류 및 이메일 확인 등으로 항상 분주하다. 그러므로 비서는 전화로 면담 요청이 있을 경우, 상사가 만나고 싶어하는 사람인지 아닌지를 파악해야 한다. 이 때, 면담 요청자 신상에 관한 컴퓨터 파일이나 내방객 기록을 참조하면 도움이 된다.

### (1) 약속을 정하는 요령

① 만나고자 하는 목적을 먼저 파악한 후 약속 시간을 정한다.
② 약속 일정을 정할 때 상대방에게 막연히 어느 때가 좋은지를 묻지 말고, 이쪽에서 가능한 시간대를 두세 개 제시해 상대방이 선택하도록 한다.
③ 내방객이 찾아올 때는 출발지로부터 차편에 따른 소요 시간을 알려 준다.
④ 면담 요청을 받을 때에는 반드시 메모를 하고 확인한다.
⑤ 승용차 준비 여부, 필요 서류 및 정보 등을 미리 확인한다.
⑥ 평상시 상사와 교류가 빈번한 상대방의 비서와 좋은 업무 관계를 형성해 둠으로써 예기치 못한 상황 발생 시 대처하기 쉽도록 한다.
⑦ 자세한 약도(승용차용, 버스용, 지하철용)를 미리 작성해 필요한 경우 팩스로 보내거나 회사 홈페이지 '찾아오는 길'에 올려 둔다.

### (2) 상사가 직접 면담 약속을 했을 경우

상사는 가끔 비서를 통하지 않고 직접 면담 약속을 정하기도 한다. 이러한 경우 상사가 비서에게 자신이 한 면담 약속을 알려 주지 않으면 스케줄에 문제가 발생할 수 있다. 특히 상사가 외부 회의에 참석 중이거나 사업 거래처와 통화 중일 때 약속을 잡으면 종종 이런 일이 발생한다. 그러므로 비서는 자신의 일정표가 상사의 것과 동일한지를 정기적으로 점검하는 것이 좋다. 또한 상사와 앞으로 처리해야 할 일들에 대해 자주 확인하는 것도 좋은 방법이다. 전 날 퇴근하기 전 혹은 아침에 출근했을 때 상사의 책상 위에 그 날의 일정표를 놓아 둔다.

#### (3) 컴퓨터 면담 일정표

상사와 비서 모두 컴퓨터를 사용하는 경우 전자 캘린더를 이용해 일정을 관리하면 매우 편리하다. 면담 약속을 컴퓨터에 입력해 두면 내방객 일정을 파악하기 쉽고, 면담 일정을 항상 최근의 것으로 유지할 수 있다.

아웃룩(MS-Outlook)과 같은 일정관리 소프트웨어는 조직원이 스케줄을 공유할 때는 네트워크상에서 상사나 비서가 관련자들의 일정을 확인해 볼 수 있을 뿐만 아니라, 스케줄 첨가·삭제도 가능하다. 이런 소프트웨어의 또 다른 장점은 상사의 가장 편리한 약속 시간대를 확인해 볼 수 있다는 것이다.

위에서 제시한 점들을 모두 고려해서 각각의 내방객에게 할당할 시간을 판단하고 가능한 최상의 조건으로 약속을 잡도록 노력한다. 면담 약속이 중복되지 않도록 항상 상사의 일정표와 맞춘 자신의 일정표를 갖고 있어야 한다. 비서가 상사의 면담 약속을 잡을 때에는 면담 노트에 방문자 이름, 전화 번호, 면담 목적, 소요 시간, 필요한 자료와 같은 중요 정보를 적는다.

### 3) 면담 약속의 변경 및 취소

상사의 예기치 못한 출장이나 회의 등의 사정으로 인해 면담 약속을 지키지 못하게 되는 경우에는 가능한 한 빨리 상대방에게 연락해 약속을 취소하거나 면담 약속을 다시 잡아야 한다.

#### (1) 약속 변경 시

① 신속하게 관련 부서 및 담당자, 그리고 운전 기사 등 관계자에게 변동 사항을 알린다.
② 상대방이 납득할 수 있도록 공손하고 예의 바르게 설명한다.
③ 상대방의 일정에 차질이 없도록 약속을 조정한다.

#### (2) 약속 취소 시

① 상대방의 일정에 차질이 없도록 신속하게 통보해야 한다.
② 취소 사유를 정확히 전하고 죄송하다고 사과하되 불필요한 설명이나 변명을 늘어놓지 않는다.

### 4) 면담 준비 사항

약속된 내방객이 사무실에 도착하기 전에, 상사가 내방객과 면담할 동안 필요한 자료를 미리 준비한다.

① 회사명, 직위, 경력, 소송이나 자문 요청 내용 등 내방객에 대한 정보를 수집한 뒤 이를 요약해 상사에게 제공한다.
② 이메일, 보고서 등의 면담 관련 서류를 준비한다. 비서가 이런 자료들을 면담 약속 전에 상사에게 제공함으로써, 상사는 효과적인 면담 준비를 할 수 있다.
③ 내방객이 첫 번째 방문이라면 대개 회사 홍보용 기념품이나 소개 책자를 준비한다.
④ 내방객에게 영상 자료를 보여 주어야 할 경우 비디오나 CD 혹은 DVD를 바로 시청할 수 있도록 준비해 둔다.
⑤ 만약 약속된 면담이 사내 다른 변호사들과도 연관된 일이라면, 관련자들에게 정시에 참석할 수 있도록 사전에 확인 통보한다.
⑥ 단체 손님일 경우, 상사의 집무실이 아닌 회의실에서 영접할 수도 있기 때문에 회의실을 예약하고 확인해 둔다.
⑦ 단체 손님일 경우 음료를 준비하는 데 시간이 많이 걸리므로, 도착 시간에 맞추어 바로 대접할 수 있도록 준비해 둔다. 이럴 경우 혼자 여러 번 음료를 나르기보다 동료 비서에게 도움을 청해 신속히 처리함으로써 면담 분위기가 산만해지지 않도록 한다.

## 5.2 내방객 응대

### 1) 내방객 응대 태도

내방객 응대는 전화 응대와 마찬가지로 회사 및 상사의 이미지에 많은 영향을 미친다. 전화 응대에서는 음성을 통해 태도가 전달되지만, 내방객을 응대할 때는 직접 대면하기 때문에 비서는 항상 정중하고 예의 바른 태도로 임해야 한다.

① 내방객이 들어오면 일단 하던 일을 멈추고 일어서서 자세를 바르게 하고 반갑게 인사한다. 어떤 경우이든 내방객을 맞거나 인사할 때는 자리에서 얼른 일어나서 하도록 한다.
② 대화할 때는 시선을 맞추고, 내방객의 말에 경청하는 자세를 취한다.
③ 내방객이 편안하게 느끼도록 친절한 말투로 대한다.
④ 내방객의 외모로 판단해 차별적인 대우를 해서는 안 된다.
⑤ 내방객과 대화 중에 전화 벨이 울리면, 먼저 내방객에게 양해를 구하고 전화를 받으며 되도록 빨리 통화를 끝낸다.
⑥ 내방객의 호칭은 명함에서 직책을 확인해 반드시 성과 직책명을 함께 호칭한다.
⑦ 누구나 알아듣기 쉬운 표준말을 사용하며 전문 용어나 약자는 사용하지 않는다.

⑧ 내방객과 있을 때는 동료들과 사적인 대화를 하거나 단정하지 못한 모습을 보여서는 안 된다.

⑨ 내방객이 상사를 기다리는 동안 전화 연결을 부탁하거나 항공 시간이나 경유지 교통편 등을 문의할 수 있다. 내방객의 부탁과 문의에는 정성껏 대답하고 친절하게 응대한다.

### 2) 소개 예절

비서는 상사를 찾아오는 내·외국인 내방객을 맞이하고 상사에게 소개하는 경우도 있다. 중간에서 양 당사자를 소개할 때의 일반적인 매너는 다음과 같다.

① 직위가 낮은 사람을 먼저 윗사람에게 소개하고, 그 다음에 윗사람을 아랫사람에게 소개한다.

② 연배가 아래인 사람을 먼저 소개한다. 그러나 연배가 아래이더라도 특별한 지위에 있는 사람을 소개할 경우에는 직위순으로 소개하는 것이 일반적이다.

③ 남자와 여자를 서로 소개할 때에는 남자를 여자에게 먼저 소개하는 것이 서구식 에티켓이다. 그러나 사회적 지위나 연령 차이가 많을 때에는 그렇지 않다.

④ 한 사람을 여러 사람에게 소개할 때는 그 사람을 먼저 여러 사람에게 소개한 후에 그룹에 속한 각 사람을 소개한다.

⑤ 여러 사람을 그룹별로 소개할 때는 일관된 방향으로 어느 한쪽 그룹의 사람들을 다른 그룹에 소개하고 난 후 다른 그룹을 소개한다.

⑥ 소개할 때 두 명 중 어느 한쪽만을 소개한다든지, 이름을 빠뜨린다든지 하면 실례가 된다.

⑦ 소개할 때는 소속, 성과 이름, 직책명 등을 포함한다.

⑧ 중간에 소개해 주는 사람이 없을 때는 상대방에게 먼저 인사를 건네며 자신을 소개한다.

### 3) 인사 예절

상대방의 마음을 열 수 있는 인간 관계의 시작은 마음에서 우러나오는 인사이다. 지나치게 형식적인 인사는 오히려 상대에게 부담을 주는 반면, 형식을 무시한 인사는 불쾌감을 줄 수 있다.

다음은 인사할 때 지켜야 하는 예절이다.

① 시선에 존중하는 마음을 담아 상대의 눈을 바라본다.

② 표정은 밝고 부드러운 미소를 지닌다.

③ 인사할 때의 손의 위치는 여자의 경우 오른손이 위로 올라가게, 남자의 경우 왼손이 위로 올라가게 포갠 다음 아랫배에 가볍게 대고 30도 정도 허리를 굽힌다.

④ 목소리는 알맞은 음량과 강약으로 또렷하고 쾌활해야 한다.

⑤ 엘리베이터 안, 복도, 계단에서 또는 하루에 여러 번 마주칠 때는 15° 정도 허리를 굽혀 가벼운 눈인사(目禮)를 한다.

### 4) 명함 교환

한국이나 일본에서는 처음 만나 인사를 할 때 먼저 명함을 교환하는 것이 일반적이다. 다음은 타인과 명함을 교환할 때의 매너이다.

① 상대가 명함을 건네 줄 때는 정중하게 받는다. 가볍게 인사를 하면서 두 손으로 공손하게 명함을 받되, 손가락이 아닌 손바닥으로 받는 것이 좋다.

② 명함을 보면서 상대방의 회사명・성명・직책명 순으로 읽은 후(예: "○○물산의 ○○○상무님이시군요.") 상대방의 표정을 보면서 확인한다. 읽기 어려운 한자는 뒷면의 영어 이름을 참고한다.

③ 명함을 교환할 경우 손아랫사람이 먼저 건네며, 자기 이름이 상대 쪽에서 볼 수 있도록 명함의 방향을 돌려서 오른손으로 내민다. 상대가 두 사람 이상일 때는 손윗사람에게 먼저 준다. 마주 교환하는 경우 오른손으로 자신의 명함을 내밀고 왼손으로 상대의 명함을 받는다.

④ 명함은 받는 것도 중요하지만 받고 난 다음의 관리 또한 중요하다. 명함을 만지작거리거나 책상 위에 아무렇게나 던져 놓는 등 함부로 관리하면 상대방에게 '당신은 내게 소중한 사람이 아닙니다.'라는 메시지를 주는 것과 같다.

⑤ 명함첩에 보관하기 전에 명함에 내방객의 방문 날짜・인상 착의 등을 기록해 두면 추후에 참고하기 좋다. 그러나 내방객의 면전에서는 명함에 메모하지 않도록 유의한다.

### 5) 클라이언트 응대 시의 대화법

클라이언트가 변호사를 방문할 때는 대부분 법적인 문제를 상담하러 오기 때문에 약간의 스트레스와 부담을 갖기 마련이다. 친절하고 호감을 주는 대화를 통해 비서는 클라이언트의 마음을 편안하게 할 수 있다.

대화란 말하는 쌍방의 마음을 나누는 것이다. 대화할 때는 명랑하고 예의를 갖춘 태도와 자연스럽게 미소 띤 얼굴로 클라이언트에게 호감을 주도록 한다. 그리고 부드러우면서도 분명한 말씨로 말의 강세와 속도를 조절하면 감화력과 호소력을 발휘할 수 있다. 평상시 호감을 주는 대화를 나누기 위해 필요한 대화법은 다음과 같다.

① 간결하고 쉬운 용어를 사용한다.

② 명령문은 의뢰형으로 표현한다.

예: 명함을 주세요. → 명함을 주시겠습니까?

③ 부정문을 사용하지 말고 긍정문이나 의뢰형으로 표현한다.
예: 내일은 시간이 없으십니까? → 혹시 내일은 시간이 있으십니까?

④ 한 마디라도 신중하게 한다.
예: 오늘은 헤어 스타일이 멋지네요. → 오늘도 헤어 스타일이 멋지네요.

⑤ 경어를 사용한다.
경어에는 상대방에게 존경을 표현하는 존경어, 자기 자신을 낮추는 겸손어, 그리고 상대방에 대한 정중함을 표현하는 정중어가 있다. 손님에게 경어를 사용함으로써 상대에 대한 친밀성과 존경을 표현하고, 상대의 자존심을 살려 준다.

⑥ 친절한 표현을 사용한다.
간략한 언어 표현으로도 의사 소통이 가능하지만, 자칫 냉정하게 보일 수 있다. 따라서 대화할 때는 상냥하고 친절하게 표현한다.
예: 전화입니다. → 변호사님, ○○전자 ○○○ 전무님 전화입니다.
네. → 네, 전무님. 잘 알겠습니다.
어서 오십시오. → ○○○ 이사님, 어서 오십시오. 오랜만에 뵙습니다.

### 호칭과 경어

1. 상황에 따른 표현

| 상 황 | 표 현 |
|---|---|
| 내방객을 맞이할 때 | 어서 오십시오. / 안녕하십니까? / 어떻게 오셨습니까? / 죄송하지만, 어디서 오셨습니까? / 오랜만에 뵙습니다. |
| 용건을 받아들일 때 | 감사합니다. / 네, 잘 알겠습니다. / 네, 말씀대로 처리해 드리겠습니다. / 곧 처리하겠습니다. |
| 용건을 마칠 때 | 대단히 감사합니다. / 오래 기다리셨습니다. / 바쁘실 텐데 기다리시게 해서 죄송합니다. |
| 기다리게 할 때 | 죄송합니다만, 잠시 기다려 주시겠습니까? / 잠시만 기다려 주십시오, 곧 처리해 드리겠습니다. |
| 자리를 비우거나 중간에 끼어들 때 | 죄송합니다. / 잠깐 실례하겠습니다. |
| 상대를 확인할 때 | 죄송합니다만, 성함(존함)이 어떻게 되십니까? / 죄송합니다만, 어디시라고 말씀드리면 되겠습니까? / 죄송합니다만, 누구시라고 전해 드릴까요? |
| 다시 물을 때 | 죄송합니다만, 다시 한 번 말씀해 주시겠습니까? |
| 거절할 때, 사과할 때 | 죄송합니다만… / 말씀드리기가 어렵습니다만… / 죄송하게 되었습니다. |
| 손님을 배웅할 때 | 안녕히 가십시오. / 살펴 가십시오. / 다음에 또 뵙겠습니다. |
| 퇴근할 때 | 먼저 실례하겠습니다. / 먼저 가겠습니다. |

2. 상대에 따른 호칭

| 상 대 | | 호 칭 | 보 기 |
|---|---|---|---|
| 상급자 | 직함이 있을 때 | 성+직함+님 | 김 부장님, 정 이사님 |
| | 직함이 없을 때 | 선배님 | 김 선배님, 이 선배님 |
| 하급자 | 직함이 있을 때 | 성+직함 | 이 과장, 김 대리 |
| | 직함이 없을 때 | 이름+씨 | 김영호 씨, 이미숙 씨 |
| | | 성+선배 | 김 선배 |
| 총무 관련 근무자 | 경비원/미화원 | 상대방의 연령에 따라 | 박○○ 씨, 아주머님,<br>○○ 어머님, ○ 선생님 |
| | 운전기사 | 성+기사님 | 김 기사님, 차 대기시켜 주세요. |
| 직장 상사 가족 | 부인 | 사모님 | 사모님께서 전화하셨습니다. |
| | 남편 | 바깥 선생님, 바깥어른, 바깥분 | 바깥 선생님께서 전화하셨습니다. |
| | 자녀 | 따님, 아드님, 자제분 | 아드님 전화 왔었습니다. |

| 구 분 | 잘못된 호칭 | 올바른 호칭 |
|---|---|---|
| 직업 관련 | 운전수 | 운전 기사 |
| | 수위 | 경비원 |
| | 청소부 | 환경미화원 |
| | 우편배달부 | 집배원 |
| | 간호원 | 간호사 |
| | 경찰 | 경찰관 |
| | 점원 | 판매원 |

3. 경어의 표현

① 존대어(尊待語), 존칭어(尊稱語): 상대방을 높이는 말
② 겸양어(謙讓語): 자신을 낮추는 말
③ 정중어(鄭重語): 말하는 사람이 듣는 사람을 대우하여 공손하게 서술어 형식으로 표현하는 말
④ 존칭(尊稱), 경칭(敬稱): 상대방을 높여 부르는 호칭

| 존대어 | | 겸양어 | | 정중어 | |
|---|---|---|---|---|---|
| 있다 | 계시다 | 나, 우리 | 저, 저희 | 미안해요 | 죄송합니다 |
| 만나다 | 만나시다 | 말하다 | 말씀드리다 | ~했어요 | ~했습니다 |
| 일 | 용건 | 만나다 | 만나 뵙다 | 그래요 | 그렇습니다 |
| 야단 | 꾸중 | 찾아가다 | 찾아 뵙다 | ~예요 | ~입니다 |
| 상대방 회사 | 귀사 | 우리 회사 | 당사, 폐사 | 아니에요 | 아닙니다 |
| 집 | 댁 | 주다 | 드리다 | 고마워요 | 고맙습니다 |

예 1) 내가 전화를 하겠습니다. (×) → 제가 전화를 드리겠습니다. (○)
2) 부장님, 사장님이 부릅니다. (×) → 부장님, 사장님께서 부르십니다. (○)
3) 차가 오고 계십니다. (×) → 차가 오고 있습니다. (○)

### 6) 사전 약속의 유무에 따른 내방객 응대

#### (1) 약속이 되어 있는 내방객

비서는 미리 면담 약속이 되어 있더라도 내방객과 상사가 모두 편안하게 느낄 수 있도록 하기 위해서는 주어진 상황에 따른 세심한 배려가 필요하다. 다음은 약속이 되어 있는 내방객을 응대할 때 유의할 점이다.

① 내방객을 리셉셔니스트(receptionist)가 맨 처음 응대할 경우, 비서는 약속된 내방객의 이름과 방문 시각을 리셉셔니스트에게 미리 알려 준다. 만약, 방문자가 사무실 위치를 잘 모를 경우이거나 고위직일 경우 비서가 직접 안내 데스크로 가서 내방객을 맞이해 사무실까지 안내한다.

② 미리 약속되어 있는 내방객의 경우, 일반적으로 내방객의 방문을 상사에게 구두로 알린다. 이 때, 내방객의 소속 회사, 이름, 직책, 소송 내용 등을 상사에게 다시 한 번 상기시킨다.

예: 변호사님, 2시에 약속하신 ○○산업의 ○○○ 사장님께서 오셨습니다.

③ 상사가 통화 중이거나 먼저 방문한 내방객이 아직 있을 때는 메모로 알려서 상사의 지시에 따라 손님을 안내한다.

④ 최고위직의 내방객일 경우에는 상사가 건물 일층 현관에서 직접 응대할 경우도 있다. 이러한 경우 매우 긴밀한 연락이 필요하므로 되도록 걸려 오는 통화는 짧게 마치며, 자리를 비우지 말고 일정 진행과 변경 사항에 따라 신속히 대처한다. 또, 회사 정문의 경비에게도 내방객의 예상 방문 시각 및 차량 번호 등을 알려 정문 통과 시에 연락해 줄 것을 요청한다.

⑤ 상사가 이전 내방객과의 면담이 예정 시간보다 길어지거나 장거리 전화 등으로 인해 정해진 약속 시간에 면담이 이루어지지 못할 경우, 내방객에게 정중하게 상황을 설명하고 사과한다.

⑥ 내방객이 비서실에서 대기 중일 때에는 책상 위에 기밀 문서를 두지 않는다. 일하던 서류들을 폴더 안에 넣거나 내용이 보이지 않게 뒤집어 둔다. 컴퓨터 스크린을 꺼두거나 화면 보호기를 작동시킨다. 상사의 일정표도 외부인에게 보이지 않게 관리하며, 잠시라도 자리를 비우는 일이 없도록 한다.

⑦ 상사가 내방객을 맞이할 준비가 되었을 때, 내방객을 상사의 사무실로 안내한다. 만약 상사와 내방객이 첫 대면일 경우 대개는 먼저 상사에게 내방객을 소개한다. 그러나 방문자가 연장자이거나 높은 직책일 경우에는 사회적으로 보편적인 소개 순서를 따른다.

⑧ 내방객이 너무 오랫동안 시간을 끄는 경우나 상사가 다음 스케줄이 있을 경우, 비서는 상사가 면담을 마칠 수 있도록 내부 전화를 이용해 메시지를 전달하는 방식으로 다음 스케줄을 알려 드린다.

### (2) 약속이 되어 있지 않은 내방객

약속 없이 찾아오는 내방객은 상황에 따라서 잘 판단해 응대한다. 만약 상사의 스케줄에 여유가 있으며, 평소 약속이 없어도 내방객을 만나는 편이면 상사에게 내방객 방문 사실을 알리고 내방객을 안내한다. 그러나 상사가 바쁠 경우에는 비서가 내방객이 불쾌함을 느끼지 않게 면담을 미루어야 한다. 선약 없이 찾아온 내방객을 응대할 때 유의할 점은 다음과 같다.

① 상사가 약속 없이 방문해도 만나는 사람과 만나지 않는 사람의 부류를 파악해 둔다.
② 내방객의 이름, 소속, 직함, 방문 목적을 확인해 상사에게 보고한다. 이 경우 손님에게 상사가 만나 줄 것이라는 확신을 주지 않도록 한다.
③ 신분과 방문 목적을 밝히지 않으면 상사와의 면담이 어렵다는 것을 분명하게 말한다.
④ 만약 상사가 면담을 거절하거나 기다려 줄 것을 지시하면, 내방객이 불쾌해 하지 않도록 정중히 상황을 설명한다.
⑤ 상사가 외출 중인 경우에 찾아오는 내방객에게는 신분을 확인하고, 방문 목적과 연락처를 받아 두고, 나중에 상사가 돌아왔을 때 보고한다. 그러나 먼 곳에서 급한 일로 찾아온 경우나 평소 상사와 친분이 두터운 내방객인 경우에는 즉시 상사에게 전화로 보고해 지시를 받는다.

## 7) 내방객 선별

### (1) 신분을 밝히지 않는 내방객

내방객 중 가장 응대하기 어려운 유형은 자신의 이름과 소속을 밝히지 않고 상사를 만나고자 하는 사람들이다. 또한 영업사원이 찾아와 상사와의 학연이나 지연을 내세우며 면담을 요청할 수도 있다. 비서는 상사의 업무 시간 낭비를 막기 위해 면담을 사전에 선별해야 한다. 신분을 밝히지 않는 내방객에게는 다음과 같이 대처한다.

① 말로써 소속, 성명, 용건을 밝히지 않으면 내방객에게 봉투, 종이, 그리고 펜을 주고, 상사에게 전할 용건을 적어 줄 것을 요청한다.
② 비서는 잘 모르지만 상사와 개인적인 친분이 있는 내방객인 경우도 있으므로 직무상 의무로 묻는다는 양해를 구한다.
③ 받은 메모를 상사에게 전한 후, 상사의 지시에 따른다.
④ 어떠한 경우에도 상사의 허락이 있기 전에 사무실로 안내해서는 안 된다.
⑤ 어떤 내방객들은 비서에게 과다한 선물이나 호의를 베푸는 경우가 있는데, 이럴 경우 정중하게 사양해야 한다. 그러나 볼펜이나 달력 같은 홍보용의 작은 선물은 상황에 따라 받을 수 있으나 상사에게 보고하도록 한다.

#### (2) 화가 난 내방객

자주 있는 일은 아니지만 화가 난 클라이언트가 불쑥 찾아올 수도 있다. 화가 난 클라이언트를 응대할 때는 다음과 같이 한다.

① 감정적으로 대하지 않는다. 흥분하지 말고 이성적인 태도로 대한다.
② 상대방의 입장에서 들어 주고, "예", "그러시죠." 등과 같이 경청하고 있음을 표현한다.
③ 상대방의 말을 가로막지 말고, 상대가 감정을 발산할 시간적 여유를 준다. 중요한 것은 문제를 풀기 전에 감정을 완화시키는 것이다.
④ 감정이 완화된 후에 상사에게 메모를 전해서 지시를 받는다.

### 8) 상사 부재 시 내방객 응대

#### (1) 상사가 외출 중인 경우

상사가 외출 중에 사전 연락 없이 찾아오는 내방객의 경우, 우선 이름, 소속 기관, 용건을 파악하고 상사의 부재 상황을 설명한다. 이 때 비서는 상사가 사정상 만나지 못할 경우를 대비해 내방객에게 상사가 그를 만날 것이라는 확신을 주지 않도록 한다. 그리고 내방객이 듣지 않는 곳에서 상사에게 연락해 내방객의 이름과 용건을 보고하고 지시를 받는다.

만약 상사가 빠른 시간 내에 사무실로 돌아올 예정이라면, 내방객에게 기다리겠는지 제안해 볼 수 있다. 만약 기다리겠다고 하면 응접실로 안내해서 음료를 대접하고 기다리는 동안 지루하지 않도록 신문이나 책자 등을 권한다. 그러나 빠른 시간 내에 사무실로 돌아올 수 없을 경우에는 명함을 받아 두고, 내방객 카드에 이름, 소속 기관, 방문 일시, 용건, 인상착의 등을 기록해 둔다. 상사가 출장 중인 경우에도 같은 방법으로 응대한다.

#### (2) 상사가 회의 중인 경우

상사가 회의 중에 내방객이 찾아오면, 내방객의 이름과 용건을 메모해 전하고 상사의 지시에 따른다. 만약 상사가 대신해서 영접할 사람을 지시하면, 그 대리인에게 먼저 전화로 연락해 설명한 후에 손님을 안내해 준다.

### 9) 대리자로서 응접

상사가 용무나 출장 등으로 인해 면담을 할 수 없는 때에는 비서가 대리자로서 내방객을 응접하는 경우가 있다. 이 때 비서는 내방객에게 자신의 신분을 밝히고 상사를 만날 수 없는 상황을 설명한다. 내방객을 대신 만나거나 용건 등을 메모할 때에도 상대방의 입장에 서서 상대방에게 신뢰감을 줄 수 있도록 행동한다.

상사로부터 받은 용건을 내방객에게 전하는 경우, 비서 개인의 견해는 배제하고 상사가 말한 그대로를 전해야 한다. 내방객으로부터 상사에게 전해 받지 못한 질문을 받았을 때는 추측으로 답변하지 말고 그 부분에 대해서는 잘 모르니 상사의 지시를 받은 후 나중에 연락하겠다고 한다. 즉, 비서는 어디까지나 상사의 대리로 만난다는 것을 기억하고 자신의 주관적인 의견을 이야기해서는 안 된다. 그리고 대리로 면담한 결과를 가능한 한 빠르고 정확하게 상사에게 보고한다.

### 10) 내방객 간의 조정

먼저 방문한 내방객이 있거나 전화나 회의 때문에 면담 약속 시간이 늦어질 경우, 내방객에게 상황을 설명하고 정중히 양해를 구한다. 시간이 늦어질 경우 상사에게 기다리는 내방객이 있다고 알림으로써 회의나 먼저 방문한 내방객과의 면담을 빨리 끝내도록 유도한다.

동시에 두 사람 이상의 내방객이 잇달아 방문했을 경우 약속된 내방객을 우선적으로 안내하고, 두 사람 모두 약속이 되어 있지 않은 경우 먼저 온 내방객을 먼저 안내한다. 기다리게 되는 내방객에게는 정중하게 이유를 설명하고 대기석으로 안내한다. 대기실에 여러 내방객이 함께 기다릴 때는 내방객들의 상호 관계에도 신경을 써서 서로 대면하지 않는 것이 좋겠다고 판단되는 내방객은 각각 다른 장소에서 기다리도록 안내한다. 기다리는 동안 무료하지 않도록 신문이나 시사 잡지 등을 권하고 필요한 경우 음료를 대접한다.

## 5.3 내방객 안내

### 1) 안내 요령

일반적으로 법률회사는 내방객을 면담하는 회의실이 따로 있는 경우가 많다. 그러나 파트너 변호사나 고위관리자를 찾아오는 중요한 내방객의 경우에는 주로 상사의 사무실에서 면담이 이루어진다.

리셉셔니스트와 비서는 처음 사무실을 방문하는 내방객이 안내가 없어 불안한 느낌을 갖지 않도록 배려해야 한다. 특히 개방식의 사무실은 통로가 복잡하고 외부인의 출입을 통제하는 장치가 되어 있는 곳도 있으므로 내방객의 입장에서 안내하도록 한다. 내방객을 안내할 때 유의할 점은 다음과 같다.

① 내방객보다 두서너 걸음 앞에서 안내한다.
② 내방객의 대각선 방향(내방객에게는 130° 각도)에서 안내한다.
③ 시선은 고개와 함께 움직인다.
④ 어깨를 펴고 등을 굽히지 않는다.
⑤ 방향을 가리키는 손은 손가락을 가지런히 모으고 펴서 안내한다.

## 2) 복도와 계단에서의 안내

### (1) 복도

① 복도의 넓이를 고려해 내방객보다 약간 앞서 간다.

② 모퉁이를 돌 때에는 가야 할 방향을 가리킨다.

### (2) 계단

① 계단에서 안내할 때에는 내방객과 1~2계단 떨어져서 안내한다.

② 계단을 내려갈 때는 앞서서, 올라갈 때는 뒤따라 간다.

③ 계단에 난간이 있을 때에는 내방객이 난간의 손잡이를 잡을 수 있도록 배려한다.

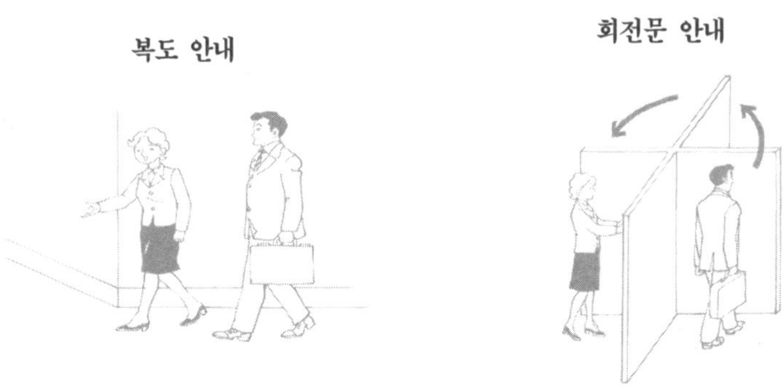


**[그림 5-1]** 복도와 회전문에서의 안내

### (3) 에스컬레이터나 회전문에서의 안내

① 안내자가 먼저 탔는데 내방객이 미처 타지 못할 수도 있으므로 올라갈 때나 내려갈 때 모두 내방객을 먼저 타게 하고, 안내자가 뒤따른다.

② 회전문에서는 문이 멈춰 있을 때는 양해를 구하고 먼저 들어가 문을 밀어 주고, 문이 회전하고 있을 때는 내방객이 먼저 들어가게 한다.

### (4) 엘리베이터에서의 안내

① 엘리베이터를 탈 때에는 타기 전에 미리 가는 층을 알려 준다.

② 엘리베이터를 타고 내릴 때에는 문이 닫히지 않도록 문을 손으로 잡는다.

③ 비서가 먼저 타거나 내릴 때에는 양해를 얻는다.

④ 엘리베이터 버튼을 조작해 주는 사람이 있는 경우에는 내방객이 먼저 타고 먼저 내린다.

⑤ 엘리베이터 버튼을 조작해 주는 사람이 없고 멈추어 있는 엘리베이터의 경우에는 양해를 얻은 뒤 비서가 먼저 타서 열림 버튼을 누르고, 다음에 내방객이 타도록 한다.

⑥ 반대로 엘리베이터 문이 닫히지 않도록 비서는 열림 버튼을 누르고, 내방객이 먼저 내리도록 한다.

## 3) 문에서의 안내

① 여닫이문으로 문이 당겨서 열릴 경우에는 문을 열고 잡은 후 내방객이 먼저 안으로 들어가도록 안내하며, 문이 밀어서 열릴 경우에는 안내자가 먼저 문을 열고 들어가서 문을 잡은 후 내방객이 안으로 들어오도록 한다.
② 미닫이문일 경우에는 들어가고 나올 때 모두 안내자가 문을 열고, 내방객이 먼저 들어가고 나오게 한다.
③ 회전문의 경우에는 내방객을 먼저 들어가게 하고, 안내자가 뒤에 따라 들어간다.

**[그림 5-2]** 문에서의 안내

## 4) 응접실에서의 안내

### (1) 안내 방법

① 내방객이 응접실에 도착하게 되면 문 앞에서 "이곳입니다."라고 말하고 들어간다.
② 의자를 권할 때에는 내방객에게 상석에 앉도록 권한다.
③ 상석의 위치를 정확히 파악한 뒤 내방객의 직위와 중요도를 고려해 안내한다.

### (2) 상석의 구분

기본적으로 내방객이 가장 편안하고 쾌적하게 여길 수 있는 곳이 상석으로, 접견실의 구조에 따라 달라질 수 있고, 계절에 따라 달라질 수 있다.

일반적으로 상석이란 사람의 출입이 적은 곳, 소음이 적은 곳, 비좁지 않고 넉넉한 곳 등 심리적으로 안정을 줄 수 있는 좌석, 또는 전망이 좋은 좌석을 말한다.

① 상사의 자리가 따로 마련되어 있는 경우에는 상사와 가까운 곳, 특히 오른편이 상석이다.
② 창문이나 액자가 있는 경우 전망이나 그림이 보이는 곳이 상석이다.
③ 소파인 경우에는 출입구로부터 먼 좌석이 상석이다.

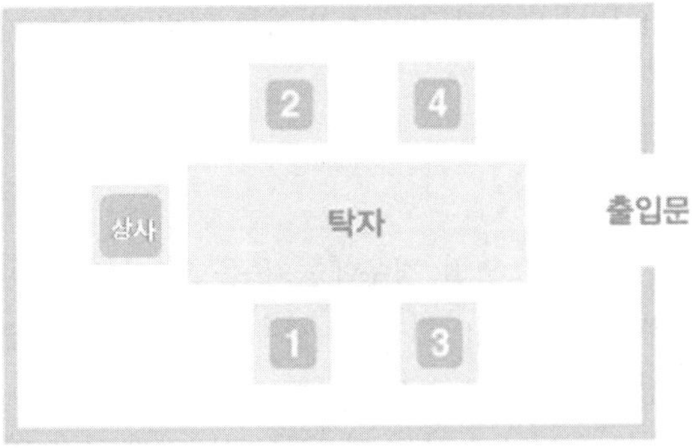


* 번호는 상석 순위

**[그림 5-3]** 상석의 구분

## 5) 각종 교통 수단 안내

### (1) 자동차

운전자 외 탑승 인원이 몇 명인가 혹은 운전자가 누구인가에 따라 상석이 달라진다.

① 기사와 한 명의 상사가 탈 경우에는 뒤쪽 좌석 오른편이 상석이다.

② 비서가 상사와 함께 상사의 차를 타고 업무차 나갈 때에는 상사가 뒤편 오른쪽에, 그리고 비서는 기사의 옆 좌석에 타도록 한다.

③ 세 사람 탑승 시에도 상석은 마찬가지이며 상석의 옆 자리가 차석이 된다.

④ 네 사람 탑승 시에는 [그림 5-4]와 같이 뒷자리에서 가장 불편한 자리인 가운데 자리가 가장 낮은 자리이다.

⑤ 업무상 상사가 자가 운전하고 비서가 혼자 동승하는 경우 비서는 상사 옆 좌석에 앉는다. 여러 명이 함께 동승할 경우에는 상사의 옆 자리가 차석이 되며, 상사와 좀 더 가까운 좌석인 상사의 바로 뒷자리에 그 다음 사람이 앉게 된다.

〈승용차 상석 위치〉

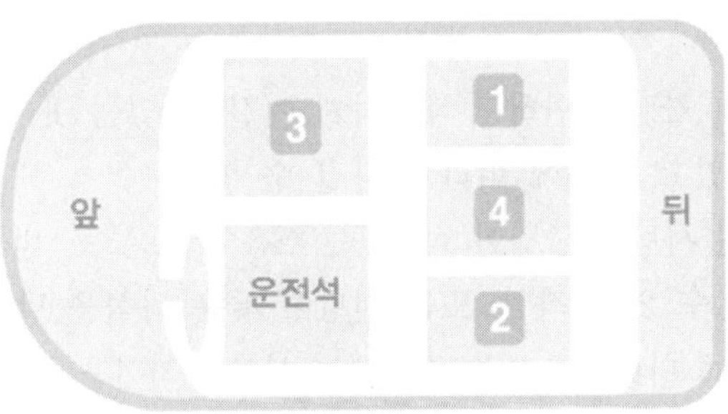


* 번호는 상석 순위. 외국의 경우 운전석이 오른쪽에 있으면 주의

**[그림 5-4]** 자동차에서의 좌석 배치

#### (2) 열차

열차에서는 열차 진행 방향의 창문가 자리가 상석이다. 그러나 움직임이 자유로운 통로 쪽을 더 선호하기도 하므로 연장자나 상사에게 먼저 선택하도록 한다.

#### (3) 비행기

비행기에서는 창문가가 상석이나 개인에 따라 통로 쪽을 선호하기도 한다. 3인용 좌석일 경우에는 가장 불편한 중간 자리가 하석이 된다.

## 5.4 면담 중의 업무 처리

### 1) 음료 대접

비서실에서는 내방객에게 차를 대접하는 것이 일반적인 관례이다. 자신의 집을 방문한 손님에게 차를 정성스럽게 대접하듯이 상사를 찾아오는 내방객에게도 정성을 다해 대접한다. 작은 손길에도 마음이 전해질 수 있으므로 예의를 갖춘다.

음료의 종류는 계절이나 형편을 고려해, 상사 및 내방객의 기호에 맞추어 미리 준비한다. 커피는 내방객의 취향에 따라 농도나 첨가물이 다르므로 자주 방문하는 내방객의 기호를 기억해 두었다가 재차 묻는 일이 없도록 한다. 처음 방문하는 중요 내방객의 경우에는 상대방의 비서와 면담 약속을 할 때, 내방객이 즐기는 음료나 식사류에 대해서도 미리 파악해 두면 응대 및 식사 예약에 도움이 된다.

음료를 대접하는 경우에는 상사의 면담 소요 시간 및 상황을 잘 판단하며, 다음 사항에 유의한다.

#### (1) 음료를 준비하는 요령

① 음료의 종류에 따라 온도를 고려해 더운 음료일 경우에는 잔을 미리 따뜻하게 하고, 찬 음료일 경우에는 잔을 미리 차갑게 한 후 사용한다.
② 찻잔은 받침접시와 함께, 유리컵은 같은 모양의 것으로 준비한다. 그릇에 무늬가 있으면 잔과 받침의 무늬를 잘 맞추어 놓으며, 음료수 잔의 청결 및 상태를 미리 확인한다.
③ 음료의 양은 찻잔의 7부 정도가 적당하다.
④ 쟁반과 찻잔 사이에 물기가 없도록 하며 잔의 가장자리에는 손을 대지 않는다.
⑤ 흘리면 닦을 수 있도록 청결한 행주나 종이 타월을 준비한다.

#### (2) 다과(茶菓)를 내는 순서

① 차(茶)를 가지고 들어갈 때에는 반드시 노크를 한다. 단, 이 경우의 노크는 의례적인 것이므로 살짝 노크한 뒤 2~3초 후에 들어가도 무방하다.

② 내방객이 두 명 이상일 경우, 가장 상석의 내방객부터 순서대로 차를 내고 마지막에 상사의 차를 낸다. 그러나 내방객이 상사보다 낮은 직위나 신분의 사람이면 상사의 차부터 낸다.

③ 찻잔은 내방객의 오른쪽 무릎 앞, 테이블 끝에서 5~10cm 위치에 놓으며, 되도록 소리가 나지 않게 한다.

④ 상사가 이미 여러 잔의 커피를 마셨을 경우에는 카페인이 없는 차나 음료수를 내도록 한다.

⑤ 차와 과자를 함께 낼 때에는 과자를 먼저 낸 다음 차를 낸다.

⑥ 탁자 위에 서류가 있을 때는 먼저 서류를 옮겨도 되는지 여쭈어 보고 한쪽 옆으로 치운 다음 차를 내도록 한다.

⑦ 차를 낸 다음 가볍게 목례를 하고 서너 걸음 뒤로 물러선 후 돌아서 나온다.

⑧ 면담이 두 시간 이상 길어지면 다른 종류의 음료나 생수를 다시 대접하는 것이 좋다.

### 2) 면담 중 전언 요령

비서는 상사가 내방객과 면담 중이라고 해서 자리를 비우거나 방심해서는 안 된다. 항상 준비하는 태도로 상사의 요구를 예측할 수 있어야 한다. 상사가 내방객과의 면담 중에 필요로 할지도 모르는 자료를 미리 찾아 두거나 방문 기록부를 작성하면서 자리를 지킨다. 또 면담 중 전화가 걸려 오거나 상사의 지시를 필요로 하는 급한 업무가 발생했을 때 효과적으로 대처해야 한다.

#### (1) 면담 중인 상사에게 전화가 걸려 오거나 급한 전언이 있을 때

전화가 오거나 내방객이 찾아왔을 때 혹은 급한 용건이 생겼을 때에는 내용을 말로 전달하지 않고 메모해 상사에게 전한다. 이 때, "말씀 도중 죄송합니다."라고 말함으로써 내방객의 양해를 구한다. 그러나 "변호사님, ○○회사의 ○○○ 전무님께서 급한 일로 통화를 원하십니다."와 같이 자세한 사항을 말로 전달해서는 안 된다.

#### (2) 면담 중인 내방객에게 전화가 걸려 왔을 때

비서는 상대방에게 내방객과 직접 통화해야 하는지 또는 전화의 용건을 전달해도 좋은지를 물어 보고, 가능하면 상대방의 용건을 메모해 내방객에게 전달하도록 한다. 상대방이 직접 통화하기를 원하는 경우에는 "말씀 도중 실례합니다만 ○○○님 전화인데 직접 통화하시기를 원합니다." 하고 전화 온 것을 알린 후 편리한 장소에서 내방객이 전화를 받을 수 있도록 전화기를 중재해 준다. 여러 사람이 회의를 하고 있을 때 불러내야 하는 경우에는 내용을 메모에 적어 본인에게 직접 전달한다.

**(3) 면담이 너무 길어지거나 다음 일정이 있을 때**

내방객과의 면담이 너무 길어져 상사의 시간이 낭비되거나 상사의 다음 스케줄에 차질이 생긴다고 판단되면 적절한 기회에 상사가 면담을 끝낼 수 있도록 다음 일정을 메모로 전하거나 면담을 끝낼 수 있도록 돕는다.

## 5.5 면담 마무리

비서는 내방객 방문이 끝난 후 면담에 대한 마무리 작업이 필요하다. 예를 들면 카드 파일(card file)에 내방객에 대한 기록을 하거나, 논의된 자료를 보내기 위한 티클러 파일(tickler file)에 표시해야 한다. 보고서를 작성해야 할 수도 있고 토론된 이슈와 관련된 정보를 수집하거나, 상사와의 면담 중에 제공되지 않은 정보를 내방객에게 제공하기 위해 직접 통화할 수도 있다. 어떠한 마무리 작업이든지 중요한 것은 면담에 이어서 가능한 한 빨리 이러한 업무를 처리하는 것이다.

### 1) 내방객 배웅

내방객이 방문을 마치고 돌아가면서 받는 마지막 인상도 첫인상 못지않게 중요하다. 비서의 조그만 실수나 바람직하지 못한 행동으로 인해 회사의 이미지가 나빠질 수 있으므로 주의한다. 내방객 배웅 시에 유의할 점은 다음과 같다.

① 하던 일을 멈추고 일어나서 내방객을 전송한다.
② 내방객이 돌아갈 때에는 놓고 가는 물건이 없는지 점검한다. 우산이나 코트 등 보관품이 있을 경우에는 미리 챙겨 내방객이 돌아갈 때 건네 드린다.
③ 내방객에 따라 자신의 자리에서 배웅할 것인지, 엘리베이터에서 배웅할 것인지, 또는 승용차까지 동행 안내해서 배웅할 것인가를 결정한다.
④ 필요한 경우 기사 대기실에 연락해 기사가 내방객의 승용차를 입구에 대기시키도록 한다.

### 2) 뒷마무리

내방객이 돌아간 뒤에는 찻잔이나 휴지 등을 치우고 의자 상태를 정리하거나 환기를 하는 등 다음 내방객이 불쾌해 하지 않도록 뒷마무리를 한다.

변호사 사무실과 같은 전문 사무실에서는 내방객과 방문 소요 시간에 대한 기록을 주의 깊게 다루어야 한다. 때에 따라 변호사는 요금 청구를 위한 기초 자료로 이런 기록들이 필요하기 때문이다. 방문객 기록부를 만들어서 손님이 올 때마다 자세히 기록해 두면 매우 유용하다.

때에 따라 내방객이 방문할 때 가져온 선물, 상품 샘플(sample) 등과 같은 물품명과 내방객에게 회사의 기념품이나 선물을 주었을 때의 물품명을 기록해 두면 다음에 같은 내방객에게 같은 선물을 주는 실수를 피할 수 있다. 방문객 기록부에는 내방객의 이름, 회사명, 방문 일자, 시간, 방문 목적, 동행자 등을 기록한다. 비고란을 두어 특기 사항과 선물 관련 기록을 할 수도 있다. 또, 비서가 상사의 명함철을 관리하는 경우 명함 크기의 카드에 필요 사항을 기록해서 명함과 함께 명함철을 보관하도록 한다. 또한 방문객 기록부를 엑셀 프로그램으로 관리하면 손쉽게 검색할 수 있다.

〈표 5-1〉 방문객 기록부

| 날짜 | 시간 | 성명 | 소속/직함 | 연락처 | 방문 목적 | 선약 | 비고 |
|---|---|---|---|---|---|---|---|
| 3/21 | 14:00~<br>14:50 | 김희수 | A회계법인,<br>회계사 | (031)<br>278-1197 | 세무 관계 | 유 | 안경 착용 |
| 3/22 | 11:00~<br>11:30 | 강준상 | L홍보업체,<br>과장 | (02)<br>735-2929 | 회사 홍보물<br>제작 | 유 | 부장 동행 |
| 3/24 | 15:20~<br>16:00 | 최호영 | L증권,<br>부사장 | (02)<br>756-3823 | 인사 | 무 | 동창 |

## 5.6 외국인 내방객 응대

### 1) 외국인 내방객 응대법

오늘날 글로벌 시대에 빈번한 국가 간의 교류로 인해 외국인의 회사 방문이 훨씬 잦아졌다. 따라서 외국인과의 접촉은 업종을 불문하고 일상적인 업무가 되고 있다. 로펌을 찾는 외국인 내방객에게 적절한 매너를 갖추고 친절하게 응대함으로써 국가와 회사의 이익에 기여할 수 있도록 해야 한다. 외국인 내방객을 응대할 때에는 내국인 내방객 응대 요령과 대체로 비슷하지만, 외국인 내방객에게 특별히 신경써야 할 사항은 다음과 같다.

① 한국 문화 및 언어에 익숙하지 않은 외국인 내방객에게 교통편 및 숙박 시설의 안내와 예약에 특별히 세심하게 신경써야 한다.
② 때로는 내방객의 가이드 역할을 하는 경우가 있다. 이럴 경우 비서는 우리 고유의 문화재에 대한 역사적 지식을 활용해 친절하게 안내하도록 노력한다.
③ 외국인 내방객에게 줄 선물은 되도록 한국적인 정서가 느껴지는 것으로 준비한다.
④ 비서는 국제 매너에 익숙해야 한다. 내방객의 문화적 배경을 사전에 파악해 그들의 문화 양식을 고려해 응대하도록 한다.
⑤ 내방객과 의사 소통할 때 언어 이외의 문화 간 커뮤니케이션의 장애를 극복하기 위해 평소에 세계 각국의 문화, 역사, 정치, 경제에 대한 자료들을 스크랩해 두었다가 필요할 때 참고 자료로 활용한다. 인터넷에서 관련 자료를 검색해 그 나라에 대한 사전 지식을 쌓아 두면 여러모로 도움이 된다.

### (1) 인사

서양권 손님과의 인사는 주로 악수이며, 동양권 손님과의 인사는 허리를 숙여 절하는 형태를 취한다. 물론, 악수는 동양권에서도 일반적인 인사로 자리잡고 있다. 악수는 윗사람이 먼저 손을 내밀 때에 아랫사람이 내미는 것이며, 아랫사람이 먼저 상대에게 악수를 청하는 것은 실례이다. 동등한 직위의 남녀 사이에서는 여자가 악수를 먼저 청한다.

악수하는 방법은 상대의 눈을 마주 보고 힘있게 손을 잡고 자신을 소개하며 두세 번 가볍게 흔든다. 인사말로는 "My name is _____, Attorney Park's assistant. Nice to meet you."라고 간단하게 자신을 소개한다.

한국에 도착한 지 얼마 되지 않았을 경우에는 날씨, 항공 여행에 관한 간단한 인사말을 건넨다(예: How was the flight? - 비행기 여행은 어떠셨나요?).

### (2) 존칭

남자의 경우에는 Mr.로, 여자의 경우에는 결혼 여부를 알기 어려운 경우가 많으므로 Miss나 Mrs.보다 Ms.로 부르는 것이 무난하다. 또, 대화 중에 상대방의 이름을 자주 불러 주는 것이 예의이다. 상대방의 이름을 부를 때에는 존칭과 성(last name)을 넣어서 부른다.

예를 들면, 명함에 나타난 이름이 John Smith이면 Mr. Smith라고 부른다. 친한 사이가 되면 John(first name)이라고 부르기도 하지만, 상대방이 자신의 이름을 first name으로 불러달라고 하기 전까지는 깍듯하게 Mr./Ms.를 붙이는 것이 좋다.

### (3) 응대 영어

비서는 영어로 외국 내방객을 맞이하고 안내해 상사와의 면담이 원활히 이루어질 수 있도록 응대할 수 있어야 한다. 따라서 비서는 어학 실력 향상을 위해 꾸준히 노력해야 한다. 대체로 영어가 널리 쓰이고 있으나, 중국 시장의 개방, 일본 및 유럽과의 활발한 교류 등을 고려해 볼 때, 영어 이외에도 중국어나 일어 및 불어 등 제2외국어를 꾸준히 공부하는 것이 좋다. 다음은 외국인 내방객을 응대할 때 필요한 영어 표현들이다.

### 공항에서

- Did you have a good trip? - 여행은 편안하셨습니까?
- How was your flight? - 비행기 여행은 어떠셨나요?

### 내방객을 맞이할 때

- Good morning. May I help you? - 안녕하십니까? 무엇을 도와 드릴까요?
- Mr. Kim is waiting for you. - 김 변호사님께서 기다리고 계십니다.

### 처음 대면하는 내방객이 왔을 때

- I am Suejin Kim, secretary to Mr. Chang. - 저는 장 변호사님의 비서 김수진입니다.
- I am very pleased to meet you, Mr. Smith. - 스미스 씨, 만나게 되어 반갑습니다.

### 약속된 내방객이 왔을 때

- Good morning, Mr. Smith. Mr. Kim is expecting you. Go right in, please.
- 안녕하세요, 스미스 씨. 김 변호사님께서 기다리고 계십니다. 들어가시지요.
- Good afternoon, Mr. Smith. Mr. Park is waiting for you now.
- 스미스 씨, 안녕하세요. 박 변호사님이 기다리고 계십니다.
- Good morning, Mr. Smith. Please take a seat. I'll let Ms. Bailey know you're here.
- 안녕하세요, 스미스 씨. 잠시 자리에 앉아 계셔요. 베일리 씨에게 당신이 오셨다고 알려 드리겠습니다.

### 약속되어 있지 않은 내방객이 왔을 때

- May I ask what you would like to see him about?
- 용건을 말씀해 주시겠습니까?
- May I ask whom do you want to see?
- 어느 분을 찾아오셨습니까?

## 즉시 상사를 만날 수 없을 때

- Would you please have a seat and wait for a moment?
- 앉아서 잠시 기다려 주시겠습니까?
- Would you prefer to wait here, or come back later?
- 여기에서 기다리시겠습니까, 아니면 나중에 다시 들르시겠습니까?
- He's away at the moment, but he'll be back in five minutes.
- 잠깐 자리는 비우셨습니다만 5분 안으로 곧 돌아오실 겁니다.
- I am sorry, I've kept you waiting.
- 기다리시게 해서 죄송합니다.

## 다과를 접대할 때

- Would you like something to drink? - 음료를 드시겠습니까?
- How would you like your coffee? - 커피를 어떻게 타 드릴까요?

## 선물을 주고받을 때

- Here is a little something for you. Hope you like it.
- 이거 별 것 아니지만, 마음에 드셨으면 합니다.
- We are grateful to you for helping us in many ways. This is a small gift from my boss.
- 여러 가지로 도와 주셔서 감사합니다. 저희 변호사님께서 드리는 조그만 선물입니다.
- I'm glad you like it.
- 마음에 드신다니 다행입니다.

## 코트를 받아 줄 때

- May I take your coat? - 코트를 주시겠습니까?

## 길을 안내할 때

- Let me show you. Come with me, please.
- 안내해 드리겠습니다. 저와 함께 가시지요.
- It's at the end of the aisle.
- 통로 끝에 있습니다.
- The partner's office is upstairs on the 5th floor.
- 영업부는 5층입니다.
- It takes ten minutes from the subway station.
- 지하철역에서 도보로 10분 걸립니다.

**전송할 때**

| | |
|---|---|
| – It was nice to meet you, Mr. Smith. | – 스미스 씨, 만나 뵈서 반가웠습니다. |
| – Hope to see you again. | – 다시 만나 뵐 수 있기를 기대합니다. |
| – I hope you have a good flight back. | – 무사히 돌아가시길 빌겠습니다. |

## 2) 영문 부서명과 직함

영문 부서명과 직함명은 회사에 따라 표기가 다를 수 있으므로 확인 후 사용한다.

### (1) 영문 부서명

| 부서명 | 영문 명칭 | 부서명 | 영문 명칭 |
|---|---|---|---|
| 대표변호사실 | Senior Partner's Office | 비서실 | Secretarial Office |
| 본사무소 | Headquarters, Head Office | 지점 | Branch Office |
| ~부 | ~ Division, Department | 총무부 | General Affairs Department<br>Administrative Division |
| 청구팀 | Billing Team | 경리부 | Accounting Department. |
| 인사부 | Personnel Department<br>Personnel Administration | 감사부 | Audit Department |
| 입구 | Entrance | 출구 | Exit |

### (2) 영문 직함명

| 직함명 | 영문 명칭 |
|---|---|
| 대표 변호사 | Senior Partner, Managing Partner |
| 파트너 변호사 | Partner |
| 고문 변호사 | Senior Advisor |
| 고문 | Advisor |
| 변호사 | Attorney at Law |
| 구성원 변호사<br>(한국인 변호사로 만 8년차 변호사 기준) | Partner |
| 만 5~7년차 변호사 | Senior Associate |
| 신입~3, 4년차 변호사 | Junior Associate |
| 외국 변호사(미국·호주·중국 등) | Foreign Legal Consultant, Foreign Attorney |
| 감사 | Compliance Officer |
| 변리사 | Patent Attorney, Patent Lawyer |
| 회계사 | CPA(Certified Public Accountant) |

| | |
|---|---|
| 법무사 | Judicial Agent, Judicial Scrivener |
| 관세사 | Custom House Broker, Customs Broker |
| 세무사 | Tax Accountant, Tax-practitioner |
| 회장 | Chairman, Chairperson, Chairman of the Board of Directors |
| 부회장 | Vice Chairman |
| 대표이사 | Representative Director,<br>Chief Executive Officer(CEO: 최고경영자) |
| 사장 | President, President and Representative Director |
| 부사장 | Vice President, Executive Vice President |
| 전무 | Senior Managing Director |
| 상무 | Executive Director, Managing Director |
| 이사 | Director |
| 부장 | General Manager |
| 차장 | Submanager, Deputy General Manager |
| 과장 | Section Chief, Manager |
| 대리 | Assistant Manager |
| 감독자 | Superintendent |
| 책임자 | The Person in Charge |
| 지점장 | Branch Manager |
| 비서실장 | Executive Assistant to the President |
| 로펌 비서 | Legal Secretary, Legal Assistant |
| 패러리걸 | Paralegal |
| 리셉셔니스트 | Receptionist |
| 고객, 손님 | Client, Customer |

# 제 6 장 일정관리

복잡하고 불확실한 미래 상황에 능동적으로 대처하기 위해 계획을 세우고, 계획대로 업무를 진행시키는 일은 모든 조직의 생존과 발전을 위한 노력이라고 할 수 있다. 조직은 미래에 대한 전략적이고 총체적인 계획을 세우고, 각 부서는 세부 계획에 따라 운영·관리된다. 따라서 조직의 중요한 의사 결정을 하는 고위관리자들은 바쁜 업무로 복잡한 일정을 갖게 되므로 이들의 일정을 효과적이고 빈틈없이 관리해 주는 것이 바로 비서의 몫이다.

비서가 상사의 일정관리에 어느 정도 관여하는가는 조직 유형, 상사의 업무 처리 방식, 비서 자신의 능력, 상사의 비서에 대한 신뢰도 등 여러 변수에 따라서 결정된다. 만약 상사의 일정이 중복되거나 차질이 생기면 상사의 입장이 난처해질 수 있고, 나아가 조직의 성과에도 부정적인 영향을 미칠 수 있다. 이러한 중요성 때문에 상사가 일정을 관리하고 비서는 일정표 작성, 확인 및 조정 등의 보조적 역할을 수행하는 경우가 많다. 그러나 상사로부터 철저한 신임을 받는 비서라면 상사의 일정관리를 위임받아 약속 단계에서부터 사후 관리까지 모든 과정을 처리한다.

## 6.1 상사의 일정관리

변호사는 클라이언트와의 법률상담 또는 자문을 비롯해 소송에 업무 시간의 상당 부분을 할애한다. 따라서 비서는 효율적인 일정관리를 통해 상사의 시간을 계획하고 조정해 자신이 보좌하는 상사의 대인 관계 업무와 의사 소통 기능이 원활하게 수행될 수 있도록 해야 한다. 또한 비서는 상사의 업무 계획뿐만 아니라 자신의 업무 계획도 효과적으로 수립하고

| 일 | 월 | 화 | 수 | 목 | 금 | 토 |
|---|---|---|---|---|---|---|
| 1 | 2<br>12:00 LW WCK at 도원<br>15:00 2009나95468 유류분반환 (고등 서관 408호) | 3 | 4<br>16:00 OCW JKH & ≡≡≡ 대표 -A-<br>19:00 DW 홍길동 회장 at 이조 | 5 (06/25) | 6<br>10:30 2010고합574 성폭력범죄 (서부 603호) | 7 |
| 8 | 9 | 10 (07/01) | 11 | 12 | 13<br>*MS휴가 | 14 (07/05) |
| 15<br>▶광복절 | 16<br>11:00 코메르츠은행 서울사무소 ◆◆◆대표 취임 리셉션-화환송부!- | 17 | 18<br>15:00 W포럼 정기총회-르네상스호텔 4층 Jade Room | 19 (07/10) | 20 | 21 |
| 22 | 23 | 24 (07/15) | 25<br>11:00 2010누87512 재산국가귀속처분취소 (고등 412호) | 26 | 27 | 28 |
| 29 (07/20) | 30 | 31<br>▶19:00이호금회 8월 정기모임 -시간 및 장소 미정!!- | | | | |

**[그림 6-1]** 송무 비서 일정관리의 예

조정함으로써 업무의 효율화를 도모해야 한다.

송무 비서는 대법원 사이트에서 사건명, 피고인명, 날짜 등을 입력하면 해당 기일 확인이 가능하며, 일정표에 날짜에 해당하는 사건명, 시간, 관할 법원, 법정을 전자일정표에 입력하거나 일반일정표에 기록하여 관리한다. 해당 날짜 전날 담당 변호사와 클라이언트에게 다시 한 번 공지(remind)하여 일정에 차질이 없도록 한다.

자문 비서는 송무 비서와 마찬가지로 아웃룩 일정표 혹은 전자 일정표로 주로 관리한다. 일정에는 회의명, 시간, 회의 장소 등을 기록해 둔다.

프로젝트 파이낸싱(Project Financing: PF)과 같은 장기 프로젝트는 보통 일년 주기로 일정을 관리한다.

상사에게 걸려 온 전화나 찾아온 손님을 선별 과정(screening) 없이 상사와 연결하거나 각종 보고, 결재, 약속 사항 등을 발생 시마다 보고한다면 상사는 자신의 업무를 효과적으로 처리하기 어려울 것이다. 급한 사항이 아니라면 각종 보고 사항은 일정한 시간을 정해서 일괄적으로 정리·보고해야 하며, 보고에 소요되는 시간도 최소한으로 한정한다.

## 1) 일정표 작성

상사의 일정은 법률상담 및 소송과 관련된 회의와 출장, 면담 약속, 각종 모임 참석 등으로 가득 차 있다. 이 많은 일정을 효율적으로 진행하자면 정확한 일정표와 비서의 빈틈없는 일정관리가 필수적이다.

상사가 업무를 정확하고 신속하게 수행할 수 있도록 비서는 계획성 있는 일정표를 작성하고 상사의 업무 수행에 적절한 준비와 조언을 해야 한다. 일정표를 작성할 때는 다음 사항을 고려한다.

#### (1) 체계적인 계획을 세운다

정기적인 일정과 비정기적인 일정으로 구분하고 대단위 계획에서 소단위 계획으로 상세화한다. 그리고 정기적으로 발생하는 회의나 연중 행사는 우선적으로 기록해 다른 약속과 중복되지 않도록 한다.

#### (2) 일정표를 세분화해 작성한다

일정표는 연간, 월간, 주간, 일일 일정표 순으로 세분화해 작성한다. 연간 일정표를 작성할 때는 전년도 일정표를 참고한다. 월간 일정표는 전월의 말일까지, 주간 일정표는 금요일까지, 일일 일정표는 전일의 퇴근 시간까지 작성해 상사의 확인을 받는다.

#### (3) 일정이 변동될 수 있음을 고려한다

일정을 빈틈없이 짠 상태에서 갑자기 긴급 회의라도 소집된다면 당일 전체의 일정 조정이 불가피하다. 일정의 변동을 최소한으로 줄이기 위해서는 각 일정 사이에 적절한 시간적 여유를 두는 것이 좋다. 또한, 비서는 항상 일정 변동에 대처해야 하므로 상사의 동정과 주변 상황 변화에 대해 세심한 주의를 기울여 사전에 확인하는 습관을 갖는다. 그리고 변동된 일정은 상사와 비서의 일정표에 수정할 뿐만 아니라 이미 일정표를 배부한 관계 부서에도 빠짐없이 연락해 일정의 변동을 알리고, 많이 변동된 경우에는 새로운 일정표를 작성해 다시 배부한다.

#### (4) 일정과 연관된 사람과 시설 및 관련 자료를 동시에 관리한다

상사가 주관하는 회의나 모임 일정을 잡는다면, 일정표를 작성함과 동시에 회의실 사용을 예약하거나 통고하고, 회의와 관련 있는 임원들의 일정을 파악한다. 상사의 외출 및 출장 일정 중 운전 기사와 관련된 일정은 공유한다. 상사의 일정을 알릴 필요가 있는 관계 부서에는 상사의 월간 일정표나 주간 일정표를 배부한다.

#### (5) 컴퓨터를 이용해 일정을 관리한다

컴퓨터로 일정을 관리하는 것을 전자 일정표(electronic scheduler)라고 하는데, 일정을 컴퓨터에 그때 그때 입력해 두고 특정한 날의 일정표를 출력하고 싶으면 미리 저장해 둔 양식을 사용해 출력할 수 있다. 또한 사내 통신망이나 아웃룩(MS-Outlook)을 통해 여러 변호사의 일정표를 검색할 수도 있다. 예를 들면 회의를 주최하는 관리자의 비서가 다른 비서들에게 일일이 전화를 걸어 보지 않더라도 컴퓨터로 여러 관리자의 일정을 검색해 공통적으로 편리한 시간대를 찾아낼 수 있을 것이다.

**[그림 6-2]** MS-Outlook

## 2) 일정 정하기

모든 일정은 사전 약속을 통해 이루어진다. 상사의 클라이언트 면담, 회의 참석, 국내·외 출장을 위해 비서는 사전에 관련 부서 및 회사 관계자들과 협의해야 한다. 새로운 일정은 전년도 달력을 참조한 연간 계획, 서신 및 이메일, 전화, 지시, 회의 및 모임 등에서 만들어진다.

정기적인 행사는 연초에 전년도 달력을 참고해 일정표에 미리 기입해서 일정의 중복을 막는다. 그리고 행사일이 다가오면 파일링해 둔 전년도 행사와 관련된 자료를 참고해 대략적인 일정 소요 시간을 계획한다. 물론 일정이 다가오면 관련 부서에서 정확한 행사 스케줄을 받아 상사에게 보고하고 비서 자신의 일정표에 기록한다.

비서는 초청장이나 회의 개최 통보 서신이 왔을 때, 먼저 자신의 일정표에 기록하고 상사에게 보고한다. 그리고 상사의 참석 여부를 확인한 즉시 답장 혹은 전화 통보를 한다.

대부분의 약속은 전화를 통해 이루어진다. 상사나 비서가 전화를 통해 만든 약속은 서로 알려 공유하도록 한다. 상사가 회의나 저녁 회합 장소에 참석할 경우에는 추후에 잡힌 약속이 없는지 확인하고, 확정된 약속은 일정표에 기록해 준다.

상사의 지시로 회의를 소집하거나 면담을 약속할 때는 상대방 비서를 통해 상사의 뜻을 명확히 전달하고, 약속의 진행 상황에 대해 상사에게 그때 그때 보고한다.

### 3) 일정 확인

연말에는 다음 연도의 일정표를, 월말에는 다음 달의 일정표를, 주말에는 다음 주의 일정표를 상사에게 전달하고, 퇴근 전에는 다음 날의 일정표를 상사에게 전달하고 확인한다. 매일 아침 당일의 일정을 다시 한 번 확인(confirm)하며 관련된 업무 지시를 받는다.

전화로 면담과 회의의 일정을 잡았을 때에는 가능한 한 문서로 작성해서 공식 일정으로 확인하고, 약속된 회의나 방문은 하루나 이틀 전에 회의 주최자와 방문처에 연락해 일시와 장소 등에 관해 변동된 사항이 없는지 재확인(reconfirm)한다. 회의 주최자가 상사일 경우에는 회의실이나 기타 회의에 필요한 물품들을 확인하고, 회의 참석자들에게 참석 여부를 다시 한 번 확인한다.

### 4) 일정 변경

회사에서는 돌발적으로 발생하는 일들로 일정의 조정이 필요한 경우가 발생하게 된다. 상사가 출장 중에 회사에 급한 일이 생겨 조기 귀사하는 경우도 있고, 일의 진척 상황이 늦어져 출장 일정이 하루이틀 연장되기도 한다. 또한 연락 없이 찾아오는 중요한 손님 때문에 회의 시간이 미루어지기도 한다.

부득이하게 일정을 변경해야 할 경우에는 관련 부처와 당사자에게 가능한 한 신속하게 연락을 취해 새로운 일정으로 조정한다. 만약 회의를 약속한 시간에 시작하기 어려운 상황이라면, 구성원들에게 먼저 양해를 구하고 가능한 날짜와 시간을 다시 잡아야 한다. 또한 회의와 관련된 장소 및 교통편, 숙박 예약도 함께 변경해야 한다.

상대방으로부터 일정 변경을 요청받았을 경우에는 빨리 상사에게 보고하고, 일정 조정에 따른 예약 상황도 조정한다. 또한 상사의 일정표 및 비서의 일정표를 수정한다. 일정이 취소되었을 경우에는 조정을 통해 추후 일정에 공백이 생기지 않도록 한다.

## 6.2 일정관리 유의 사항

조직 내에서 중요한 직위에 있는 관리자들은 회의에 참석하고 회사의 이해와 관련된 사람들을 만나는 약속이 업무의 대부분을 차지한다. 따라서 면담 약속 일정을 어떻게 처리해 나가느냐, 즉 상사나 내방객 모두에게 불편하지 않게 하기 위해 어떻게 약속 일정을 잡아야 하는가 등은 비서 업무 중에서도 중요한 부분이다.

비서를 신임하는 상사라면 자신의 일정을 알리고 비서가 알아서 자신의 면담 약속을 처리하도록 하지만, 일반적으로 한국인 변호사들은 자신이 직접 면담 약속에 관련된 업무를 처리하는 편이다.

## 1) 일정관리의 유의점

면담 약속 결정은 항상 상사의 승낙을 받아야 하며, 일정을 정할 때는 다음 사항에 유의한다.

① 면담 시간을 적절히 고려한다.

② 일정 작성 시 시간의 손실을 감안한다.

③ 상사의 일정에 맞춰 비서 자신의 업무 일정표를 작성한다.

④ 일정 계획 보고 시에 비서가 미처 모르는 상사의 약속 여부를 반드시 확인해 누락되지 않도록 유의한다.

⑤ 회의, 출타 등으로 약속 시간이 지연될 것으로 예상되면 약속한 사람에게 사전에 연락해 양해를 구한다.

⑥ 일정은 항시 변동되기 쉬우므로 여유를 가지고 사전에 확인하는 습관을 가져야 하며, 변경 시에도 업무에 차질이 오지 않도록 대비해야 한다. 또한 조직의 실정을 감안해 예기치 않은 출장 등으로 부재 사유가 발생하면 관련 부서에 연락을 취해 업무에 착오가 없도록 한다.

⑦ 다음의 시간에는 약속을 피하는 것이 좋다.

- 월요일 오전은 주말 동안 들어온 팩스, 이메일 등 처리할 업무가 많거나 회의가 있을 수 있으므로 피하는 것이 좋다.
- 출장 전날이나 출장에서 돌아온 다음 날에는 준비하고 처리해야 할 업무가 많으므로 피한다.
- 오후 1시에서 1시 30분(점심 식사 후 30분) 사이의 약속은 점심 시간이 예상 외로 길어질 수도 있기 때문에 피한다.
- 회의가 예정보다 길어져서 다음 약속 시간을 지킬 수 없게 되는 경우도 종종 발생하므로 회의 직후는 피한다.
- 출근 직후는 그 날 바로 처리해야 할 일 등이 있을 수 있고, 퇴근 직전은 약속 시간이 지연되어 퇴근 시간에 차질을 줄 수 있기 때문에 피한다.
- 출·퇴근 시간에 한 약속은 교통 체증 등으로 인해 늦게 도착하는 경우가 있으므로 피한다.
- 토요일이 휴무일 경우에는 금요일 오후 약속을 피한다.

## 2) 면담 약속을 정할 때 기재 사항

상사를 만나고자 하는 손님과 비서가 직접 면담 약속을 할 수도 있으나 대부분 상대방의 비서와 면담 약속 조정을 하는 것이 일반적이다. 면담 약속을 할 때에는 다음 사항을 분명하게 확인해서 기록해야 한다.

### (1) 내방객 정보

상대방의 성명, 직장, 직책, 직장의 소재지, 전화 번호를 확인해야 한다. 이러한 경우를 대비해서 비서는 상사 업무의 관련 여부에 상관없이 지명도가 있는 지인과 관련 기관의 주요 인사들에 대한 정보를 알아 두는 것이 편리하다. 인터넷을 통해 조인스(JOINS) 등 인물 정보를 유료로 제공하는 사이트를 이용해 면담 예정자와 관련된 신상 정보를 검색하고 현재의 소속명, 직위명, 주요 업적 및 성과 등을 포함하는 인물 정보를 문서로 요약해서 상사에게 보고하고 데이터베이스에도 정리해서 보관해 두고 참고 자료로 삼는다.

### (2) 면담 목적

면담하고자 하는 목적을 파악한 후 약속 시간을 조정해야 한다. 용건에 따라서는 상대방이 비서에게 알리기를 꺼리는 경우도 있으나 꼬치꼬치 묻는 듯한 인상을 주지 말고, 친절하게 상대방의 입장에서 목적을 물어보도록 한다. 면담 일지나 기록부를 비치하고 면담 목적과 관련 사항을 기록한다.

### (3) 면담 일정 조정

면담 일시와 면담에 소요되는 시간을 확인한다. 손님이 찾아올 때는 어디서 만날 것인가를 정하고 경우에 따라서 회의실과 같은 면담 장소를 미리 예약해야 한다. 상사가 이동해 상대방을 방문할 때는 장소 확인 및 목적지까지의 소요 시간을 고려하고 승용차 준비, 필요한 서류, 정보 등을 미리 확인하고 준비해 둔다.

약속 일정을 정할 때 상대방에게 막연하게 어느 때가 좋은가를 묻기보다는 이쪽에서 가능한 시간을 2~3개 제시해 상대방이 선택하도록 하면 일정을 결정하기 쉬워진다.

면담 요청을 받을 때에는 반드시 메모를 하고 잘못 듣는 일이나 잘못 기억하는 일이 없도록 확인해 두는 것이 중요하다. 또 비서는 면담이 이루어지기 전에 어떠한 자료가 필요할 것이며, 그 자료들을 준비하려면 얼마만큼의 시간적 여유가 있어야 하는지에 대해서도 고려해야 한다.

## 3) 상사 부재 시의 면담 약속

상사 부재 중에 면담 신청을 받았을 때에는 상사의 승낙을 받을 수 없으므로 면담 일시를 정하더라도 나중에 일정이 변경될 수 있다는 것과 다시 확정되는 대로 연락한다는 것을 상대방에게 미리 말해서 양해를 얻는다.

면담 약속은 반드시 기록으로 남겨 두어야 한다. 일일 일정표나 탁상 일기 등에 표시할 수도 있으나 손님이 많은 상사를 위해서는 별도로 면담 일정표를 작성해 두는 것이 편리하다.

비서는 상사의 면담 약속을 기록하는 동시에 자신의 캘린더에도 똑같이 기록해야 한다. 약속이 변경되었을 경우에는 양쪽을 다 정정해 항상 정확하게 기록해 둔다. 하루에 한 번 정도는 상사의 캘린더와 대조·확인해 상사가 직접 정한 약속이 있으면 비서의 일정표에 옮겨 적는다.

### 4) 약속의 엄수

일단 정해진 면담 약속은 원활히 이행되도록 세심한 주의를 기울인다. 약속의 불이행은 회사나 상사의 신용에 관련된 문제로서 오랫동안 쌓은 우호적인 관계가 이로 인해 영향을 받을 수 있다.

상사가 약속을 잊어 버리거나 정한 약속을 잊고 다른 사람과 이중으로 약속을 해서 약속을 이행하지 못하는 경우가 발생할 수 있다. 이를 방지하기 위해 비서는 상사와 함께 약속 일정을 확인하는 시간을 지정해 다음 날의 약속을 재확인하며 틈틈이 상사에게 그 날의 약속을 다시 한 번 자연스럽게 환기(remind)시켜 주어야 한다. 또한 비서가 모르는 상태에서 상사가 직접 정한 약속이 있는가를 항상 확인해야 한다. 때로는 출타 중인 상사와 연락을 취해서 약속 승낙을 얻거나 약속의 변경을 알려야 하므로 비서는 항상 상사의 소재를 파악하고 연락을 취할 수 있어야 한다.

부득이 약속 시간을 지키지 못하게 될 때는 상대방에게 미리 전화 연락을 해서 양해를 얻는다. 예기치 않게 약속 일정을 변경해야 하는 사유가 생기면 그 변동 상황을 될 수 있는 대로 빨리 상대방에게 알려서 조정해야 한다. 약속 일정을 변경함으로써 피해를 받을 수 있는 상대방에게 그 이유를 정중하게 설명하고 양해를 얻어야 하며, 상사의 지시를 받아서 상대방의 형편을 고려해 새로운 일정을 잡도록 한다.

## 6.3 일정표의 종류

### 1) 장기 일정표

장기 일정표(long-term schedule)는 회사나 조직에서 수년에 걸친 장기적인 사업을 진행할 때에 쓰는 것이다. 그래프나 상황표를 이용하면 목표와 비교해 현재 어느 정도 달성되었는가에 대한 진행 상황을 알아보는 데 편리하다.

## 2) 연간 일정표

연간 일정표(annual schedule)에는 시무식, 종무식, 정기 파트너 회의, 로펌 행사, 사원체육대회 등 매년의 정기 행사나 임시 행사 등의 일정을 기록한다.

기획실, 총무부 등 조직 전반의 행사를 관장하는 부서가 연초에 모든 행사를 표로 만들어 각 부서로 통지하는 것이 일반적이나, 비서 스스로 일 년의 계획을 세워 보는 것도 좋다.

연간 계획표는 월간, 주간, 당일 일정에 따라 수시로 점검하며 또 장기간에 걸친 일정이므로 변동될 가능성도 많다.

| | | |
|---|---|---|
| 1월 | 3일(월)<br>5일(수) | 시무식<br>정기 파트너 회의 |
| 2월 | 21일(월)<br>24일(목) | 신입 변호사 오리엔테이션<br>주주총회 |
| 3월 | 10일(금)<br>25일(토) | 창립기념일<br>사내 체육대회 |
| | … | |
| 12월 | 29일(수)<br>31일(금) | 송년의 밤<br>종무식 |

**[그림 6-3]** 연간 일정표

## 3) 월간 일정표

월간 일정표(monthly schedule)는 한 달 동안의 일정을 기록하기 위한 표로 정기적으로 발생하는 보고, 결재, 방문객 내방, 방문, 회의 등을 포함한 것이다. 월간 일정표에는 행사명, 일시 및 장소 등을 연간 일정표보다 구체적으로 기록하고, 시간이 미리 정해져 있지 않은 경우에는 상사와 의논해 일시를 확정하고 월간 일정표에 기입한다.

## 4) 주간 일정표

주간 일정표(weekly schedule)는 주요 일정, 내방객 방문 일정, 임원 회의, 출장 계획, 각 부서의 행사 등을 요일별·시간별로 구분해 작성하는 것으로 일 주일 간의 일정을 기록한다. 주간 일정표에는 일일 일정표 작성에 참고할 수 있도록 행사의 시각 및 미팅 장소도 기재한다.

비서는 주간 일정표를 그 전 주의 금요일 오후까지 작성해 상사에게 보이고 수정할 사항이 있으면 정정한다.

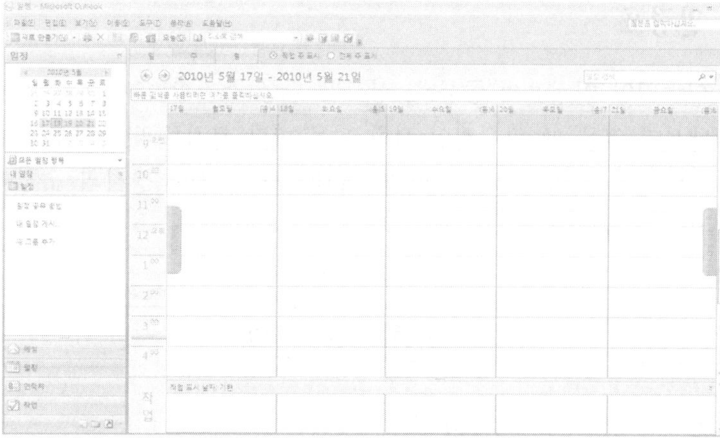


**[그림 6-4]** 주간 일정표

## 5) 일일 일정표

일일 일정표(daily schedule)는 하루 단위로 작성하는 일정표를 말하며, 내방객 면담, 행사 및 회의 등을 시간별로 기재한다. 가장 상세한 부분까지 작성되는 것이기 때문에 단순히 시간적인 예정뿐만 아니라 약속 시간, 장소, 이동 시간, 연락처, 만날 사람, 주제, 필요하다고 예측되는 자료나 정보에 관해서도 자세히 기록한다.

비서는 전일 상사 퇴근 전에 다음 날의 일일 일정표를 작성하고 이를 상사에게 설명하거나 지시를 받는 등 세심하게 준비해야 한다. 비서는 상사의 일정과 업무 계획을 기재한 일일 일정표를 작성해 참고로 하는 동시에 일과가 끝난 후에도 그 날의 업무를 점검하고 그 내용을 업무 일지에 기록한다.

**[그림 6-5]** 일일 일정표

### 6) 휴대용 일정표

휴대용 일정표는 일일 일정표의 종류로, 상사가 항상 소지할 수 있도록 만든 것이다. 중요한 약속이나 행사가 있을 때 필수적인 사항 등을 명함 크기로 만들어서 외출 시 또는 다음 날 오전 행사의 경우는 퇴근 전에 상사가 휴대하도록 한다. 상사의 수첩이나 스마트폰 일정관리 앱이 대신할 수 있다.

20XX년 3월 17일(화요일)

| | |
|---|---|
| 08:00 | 중역회의(대회의실) |
| 12:00 | 대한변호사협회 이사회 오찬(○○호텔 중식당) |
| 15:00 | 인사위원회(소회의실) |

**[그림 6-6]** 휴대용 일정표

## 6.4 비서 업무 일정관리

### 1) 업무관리

비서의 업무는 매일 일정한 양이 규칙적으로 발생하는 것은 아니다. 그러므로 일정 기간 동안 일상적으로 수행하는 업무의 양, 내용, 소요 시간 등을 분석하고 정기적으로 업무가 밀리는 때와 한가한 때를 파악해 계획을 세워서 업무를 수행하면 효율적이다.

#### (1) 업무 분석하기

업무 분석을 통해 평소의 업무 패턴을 파악해, 비교적 한가한 시기에 업무량이 많은 때를 대비해 두면 원활히 업무를 수행할 수 있다. 평상시에 미리 봉투 라벨(label) 작업, 동봉물 준비, 필요한 비품 구매와 주문, 문서의 이관 및 파일링, 주소록 갱신, 필요한 서류의 복사 등을 해 둔다면 바쁜 시기에도 업무를 효과적으로 처리할 수 있을 것이다.

업무 일정표 작성시에는 티클러 파일(tickler file)을 참조하고 상사의 약속 일정과 수신 우편물, 전날 미처 다 못 끝낸 업무, 오늘 새롭게 시작해야 할 업무 등을 참조한다. 티클러 파일이란 일정 기일이 되어서 처리해야 할 일, 현재 일이 밀려 처리되지 않고 있는 일, 그대로 방치하면 기일이 경과되어 시기를 놓칠 우려가 있는 일, 정기적 혹은 주기적으로 일어나는 일을 날짜별로 카드 형식의 파일에 적어 둠으로써 비서가 실수로 업무를 빠뜨리는 것을 막아 주는 장치이다. 예를 들면, 자동차보험 만기일, 건강검진일, 세금 납부일, 잡지 정기 구독 갱신일, 정기보고서 제출일 등을 티클러 파일 카드에 적어 보관해 두고 정기적으로 업무를 처리하면 특정한 날짜를 기억해야 하는 부담을 덜 수 있다.

#### (2) 업무 일정 계획

업무 일정 계획이란 비서가 업무 수행에 필요한 사무 작업 및 관리의 목적을 설정하고, 그 목적을 효과적으로 달성하기 위한 활동의 순서, 지침, 그리고 방향을 정하는 것이다. 정기적인 보고서 작성이나 특정 공문을 발송할 때는 정확하게 마감 시간을 맞추어야 한다. 한 가지 일을 끝내기 전까지 새로운 업무가 시작되지 않도록 매일의 작업 계획을 세우고 정기적으로 업무가 많이 발생하는 시기를 예견해 한가한 때에 업무를 분산시켜 미리 처리하면 과중한 업무 부담을 줄일 수 있다. 어떤 업무를 수행하다가 중도에 다른 일을 하게 되어 나중에 다시 하던 일로 되돌아왔을 때에는 어디까지 했었나 살펴보아야 하는 시간 낭비를 가져온다.

비서의 업무 일정 계획은 상사의 업무 일정에 따라 퇴근 전에 그 다음 날의 목표 설정, 작업 우선 순위 등을 참조해 미리 작성한다. 따라서 비서의 업무 계획은 상사의 요구나 일정에 따라 조정되며, 다음과 같은 점을 고려해야 한다.

① 개인의 성향과 로펌 사정에 따라 방해가 적고 가장 능률적인 시간대에 가장 복잡하고 어려운 업무를 처리한다.

② 한 가지 업무가 완전히 끝날 때까지 그 업무를 계속할 수 있도록 시간을 할애한다.

③ 업무를 즉시 끝내야 할 것, 오늘 중으로 끝내야 할 것, 시간 나는 대로 하면 될 업무 등으로 우선 순위를 매긴다.

④ 업무의 양이 방대한 경우 업무를 준비 작업에 관련된 업무와 완성에 관련된 업무의 두 단계로 나누어 실시하도록 계획한다.

⑤ 상사의 업무 계획에 따라 비서의 업무 계획을 조정한다.

여러 명의 변호사를 보좌하는 경우에는 어느 변호사의 업무를 먼저 하느냐를 결정하기 어렵다. 직위가 다른 상사들의 경우에는 급한 업무를 제외하고는 최상급자의 업무를 먼저 처리한다. 같은 직위이면서 비서로서 우선 순위를 결정하기 어려울 경우에 대비해 일정한 원칙을 정해 두는 것이 바람직하다.

또한 비서는 갑작스러운 사고나 예기치 못한 일, 혹은 질병 등으로 인해 사무실에 출근하지 못할 경우나 휴가를 대비해 자신의 직무를 대리로 수행할 사람을 위해 업무 매뉴얼(manual)을 평소에 작성해 두도록 한다. 업무 매뉴얼에는 비서가 매일 해야 하는 일, 상사가 선호하는 업무 처리 방식, 자주 쓰는 비품이나 양식의 위치, 자주 연락하는 전화 번호 등을 기록해 비서가 자리에 없을 때에도 상사의 업무에 차질이 생기지 않도록 한다.

## 2) 업무 처리 순서

어떠한 일이든 목표를 달성하기 위해서는 치밀한 사전 계획을 세우는 것이 필수적이다. 비서는 기본적으로 조직이나 상사의 장·단기 목표를 잘 파악하고 목표를 달성하기 위해 어떤 정책, 계획들이 수립되어 있는지를 이해해야 한다. 또한 이런 정책 및 계획과 관련해 상사와 비서 자신이 이 달, 이 주간, 그리고 오늘 처리해야 할 업무는 무엇인지를 파악하고 이에 대한 세부적인 계획을 세워 일정을 만든다.

업무 계획을 세울 때는 자신이 해야 하는 일을 중요도와 긴급도에 따라 우선 순위를 매겨서 실시한다. 물론 이 때의 우선 순위는 비서의 기준이 아니라 상사의 관점이 기준이 되어야 한다. 중요하고 급한 일부터 먼저 처리하고, 중요도나 긴급도가 떨어지는 일정은 시간이 나는 대로 처리한다.

비서의 업무 진행은 사전에 구체적으로 세운 계획에 따라 업무를 수행하고, 수행 결과에 대한 평가를 다음 계획에 반영한다.

### (1) 업무 계획(plan)

매일 반복적으로 수행하는 정형화된 업무에 대해서는 굳이 구체적인 절차 및 방법을 세울 필요는 없으나 지시적 업무에 대해서는 실행에 옮기기 전에 구체적인 일정 계획을 세우도록 한다. 수시로 받는 지시에 대해 중요도나 긴급도를 고려하지 않고, 지시받은 순서대로 일을 수행하거나 자신의 임의대로 일을 처리하다 보면 별로 중요하지 않은 일에 매달려 정작 마감 기한까지 해야 하는 일을 못하는 경우가 있다.

이런 시행착오를 겪지 않으려면 우선 지시 및 업무 내용을 완전히 파악한 뒤, 상사의 일을 고려해 업무의 중요도와 긴급도에 따라서 우선 순위를 정해 업무를 실행한다. 그리고 업무를 수행하는 데 소요될 시간을 정확히 계산해 효율적인 순서 및 절차를 계획한다.

여러 명의 팀비서 체제에서는 비서끼리 업무를 적절히 나누고 권한을 위임한다. 이 경우 효과적인 의사 소통을 통해 전체적인 업무 흐름이 원활해지도록 노력한다.

### (2) 업무 수행(do)

업무 수행은 목적과 수단에 적합하게 효율적으로 진행되어야 한다. 비서는 비정형적인 업무를 수행하는 경우가 많기 때문에 돌발 상황에 처하게 될 경우가 종종 있다. 경험이 많은 비서라면 갑작스러운 상황에 유연하게 대처하겠지만, 신입 비서일 경우에는 몹시 당황할 수 있다. 그렇더라도 침착성을 유지하며, 되도록 상황을 정확하게 판단해 신속하게 대처하는 재치가 요구된다.

업무 수행 시에는 계획된 일정대로 진행되고 있는지 점검하고, 계획대로 되지 않을 경우에는 즉시 검토해 상사에게 보고한다. 그리고 지시 업무는 사소한 일이더라도 정확하고 성의껏 실행하며, 진행 중에도 수시로 보고해 업무 진행 상황을 상사에게 알린다. 또한 효과적인 업무 수행 방법 및 절차를 개발해 업무 수행 시간이 단축될 수 있도록 노력한다.

#### (3) 업무 평가(see)

업무가 처음 계획한 대로 진행되었는지, 기대한 결과에 도달했는지를 점검하고 평가해 다음 계획에 반영함으로써 높은 업무 성과를 올릴 수 있다. 업무 평가를 할 때는 먼저 계획대로 성과가 이루어졌는지를 점검하고, 계획과 성과 간에 차이가 있다면 그 원인을 분석·검토해 평가·반성하고 추후 계획에 반영한다. 매일 업무 일지를 작성해 참고 자료로 삼을 뿐 아니라 자신의 업무를 평가하는 도구로 활용한다.

과거의 업무 수행 경험이나 타인의 업무 수행 결과와 비교·분석해 자신의 부족한 부분을 발견하고 보완하도록 노력한다.

### 3) 시간관리

비서 업무의 질은 효과적인 시간관리에 달려 있다. 시간관리의 효율에 따라 성과가 높게 나타나는가 하면 아무리 노력을 하더라도 시간을 놓치면 성과를 얻지 못하는 경우도 많다. 따라서 비서는 시간관리에 각별한 주의를 기울여야 한다.

시간을 관리한다는 것은 시간 자체만을 관리하는 것이 아니라 시간과 관련해 업무 및 자기 자신을 관리하는 것을 의미한다. 문제는 얼마만큼의 시간을 가지고 있느냐가 아니라 정해진 시간 안에 무엇을 하는가, 어떻게 시간을 활용하는가, 얼마만큼의 적정 업무를 처리하는가 하는 것이다. 시간을 효율적으로 관리할 수 있는 원칙을 살펴보면 아래와 같다.

#### (1) 즉시 처리의 원칙

현대 사회는 스피드 시대이므로 신속성이 경쟁의 우열을 결정하게 된다. 즉시 처리란 하고자 하는 일을 미루지 않고 즉석에서 처리하고 결정하는 것을 의미한다. 이메일을 읽고 답장을 보내야 한다면 이메일을 읽은 순간 즉석에서 답장을 쓴다. 만일 나중에 답장을 쓰려고 한다면 다시 그 이메일을 찾아서 읽어야 하기 때문에 이중으로 시간과 노력이 드는 셈이다. 의사 결정을 해야 할 경우 필요한 자료가 입수되는 대로 결정을 하며, 일에 도움이 될 아이디어가 떠오르면 즉시 제출하거나 실행에 옮긴다.

#### (2) 계획에 의한 업무 추진

업무를 수행하는 과정에서 먼저 계획을 세우고 실행하면 다음과 같은 장점이 있다.

① 할당액이나 목표작업량을 마감 시간 내에 완수할 수 있게 된다. 현재 업무 수행 정도와 계획에 나타난 목표와의 차이를 비교해 업무 수행을 통제할 수 있다.

② 우선적으로 해야 할 일과 시간적으로 여유가 있는 업무를 정확히 알게 된다.

③ 정해진 업무 시간 내에서 각각의 업무 수행에 사용해야 하는 시간을 우선 순위에 따라 배분할 수 있게 된다.

④ 계획을 통해 미리 예측·준비함으로써 시간과 예산의 낭비를 줄일 수 있고 불필요한 노력이나 시행 착오를 거치지 않고 일을 마칠 수 있다.

#### (3) 상사와의 업무 및 시간 조절

비서의 업무는 상사의 업무와 관련되어 있다. 따라서 일에 대해 상사와 비서 간에 의사소통이 원활히 이루어져야 일을 제대로 수행할 수 있다. 비서는 상사와 의논해 업무 일정을 잡고, 상사의 일정에 맞추어 자신의 시간을 조정해 업무를 더 능률적으로 처리할 수 있다.

#### (4) 스스로의 통제

스마트폰 메모장에 떠오르는 아이디어나 업무 시 필요한 참고 사항을 입력해 둔다면 나중에 그 아이디어를 발전시켜 나갈 수 있다. 또한 업무 수행을 용이하게 하는 효율적인 컴퓨터 파일 관리 방법을 설정하고 정기적으로 파일을 백업받거나 웹하드에 저장한다.

일이 한꺼번에 몰리는 상황에서 당황하거나 여러 업무를 한꺼번에 하려 하지 말고 침착성을 유지하며 한 번에 하나씩 차분히 처리하도록 한다.

### 4) 메모의 습관화

비서는 약속을 정할 때, 업무 일지나 일정표에 우선 메모를 한다. 또한 상사의 지시를 받을 때나 보고할 때, 전화나 클라이언트에 대한 메시지를 전달할 때도 메모를 많이 활용하게 된다. 특히 상사의 지시나 명령은 아무리 사소한 것이라도 꼭 메모를 하면서 듣는 습관을 들이도록 한다. 상사의 집무실로 들어갈 때는 메모 용구를 지참해 언제 생길지도 모르는 지시 사항에 대비한다.

메모를 습관화하기 위해서는 수첩이나 메모 용지를 늘 몸에 지니는 것뿐만 아니라, 업무에의 관심, 흥미, 호기심이 있어야 한다. 메모하는 도구로는 노트, 수첩, 카드, 메모지 등이 있으며, 정보 성격에 따라 선택해서 활용하는 것이 좋다. 장기간 보존할 것은 정리하기 쉬운 카드를 쓰고, 전달 사항은 메모 용지에, 회의나 사전 협의 등에는 노트나 수첩을 사용한다. 전화 메모를 할 때는 낱장의 종이에 적었다가 버리지 말고 전화 메모용 노트를 정해서 계속 기록하면 나중에 참고나 확인 시 유용하게 쓸 수 있다. 메모 노트 사용시 날짜를 먼저 적고 메모하기 시작하면 후일 날짜 확인 시 더욱 유용하다. 공적인 내용은 보안 유지를 위해 스마트폰에 메모하지 않는 것이 좋다.

일정을 메모할 때 속기로 하면 빠른 속도로 할 수 있으며, 속기를 정식으로 배운 적이 없을지라도 자주 쓰는 용어나 전문 용어를 약어, 부호, 암호의 방식으로 개발하면 속도를 향상시켜 줄 뿐만 아니라 보안 유지에도 도움이 된다.

# 제 7 장 회의 업무

로펌에서는 목적에 따라 다양한 회의가 개최된다. 빈번히 열리는 회의는 변호사 팀회의인데 변호사들로 구성된 고객관리팀, 신입 변호사 채용팀 등을 조직하여 수시로 회의를 갖고 주요 사안들을 논의한다. 이 밖에도 정기 파트너 회의, 클라이언트와의 상담, 오피스 업무회의 등이 있다.

## 7.1 회의 계획

비서의 역할은 상사가 주최하는 회의인지 단순히 참석하는 회의인지에 따라 매우 달라진다. 다음은 각각의 경우에 비서가 수행하는 업무이다.

### 1) 상사가 회의를 주최하는 경우

상사가 회의를 주최할 때, 비서는 그 회의가 로펌 내부에서 열리든 외부에서 열리든 간에 매우 중요한 역할을 담당하게 된다. 상사로부터 회의 주최에 관한 지시를 받을 때는 다음 사항들을 점검한다.

#### (1) 언제(when)

회의 날짜와 시각은 언제인가, 사정에 따라서 날짜와 시간은 변경될 수 있는가를 확인한다.

#### (2) 어디서(where)

회의장을 어디로 결정할 것인지는 회의의 종류에 달려 있다. 회의의 성격에 적합한 장소를 택하는 것이 좋다. 소음이 많은 곳이나 사람의 출입이 잦은 곳은 되도록 피하고, 회의를 외부에서 개최할 경우 승용차로 참석하는 사람들을 위해 주차하기에 편리한 장소를 택하는 것도 중요하다.

#### (3) 누가(who)

참석자는 누구이며, 사회자 혹은 의장은 누가 될 것인가 또는 참석 예정자가 바쁠 경우 대리 참석이 가능한가 등을 파악한다. 특히 참석 인원 수는 회의장의 설치와 운영에 큰 영향을 미치게 된다.

#### (4) 무엇을(what)

의제(agenda), 즉 토의 내용과 어떤 의사 결정을 내려야 하는가에 따라 회의의 참석자와 형식이 달라지게 된다.

#### (5) 왜(why)

회의의 목적은 안건 토의, 문제 해결, 정보 및 아이디어의 교환 등 매우 다양하다. 회의의 목적을 확실하게 파악하는 것은 효과적으로 자료를 준비하기 위한 필요 조건이다.

#### (6) 어떻게(how)

회의 형식과 진행 방식은 회의의 목적과 참가 인원 수에도 관계가 있다. 시간을 배분할 때 회의 시간을 너무 길게 잡는 것은 집중도가 떨어지고 피로감이 쌓여 성과가 떨어진다. 회의 시간이 2시간 이상 계속될 때에는 중간 휴식 시간을 두는 것이 좋다. 의제나 회의 순서를 배열할 때는 간단한 것에서부터 복잡한 순서로 배열하고, 관련이 있는 과제는 같이 모아서 배열하며, 지나치게 많은 안건을 한꺼번에 다루려고 욕심을 부리지 않는 것이 중요하다.

### 2) 상사가 외부 회의에 참석할 때

상사가 외부 회의에 참석할 때에는 미리 날짜, 시각, 장소가 정해져서 일정표에 기재되어 있는 것이 보통이다. 비서는 다음과 같은 사항에 유의하여 업무를 처리하도록 한다.

① 상사에게 보고하고 상사의 참석 여부를 결정한다.
② 일정표와 대조해 필요하면 일정 조정을 해 둔다.
③ 주최 측에 참석 여부에 대한 회신을 한다.
④ 시각과 장소를 확인하고 정확한 시각에 착오 없이 지정된 장소에 도착할 수 있도록 자동차 배치, 교통 상황 파악 등의 준비를 한다.
⑤ 회의에 필요한 자료가 있으면 상사가 미리 검토한 후 회의에 참석할 수 있도록 준비한다.
⑥ 회의 장소, 전화 번호, 상대방의 비서 이름과 연락처 등을 적어 둔다. 상사가 회의에 참석하고 있는 사이에 급한 용무가 생기면 곧 연락을 취할 수 있도록 한다.

때로는 비서가 회의 장소까지 동행해서 상사의 지시에 따라 행동하기도 한다. 비서는 회의장에 들어가지 않고 대기실에서 기다려야 할 때도 있고, 상사의 곁에서 메모를 한다든지 자료 정리나 연락 업무에 임하는 경우도 있다. 상사의 지시에 따라 주최 측의 업무를 도와야 하는 경우도 있는데, 이 때는 모든 사항을 주최 측의 지시에 따라야 한다.

## 7.2 회의 준비 업무

회의 준비 업무에는 회의 장소 준비, 참석자 통지, 회의용 자료 작성, 회의록 작성, 회의 중 접대 등이 포함된다. 이러한 일을 진행하려면 비서는 상사와의 의논을 통해 회의의 특성에 맞는 준비 업무를 해야 한다. 회의를 준비하기 위한 계획은 처음부터 너무 세밀하게 하지 말고 대체적인 순서를 크게 잡아 계획한 후 세부적으로 들어가는 것이 좋다.

비서는 언제 어떤 일을 상사에게 승인받아야 할 것인가를 잘 판단해 혼자 독단적으로 결정하는 일이 없도록 한다. 그리고 안내장의 작성, 회의 장소의 준비 등 세부 사항에 대해서도 다시 제2, 제3 단계의 계획, 실시, 평가의 순서를 밟아서 사무를 진행한다.

## 7.3 회의 중 업무

### 1) 회의 당일 업무: 회의 시설 점검

충분한 준비 시간을 두고 회의장에 가서 실내의 조명, 환기, 냉난방, 책상과 의자의 수, 보드, 꽃장식, 음료수 등 준비해 두어야 할 비품 및 기자재들이 잘 정돈되어 있는가를 재확인한다. 또한, 회의장 안내 표시를 엘리베이터 문이나 복도 입구, 회의실 입구 등에 설치해 두어 방문객이 회의장을 쉽게 찾아올 수 있게 한다. 마이크와 녹음 장치, 빔 프로젝터 등을 미리 테스트하고 의사 진행 순서를 보기 쉬운 곳에 붙이거나 정면 스크린에 띄워 둔다. 컴퓨터용 투사기를 사용해 프레젠테이션(presentation)을 할 경우 필요한 파일이 준비되어 있는지, 기자재가 제대로 연결되어 있는지도 점검한다.

회의용 자료, 메모지, 펜 등은 책상 위에 가지런히 정리하고 정해진 자리 순서에 따라 명패를 놓아야 하며, 다과 준비와 접대용 비품은 갖추어져 있는지 점검한다. 인원 수가 많을 때는 회의 자료를 접수대에서 나누어 준다. 시작 시각이 다가오면 출석 상황을 상사에게 보고한다. 특정한 구성원이 모이는 회의일 때에는 아직 도착하지 않은 참석 예정자에게 전화로 확인한다든지 해서 회의가 정시에 개최될 수 있도록 노력해야 한다. 다음은 회의장에 필요한 기자재와 비품 목록으로 때에 따라 선별해서 쓰도록 한다.

① 냉·난방, 환기, 조명
② 마이크와 녹음 장치, OHP
③ 컴퓨터, 빔 프로젝터, 무선 랜, 포인터
④ 회의장 안내 표시
⑤ 책상 및 의자의 수, 좌석 배치
⑥ 회의용 자료, 메모지, 펜
⑦ 다과 준비 및 접대용 비품
⑧ 접수대, 단상
⑨ 기타

## 2) 회의 개최 중의 업무

비서가 회의장 안에서 보좌할 때에는 상사와 연락이 쉽고 전체가 잘 보이는 입구 가까운 장소에 대기석을 배치한다. 비서는 회의 진행에 따라 필요한 자료를 준비해 사전에 배부하거나, 참석자의 동정에 주의해서 적극적으로 도울 수 있도록 배려하고, 회의 진행 중 기록을 담당하기도 한다.

회의장은 회원 이외의 사람도 왕래가 있는 장소이면 출입구 하나만 사용하고 출입구에는 반드시 '회의 중'이라는 표지판을 붙여 회의와 관련이 없는 사람들의 출입을 막을 수 있도록 한다. 회의장 밖에서 대기할 때는 늦게 도착하는 참석자를 조용히 회의장 내로 안내하는 일, 도중에 밖으로 나오는 사람을 안내하거나 배웅하는 것도 비서 업무 중 하나이다. 또한 회의가 원만하게 진행될 수 있도록 수시로 냉·난방, 조명 등을 살피고 음료수나 기타 준비물에 대해서도 점검하여 회의가 길어지면 다른 종류의 음료를 다시 내도록 한다.

회의 출석 중인 사람에게 외부 전화가 왔을 때는 긴급 사항이 아니면 비서가 메모해 두었다가 회의가 끝난 후 전한다. 만약 직접 통화를 요청하거나 긴급 사항일 때는 직접 말하지 않고 메모지에 전달 사항을 기록해서 회의에 방해가 되지 않도록 노크 없이 문을 살짝 밀고 회의장에 들어가 본인에게 전한다.

**회의 중의 메모**

장동우 변호사님
변호사님의 비서가 급한 일로 변호사님과 통화하기를 원합니다.

## 7.4 회의 후 업무

### 1) 회의 종료 후 업무

#### (1) 참석자가 돌아갈 때

참석자가 회의를 끝내고 돌아갈 때에는 승용차로 돌아가는 참석자를 위해 필요 시 기사와 연락을 취한다. 운전 기사에게 회의 상황이나 종료 예정 시간을 알려 주어 배차에 차질이 없게 한다. 또, 참석자가 회의 전에 맡긴 물건이 있으면 반환한다. 참석자가 빠뜨리고 간 물건이 있는지를 점검하고 책상, 의자, 비품 등을 정돈한다.

회의 종료 후 확인해야 할 사항은 다음과 같다.

① 명찰 회수, 보관 물품 전달

② 메시지 전달(전달할 메시지가 있을 경우)

③ 참석자가 빠뜨린 물건 확인(서류, 안경 등)

④ 참석자 전송

#### (2) 회의실에서 돌아올 때

사내 회의실에서 회의가 끝나고 돌아올 때에는 회의실 담당자와 관련 업무를 마무리짓고, 청소 담당자가 따로 없을 경우 다음과 같이 뒷정리를 함으로써 다음 회의실 사용자에게 불편을 끼치지 않도록 한다.

① 책상, 의자 등을 정리한다.

② 컵 등을 씻고 쓰레기를 치운다.

③ 회의장에 가지고 온 자료나 회의 용품을 챙긴다.

④ 창과 출입문 등을 점검하고, 필요시 출입문을 잠근다.

⑤ 회의장을 관리하는 부서에 회의 종료를 알린다.

### 2) 회의 후의 업무

회의가 종료되었어도 비서의 업무는 계속된다. 만약, 사후 처리(follow-up)해야 하는 사항이 있으면 캘린더에 기재하고 회의록을 작성하여 참석자뿐만 아니라 어느 관련 부처에 보내야 할 것인가도 파악해서 전자 우편이나 사내 인트라넷으로 보낸다.

#### (1) 회의록 작성

회의록은 언제 어떤 문제가 어떻게 토의되어 어떻게 결정되었는지에 대한 기록을 적어 두는 것으로 매우 중요하다. 큰 회의일 경우 주최자 측에서 기록원을 따로 두기도 하지만 사내 회의의 기록을 비서가 하는 경우도 있다.

회의록을 작성할 때 가장 유의할 점은 의제에 관련된 사항을 알기 쉽고 간결하게 그리고 무엇보다도 정확하게 기록해야 한다는 것이다. 누가 어떤 내용의 발언을 했고, 그 발언이 어떻게 심의·결정되었는지, 회의의 진행 결과를 자세히 알 수 있도록 기록해야 하며, 동의, 제안, 질문, 설명 등은 따로 구분해서 내용을 기록해야 한다. 또한 표결 결과도 반드시 포함한다.

참석자의 숫자가 많거나 참석자의 이름을 다 알지 못할 때는 미리 좌석 배치도를 작성해 누가 어떠한 발언을 했는지 정확히 기술하도록 한다.

회의록에 기재하는 사항은 다음과 같다.

① 회의의 명칭

② 회의의 의제

③ 개최 일시(예정과 실제 폐회 시간)

④ 개최 장소

⑤ 사회자 및 특별 참석자(강사, 참관인 등)

⑥ 참석자 현황

⑦ 발언자 성명 및 발언 내용(동의, 질문, 설명, 제안)

⑧ 결론(결정 사항, 표결, 심의 계속 사항)

대부분의 회사에서는 필요한 항목이 기재된 회의록 양식을 사용하고 있으나, 만약 표준화된 양식이 없을 때에는 양식을 만들어 사용하도록 한다. 회의록은 될 수 있는 한 빨리 정리해서 상사에게 제출해 승인을 받아야 한다. 회의록은 필요에 따라 회의 참석자나 회사 내외 관계자에게 배포하고 저장해 둔다.

기밀 사항에 대한 회의록은 기밀 서류로 처리하되 취급과 보관에 특히 주의한다. 또 회의 석상에서 일어난 사항을 타인에게 누설하는 것은 절대 삼가야 한다. 회의록을 참고해 다음 회의 때 전 회의의 경과 및 결론을 다시 살펴보고 준비할 수 있으며, 회의장 선정, 준비, 진행 등을 평가해 보고 잘못된 점은 메모해 두었다가 다음에 참고한다.

만약 회의록을 자주 참고할 경우에는 회의록의 내용을 회의별·주제별로 키워드(keyword)를 부여하여 색인(indexing)을 해 두면 관련 회의록을 찾을 때 참고가 된다. 예를 들면 컴퓨터 자료 관리 프로그램에 회의별·주제별 색인을 해 두면 된다.

#### (2) 감사장 발송

필요 시에는 회의나 행사 참석자들에게 행사 후 일 주일 이내에 감사의 편지나 엽서를 띄운다. 연사를 초빙했을 때는 잊지 말고 연사에게 감사 편지를 띄우며, 새로 임명된 간부에게는 축하의 편지나 카드를 보내야 한다. 또한 회의 도중 특정인이 다음 회의 때까지 어떠한 사안에 대해 조사하거나 특별한 임무를 부여받았을 때는 회의 종료 후 해당 본인에게 확인서 형식의 메모(memorandum)를 상사의 이름으로 발송하는 등 사후 처리를 한다.

### 3) 회의 준비 업무에 대한 평가

위에서 살펴본 바와 같이 크고 작은 회의를 개최할 때는 여러 준비 사항이 따르며, 사소한 실수도 회의의 효율을 떨어뜨리게 된다.

회의 준비 업무에 대해 다음과 같은 평가표를 만들어 다음 회의 때에도 참고한다.

〈표 7-1〉 회의 평가표

| 평가 항목 | 잘됨 | 보통 | 안됨 | 개선 방안 |
|---|---|---|---|---|
| 개최 안내 통지서에 누락된 사항은 없었는가?<br>회의 자료는 적절했는가?<br>회의 준비물은 부족하지 않았는가?<br>접수 업무는 순조롭게 진행되었는가?<br>참석자가 쾌적하게 회의에 집중할 수 있도록 회의장 관리가 원활했는가?<br>다과 등 서비스는 순조로웠는가?<br>시청각 기자재의 준비는 원활했는가?<br>그 밖에 부족하거나 소홀한 면이 없었는가? | | | | |

## 7.5 원격 회의

컴퓨터 · 통신 기능의 발달로 회의 참석자들이 한자리에 모이지 않고도 국내에 있는 사람과는 물론이거니와 해외에 있는 사람과의 법률 상담, 자문, 국제 회의 등을 스마트폰, 컴퓨터 및 영상으로 개최하는 일이 빈번해졌다.

### 1) 다자간 통화 회의

다자간 통화 회의(conference call)는 가까운 혹은 먼 거리에 있는 회의 당사자들이 직접 회의장에 가지 않고, 3인 이상이 전화로 의논하는 회의 방식이다. 같은 회사 내에서는 스피커를 사용해 메시지를 전달한다거나 조회를 하고 먼 거리에 있는 사람들끼리는 동시 통화를 통해 회의를 할 수 있다. 예를 들면 서울, 뉴욕, 파리에 있는 세 변호사를 동시에 전화 회선으로 연결해 스피커폰을 사용하면 각 변호사들은 그 회의의 내용을 파악할 수 있으며 참여도 할 수 있다. 자료가 필요한 경우 해당 자료를 파일로 상대방에게 즉각적으로 전송함으로써 자료 교환도 가능하다. 특히 국제전화 회의를 능률적으로 추진하려면 의제에 대해 각자 충분히 검토하고 보충 자료도 미리 주고받음으로써 토의 내용에 대해 철저하게 사전 준비할 필요가 있다.

### 2) 컴퓨터 전자 회의

통신 회선에 연결된 컴퓨터를 통해 가까운 혹은 먼 곳에 있는 회의 참석자들과 동시에 혹은 시간 간격을 두고 서로의 의사를 컴퓨터 키보드에 입력한 후 통신망을 통해 상대방에게 전달하면 상대방은 그 내용을 모니터상에서 읽고 그에 대한 반응을 다시 상대방에게 보내는 것이다. 필요한 경우 슬라이드, 그래픽 이미지 등도 파일로 상대방에게 전송할 수 있다. 회의에서 주고받은 내용은 디스크에 저장해 필요한 때 출력할 수 있다. 컴퓨터 전자 회의(computer teleconference)는 회의를 통해 해결하고자 하는 과제가 명확하고 회의 참석자들이 키보드를 사용하는 데 능숙한 경우에 효과적이다. 최근에는 메신저나 이메일을 통해 수시로 업무 협의를 하는 경우가 많다.

### 3) 화상 회의

화상 회의(video conference)란 오디오 · 비디오 · 컴퓨터 · 통신 기술의 통합으로 가능해진 회의 형태이다. 국제 변호사들의 바쁜 일정 중 출장에 보내는 시간이 증가하고 관리자들의 잦은 출장으로 인한 출장 비용 증대로 그 실용성이 점차 늘어나고 있다.

국제 화상 회의실에는 대형 화면, 마이크, 송신자 화면용 TV 수상기, 자료를 볼 수 있는 자료 화면용 수상기 등이 설치되어 있어 동시에 음성과 화면 및 각종 회의 자료를 주고받으며 회의할 수 있다. 또 회의 내용을 기록 전송하기 위한 전자 칠판, 비디오, 비디오 프린터 등과 자료 전송용 팩시밀리 혹은 스캐너, 자료 제시용 데이터 뷰어(data viewer), 컴퓨터 브리핑 시스템 등이 필요하다. 그 밖에 참석자 전원의 책상에 모니터와 마이크가 설치되어 있어 발표하고자 하는 참석자가 마이크의 전원을 넣고 발언하면 참석자의 영상이 다른 참석자의 화면에 나타나는 화상 회의 시설도 활용할 수 있다.

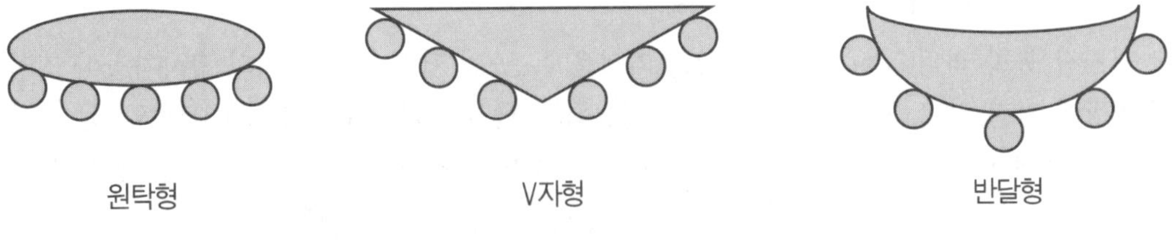


**[그림 7-1]** 영상 회의에 사용되는 테이블의 형태

회의장의 크기에 따라 다양한 형태의 테이블을 설치할 수 있다.

① **원탁형**
타원형의 테이블로 테이블의 한쪽으로 나란히 앉는 것

② **V자형**
V자 모양의 테이블로 테이블의 바깥쪽 면을 따라 마주보고 앉는 것

③ **반달형**
초승달 모양의 테이블로 테이블의 바깥쪽(긴 쪽) 면에 나란히 앉는 것

이 때, 원탁형 테이블과 반달형 테이블은 모든 참석자가 카메라에서부터 같은 거리에 있을 수 있다는 장점이 있다.

# 제 8 장 출장 업무

로펌이 글로벌화되고 법률시장이 개방됨에 따라 변호사 혹은 전문가들의 해외 출장이 보편화되어 외국 클라이언트 면담을 위해 변호사가 출장을 가기도 한다. 또한 국내에서도 송무 관련 지방 실사를 해야 하는 경우나 지방 클라이언트 방문, 법률 관련 국제회의, 워크숍 등에 참석하기 위한 출장 등이 빈번하다.

출장 업무는 로펌의 규모와 규정에 따라 다른데, 일부 회사는 여행사, 호텔, 항공사와 특별 계약을 맺어 출장과 관련된 업무를 수행하기도 한다. 비서는 상사의 출장에 대비해 상사의 선호도나 회사의 출장 관련 규정 등 준비 사항들을 미리 잘 알아 두어야 한다. 또한 비서는 상사가 출장으로 인해 사무실에 없더라도 업무의 진행이 순조롭게 이루어져 조직의 목표 달성에 차질이 없도록 해야 한다.

## 8.1 출장 준비

출장 준비가 시작되면 우선 출장 관련 자료 및 서류철을 마련한다. 여행 일정표, 여행 관련 예약, 티켓, 회의나 방문 일정 확인 메일 등 모든 관련 정보를 한눈에 볼 수 있도록 한 개의 폴더로 관리하면 편리하다.

송무 비서는 담당 소송사건 기일인 경우 담당 변호사의 지방 출장을 위해 KTX 혹은 비행기를 예약한다. 법정 시간 이전에 도착해야 하므로 지방 법원까지 걸리는 교통 시간을 고려하여 예약해야 한다.

자문 비서는 담당 변호사가 지방 혹은 해외 출장을 갈 경우 교통편(기차, 비행기 등)과 호텔 예약을 해야 한다. 변호사의 별도 지시가 있다면 출장 일정표(itinerary)를 작성하기도 한다.

물론 변호사에 따라 선호하는 교통 수단이나 숙박 시설 등이 다르므로 같은 로펌에서 근무하더라도 비서가 처리하는 업무 또한 달라질 수 있다.

### 1) 출장 계획안 작성

출장이 결정되면 비서는 상사의 출장지, 출발일, 도착일 등 기본적인 내용과 좀 더 구체적인 사항을 검토하면서 출장 계획안을 작성한다. 출장 계획안은 과거 출장과 관련된 파일을 참고하거나 상사와 의논해서 상사의 기호를 고려한 일정을 작성한다. 출장 계획안 작성 후에는 일정에 무리가 없는지, 빠진 내용이 없는지 검토해서 상사에게 초안을 보이고 확인을 받은 후 수정한다.

출장을 계획할 때, 확인해야 할 사항은 다음과 같다.

① 출장 일시: 언제 출발해야 하고, 소요 기간은 얼마나 되며, 방문국의 국경일이나 공휴일과 겹치지 않는가?
② 출장지: 목적지와 경유지는 어디이며 그곳의 기후는 어떠한가?
③ 방문처: 방문해야 할 기관 또는 회사는 어디인가?
④ 회의: 예정된 회의가 있는가?
⑤ 면회인: 방문지에서 만나는 사람은 누구이며 어떤 관련 정보가 필요한가?
⑥ 지참물: 지참해야 할 자료나 선물은 무엇인가?
⑦ 교통편: 비행기, 열차, 승용차 중 어떤 교통편을 이용할 것인가?
⑧ 숙박: 회사와 제휴되어 있는 호텔 체인이나 상사가 선호하는 호텔이 있는가?
⑨ 출장 경비: 출장비 가지급금은 얼마를 청구할 것인가? 법인 신용 카드를 사용할 것인가?
⑩ 상사의 부재 중 문제 처리 방법: 상사의 부재 시 권한 대행자는 누구이며, 출장 중의 상사와 커뮤니케이션을 할 방법은 무엇인가?

### 2) 출장 경비

회사 출장 경비 규정을 검토해 적절한 수준의 경비가 지출되도록 한다. 교통편과 숙소를 예약할 때는 직위에 따라 이용 가능 등급이 다르므로 선임 비서나 해당 부서에 미리 알아보도록 한다.

출장 경비의 지급 방법은 회사의 규정에 따라 다르다.

① 출장 경비 지불용 법인 신용 카드를 발급받아 여비, 호텔 경비 등을 결제한다. 이 경우 신용 카드 사용자는 공적인 경비와 사적인 지출을 분리해서 신용 카드를 사용하도록 유의한다.
② 출장 경비를 미리 계산해 출장 전에 비용을 청구하고 가지급금을 받는다. 출장 경비

를 선불하는 경우에는 정산 절차를 알아 둔다.

③ 출장자 자신의 카드나 현금으로 지불하고 출장 후에 관계 부서에 청구해서 받기도 한다. 이 경우 사용한 경비에 대해 적은 금액이라도 반드시 영수증을 첨부해야 한다. 일반적으로 여러 국가를 방문할 경우 화폐와 환율이 나라마다 다르므로 신용 카드 회사에서 명세서를 받아 한꺼번에 원화로 환산된 금액을 정산하는 것이 좋다.

## 3) 출장 일정 예약

출장 담당 부서가 따로 없고 비서가 직접 상사의 출장 준비를 한다면 교통편, 숙소, 자동차 렌트 예약 등을 직접 처리해야 한다. 이 경우 거래 여행사를 통하거나 아니면 비서가 직접 예약할 수도 있다. 요즘에는 항공기나 철도와 같은 교통편과 호텔, 자동차 렌트 등은 인터넷을 통해 쉽게 예약할 수 있다.

인터넷을 이용하면 다음과 같은 편리한 점이 있다.

① 시간 제약 없이 정보를 검색하고 예약할 수 있다. 요금은 신용 카드로 지불하며, 티켓이나 예약 확인서 등을 바로 출력할 수 있다.

② 손쉽게 가격을 비교할 수 있으므로 비용이 절감된다.

③ 특별 서비스를 통해 가격이 할인된 상품을 살 수 있다.

그러나 인터넷을 이용한 예약은 검색 시간과 노력이 들기 때문에 평소에 여러 웹사이트를 방문해 정보를 수집해 놓는 것이 좋다.

다음은 해외 출장 시 여행 서비스를 찾을 수 있는 정보를 담고 있는 웹사이트의 예이다.

www.travelocity.com

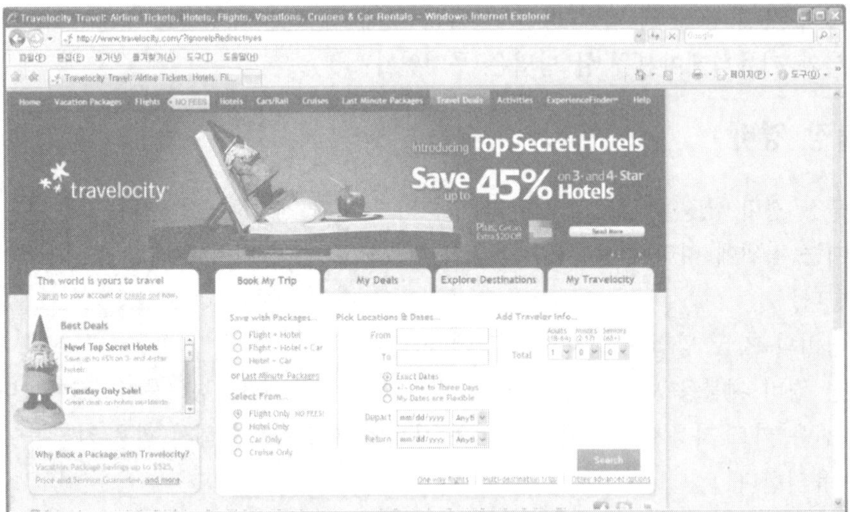


[그림 8-1] 여행 정보 웹사이트

### (1) 교통편 예약

국내 출장의 경우에는 승용차, 고속버스, 철도, 항공기를 이용하고, 해외 출장일 경우에는 대부분 항공기를 이용한다.

#### ① 철도편

철도편은 지방 클라이언트와 일할 경우 해당 관할 지방법원 기일 출석을 위해 편리하게 이용할 수 있는 교통 수단이다. 특히 KTX 개통 이후 항공편에 비해 상대적으로 요금이 저렴하고 시내 중심부에 역이 위치해 도착지에서의 이동이 편리하다. 또한, 자동차를 이용하는 경우에 비해 목적지까지 지연 시간이 거의 없이 도착할 수 있고, 이동하는 도중에도 노트북을 사용해 일할 수 있는 편리함이 있다.

철도를 이용할 경우, 렌터카 연계 신청 서비스, 도착역 깨우미 서비스, 노트북 사용대 설치 등의 다양한 서비스가 있다. 철도청 홈페이지를 이용하면 열차 시간표를 검색할 수 있고 예약이나 예매도 가능하다. 철도편을 자주 이용하는 경우에는 철도 회원으로 가입하면 할인이 될 뿐만 아니라 마일리지도 적립되어 매우 편리하다.

www.korail.go.kr

www.qubi.com

**[그림 8-2]** 철도 관련 웹사이트

#### ② 항공편

항공편은 다소 거리가 먼 국내 출장과 해외 출장에 자주 이용된다. 항공편을 이용하는 출장이 잦은 상사를 보좌하는 비서라면 수시로 바뀌는 비행기 운행 시간, 기내 서비스, 그리고 수신자 부담 예약 전화 번호 등 여행과 관련된 정보를 참조할 수 있어야 한다.

다양한 온라인 여행 정보 서비스를 이용할 수도 있다. 여러 항공사의 정보를 찾아 예약하고, 티켓을 출력 또는 메일로 받거나 직접 공항에서 받을 수도 있다. 항공사의 수신자 부담 전화를 이용해서 항공 예약을 할 수도 있다. 여행사의 서비스를 이용할 경우 여행 일정표, 송장, 탑승 패스도 티켓과 같이 받는다. 비행기 일정표(itinerary)는 여행자가 보관하는 기록으로 여행자의 일정관리를 위해 필요하다. 송장(送狀, invoice)은 여행 경비 보고용으로 보관하며, 탑승표(boarding pass)는 비행기를 타기 전 항공사 직원에게 제출한다.

항공편을 예약할 때에는 회사의 출장 규정에 맞추어서 등급을 정하고 상사가 선호하는 좌석을 예매하도록 한다.

- 선호하는 항공사, 항공 기종, 시간대가 있는가?
- 비행 노선의 형태: 직항 노선을 선호하는가? / 비행기를 갈아 타도 무방한가?
- 비행기 좌석 승급: 마일리지를 이용하여 승급(upgrade)을 할 것인가?
- 선호 좌석: 창가 / 통로 중 선호 좌석을 인터넷으로 미리 신청한다.
- 음식 선호도: 저칼로리 식사, 저콜레스테롤 식사, 저염분 식사 등 기내식 메뉴를 미리 살펴보고, 특별식이 필요할 경우 예약하도록 한다.

### 비행기 좌석 분류

비행기의 좌석은 일등석, 비즈니스석, 이코노미석으로 나뉜다. 이 세 가지 등급의 좌석이 모두 다 있는 비행기도 있고, 일등석과 이코노미석, 비즈니스석과 이코노미석만 있는 비행기도 있다. 주로 대형 비행기들은 일등석, 이코노미석을 제공하고 비행기 종류에 따라서 비즈니스석이 있기도 하다. 그러나 국내 소형 비행기들은 비즈니스석, 이코노미석만, 또는 이코노미석만 제공하기도 한다.

**• 일등석(First Class)**
일등석은 가장 가격이 비싸고 고품격의 서비스를 제공한다. 좌석이 크고 넓으며, 좌석 간의 간격 역시 넓다. 제공하는 서비스도 월등히 우수해 좋은 기내 음식을 제공받으며 승무원들의 많은 관심과 서비스를 받는다. 냅킨, 테이블보, 그릇, 도자기 접시 등이 제공되며 주류도 무료로 제공된다. 어떤 비행기는 원하는 시간에 맞춰 식사를 제공하기도 한다. 좌석을 뒤로 젖힐 수 있으며 다리를 편하게 펼 수 있는 공간도 넓다. 일등석의 승객들은 탈 때와 내릴 때에 우선권을 준다.

**• 비즈니스석(Business Class/Prestige Class)**
비즈니스석은 일등석보다는 가격이 싸다. 일등석 뒤에 비즈니스석, 그 뒤에 이코노미석이 위치한다. 일등석보다는 좌석의 숫자가 더 많으며 이코노미석과 비교했을 때 주류와 등받이를 뒤로 젖힐 수 있는 의자, 다리를 편하게 뻗을 수 있는 공간, 좋은 음식을 제공받는다.

**• 이코노미석(Economy Class)**
이코노미석은 스낵, 소프트 드링크, 과일 주스, 차 또는 커피, 식사가 무료로 제공된다. 그러나 좌석 간의 간격이 좁으며, 일등석·비즈니스석에 비해 승무원들의 서비스를 많이 제공받지는 못한다. 탑승, 음식 및 기타 서비스가 일등석 손님들보다 늦게 제공된다.

여행사를 통해 항공편을 예약할 때는 반드시 예약 번호를 받고, 출발 일시, 항공사 이름, 비행기 번호(flight number), 현지 도착 시각, 도착지의 공항명, 예약받는 사람의 이름·전화 번호를 확인한다. 희망하는 항공편에 좌석이 없을 경우에는 일단 다른 편을 예약한 후, 희망 항공편의 대기인 명단에 올려 놓고 취소로 공석이 생겼을 경우 탑승할 수 있도록 한다.

또한 항공권 변경 또는 예매 취소 시의 환불 조건도 확인한다. 항공권을 구입할 때 특별 할인 제도를 활용했다면, 탑승 비행기를 바꿀 경우 추가 금액을 부담해야 하는 경우도 있다. 환불 시에는 수수료 등으로 인해 환불 금액이 구입 당시의 금액에 못 미칠 때도 있다. 그리고 탑승 때마다 마일리지(milege)가 적립되었는지도 확인한다.

③ 셔틀 버스나 택시

상사가 목적지에 도착하면 숙박 시설까지 이동하기 위해 택시나 셔틀 버스를 이용해야 한다. 따라서 출장 일정을 계획할 때는 셔틀 버스의 이용 가능성과 택시비를 확인해 보아야 한다. 특급 호텔의 경우 호텔과 공항 간에 무료로 셔틀 서비스를 제공하기도 하는데 출발 시각을 미리 확인해 두도록 한다. 개인 업체가 운영하는 셔틀 서비스도 있는데 택시를 이용하는 것보다 비용이 저렴하다. 선진국 대도시의 경우에는 일반적으로 공항버스(airport limousine) 제도가 잘 마련되어 있다.

④ 자동차 렌트(car rent)

항공사나 여행사를 통해 차를 렌트하거나 직접 자동차 렌트 업체에 전화나 인터넷을 통해서도 예약할 수 있다. 자동차를 렌트할 때에는 차의 등급과 모델, 차를 빌릴 날짜와 반납할 날짜를 잘 확인한다.

목적지 공항에 도착하면 공항 내에 있는 렌트 사무소(rental office)에서 차량을 빌린다. 자동차의 렌트 비용은 하루 사용료와 운전한 거리량만큼 또는 운행 거리와 상관없이 렌트 기간에 따라 요금을 지불하기도 한다.

회사 규정상 렌트할 수 있는 차의 모델과 크기가 정해져 있을 수 있다. 차의 크기는 대형, 중형, 소형/경제형으로 구분되어 있다. 보험은 자동차 렌트 시 가입할 수 있으며, 회사나 개인이 이미 가입되어 있으면 다시 가입할 필요가 없다.

차의 기름은 렌트할 때 가득 차 있으며 사용 후 반환할 때는 원상태로 기름을 채워서 반환해야 한다. 그렇지 않으면 모자라는 기름에 대해 비싼 비용을 청구하기 때문이다. 대부분의 렌트 사무소는 그 지역의 지도를 제공하고 목적지까지 가는 길을 자세히 안내해 준다. 또한 그 근처 지역 소재 호텔, 식당, 관광 명소를 소개해 주기도 한다.

출발 전 미리 방문해야 할 장소의 위치에 관해서는 미국 출장의 경우 만약의 경우를 대비하여 www.yahoo.com이나 www.google.com 등의 사이트에서 위치를 검색해 찾아가는 방법을 출력해서 상사의 일정표 파일에 넣어둔다.

⑤ 회사 차량 이용

단거리 출장일 경우에는 주로 회사가 제공하는 차를 이용한다. 회사 차량을 이용할 때는 가장 빠르고 안전한 길 안내, 소요 시간, 그리고 차량 이동 중에 식사가 가능한 식당에 대한 정보를 찾아 제공한다.

www.maptopia.com

www.mapquest.com

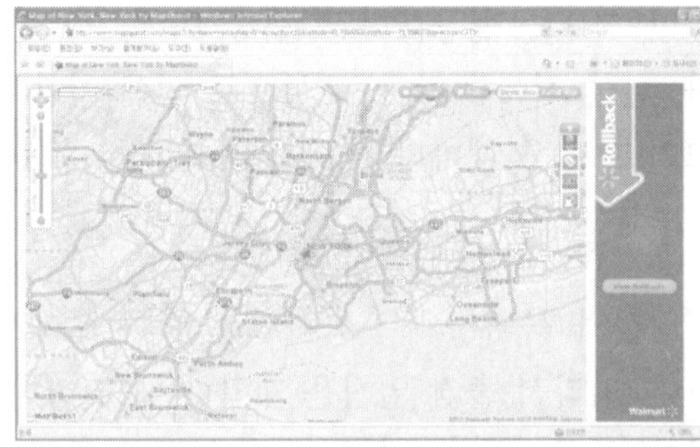

**[그림 8-3]** 지도 검색 사이트

### (2) 숙박 업소 예약

숙박 업소를 예약할 때에는 회사의 여비 규정에 맞는 등급의 숙박 시설을 선택하도록 하고 상사의 취향에 맞고 업무를 수행하기 편리한 곳으로 선정하는 것이 중요하다.

#### 관광 호텔의 등급 분류

국내 관광 호텔은 특1등급, 특2등급, 1등급, 2등급, 3등급으로 나눌 수 있고, 외국 체인 호텔의 경우 공식적으로는 별 5개를 최고 등급으로 하지만, 별 6개 등급 호텔도 있다. 호텔의 등급을 알고 싶으면 인터넷을 검색해 보면 된다.

〈5대 글로벌 호텔 체인 그룹〉

- 하얏트 그룹(파크 하얏트, 그랜드 하얏트, 하얏트 리젠시 등)
- 그룹 스타우드(웨스턴, 쉐라톤, W, 세인트레지스 등)
- 메리어트 그룹(리츠칼튼, JW메리어트 등)
- 힐튼 그룹(콘래드, 힐튼, 엠버씨스위트 등)
- 인터컨티넨탈 그룹(인터컨티넨탈 호텔 & 리조트, 홀리데이인 등)

#### 점검 사항

**호텔 예약 시 확인 사항**

- 호텔의 등급
- 방의 종류 및 가격
- 위치(공항과의 거리 또는 출장 업무 수행지와의 거리)
- 서비스(비즈니스센터의 유무 등)
- 부대 시설(회의실, 식당, 피트니스센터 등)
- 회사와의 협약 여부 등
- 바깥 경치가 좋은 쪽

해외 출장의 경우 비행기 편과 마찬가지로 상사의 직급에 따라 이용할 수 있는 호텔의 등급이나 숙박비의 기준이 다르므로 이를 먼저 확인한다.

만약 상사가 어떤 특정 호텔에서 열리는 국제회의에 참가하는 것이라면 개최 호텔에 예약한다. 그렇지 않은 경우에는 우선 회사와 특약이 되어 있는 세계적 체인 호텔이 있는지를 확인하고 변호사가 개인적으로 선호하거나 멤버십이 있어 할인을 받을 수 있는 호텔을 선정한다. 그 밖에 출장지의 관련인, 혹은 상대 회사에 문의해 가까운 호텔에 대한 정보를 얻는 것도 유용하다. 최근에는 인터넷을 통해 숙박 시설에 대한 다양한 정보를 얻을 수 있으며, 예약 및 확인이 가능하다. 예약시 호텔 사용자들의 평가도 반드시 확인하도록 한다.

미국에 있는 호텔을 예약할 때는 www.hotels.com, www.mapquest.com, www.discounthotels.com 등 호텔 관련 사이트에서 예약할 수 있다. 이 때 신용 카드 번호를 입력해야 예약이 되며, 일단 신용 카드 번호를 입력하고 예약한 후 취소하면 일정 수수료를 물게 되므로 유의한다. 숙박 업소와 관련된 정보를 제공하는 인터넷 사이트를 많이 알아 두고 활용하도록 하며, 이용자들의 평판도를 확인하는 것이 좋다.

숙박 장소 예약 시에는 숙박인의 이름(상사명), 회사명, 숙박 일수, 방 종류, 인원 수, 연락처 등을 알려 주고, 예약 번호와 담당자를 확인한다. 예약 확인서를 팩스나 이메일로 받아 예약 사항을 출장 일정표에 자세히 기록하고, 원본은 상사의 출장 서류철에 넣고 복사본은 비서가 보관한다.

투숙일이 가까워지면 다시 한 번 예약을 확인하고(reconfirm), 만약 상사가 늦게 도착할 경우 호텔 측에 도착 시간 지연(late arrival)을 알려 성수기에는 호텔 객실이 취소되어 다른 사람에게 배정되는 일이 없도록 한다.

### 4) 출장 일정표와 출장 준비

출장 계획이 정해지면, 출장 일정표를 준비하고 출장에 관련된 문서와 회의 및 약속에 필요한 관련 서류를 점검한다. 만약 출장 계획이 바뀌면, 예약을 바꾸기 위해 예약 확인 번호와 기타 예약과 관련된 정보들을 사용해 모든 예약 내용을 변경해야 한다.

#### (1) 출장 일정표

이용할 교통 수단이나 숙박 수단이 정해지면 약속 장소, 회의와 식사 시간, 연회 계획, 호텔 위치 등을 정리해 출장 일정표(itinerary)를 만든다. 출장 일정표는 출장 기간 중의 예정을 일목요연하게 작성한 것으로 필요한 정보를 모두 담고 있다. 일정표의 초안을 작성해 상사의 확인을 받은 후 최종 일정표를 만든다.

출장 일정표에는 일정, 교통편, 호텔 이름, 방문처, 면담자, 준비물, 긴급 연락처 등을 비교적 자세하게 기재한다. 출발의 경우, 출발 시간, 출발지, 준비되는 차량의 번호를 기재하고, 회의나 상담의 경우에는 회의 장소, 호텔 주소와 전화 번호, 회의를 위해 준비한 자료명까지 기재해 상사가 일정표를 통해 다음 확인 일정과 필요한 준비를 할 수 있도록 한다. 출장지가 여러 곳일 때에는 연락처와 주소, 전화 번호를 출장지 별로 작성하면 편리하다.

해외 출장의 경우에는 재외 공관 주소와 전화 번호, 현지 항공사 연락처, 여권과 신용 카드 번호와 만기일, 여행자 수표 번호, 각종 예약 번호, 현지 기상 정보, 세계 시차표, 지도 등도 같이 정리해 두면 좋다. 또한 여권, 비자, 항공권 등은 분실에 대비해서 복사해 두며, 각종 카드도 카드 번호와 만기일, 그리고 분실 시 신고 전화 번호 등을 한 장으로 정리하거나 복사해서 상사 출장 파일 속에도 넣지만 비서가 따로 보관해 사고 발생시 신속한 조치를 취할 수 있도록 한다.

작성된 출장 일정표는 상사, 동행인, 출장지 담당자, 차량 운행자, 상사의 가족, 상사 부재 시 권한 대행자에게 전달하고, 비서도 출장 관련 서류철에 보관한다.

### (2) 출발 준비

출장에 필요한 자료와 서류 이외에도 준비해야 할 휴대품이 있다. 의류, 세면 도구, 상비약 등 개인적인 물품은 상사의 가정에서 준비하겠지만, 업무와 관련된 사항은 빠뜨리지 않도록 유의한다. 해외 출장시 부피가 큰 여행 가방은 수화물을 찾을 때 멀리서도 알아볼 수 있도록 스티커나 리본 등으로 표시를 해 두면 편리하다. <표 8-1>은 출장시 필요한 준비물 및 서류 확인 사항이다.

출장 당일 도착지에서 마중 나올 사람이 있으면 교통편, 출발 시간, 도착지, 도착 시간 등에 대해 미리 연락하고, 차량편을 의뢰한다. 확인되는 대로 상사에게 차량 제공 여부와 마중 나올 사람에 대한 인적 사항을 보고한다.

**〈표 8-1〉 출장시 준비물과 서류 확인 사항**

| 구 분 | 내 역 |
|---|---|
| **준비물** | 출장 일정표<br>교통권 티켓(비행기 티켓, 열차 승차권 등)<br>출장 경비 가지급금 및 법인 신용 카드<br>호텔 및 차량 예약 확인서<br>여행자 보험증서<br>경비 지출 내역서<br>메모 용지 및 기록 도구, 명함<br>계산기, 노트북 컴퓨터, PDA, 휴대용 변압기, 스마트폰 등 필요한 전자 장비<br>선물 및 기념품 |
| **정보/서류** | 출장지에서 방문해야 할 사무실이나 회의 장소의 약도<br>약속된 사람의 인적 사항<br>회의나 약속 시 필요한 연설문, 보고서, 파일, 기타 편지 등 |

외국 출장지에서도 한국에서 걸려 오는 전화를 받기 원하는 상사를 위해서는 휴대폰 로밍 서비스가 되는지 알아 본다. 대부분의 휴대폰은 자동 로밍 서비스가 있어 따로 신청할 필요는 없다. 그러나 특정 지역 출장이 잦은 상사를 위해 현지 전화 개통을 고려할 필요는 있다.

## 8.2 상사 출장 중 비서의 업무

대부분의 상사는 출장 기간 동안 비서를 통해 일상 업무 및 연락을 하게 된다. 상사가 출장을 떠나기 전 비서는 일상 업무, 급한 업무, 그리고 비일상적 업무를 상사 부재 중 어떻게 수행해야 하는지 미리 상사로부터 파악해야 한다. 상사의 업무나 권한을 위임받은 사람이 누구인지를 정확하게 파악하고, 자신이 처리할 성격의 업무를 제외한 업무에 대해서는 위임받은 대리자에게 연결한다.

### 1) 상사 부재 중 업무 태도

상사의 부재 중 비서는 출장지에 있는 상사와 로펌을 연결해 로펌 내의 긴급한 업무를 보고하고 지시를 받을 수 있다. 또한 상사의 부재 중에도 일상적으로 발생하는 업무를 처리하고 상사가 출장에서 돌아왔을 때 업무에 차질이 없도록 준비해야 한다. 상사가 없을 때 비서의 근무 태도가 해이해지거나 자리를 자주 비우는 것은 바람직하지 못하다. 비서의 태도가 다른 직원들에게 태만하게 보일 수 있으며, 사고는 항상 방심할 때 생기기 쉽게 때문이다.

비서는 상사의 출장 기간에 부재 시 업무 지침을 마련해 두고 원활하게 모든 업무가 수행될 수 있도록 조치를 취해야 한다. 일정한 시각을 정해 놓고 상사와 통화하거나 이메일을 이용하면 상사의 부재 중에도 업무 보고와 지시를 받을 수 있다.

부득이하게 자리를 비워야 할 사정이 생기면, 외부나 상사로부터 급한 연락이 올 수 있으므로 다른 직원에게 전화를 부탁하고 외출 목적과 돌아오는 시각 등을 알려 준다.

상사 부재 기간 동안 비서는 스스로 일을 찾아서 하는 솔선수범적 태도가 필요하다. 이러한 시간을 활용해 평소에 밀렸던 서류 정리나 캐비닛 정리, 앞으로 해야 할 업무 혹은 상사가 출장에서 돌아왔을 때 한꺼번에 밀려들 업무 등을 예측해서 처리해 두는 것이 바람직하다.

**상사 부재 중 업무 지침**

① 전화 응대 및 클라이언트를 접대할 때에는 상사의 부재 여부를 공개해야 할지 여부를 결정해 그 원칙에 따라 대응한다.
② 모든 일정은 출장 후로 조정하되, 출장 직후는 피하도록 하여 업무에 부담이 되지 않도록 조치한다.
③ 중요한 안건은 직접 상사에게 연락하거나 대리인과 상의해 처리한다.
④ 상사 부재 시에는 비서가 밀린 업무를 정리할 수 있는 좋은 기회이므로 시간 계획을 구체적으로 세워 짜임새 있는 일과를 수행한다.
⑤ 상사 부재 시에는 가능한 한 자리를 비우지 않는다.
⑥ 상사 부재 시의 업무 권한 대리자와 함께 중요한 일을 처리한다.
⑦ 연락 사항, 사내 업무 등은 상사 출장지의 일정을 참고해 일정한 주기로 보고할 수 있도록 한다.
⑧ 교통편 및 숙박 예약을 다시 확인해 둔다.
⑨ 상사가 돌아온 후 바로 업무를 수행할 수 있도록 자료, 비품 등을 정리해 둔다.
⑩ 서신 접수 대장, 부재 중 전화목록, 내방객 리스트를 작성해 둔다.

## 2) 우편물 처리

상사가 출장을 가기 전에 우편물 종류에 따른 취급 원칙에 대해 미리 지시를 받아 두는 것이 중요하다. 개인 우편물은 개봉하지 않고 상사의 책상에 놓아 두거나 장기 출장의 경우에는 상사의 자택에 전달한다. 업무상의 대외비(對外秘) 또는 특수 취급 우편물은 개봉하지 않고 상사의 업무 대행자에게 전달한다.

보통의 업무용 서신은 개봉해 접수 일부인(date stamp)을 찍고 복사를 한 후에 원본은 보관하고 사본을 상사의 업무 대행자에게 전달한다. 개봉한 편지에는 일부인 옆에 전달자의 이름을 써 넣고 서류철에 끼워 상사의 책상에 놓아 둔다. 이 때 중요한 안건은 필요에 따라 출장지의 상사에게 보고해 지시를 받고, 회신을 요구하는 경우에는 관계 자료나 서류를 찾아 첨부해 두고 비서가 초안을 작성해 두었다가 상사의 귀사 시 발송할 수 있도록 한다.

## 3) 방문객 및 전화 관리

상사의 부재 중에 방문한 내방객은 방문객 기록 일지를 만들어 기록한다. 전화 메모는 기록해 두었다가 상사가 사무실에 돌아왔을 때 보고한다.

〈표 8-2〉 상사 부재 중 업무 보고 양식

| 날짜 | 시각 | 방문객 | 전화 | 용건 및 처리 |
|---|---|---|---|---|
| 8/1 | 14:00 | 가나다로펌(오×× 변호사) | | 강×× 변호사에게 연결 |
| 〃 | 16:30 | | 대구상사(김×× 부장) | 합병 자문건 문의 |
| 〃 | 17:00 | | 중앙기획(박×× 팀장) | 창립 10주년 행사 건 |
| 8/2 | | | | |

### 4) 상사의 귀사에 대비한 업무

비서는 상사가 귀사 후 바로 업무를 시작할 수 있도록 준비하고 보고해야 할 사항들을 정리해 둔다.

상사의 부재 중 우편물은 ① 돌아오는 즉시 처리해야 할 안건이나 중요한 사안(urgent & important), ② 일반적인 문서나 참고 사항(for your information), ③ 잡지나 기타 간행물(periodicals & etc.) 등으로 나누어 정리해 두면 상사가 귀사 후 바로 처리할 수 있다.

상사가 출장에서 돌아온 후의 일정을 대략적으로 작성한다. 귀사 후 일정에 관해서는 예정만 세우고 상사가 돌아온 후 확정지을 수 있도록 정리해 둔다. 출장에서 돌아온 후 2~3일은 부재 기간 중의 결재나 협의 사항이 많으므로 일정 조정 시 시간이 많이 소요되는 일정이나 면담 약속은 피한다.

## 8.3 상사 출장 후 비서의 업무

상사가 출장에서 돌아오는 당일에는 예정된 시각과 항공기로 도착하는지 미리 항공사에 확인해 관계 부서에 연락하고 영접을 나가거나 차량을 대기시키도록 한다.

### 1) 부재 중 보고 및 결재

상사가 출근하면 상사의 부재 중에 발생했던 업무에 대한 전반적인 보고를 실시한다. 또한 부재 중의 내방객 명단과 전화 메모, 우편물 목록 등을 정리해 상사가 처리할 수 있도록 한다. 결재 서류는 상사가 급한 것부터 처리할 수 있도록 정리해 중요도 순서로 결재를 받을 수 있도록 한다.

특히, 상사 부재 중에 처리한 사항이 있으면 반드시 보고해 확인하도록 한다. 출장 후 사후 처리를 해야 하는 사항은 여행 경비 정산, 각종 보고서 작성, 감사 편지 작성 등이다.

### 2) 출장 경비 정산

출장 중에 사용한 경비는 영수증과 함께 회사가 규정한 일정 형식에 맞추어 관계 부서에 보고해야 한다. 여행경비 보고서에 기록되어야 할 경비는 숙박비, 항공요금, 식사 및 팁, 접대비, 정액의 하루 경비(perdium), 택시비, 기타 업무차 사용된 비용이 포함되어야 한다. 영수증은 날짜별 · 항목별로 정리해 첨부하고, 경비의 정산은 경비 정산 서식에 기재해 제출한 후, 경비 보고서를 복사해서 사본은 상사의 출장 관련 파일에 보관한다.

### 3) 출장 보고서 작성

출장 보고서는 상사가 초안을 작성해 주면 판매 요약 보고서, 고객 방문 리스트, 프로젝트 진행서 등과 같은 출장 중 업무에서 생긴 서류와 그 밖에 출장 후의 결과물과 함께 정리해 해당 부서에 제출하거나 보관한다. 출장 중 회의에서 결정된 사항, 결정 목표, 또는 고객 불만이나 제안점, 추가로 토의되어야 할 아이디어 등을 정리해 보고서로 작성하고 정책 결정자에게 전달한다.

### 4) 감사 편지

감사 편지(Thank You Letter)나 감사 카드(Thank You Card)는 출장 중에 행해진 업무나 회의에서 만났던 사람들과 신세를 진 사람들에게 보낸다. 감사 카드 형태로 보낼 것인지 짧은 편지문으로 보낼 것인가를 먼저 상사와 의논해서 결정하고, 상사가 친필로 쓸 것인가, 비서가 대필할 것인가, 컴퓨터로 작성해 출력할 것인가는 상사의 지시에 따른다. 이것은 여행이나 출장 에티켓의 하나로 시기를 놓치지 말고 출장에서 돌아온 즉시 보내는 것이 좋다.

## 8.4 해외 출장

기업의 글로벌화 추세에 따라 경영자·관리자들뿐만 아니라 비서 자신의 해외 출장 기회가 증가하고 있다. 해외 출장의 준비는 국내 출장과는 달리 여권(passport), 사증(visa), 환전(money exchange), 검역 등 거쳐야 할 출·입국 수속이 많으므로 예기치 않은 일로 시간을 지체하게 되는 경우가 발생할 수 있음을 고려해 충분한 시간적 여유를 가지고 준비해야 한다.

### 1) 해외 출장 계획 세우기

출장 목적국의 휴일과 겹치지 않도록 일정을 계획하고 교통편과 숙박을 예약한다. 목적지의 사정을 알기 위해서는 그 지역의 회사 지점을 통하거나 여행 안내서, 항공사의 자료, 인터넷을 활용해 현지 상황을 파악할 수 있다.

해외 출장에는 언제나 경제적·시간적 여유가 필요하다. 상사가 방문할 곳만을 고려해 일정을 계획하면 갑작스러운 변동 상황에 다른 일정까지 모두 변경되어 업무 수행에 차질이 발생할 수 있다. 방문할 곳은 하루에 두 군데 이상으로 계획하지 말고, 도착일과 귀국일에는 될 수 있는대로 다른 일정을 넣지 않는다. 또한 방문 국가의 공휴일도 미리 알아 둔다(표 8-3, 표 8-4 참조).

〈표 8-3〉 미국의 공휴일

| | |
|---|---|
| 1월 1일 | New Year's Day(새해) |
| 1월의 셋째 월요일 | Martin Luther King Day(마틴 루터 킹 탄생일) |
| 2월의 셋째 월요일 | Presidents' Day(Washington's Birthday(워싱턴 대통령 탄생일) |
| 5월의 마지막 월요일 | Memorial Day(현충일) |
| 7월 4일 | Independence Day(독립기념일) |
| 9월의 첫째 월요일 | Labor Day(노동절) |
| 10월의 둘째 월요일 | Columbus Day(콜럼버스 기념일) |
| 11월 11일 | Verterans Day(재향 군인의 날) |
| 11월의 넷째 목요일 | Thanksgiving Day(추수감사절) |
| 12월 25일 | Christmas(성탄절) |

〈표 8-4〉 일본의 공휴일

| | |
|---|---|
| 1월 1일 | 元日(새해) |
| 1월 둘째 월요일 | 成人の日(성인의 날) |
| 2월 11일 | 建國記念日(건국기념일) |
| 3월 21일 | 春分(춘분) |
| 4월 29일 | みとりの日(식목일) |
| 5월 3일 | 憲法記念日(헌법기념일) |
| 5월 5일 | こどもの日(어린이날) |
| 7월 20일 | 海の日(바다의 날) |
| 8월 15일경 | 오봉(お盆)-일본의 추석 |
| 9월 15일 | 敬老の日(경로의 날) |
| 9월 23일 | 秋分(추분) |
| 10월 10일 | 體育の日(체육의 날) |
| 11월 3일 | 文化の日(문화의 날) |
| 11월 23일 | 勤勞感謝の日(근로 감사의 날) |
| 12월 23일 | 天皇誕生日(천황탄생일) |

〈표 8-5〉 출장 준비 점검 목록

- 비행기표 및 스케줄, 이용 항공사의 현지 주소 및 전화 번호
- 일정표(itinerary)
- 호텔 예약 확인 팩스 사본, 렌터카 계약서
- 여행 경비(현금 지폐와 동전, 신용 카드, 여행자 수표)
- 전화번호 목록(현지 연락처, 현지 대사관, 영사관, 연락인, 지사 등)
- 명함(영어와 현지어로 인쇄)
- 국제 운전면허증
- 국제 통화용 전화 카드
- 여권 및 비자(만기일 등을 확인할 것)
- 예방 접종 확인서(말라리아 등 풍토병이 있는 나라 방문 시)
- 수하물표(Baggage Identification Label)
- 사무 비품(연필, 노트, 계산기 등)
- 구술용 녹음기, MP3(Dictation용)
- 휴대폰 충전기
- 휴대용 전압변환기
- 카메라, 비디오, 메모리 카드 등
- 각종 서류
- 회사 카탈로그, 방문용 선물
- 노트북 컴퓨터
- 여행지의 기후에 맞는 의복(손수건, 장갑, 모자, 비옷, 우산 등)
- 개인용품(세면도구, 안경, 약품 등)
- 기타

상사의 해외 출장이 빈번한 경우, 출장 시 필요한 준비물에 관해 <표 8-5>와 같이 점검 목록을 작성해 두면 중요한 서류를 빠뜨리는 실수를 사전에 방지할 수 있다. 필요 시 <표 8-6>과 같이 영문 일정표를 작성하여 관계 인사에게 보내 준다.

## 2) 해외 출장 수속

대부분의 나라를 방문하려면 여권과 사증이 필요하다. 경우에 따라서는 업무 허가서(Work Permit), 여행자 수첩(Tourist Card), 진료처방전(Prescriptions for Medicine), 건강기록부(Health Record) 등이 요구되기도 한다.

### (1) 여권

여권(passport)은 외교통상부 장관이 발행하는 증명서로 해외 여행 중 상대국에 자국 여행자의 신분을 증명하며, 해외 여행 시에 보호와 협조를 받을 수 있도록 보호를 의뢰하는 문서이다. 여권은 해외 여행 중에 불의의 사고 발생 시 신원을 증명할 수 있을 뿐만 아니라 환전, 면세점의 물건 구입, 호텔 투숙 등 해외 어디서나 필요하므로 분실에 대비해 여권의

〈표 8-6〉 영문 일정표의 예

ITINERARY
for
Mr. Paul Newman, VP
Feb. 10-12, 20XX

| Monday, February 10(Seoul to New York City) | |
|---|---|
| 11:00 a.m. | Leave Incheon Int'l Airport on Korean Airline Flight 802; 747, first class A1(window seat) |
| 11:55 a.m. | Arrive at New York John F. Kennedy Airport. Take limousine to Hyatt Hotel, 2021 Fifth Avenue, New York(212-542-4500); Guaranteed hotel reservation; confirmation in trip file |
| 4:00 p.m. | Meeting with Rogers C. Harper, Jr., President, ACF Corporation at Orchid, 994 Third Avenue, New York(212-123-4567) |
| 7:00 p.m. | Dinnermeeting at Moria Restaurant, 727 Avenue of the America, New York, with Joyce L. Robinson, Consultant, American Business Systems(212-567-8921) |
| **Tuesday, February 11(New York City)** | |
| 9:30 a.m. | The National Lawyers Assn., City Conference Center, 1004 Central Parkway, New York(212-554-4200) |
| 9:45 a.m. | Presentation: "Global Law Environment—Opportunities and Threats" |
| 1:00 p.m. | Luncheon with Raymond L. Girardi, VP & General Manager, Wilson Co., at the Oakdale City Club, 1234 Fifth Avenue, New York(212-347-3345) |
| 3:00 p.m. | Tour of ABC Law Firm, Inc., 125 2nd Avenue, New York, Contact Person: Helen Adams, Office Technology Consultant(212-777-8888) |
| **Wednesday, February 12(New York to Seoul)** | |
| 11:30 a.m. | Leave Hyatt Hotel by limousine for JFK Airport |
| 2:00 p.m. | Leave JFK Airport on Korean Airline Flight 804, business class, D2(aisle seat) |
| **Thursday, February 13(Seoul, Korea)** | |
| 5:20 p.m. | Arrive at Incheon Int'l Airport, Driver Mr. D. H. Kim will pick you up |

사본을 따로 보관하도록 한다.

전자여권(ePassport)이란 여권의 위조나 변조 및 여권 도용 방지를 위해 비접촉식 IC칩을 내장하여 얼굴과 지문을 인식하는 바이오 인식 정보(biometric data)와 신원 정보를 저장한 여권을 말한다. 전자여권도 기존 여권과 마찬가지로 종이 재질의 책자 형태로 제작된다. 단, 앞표지에는 국제민간항공기구(ICAO)의 표준을 준수하는 전자여권임을 나타내는 로고가 삽입되어 있으며, 뒤표지에는 칩과 안테나가 내장되어 있다는 차이가 있다.

〈전자여권 앞표지〉

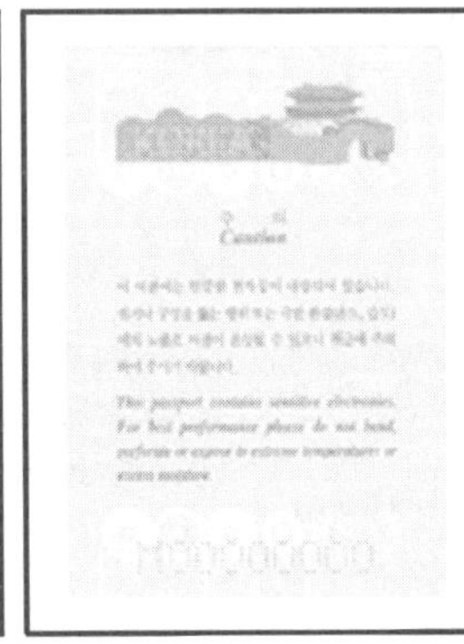

〈전자여권 뒤표지〉

**[그림 8-4]** 전자여권

여권은 개인이 직접 신청하거나 여행사를 통해 대리 신청할 수 있다. 서울의 경우 구청 여권과와 광역시청 및 도청 여권계에서 발급받을 수 있으며, 발급은 접수일 포함 실제 근무일 기준(토, 일, 공휴일 제외) 4일째 발급된다. 6~8월과 12~2월의 여행 성수기와 여행사 등의 대리인이 신청할 때는 10일 정도 걸린다. 여권이 발급되면 접수증과 주민등록증을 가지고 가서 여권을 찾는다. 여권을 신청할 때 필요한 서류는 다음과 같다.

- 여권 발급 신청서 1매
- 여권용 컬러 사진 1장(가로 3.5cm×세로 4.5cm, 6개월 이내에 촬영한 천연색 상반신 정면 탈모 사진으로, 얼굴의 길이가 2.5~3.5cm이어야 하며 바탕색은 흰색이어야 함.)
- 유효한 신분증(주민등록증, 운전면허증, 공무원증, 유효한 여권 등)
- 재외공관에서 신청할 경우: 주재국의 체류허가서(입국 비자 등)

여권은 여러 종류가 있으며, 통상적으로 해외 여행 시 일반인이 신청하는 여권은 일반 여권이다. 일반 여권은 단수 여권과 복수 여권으로 구분된다.

단수 여권은 유효 기간이 1년으로 유효 기간 내에 1회에 한해 외국 여행 시 사용할 수 있는 여권이다. 사용하지 않은 경우 1회에 한해 유효 기간을 연장할 수 있다.

복수 여권은 유효 기간이 10년으로 유효 기간 중 횟수에 제한 없이 여행을 할 수 있는 여권이다. 복수 여권은 단수 여권에 비해 발급 비용이 더 들며 병역 관계가 걸린 경우 복수 여권 발급이 제한되기도 한다. 즉, 만 18세 이상 30세 미만인 병역 미필자의 경우는 보통 단수 여권을 발급받게 된다.

복수 여권은 기간 내에 여러 차례 사용이 가능하고 유효 기간 만기 6개월 전후에 기간 연장을 신청할 수 있다. 여권 기간 연장은 여권 유효 기간을 기준으로 전후 6개월 이내일 경우에만 가능하고 유효 기간이 지난 경우는 신규 신청을 해야 한다. 여권 유효 기간이 최소한 6개월 이상 남아 있어야만 입국이 가능한 국가도 많으므로, 6개월 이하로 남아 있을 경우에는 사전에 확인하도록 한다.

### (2) 비자(visa, 사증)

비자(visa)는 여행 대상국에서 입국해도 좋다는 허가증이며 체류 중 여행자의 신변을 보장해 주겠다는 일종의 보증서인 셈이다. 우리나라와 상호 비자 면제 협정을 체결하고 있는 나라나 국제화·개방화 추세로 체재 기간이 짧은 경우에는 비자 없이 입국할 수 있는 나라가 늘고 있다. 그러나 규정이 항상 변경될 수 있으므로 여행사나 해당 국가 대사관에 문의한다. 또한 체류 기간을 초과하는 경우에는 반드시 체류 목적에 맞는 비자를 받아야 한다.

비자를 요구하는 나라를 방문할 때에는 충분한 시간 여유를 두고 비자를 받도록 한다. 비자 신청은 여행 대상국의 주한 대사관이나 영사관에서 한다. 필요한 서류는 나라마다 또는 본인의 직업이나 여행 목적에 따라 다르며, 규정은 수시로 변경되므로 해당 영사관이나 여행사에 문의해 준비한다.

**〈표 8-7〉** 국가별 비자 면제 협정 체결 현황

| 체류 기간 | 국가명 | |
|---|---|---|
| 30일 | 튀니지 | |
| 60일 | 포르투갈, 레소토 | |
| 90일 | 아시아 | 태국, 싱가포르, 뉴질랜드, 말레이시아 |
| | 미주 | 바베이도스, 바하마, 코스타리카, 콜롬비아, 파나마, 도미니카(공), 도미니카(연), 그레나다, 자메이카, 페루, 아이티, 세인트루시아, 세인트키츠네비스, 브라질, 세인트빈센트그레나딘, 수리남, 칠레, 트리니다드토바고, 안티과바부다, 니카라과, 엘살바도르, 멕시코, 과테말라, 베네수엘라(90일) |
| | 유럽 | [쉥겐국*(25개국 중 슬로베니아 제외)]<br>그리스, 오스트리아(외교·관용 180일), 스위스, 프랑스, 네덜란드, 벨기에, 룩셈부르크, 독일, 스페인, 몰타, 폴란드, 헝가리, 체코, 슬로바키아, 이탈리아, 라트비아, 리투아니아(이하 180일 중 90일), 에스토니아, 핀란드, 스웨덴, 덴마크, 노르웨이, 아이슬랜드(포르투갈은 60일에 해당) |
| | | [비쉥겐국]<br>리히텐슈타인, 영국, 아일랜드, 불가리아, 루마니아, 터키 |
| | 아프리카/중동 | 모로코, 라이베리아, 이스라엘 |

※ 출처: 외교통상부 해외안전여행 영사 서비스.

* 쉥겐국은 유럽 각국이 공통의 출입국 관리 정책을 사용하여 국경 시스템을 최소화해 국가 간의 통행에 제한이 없게 한다는 쉥겐 조약에 서명한 25개국을 의미한다.

〈표 8-8〉 무비자 입국 가능 국가

| 구 분 | 국가명 |
|---|---|
| 아시아 | 마카오(90일), 라오스(15일), 브루나이(14일), 베트남(15일), 일본(90일), 몽골(최근 2년 이내 4회, 통산 10회 이상 입국자에 한함), 대만(40일), 필리핀(21일), 홍콩(90일) |
| 미주 | 미국(90일), 캐나다(6개월), 가이아나(30일), 아르헨티나(90일), 에콰도르(90일), 온두라스(90일), 우루과이(90일), 파라과이(30일), 북마리아나연방(1개월) |
| 유럽 | 사이프러스(90일), 산마리노(9일), 세르비아(90일), 모나코(90일), 몬테네그로(90일), 슬로베니아(90일, 체결국), 크로아티아(90일), 안도라(90일), 보스니아・헤르체고비나(90일), 우크라이나(90일), 그루지아(90일), 코소보(90일), 마케도니아(1년 중 누적 90일), 알바니아(90일), 영국(최대 6개월) |
| 대양주 | 괌(15일/VWP 90일), 바누아투(1년 내 120일), 사모아(60일), 솔로몬군도(1년 내 90일), 통가(2개월), 팔라우(30일), 피지(4개월), 마샬군도(30일), 키리바시(30일), 마이크로네시아(30일), 투발루(90일) |
| 아프리카/중동 | 남아프리카공화국(30일), 모리셔스(16일), 세이쉘(30일), 오만(30일), 스와질랜드(60일), 보츠와나(90일) |

※ 출처: 외교통상부 해외안전여행 영사 서비스.

### (3) 환전

환전(money exchange)은 일부 외국계 은행이나 국내 은행 그리고 농협, 수협, 축협의 환전 창구에서 할 수 있다. 여행의 목적에 따라 환전 한도액이 있으며, 이 한도액은 외화 사정과 외환 규정에 따라 변하기 때문에 여행할 때마다 은행에 문의해야 한다. 선진국에서는 신용 카드의 사용이 편리하므로 상사와 의논해 환전할 금액을 결정하고, 적어도 출발 이틀 전에는 출장 가지급금을 받아 상사의 여권을 지참하고 은행의 환전 창구를 이용한다. 환전할 때는 고액권과 소액권을 섞어 바꾸는 것이 쓰기 편리하다. 특히 신용 카드를 주로 사용할 경우에는 많은 금액을 환전하지 않는다. 다만 1달러 지폐는 서비스를 이용할 때 팁으로 자주 사용되므로 적절한 금액을 환전해 둔다.

달러로 환전하기보다는 여행 국가의 통화로 환전하는 것이 경제적이고 편리하다. 달러를 살 때와 팔 때는 항상 상당 금액의 환율 차액이 발생하는데, 이를 다른 나라에 가서 다시 환전하면 이중으로 차액을 부담하게 된다. 따라서 상사의 여행 경비 사용 계획에 따라 환전하는 것이 필요하다.

분실 시에 대비한 안전성을 위해 여행자 수표를 사용하기도 하는데, 여행자 수표는 은행에서 구입할 수 있다. 여행사 수표는 수표 번호가 기재된 두 장의 영수증을 발급하는데, 한 장은 사무실에서 파일용으로 보관하고 다른 한 장은 상사가 따로 보관하도록 하여 여행자 수표 분실 시 재발행할 수 있도록 한다.

해외에서 신용 카드를 쓸 때 유의할 점은 일정 금액 이상을 쓰면 법에 저촉되므로 유의해야 한다. 일정 지위 이상의 상사는 공식적인 경비 지출용 법인 카드와 사적인 경비 지출용인 개인 카드를 주로 휴대하게 된다. 휴대하는 카드 번호를 적어 상사의 수첩에 따로 보관하면 분실 시 신고를 즉각적으로 할 수 있어 편리하다. 또한 일정 금액 이상 사용하면 휴대폰 문자로 통보받을 수 있는 서비스를 신청해 두면 분실 시의 손해를 줄일 수 있다.

**〈표 8-9〉** 세계 각국의 주요 화폐 단위

| Country | Symbol | Monetary Unit |
|---|---|---|
| Argentina | Arg $ | peso |
| Australia | A$ | Australian dollar |
| Bahamas | B$ | dollar |
| Brazil | R$ | real |
| Canada | C$ | Canadian dollar |
| China | 元 | yuan |
| Denmark | DKr | Danish Krone |
| Egypt | £E | Egypt Pound |
| Hong Kong | HK$ | Hong Kong dollar |
| India | Rs | rupee |
| Ireland | £ | pound |
| Japan | Y or ¥ | yen |
| Korea | ₩ | won |
| Mexico | Mex $ | peso |
| New Zealand | NZ$ | New Zealand dollar |
| Norway | NKr | Krone |
| Poland | ZI | zloty |
| Saudi Arabia | SR | riyal |
| Singapore | S$ | Singapore dollar |
| Sweden | Kr | Swedish krona |
| Switzerland | SFr | Swiss franc |
| Taiwan | NT$ | new Taiwan dollar |
| United Kingdom | £ | pound |
| U.S.A. | $ | dollar |

※ 출처: http://www.numerousmoney.com 참조. EU 통합 후 유로머니를 함께 사용하는 국가도 있음.
유럽연합(EU, European Union) 중에서 유로 사용 및 미사용 국가는 다음과 같다.
유로 사용 국가: 그리스, 독일, 룩셈부르크, 몰타, 벨기에, 스페인, 슬로바키아, 슬로베니아, 네덜란드, 오스트리아, 이탈리아, 키프러스, 포르투갈, 프랑스, 핀란드
유로 미사용 국가: 덴마크, 영국, 스웨덴(법적 통화는 아니지만 대도시에서 통용)

www.keb.co.kr www.knstar.com

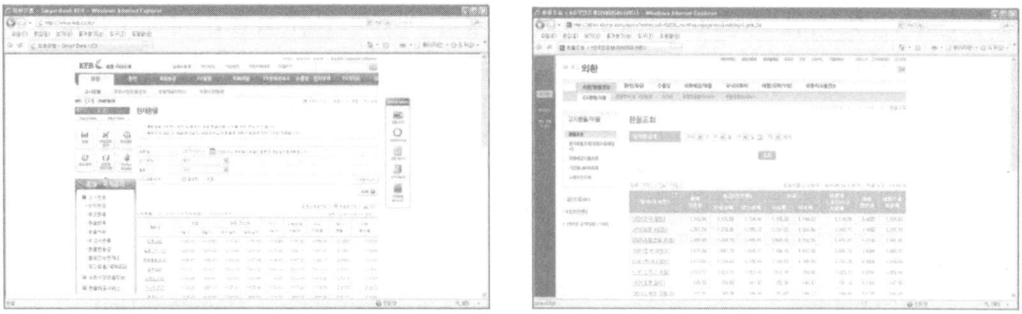

[그림 8-5] 환율 제공 사이트

### (4) 예방 접종

해외 출장 시 여행 대상국에서 요구하는 바에 따라 예방 접종을 하고 입국 시 예방 접종 카드를 검역관에게 제시해야 한다. 아프리카나 남아메리카 등 풍토병 지역에 여행을 할 때는 자신의 건강을 위해서도 예방 접종을 하는 것이 좋다. 최근에는 의학의 발달로 점차 접종 지역이 줄어드는 추세이지만 북미나 유럽처럼 전혀 접종이 필요 없는 지역이 있는가 하면, 아직도 몇 가지의 접종을 동시에 요구하는 나라도 있는 만큼 미리 알아 두는 것이 좋다.

그 밖에도 비행기나 기타 교통편을 이용한 여행 시 멀미 치료제나 의사 처방전은 반드시 여행자가 가지고 여행하도록 한다. 혈압약, 아스피린 등 평소 복용하는 약이 있으면 여유 있게 준비한다.

### (5) 국제 운전면허증

해외에 나가서 자동차를 빌려 운전을 할 계획이 있는 상사의 경우 국제 운전면허증(international driving permit)을 미리 취득하도록 한다. 국제 운전면허증은 전국 운전면허 시험장에서 발급받을 수 있으며 본인이 직접 신청하는 것을 원칙으로 한다. 대리인을 통해 발급받을 경우는 본인이 입국한 사실을 증명할 수 있는 출입국 사실 증명서가 필요하다. 국제 운전면허증을 발급받기 위해 갖추어야 할 서류는 다음과 같다.

① 운전면허증

② 여권

③ 여권용 사진 1장

### (6) 해외 여행 보험

해외 여행 보험을 가입하면 여행 중 사망, 질병, 사고 휴대품 손해, 제3자에게 입은 손해 배상금 등에 대해 보험금을 지급받을 수 있다. 손해보험사나 여행사를 통해 미리 가입하거나, 공항에 나와 있는 보험사 창구에서 출발 전에 가입한다. 보험 기간은 2일부터 1년까지 여행 일정에 맞춰 가입할 수 있으며, 기간과 보상 금액에 따라 보험료도 다르다. 보험 가입

전에 보험 기간과 보상 내역을 확인해야 하며, 여행 중 사고가 발생할 경우 치료비 영수증, 휴대품 도난 신고서 등 입증 서류를 구비해 보험사에 청구한다. 상사가 공항에서 직접 여행자 보험을 사기보다는 비서가 미리 상사와 의논해 여행자 보험을 구입해 두도록 한다.

#### (7) 기타

재외 공관 주소와 전화 번호, 연락처, 거래처, 지점 등의 전화번호부를 2부 작성해 서류 가방뿐만 아니라 짐가방 속에도 한 부 넣어 두고, 여권 번호, 각종 신용 카드 등의 번호도 적어 따로 보관함으로써 분실 시에 대비한다.

한국이나 세계에 흩어져 있는 여러 지사에 전화할 일이 있는 상사를 위해 현지 시각과 다른 나라의 시각을 동시에 볼 수 있는 시계나 세계 시차표를 준비하거나 휴대폰의 세계 시각 기능을 이용할 수 있도록 한다.

# 제 9 장
# 총무 업무

큰 규모의 로펌에는 총무 부서가 따로 있어 총무 전반에 관련된 업무를 처리한다. 그러나 작은 규모의 법률사무소나 조직에서는 비서가 총무 업무를 겸해서 처리하는 경우도 빈번하다. 총무 업무에 해당하는 업무로는 행사관리, 경조사 관리, 구매 업무 등 매우 다양하고 광범위하다.

## 9.1 행사관리 업무

행사란 목적을 가지고 계획하에 특정한 날을 정해 행해지는 의식이다. 비서는 직・간접적으로 행사 개최에 따르는 여러 역할을 담당하게 되므로 회사에서 행해지는 각종 행사를 준비하는 데 필요한 제반 사항을 알아 두어야 한다.

### 1) 행사의 종류

행사에는 일년을 통해 정기적으로 개최되는 연중 행사, 그리고 회사 업무상 통상적으로 행해지는 일반 행사, 그리고 특별한 사안이 있을 때 비정기적으로 개최되는 특별 행사 등이 있다. 조직에서 일상적으로 개최되는 행사의 예를 살펴보면 다음과 같다.

**행사의 예**

- 각종 연례 행사: 창립 기념일, 시무식 및 종무식, 정기 주주총회, 연례 단합대회, 정기 이사회, 송년회 등
- 특별 행사: 로스쿨 학생 초청 면담회, 사법연수원생 초청 면담회, 초청 강연회 등

법률회사의 사내 행사는 대표적으로 송년회, 야유회, 체육대회가 있는데, 이러한 행사들은 매 행사 때마다 변호사, 비서, 직원으로 이루어진 팀을 조직한다. 이 팀은 사내 행사위원회(committee)가 되어 행사 준비를 하게 된다.

## 2) 행사의 준비

연례 행사는 상사와 상의해 회사의 선례 및 규정을 참고해서 계획한다. 상사가 축사를 준비해야 하는 경우에는 예전의 축사를 참고로 해서 초안을 작성하고 상사에게 보여 확정을 받는다. 과거 자료가 없을 경우에는 상사가 축사를 작성할 때 도움이 될 만한 참고 자료를 수집해 초안을 작성하거나 상사에게 자료를 제출한다.

연례적이고 일상적 행사가 아닌 특별 행사는 목적과 규모에 따라 행사위원회를 구성해 업무를 계획하고 추진해 나갈 수도 있다. 예를 들면, 연말 행사를 기획하는 경우 변호사와 비서, 직원 등 여러 명으로 구성된 행사 준비 팀이 행사 예산을 짜고 역할을 분담하게 된다. 계획의 입안과 개최 과정을 살펴보면 다음과 같다.

① 업무 진행 순서를 정한다.
② 일시·장소를 정한다.
③ 초대 및 참가자의 범위를 정한다.
④ 행사의 성격에 따라 홍보 및 광고 계획을 세운다.
⑤ 예산을 세우고 집행 계획을 수립한다.
⑥ 축하 프로그램과 메뉴를 결정한다.
⑦ 당일 필요한 비품이나 물품을 점검·확인한다.
⑧ 기념품이나 선물을 준비한다.

## 3) 행사 관련 비서 업무

상사가 내부 혹은 외부 행사에 참석할 때 비서의 업무를 살펴보면 다음과 같다.

① 비서는 사무실에서 행사장까지의 거리를 고려해 상사가 행사 시간에 맞추어 도착할 수 있도록 일정을 확인한다.
② 상황에 따라 행사 진행에 변경이 생길 수도 있으므로 행사 직전까지 행사 일정의 변경 사항들을 상사에게 신속하게 보고하고 지시받는다.
③ 행사 일정에 변경이 있을 경우, 행사 관련자들에게 지체없이 연락해야 한다.
④ 행사가 진행되고 있는 중에도 비서는 추후 일정에 대해 계속적으로 확인하며 대기한다.
⑤ 행사가 종료된 후에는 행사 관련 자료와 문서들을 잘 정리해 보관한다.

## 9.2 경조사 업무

사회적으로 성공한 사람들은 인맥이 각계각층에 골고루 퍼져 있어 그 인맥을 자산으로 활동을 펼쳐 나가게 된다. 이러한 인맥은 하루아침에 저절로 얻어지는 것이 아니라 평소 꾸준히 관리해 나가야 한다. 그 중 지인들의 경조사를 잘 챙기는 것은 매우 중요하다. 따라서 비서는 상사가 성공적인 인간 관계를 유지할 수 있도록 효과적으로 보좌해야 한다.

### 1) 인적 사항 전산화

인맥관리에 가장 중요한 것은 상사의 인적 관계를 파악하는 것이다. 상사가 공적 혹은 사적으로 관련되어 있는 인사에 대한 명부 작성부터 시작하되 명함, 동창 주소록, 유료 인물 정보 사이트 내용과 같은 자료를 수집해 데이터베이스 프로그램이나 비서 업무 관리 프로그램을 사용해 전산화시켜 두면 명단을 작성할 때나 인적 사항에 대한 변경이 생길 때 손쉽게 수정할 수 있다. 그러나 이 때 유의할 점은 될 수 있으면 상세하게 그리고 부정확한 출처에서 나온 정보는 배제하고 정확하게 작성해야 한다. 또한 이러한 명부가 있다는 사실에 대해서도 기밀을 유지하고 공개되지 않도록 한다.

특히 상사에게 중요한 인물에 대해서는 자세한 정보를 수집해 입력하는 것이 바람직하다. 예를 들면 성명, 회사명, 직위, 주소(회사·자택), 고향, 학력, 전화 번호(회사·자택), 생년월일, 상사와의 관계, 가족 사항, 취미, 좋아하는 운동, 좋아하는 음식의 종류, 대외 활동 등 수집 가능한 모든 자료를 정리해 두면 요긴하게 쓰일 경우가 있다. 취미나 기호는 상대방의 비서를 통해 파악할 수도 있다.

인적 사항 데이터베이스화는 외부 인사뿐 아니라 내부 인사도 포함한다. 상사의 윗사람, 동료, 부하 직원에 이르기까지 그들의 생일, 기념일, 기타 주요 사항을 파악해서 상사가 적절한 판단을 내릴 수 있도록 하고, 그에 대한 실행은 비서가 보좌하도록 한다.

### 2) 경조사

상사와 친분 관계 또는 거래 관계가 있는 기관이나 개인에게 축하할 일이나 위로할 일이 생겼을 때에는 그에 맞는 관심을 표시하도록 해야 한다.

회사의 경조사는 개인이 아닌 회사의 경영 차원에서 행해지는 것이므로 비서가 상황을 자신의 생각대로 판단해 독단적으로 처리하지 말고, 상사와 의논해 회사의 경조 규정과 선례에 따른다.

〈표 9-1〉 경조사의 종류

| | 개 인 | 회 사 |
|---|---|---|
| 경사 | 취임, 영전, 승진, 표창, 신축, 하수(賀壽), 결혼, 출산, 입학, 졸업 등 | 창립 기념, 개점, 개업, 지점 설립, 주식 상장, 착공식, 준공식 등 |
| 조사 | 장례식, 질병, 입원 등 | 회사장 등 |

비서는 평상시에도 경조사와 관련해 관계 부처의 직원 및 주위 사람들과 원활히 의견을 교환함으로써 필요한 정보를 얻도록 한다. 또, 매일 주요 신문의 경조사란이나 각종 소식지의 회원 동정란을 자세히 살핀다.

대부분의 경우 상사에게 보고한 후 지시를 받아 업무를 처리하게 되는데, 행사의 성격에 따라 상사가 직접 참석하거나 비서가 대리로 참석하거나 축하품 혹은 축전을 보내는 형태를 취하게 된다. 이 때 중요한 것은 시기를 놓치지 않는 것이다.

**(1) 경조사의 처리 업무**

경사의 성격에 따라 축하품도 다양하겠으나 일반적으로 꽃바구니나 화분을 많이 이용하므로 평소 믿을 만한 꽃집을 한두 곳 선정해 두면 직접 꽃집에 가지 않더라도 전화 한 통화로 업무를 쉽게 해결할 수 있다. 지방의 경우 인터넷 사이트를 검색하여 가까운 화원에 주문하도록 한다.

각종 경조사에 직접 참석하지 못할 경우에는 축하 카드를 보내거나 대리로 축의금이나 조의금을 보낸다. 카드에 특별한 메시지를 담아 보내고 싶을 때는 이를 직접 작성해서 보내도 좋다.

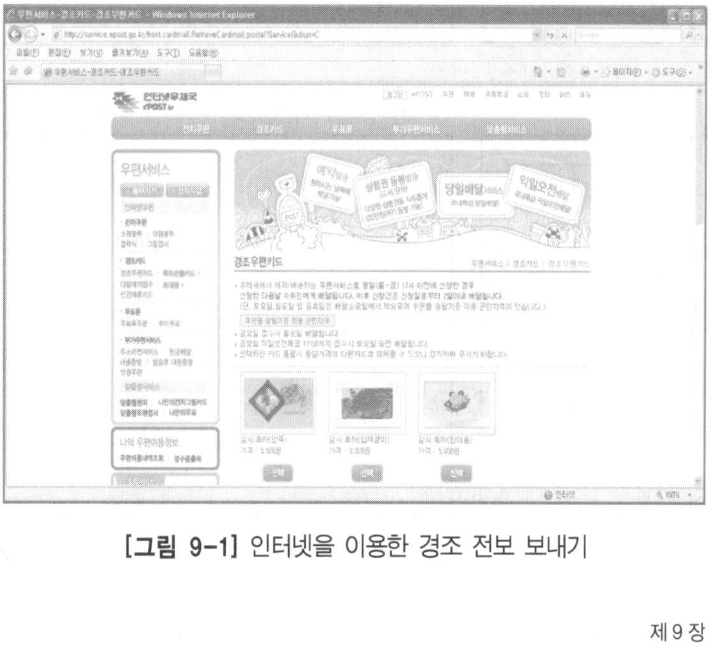


**[그림 9-1]** 인터넷을 이용한 경조 전보 보내기

**[그림 9-2]** 축하 화환과 근조 화환

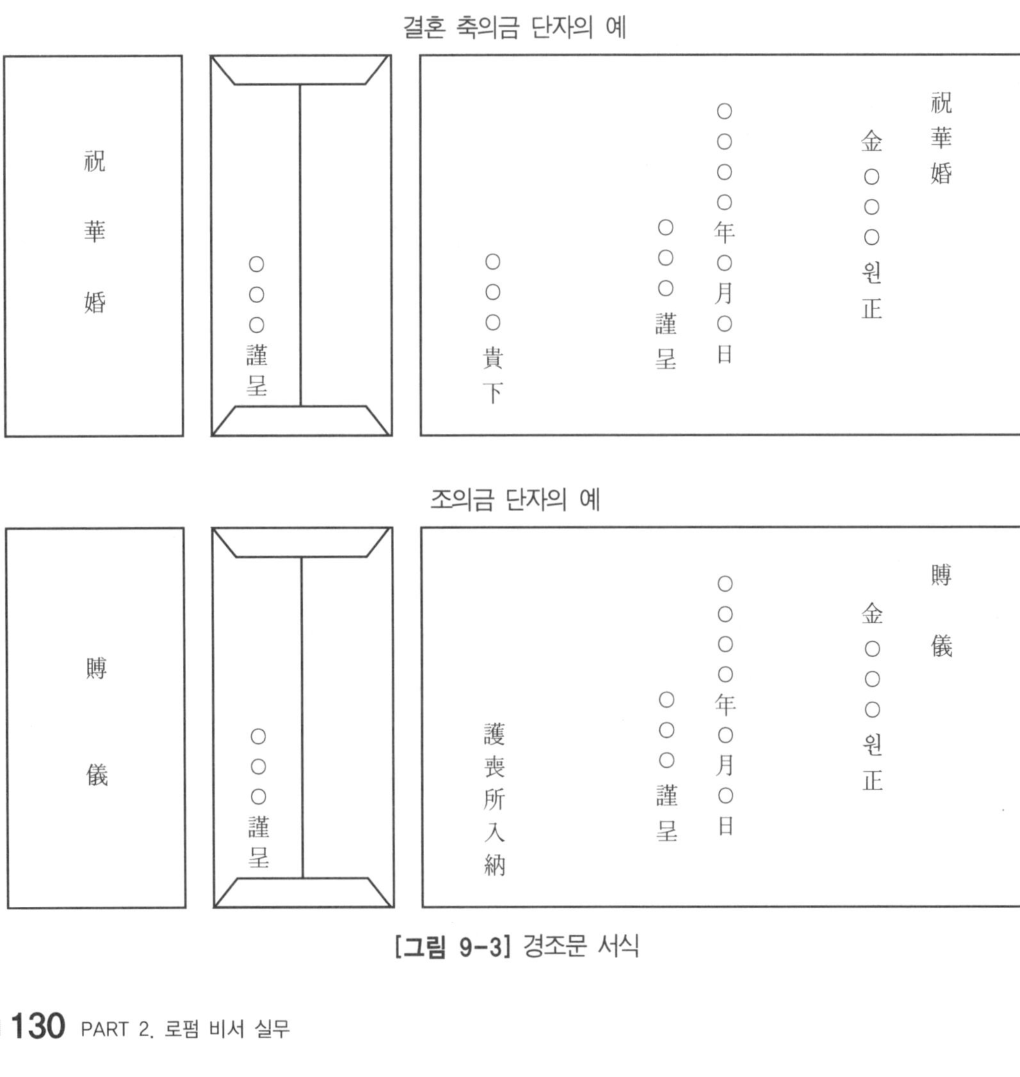


**[그림 9-3]** 경조문 서식

상사가 경조사에 직접 참석하지 못하고 비서가 대리로 참석해 축의금이나 조의금을 전달하는 경우가 있다. 결혼 축의금을 전달할 때는 될 수 있으면 깨끗한 돈으로 준비해 겹봉투 겉면에 깨끗하게 '축 화혼(祝 華婚)'이라고 쓰거나 결혼 축하 메시지가 담긴 카드를 넣고, 봉투를 봉하지 않고 축의금을 접수하는 곳에 전달한다. 조의금을 전달할 때는 봉투 표면에 '부의(賻儀)' 혹은 '삼가 조의를 표합니다'라고 쓴다. 축의금이나 조의금을 보낼 때 [그림 9-3]과 같이 단자 즉 종이에 금액이나 물품명을 기재하고 보내는 사람의 이름을 적어 돈과 함께 접어서 보내기도 한다.

먼 거리에 있는 장소에 부조를 전달해야 할 때는 축문이나 조문과 함께 우편 경조환을 신청하면 상대방이 우체국에 직접 가는 번거로움 없이 현금으로 직접 전달받을 수 있다.

## 3) 연하장 및 선물 발송

### (1) 연하장

인터넷의 발달과 함께 전자 카드(e-card)를 사용하는 것이 일반적이나 연말에 크리스마스 카드나 연하장을 보내는 상사도 있다. 시일이 촉박하면 실수가 발생하기 쉬우므로 10월경부터 카드를 보낼 명단을 확인·갱신하며 카드를 주문하고 봉투를 준비한다.

명단을 작성할 때는 친분이 있고 꼭 보내야 할 대상만 포함하도록 하며, 개인적 친분도 그다지 없는 사람에게 성의 없는 카드를 보내어 우편물 공해를 유발하는 행위는 삼가야 한다. 상사가 친필 서명을 해서 보내야 하는 곳과 간단한 안부를 적어 보내야 하는 곳을 구분해서 분류해 두면 편리하다. 연하장 발송 및 관리에 대한 자세한 내용은 다음과 같다.

① 카드 발송 명단을 작성할 때는 전년도에 상사에게 연하장 및 크리스마스 카드를 보내온 주소록을 기초로 해서 변경된 회사명, 주소, 직위명 등을 점검해 수정 작업한다.

② 한 해 동안 새롭게 형성된 인맥 주소를 추가한다. 연하장 발송 주소록을 만들어 최종적으로 상사로부터 발송 여부를 결재받는다.

③ 카드를 주문할 때는 예산에 맞게 모양과 수량을 상사와 의논해 결정하며, 해외에 많은 카드를 보내야 할 경우는 한국적인 독특함이 담겨 있는 카드가 좋다. 요즘에는 인터넷상에서 카드 및 연하장 샘플 검색이 용이해졌다.

④ 요즘에는 회사에서 공통된 양식이나 디자인으로 애니메이션과 사운드 등을 포함하는 멀티미디어 전자 카드를 제작해 발송하기도 한다.

⑤ 연하장을 발송하기 전에 주소록에 발송 표시를 하면서 누락이 없도록 점검한다.

⑥ 상사는 많은 수의 연하장을 받기 때문에 발신과 수신 여부를 일일이 확인하기 어렵다. 따라서 비서는 연하장이 왔을 때 발송 주소록을 참고해 발송 여부를 봉투 표면에 표시해서 상사에게 드리도록 한다.

⑦ 연하장을 보내지 않은 사람으로부터 연하장을 받았을 때는 답장을 바로 하는 것이 좋은데 대개 음력 설까지는 연하장을 보내도 무방하다.

[그림 9-4] 웹 카드메일 사이트의 예

⑧ 연하장 발송 및 수신 주소록을 정리해 다음 해에 참고할 수 있도록 잘 보관한다.

**(2) 선물**

업무 관련 클라이언트와 지인에게 설날이나 추석에 간단한 선물을 보내는 것이 관례처럼 되어 있다. 선물은 회사에서 품목을 정해 백화점이나 선물센터에 대량 주문을 하거나 상사가 품목을 선정하기도 한다. 다양한 팸플릿을 수집해 두었다가 적절한 품목을 결정하는 데 참고 자료로 삼도록 한다. 비슷한 품목도 업체에 따라 가격이 달라질 수 있으므로 철저한 시장 조사를 함으로써 경비를 절약할 수 있다. 인터넷상의 쇼핑몰에서 상품 가격대를 비교하면 편리하다. 선물을 보내야 하는 고객은 한 사람이라도 빠지지 않도록 세심하게 명단을 작성한다.

상사가 선물을 보내는 경우에는 선물을 받는 사람과의 친분 관계를 고려해 상대가 부담을 갖지 않는 범위 내에서 선택해야 한다. 상대방의 취미나 기호를 미리 파악하고 있으면 적절한 선물을 고르기가 용이하다.

술과 같은 기호품은 상대방이 술을 하는지의 여부와 어떤 종류를 좋아하는지에 대해 미리 아는 것이 좋으며, 인삼이나 꿀, 각종 건강 식품은 체질에 맞지 않으면 피하는 사람도 있으므로 일반적인 선물은 되지 못한다. 넥타이나 스카프의 경우 색상이 본인의 기호에 맞지 않을 수도 있다. 따라서 모든 선물은 손쉽게 교환이 가능하도록 해야 하며 이를 미리 알려주는 것이 좋다. 선물받는 사람의 사무실이나 집 근처에서 교환할 수 있는지의 여부, 그리고 교환권을 동봉하되 교환권이 없는 경우에는 구입할 때 반드시 교환이 가능한지를 확인한다. 타인을 통해 선물을 전달할 때에는 보내는 사람을 반드시 명기하거나 명함을 부착하며, 택배원에게 주소와 전화 번호, 그리고 받는 사람의 이름을 정확하게 전달한다.

선물을 포장할 때에는 간단한 인사 카드(축하, 위로 등)를 동봉하며, 적절하면서도 지나치게 화려하지 않은 포장지를 선택하고, 포장지와 어울리는 리본을 사용한다. 포장센터를 이용할 수도 있지만 선물 준비 업무가 잦은 경우 간단한 포장 용구를 구입해 두고 직접 포장하는 것도 경비 절약에 도움이 된다.

적절한 시기의 적절한 선물은 인간 관계를 더욱 돈독하게 해 준다. 선물을 주고받을 때의 유의 사항을 다시 한 번 정리하면 다음과 같다.

① 선물의 목적을 명확히 한다.

② 적절한 예산을 정한다.

③ 선물을 고를 때에는 상대방의 입장에서 고려한다.

④ 포장 자체도 좋은 선물이다.

⑤ 단순히 선물만 전달하지 말고 축하, 감사의 메시지와 함께 전한다.

⑥ 여행을 다녀왔거나 멀리 있는 사람에게 선물할 때에는 그 지방의 특산물도 좋다.

⑦ 해외 출장 때에는 일정과 상황에 따른 적절한 선물을 준비한다.

⑧ 외국인에게는 한국의 민속적 정서가 담긴 선물이 좋다.

⑨ 선물을 받았을 때에는 감사 카드를 보내어 감사의 뜻을 전한다.

⑩ 과분한 선물은 주고받지 않는 것이 좋다.

## 9.3 구매 업무

비서는 비서실 및 변호사실에 필요한 각종 사무 기기와 사무용품을 구매 신청하게 되는데, 대형 로펌에서는 보통 총무팀에서 구매를 담당하며 소형 법률사무소에서는 비서가 직접 구매하기도 한다. 구매 업무는 변호사가 새로 부임하거나 사무 기기의 교체 및 사무용품이 소모되었을 때 발생한다. 흔하지는 않지만 새로운 상사가 부임했을 때는 상사의 책상 및 의자, 소파, 책장 등 대폭적인 구매가 일어나고 그 비용도 많이 든다. 평상시에는 주로 사무용품이나 손님 응대를 위한 차 및 음료 구입, 선물 구입 등이 구매 업무의 대부분을 차지한다.

상사에게 필요한 사무용품은 비서가 평소 퇴근 전에 사무실을 정리할 때마다 점검한다. 부족하거나 지저분해진 사무용품을 교체함으로써 사무 환경을 개선하고, 업무의 효율을 높일 수 있다. 필요한 물품을 구매하기 위해서는 다음과 같은 절차를 따른다.

① 필요한 물품은 세밀하게 조사한다.

② 조사한 자료를 기초로 해서 구매신청서 및 주문서를 작성한다. 수량은 지난 달의 사용량을 참고하고, 다음 달의 행사 및 스케줄을 고려해 필요한 양을 주문한다.

③ 구매신청서는 주로 월별로 작성하며, 월말에 주로 다음 달의 필요 물품을 주문한다.

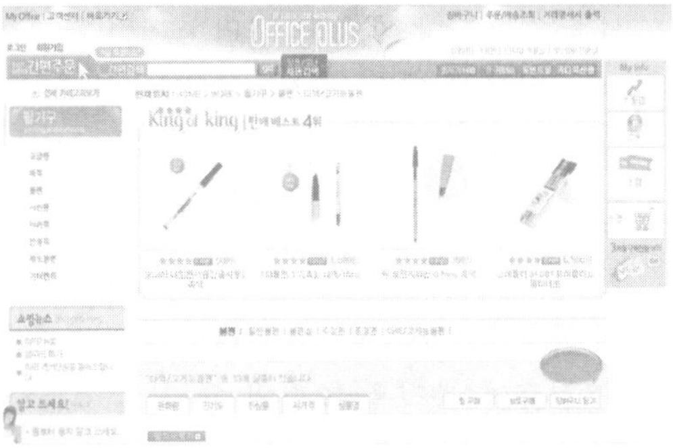

**[그림 9-5]** 인터넷을 이용한 사무용품의 구입

④ 작성한 구매신청서에 서명한 후 구매관리부에 제출한다.

⑤ 주문한 물건이 왔을 때 신청서와 일치하는지를 검토한 후 제 자리에 비치한다.

가끔은 상사의 특별 주문에 따라 비정기적으로 구매신청서를 작성하기도 하며, 작성한 신청서의 사본을 파일링한다. 사내 인트라넷을 통해 물품을 신청할 때는 정해진 절차와 결재 라인을 따라 신청한다.

근래에는 인터넷 쇼핑을 통한 사무용품의 구입이 일반화되고 있다. 인터넷 쇼핑을 이용할 경우 가격 비교가 용이할 뿐만 아니라, 일정 금액 이상을 주문할 경우 무료로 배달하는 서비스를 실시하는 곳이 많아 편리하게 사무용품을 구입할 수 있다. 비서는 회사와 자신의 상황에 맞게 거래처를 선택해야 할 것이다.

## 9.4 신상 보좌 업무

### 1) 예약관리

#### (1) 식당 예약

식당 예약은 장소 하나로 그날 모임의 분위기가 좌우될 수 있기 때문에 예약 전 아래 사항을 반드시 체크해야 한다.

① 회사에서 이루어지는 식사 모임으로는 회식, 접대, 연회, 파티, 단순 사교 모임, 외국인 접대 등 다양하다. 식당 예약을 해야 할 경우 어떤 성격의 모임인지 파악하고, 목적과 분위기에 적절한 곳으로 섭외해야 한다.

② 모임에 참석하는 인원 수를 파악하고, 추가로 더 올 수 있는 인원 수도 감안해야 하며, 남녀 각각의 수도 체크한다.

③ 모임이 시작되는 시각과 예상 소요 시간을 파악한다.

④ 별도의 조용한 방이 필요한지 여부를 체크한다.

모임 성격에 맞는 적절한 곳을 예약하기 위해서는 가급적이면 일정이 정해지는대로 예약하는 것이 좋으며, 사람들의 모임이 많은 연말이나 연초에는 이보다 더 여유 있게 시간을 가지고 예약을 해야 한다. 예약을 할 때는 예약 담당자의 이름과 음식점의 전화 번호, 주차 가능 여부, 영업 시간 등을 꼼꼼히 알아 둔다. 모임 하루 전에 다시 한 번 예약 사항을 확인해 보는 것도 잊지 말아야 한다.

예약을 마치면 상사에게 식당 약도와 함께 예약 내용을 보고하고, 운전기사에게도 식당의 상호와 전화 번호를 전달한다. 비서도 참석하는 모임이라면 예약 때 자신의 이름과 연락처를 남기고, 상사만 참석하는 자리는 상사의 이름과 비서의 연락처를 함께 알려 준다. 이것은 상사의 개인 연락처를 함부로 노출시키지 않기 위해서이다.

회사에 외국 손님이 방문했을 때에는 고급스럽고 깔끔한 한정식 집으로 예약하는 경우가 많다. 하지만 간혹 입맛이 까다로운 외국인은 자기 나라의 음식을 찾기도 하기 때문에 반드시 기호를 물어보는 것이 좋다. 외국 손님에게 필요한 모든 예약 업무를 비서가 직접 진행하는 경우에는 손님이 원하는 음식도 고려해야 하기 때문에 자국 음식을 하는 곳도 몇 군데 알아 두도록 한다. 또한 그 레스토랑에 외국어가 가능한 직원이 있는지도 함께 체크해 둔다.

#### (2) 골프 예약

인맥을 관리하는 비즈니스 골프가 늘어남에 따라 중요한 사업 파트너와의 골프는 큰 계약을 성사시킬 수 있는 좋은 비즈니스의 장이 되고 있다. '골프 부킹'은 골프장 이용을 예약하는 것을 말하는데, 골프 부킹을 하려면 상사의 골프 회원권 또는 골프 멤버십을 먼저 확인해야 한다. 골프 회원권은 특정 골프장의 회원으로 가입해서 저렴한 가격에 자유로이 골프장을 이용할 수 있는 이용권을 말하며, 골프 멤버십은 여러 개의 회원권을 구비해 놓은 업체에 회원으로 가입해 회원권 하나로 다수의 골프장을 이용할 수 있는 '멀티 골프 이용권'을 뜻한다. 일단 골프장에서는 일반(비회원) 요금을 지불하고, 차후에 영수증을 제출하면 회원가와 비회원가의 차액을 환급해 주는 페이백 서비스이다.

성수기에 부킹하는 것은 쉽지 않으므로 서둘러 예약을 한다. 요즘에는 인터넷 부킹이 일반화되어 있는데 부킹 전에는 원하는 시간대와 코스, 인원 수 등을 파악해야 하고, 만약 원하는 날짜와 시간에 부킹이 불가능할 경우 대기 예약으로도 해 두는 것이 좋다. 비나 눈이 많이 올 때에는 골프장에 전화해 코스 상태와 개장 여부를 파악한 뒤 취소 여부를 결정한다.

해외 골프장 부킹 시에는 회원권사와 멤버십사에 부킹 대행을 맡길 수도 있으며, 여행사에 부킹 대행을 맡기면 국내보다 저렴한 비용으로 예약이 가능하다. 상사가 해외 골프장을 방문할 때에는 요금과 코스를 정확히 체크해서 보고하는 것도 잊지 말아야 한다.

### 2) 건강관리

과중한 업무와 대인 관계에서 오는 스트레스는 상사의 건강에도 영향을 미치기 때문에 비서가 건강관리를 보좌하는 경우도 있다. 상사가 정기적으로 복용하는 약이 있을 경우 바쁜 업무로 인해 복용 시각을 놓치지 않도록 제 시간에 준비를 해 두어야 한다. 또한 상사가 정기적으로 종합 건강검진을 받을 수 있도록 병원 예약을 하거나 필요 시 안과나 치과 등의 병원 예약을 하기도 한다.

### 3) 금융 · 은행 관련 업무

회사의 은행 관련 업무는 해당 부서에서 처리하나 상사의 은행 관련 업무를 비서가 처리할 때도 있다. 바쁜 상사는 상사 개인의 일상적 금융 관련 업무를 비서가 관리하고 처리하게끔 위임하는 경우가 많기 때문이다. 통장과 도장을 맡은 경우 이를 분실하지 않도록 유의해야 하며, 제반 은행 서비스와 업무를 평소에 잘 파악해 두고 새로운 서비스가 생기면 이를 적극 활용해 편리를 도모한다.

예를 들면 스마트폰이나 컴퓨터로 인터넷뱅킹 서비스를 이용해 잔고 및 입금 확인은 물론 타행 간 송금 및 결제를 할 수 있다. 매달 정기적으로 지출되는 돈은 자동 이체를 신청해 차질 없이 지급되도록 한다.

돈 관리는 정확성과 정밀성을 요하는 것이므로 주의해 처리함으로써 상사가 금전 거래 문제로 곤란을 당하는 일이 없도록 유의한다. 현금을 중간에서 전달해야 할 경우에는 반드시 본인 앞에서 금액이 정확한지 확인한다.

#### (1) 신용 카드

카드를 사용한 후 받은 매출 전표는 한 곳에 보관해 두었다가 매월 카드 회사에서 보내주는 명세서의 금액과 대조한다. 대조했을 때 금액이 다르면 즉시 카드 회사에 신고해서 시비를 가려야 한다. 카드는 항상 현금처럼 보관하고 카드를 잃어 버렸을 때는 찾는 데 시간을 낭비하지 말고 신용카드회사 고객센터나 카드분실신고센터에 전화 신고나 인터넷 신고부터 해야 한다. 카드를 찾는 동안 다른 사람이 사용하고 있을지 모르기 때문이다. 신고 시 만일의 분쟁에 대비해 접수증을 받아 두는 것은 물론이고 접수한 직원의 이름을 알아 둘 필요가 있다.

상사의 성명, 주소, 근무처, 대금 결제용 예금 구좌, 가족 회원 등에 변동이 있을 때는 변동 내용을 즉시 은행에 통지해야 한다. 카드 거래상의 사고를 예방하기 위해서는 매출 전표의 금액과 날짜를 확인하고 서명함은 물론이고, 대금 명세표를 반드시 받아 두되 최소한 2년은 보관해야 한다. 은행에서 보내오는 청구서도 세밀히 확인할 필요가 있다. 은행이라고 무조건 믿는 것은 금물이며 신청 금액, 날짜, 상호 등을 꼭 확인한다. 대금 지불이 상사의 예금 구좌에서 직접 대체되는 경우에는 잔고를 확인해야 한다.

#### (2) 세금

납세자가 직접 납부해야 하는 세금의 기준이 되는 것은 납세자의 소득이며, 그런 의미에서 소득세가 일반 사람들에게 가장 기본적이면서도 영향이 큰 세금이라고 할 수 있다. 봉급생활자의 경우 소속 기관에서 근로자의 매월 급여나 상여금에서 자동적으로 원천 징수하게 되어 있다. 다시 말해서 미리 세금 해당액을 뺀 봉급이 지급되는 것이다. 그리고 매년 마지막 급여가 지급된 후 연말 조정을 하여 세금에 대한 최종적인 정산을 하게 된다.

일반적으로 변호사가 직접 연말 정산을 하거나 세무사에 의해 처리하기도 한다. 비서가 상사를 대신해 연말 정산을 준비할 때는 규정을 잘 살펴 신용 카드 사용 확인서, 병원 영수증, 자녀 교육비 영수증, 기부금 영수증, 연금보험 가입확인서 등 소득 공제나 세금 공제를 받을 수 있는 서류를 준비한다. 국세청 홈페이지에서 바로 출력 가능한 서류도 있으므로 확인한다.

봉급생활자가 아니고 자유업이나 자영업을 하고 있는 사람은 소득세법의 사업 소득에 해당된다. 이 경우 원칙적으로 자신이 확정 신고를 해서 세액을 결정받는다. 사업 소득의 소득은 '총수입－필요 경비'라는 원칙에 따라 결정된다. 이 때 필요 경비는 총수입 금액에 소요되는 매상 원가나 그 밖의 총수입을 얻기 위해 소요된 비용, 판매비, 일반관리비 등이지만 이것은 업종에 따라 각각 달라질 것이다. 다만 이들 필요 경비는 실액 공제이므로 이것을 입증할 수 있는 증거, 예를 들어 영수증 같은 것은 갖추어 놓아야 함은 물론 그것들에 근거한 기장을 해 놓아야 한다. 부과된 세금에 이의가 있을 때는 60일 이내에 국세청에 심사 청구를 하면 잘못 부과된 세금은 취소되거나 줄어든다. 심사 청구에 대한 판정이 부당할 때는 판정 통지를 받은 날로부터 60일 이내에 국세심판소에 심사 청구를 하면 억울한 세금을 구제받을 수 있다.

#### (3) 해외 송금

국제화가 진전됨에 따라 해외에 송금을 해야 하는 경우가 빈번해지고 있다. 해외에 있는 자녀들에게 학비나 생활비 등 많은 액수를 보낼 수도 있고, 외국 잡지의 구독, 부조금, 기부금 등 소액의 돈을 보낼 수도 있다. 외국 송금도 환전과 마찬가지로 한국은행에서 제정한 외환 법규에 따라야 한다. 최근에는 외환에 관련된 규정이 많이 완화되어 거의 제약 없이 환전 및 송금을 할 수 있다. 해외 송금은 거래 은행을 지정해 송금하는 것이 일반적이다.

#### (4) 소액 현금 출납 업무

기업의 자금 운용에 관한 업무는 경리부나 회계부에서 맡아서 처리하나 비서는 상사의 소액 현금 관리, 상사의 판공비 및 출장비 관리 등을 맡아 현금의 출납을 맡아야 하는 경우가 생긴다. 회사 시스템에 입력하거나 컴퓨터 프로그램을 사용해 현금 출납을 입력하고 영수증과 같은 증빙 서류는 따로 파일링한다.

비서가 상사의 통장을 관리할 경우도 있다. 급여통장 외에도 상사가 대외적으로 특별 강의를 하거나 원고를 작성할 경우 강사료 및 원고료를 송금받을 예금통장 구좌가 필요하다. 또한 상사의 대외 활동 대부분의 비용은 판공비에서 지출되므로 비서는 판공비에 대한 상세한 회계 업무를 해야 한다. 비서는 상사의 판공비 지출에 대해 월별·연별로 장부를 결산해서 예산 관련 부서에 보고한다. 상사의 통장과 도장은 기밀 장소에 보관하며, 되도록 현금은 사무실에 두지 않고 필요할 때마다 은행이나 현금지급기에서 찾도록 한다.

## 4) 서적 구독 신청 및 갱신

상사가 즐겨 보는 시사 잡지, 신문, 외국 정기 간행물 등은 구독 신청을 하여 상사의 책상 위에 올려놓거나 일정한 장소에 비치해 둔다. 구독 기간이 만료되는 때를 확인하여 만료일 전에 갱신 여부를 상사에게 문의해 구독을 계속할 것인지에 대한 지시를 받는다.

## 5) 담당 변호사의 이력문서 관리

로펌 비서는 회사 홈페이지 및 브로셔, 각종 홍보 자료의 이력 데이터로 활용하기 위해 담당 변호사의 이력서([문서 9-1] 참조)를 지속적으로 업데이트한다. 변호사의 국문 이력서 작성 시 고유명사 등에서 사용하는 영문은 국문으로 풀어서 기재하기도 한다(예: Allen & Overy → 알렌앤드오베리). 담당 변호사의 이력은 대한변호사협회나 학회, 국제회의나 세미나에 공식적으로 알려 주어야 할 경우 바로 처리할 수 있도록 정기적인 업데이트를 통해 정보 제공에 혼선이 빚어지지 않도록 해야 한다.

## 6) 변호사의 개인 활동 지원

이 밖에도 비서는 변호사의 개인 활동 등을 지원하게 되며, 상사의 개인 활동 지원 업무는 다음과 같다.

### (1) 취미활동 지원

상사의 취미활동에 사용된 비용은 영수증 처리를 하여 취미활동비로 지원받을 수 있도록 한다. 필요시 취미활동과 관련된 예약 업무를 수행하기도 한다.

### (2) 휴가 지원

상사의 휴가 기간이 정해지면 휴가신청서를 작성한 뒤 상사의 결재를 받아 총무팀에 제출한다. 휴가 일정과 관련된 예약 업무를 수행하기도 한다.

**[문서 9-1]** 변호사 이력서

법무법인
JOH & CHOI

서울특별시 서초구 서초동 123-21
대현빌딩 4층 (123-135)
TEL: 02-1234-1230 | FAX: 02-1234-1231
info@johchoi.com

# 변호사 이력서

<table>
<tr><td rowspan="4">인적 사항</td><td rowspan="3">성명</td><td>한글</td><td colspan="2"></td><td>주민등록번호<br>(외국인 등록번호)</td><td></td></tr>
<tr><td>한자</td><td colspan="2"></td><td>생년월일</td><td>(양/음)</td></tr>
<tr><td>영문</td><td colspan="2"></td><td>출생지</td><td></td></tr>
<tr><td colspan="2">주소</td><td colspan="4"></td></tr>
<tr><td rowspan="4">학력 사항</td><td colspan="2">졸업 연월</td><td colspan="4">학교 및 전공(학위명 및 취득 내용 상세 기재 요망)</td></tr>
<tr><td colspan="2">–</td><td colspan="4"></td></tr>
<tr><td colspan="2">–</td><td colspan="4"></td></tr>
<tr><td colspan="2">–</td><td colspan="4"></td></tr>
<tr><td>해외 연수</td><td colspan="2">–</td><td colspan="4"></td></tr>
<tr><td rowspan="4">경력 사항</td><td colspan="2">근무 연월/기간</td><td colspan="4">경력 내용(소속기관 및 직위 상세 기재 요망)</td></tr>
<tr><td colspan="2">–</td><td colspan="4"></td></tr>
<tr><td colspan="2">–</td><td colspan="4"></td></tr>
<tr><td colspan="2">–</td><td colspan="4"></td></tr>
<tr><td colspan="7">- 중략 -</td></tr>
<tr><td rowspan="9">주요 업무 분야(체크)</td><td></td><td colspan="5">Corporate & Finance</td></tr>
<tr><td></td><td colspan="5">- M&A</td></tr>
<tr><td></td><td colspan="5">- 공정 거래</td></tr>
<tr><td></td><td colspan="5">- 관세통상</td></tr>
<tr><td></td><td colspan="5">- 국방 공공계약</td></tr>
<tr><td></td><td colspan="5">- 국제소송 중재</td></tr>
<tr><td></td><td colspan="5">- 금융</td></tr>
<tr><td></td><td colspan="5">- 기업 내부조사</td></tr>
<tr><td></td><td colspan="5">- 기업 일반</td></tr>
</table>

[이력 Summary]
Ex) ○○○ 변호사는 현재 회사/금융 그룹(Corporate & Finance Group)의 공동 그룹장직을 담당하는 파트너입니다. 서울법대, 하버드 법대(LL.M.) 출신으로 사법연수원 제○○기를 수료했으며, 한국과 미국 뉴욕 주 변호사 자격을 보유하고 있습니다.

### (3) 변호사 유학 및 해외 연수 준비 지원

로펌에서는 변호사들이 해외로 유학이나 장기 연수를 가기도 한다. 변호사가 단기 또는 장기적으로 해외 연수 준비를 할 경우 비서는 연수 목적에 맞는 다양한 연수기관을 검색해 가장 적합한 기관을 변호사가 최종 선택할 수 있도록 한다. 변호사의 유학이 결정되면 적합한 교육기관을 알아봐야 하는데 지원 서류는 비서가 먼저 초안으로 작성하여 변호사에게 중간 점검 및 최종 확인을 받게 된다. 학교에 제출하는 서류의 종류가 무엇인지 꼼꼼히 확인하고 졸업증명서나 각종 증명서의 경우 영문으로 미리 발급받아 둔다.

LSAT(Law School Admission Test)란 미국 및 캐나다의 법과대학원(law school) 진학을 위해 보는 시험으로 법학도로서 갖추어야 하는 기본적 소양과 논리력을 측정하는 시험을 말한다. 유학을 준비하는 변호사의 경우 변호사를 대신해서 비서가 LSAT 신청을 해야 할 일이 생기기도 하므로 시험 일정 및 시험 등록 절차에 대해서도 알고 있어야 한다.

# 제 10 장 사무실 환경과 사무 테크놀로지

컴퓨터와 통신기기의 발달로 사무환경과 사무 테크놀로지는 매우 빠른 속도로 변화하고 있다. 기능적으로 편리하고도 시각적으로 아름다운 사무실을 디자인하고 유지하는 것은 사무 능률 향상에도 매우 도움이 된다. 쾌적하고 능률적인 사무환경을 유지하기 위해서는 최신 사무 테크놀로지의 효과적인 활용과 사무가구 등 사무환경 관리에 유의해야 한다.

## 10.1 사무실 배치

전통적인 사무실 구조에서 비서의 책상은 주로 상사 집무실 내의 입구 쪽이나 집무실 바로 바깥 입구 곁 또는 별개의 비서실 내에 배치되었다. 그리고 조직 내의 각 부서는 각각 별개의 사무실로 분산되어 다른 부서와는 업무상의 작업 흐름(work flow)이 용이하지 못했다. 그뿐만 아니라 냉·난방비, 전력 소모 등 유지 관리비 측면에서도 비경제적이었다. 이러한 여러 단점을 개선하기 위한 노력으로 근래에 와서는 사무실도 개방식 구조(landscape office design)로 전환되었다.

개방식 구조의 특징은 업무를 효율적으로 할 수 있도록 작업 환경을 생리학적·심리학적 요소로 조정하기 위해 색깔이 있는 사무용 가구, 이동 가능한 칸막이, 두꺼운 카펫 등을 이용한 점이다. 개방식 구조로 된 사무실에서는 업무의 흐름에 따라 큰 공간에 각 부서를 배치함으로써 의사 소통이 용이해져 업무 처리가 빠를 뿐만 아니라 사무실의 구조를 필요에 따라 적합한 상태로 쉽게 변경, 배치할 수 있어 관리 비용도 적게 든다.

그러나 개방식 구조에서는 개인적인 작업 공간이 침해받을 염려가 있으므로 소음 방지와 보안에 유의해야 한다. 팩스를 사용하거나 전화를 받을 때 옆의 부서에 방해가 되지 않도록 소음 방지에 유의하고 보안 유지를 위해 점심 시간에 자리를 비울 때나 퇴근할 때에는 반드시 파일 캐비닛과 책상 서랍들을 잠그고 고가의 소형 사무용 기기도 캐비닛에 넣고 잠그도록 한다.

## 10.2 사무실의 환경적 요소

하루 중 대부분의 시간을 보내게 되는 사무실의 환경을 능률적이고도 건강에 해를 주지 않는 환경으로 유지하는 것은 매우 중요하다. 최근 들어 산업 디자인 분야에서 인체공학(ergonomics)적인 사무 환경에 관한 연구가 활성화되고 있다. 이와 아울러 사무 근로자들의 생산성 향상을 위해 사무실의 색채, 온도, 환기, 방음, 안전 등 사무 환경을 개선해 나가는 것은 매우 중요하다.

### 1) 색 채

색채는 인간에게 심리적·생리적인 영향을 미친다고 한다. 예를 들면 푸른색은 차가움을 느끼게 하며, 우리나라의 병원에서 많이 사용하는 흰색은 청결한 느낌을 주는 반면 환자가 느끼는 공포감은 따뜻한 색에 비해 훨씬 커진다고 한다.

사무실은 사무원이 하루 종일 시간을 보내는 장소이므로 밝고 안정된 느낌을 주는 색채가 좋으며, 외부 손님에게도 밝은 인상을 주는 색채가 좋다. 색채를 정할 때 다음과 같은 점을 고려한다.

① 바닥은 어둡게, 천정을 밝게 칠하면 안정된 느낌을 준다.

② 좁은 사무실은 밝게 칠하는 것이 넓은 느낌을 준다.

③ 채도(彩度)가 높은 원색은 사무실에 적합하지 않다.

④ 벽면과 바닥은 같은 계열의 밝은 색과 어두운 색을 사용하는 것이 무난하다.

⑤ 햇빛이 잘 드는 사무실은 차가운 색을, 북쪽 사무실은 따뜻한 색을 사용하는 것이 좋다.

사무 가구 및 비품의 색채 및 색조를 통일시키는 것도 차분한 느낌을 준다. 외국 기업이나 대기업의 경우 회사의 고유 색상을 지정하고 사무실 내부, 사무 비품, 홍보물, 유니폼 등에 활용한다.

### 2) 공기 조절

최근에 신축하는 현대식 빌딩들은 대부분 컴퓨터 자동 공기 조절 기능을 갖추고 있어 온도, 습도, 환기 등을 자동 제어하고 있다. 최첨단 빌딩은 각 층의 온도, 습도를 자동으로 조절해 주는 기능이 있을 뿐만 아니라 화재, 도난을 방지해 주는 보안 기능과 건물 내외로 자유롭게 컴퓨터 통신을 할 수 있는 통신망을 완벽하게 갖추고 있다.

| | 여 름 | 겨 울 |
|---|---|---|
| 온도 | 섭씨 26~28도<br>(에어컨 사용으로 유지) | 섭씨 18~20도<br>(중앙난방 혹은 온풍기) |
| 습도 | 50~70%<br>(습기가 과다하면 제습기 사용) | 겨울 20~30%대로 낮아짐<br>(가습기 사용으로 60% 유지) |

오래된 대부분의 빌딩은 밀폐된 공간 안에서 많은 사무원이 작업을 하기 때문에 높은 작업 능률을 유지하기 위해서는 적절한 공기 조절이 필요하다. 따라서 실내에 온·습도계를 비치하고 냉·난방기, 그리고 가·제습기를 적절히 사용함으로써 작업하기에 쾌적한 온도와 습도를 유지해야 한다.

그뿐만 아니라 폐쇄된 공간에서 사람들이 배출하는 탄산가스와 담배 연기, 그리고 외부에서 들어오는 차량 매연 등으로 인한 공기 오염도 심각한 문제이다. 근본적인 해결책이 될 수는 없지만 사무실 평형에 적합한 공기청정기(air cleaner)를 설치하고, 사무실 내에서는 흡연 공간을 따로 정하면 도움이 된다. 대부분의 건물이 금연 공간으로 지정되어 있으므로 실내에서는 원칙적으로 흡연이 금지되어 있다. 공기 조절 시에는 다음과 같은 점을 유의한다.

① 실내 습도와 온도는 계절에 따라 적정 수준을 유지한다.

② 온도와 습도는 밀접한 관계가 있다. 습도가 높으면 같은 온도라고 할지라도 더욱 덥게 느끼게 된다. 따라서 저온일 때는 습도가 높은 것이 좋으나 고온일 때는 습도가 낮은 것이 좋다.

③ 바닥은 먼지를 흡수할 수 있는 카펫을 깔아 주고, 정기적으로 진공 청소기로 먼지를 빨아들이고 세탁을 한다.

④ 책상 위나 용품 표면을 물걸레로 닦는다. 이것은 먼지를 제거하는 한편 먼지가 공기 중에 섞이는 것을 막아 준다.

⑤ 공기청정기 필터는 정기적으로 교체해 준다.

### 3) 조 명

사무는 서류나 컴퓨터 화면을 하루 종일 읽고, 검사하고, 대조하고 확인하는 작업이 많으므로 적절한 조명을 유지하는 것이 중요하다. 너무 어둡거나 밝은 조명 상태에서 오래 일을 하다 보면 업무 능률이 저하될 뿐만 아니라 사무원에게 피로감을 가져다 주고 심한 경우에는 시력 장애와 같은 직업병을 유발하게 한다.

특히 요즘과 같이 컴퓨터를 많이 사용하는 경우 적절한 밝기의 조명을 유지하고 화면의 불안정으로 인한 떨림이 없는 모니터를 구입해 사용자의 시력 보호에 유의해야 한다. 조명 조절에 필요한 일반적인 유의 사항은 아래와 같다.

① 될 수 있는 대로 채광량을 많게 하여 자연 광선을 사용하도록 하며, 블라인드나 커튼

으로 채광량을 조절한다.

② 인공 조명을 사용할 때는 직접 조명과 간접 조명을 적절히 사용한다. 즉 직접 조명이란 광선이 천정으로부터 목적물에 직접 비치게 하는 방법이며, 간접 조명은 광선이 천정이나 벽에 일단 반사되었다가 다시 아래도 조명하도록 하는 방법이다.

③ 특히 높은 조도(照度)를 필요로 하는 작업장에는 스탠드를 병행해 사용하는 것이 좋다.

④ 조명도를 지속적으로 유지하기 위해 전구와 전등 갓의 상태를 항상 점검한다.

### 4) 방 음

현대의 사무실 구조가 개방화되고 각종 사무 가구 및 칸막이로 업무 영역을 구분하다 보면 개인의 프라이버시가 보장되지 않고 말소리, 각종 사무 기기와 전화에서 발생하는 소음 등으로 업무 방해를 받게 되기 쉬우며, 따라서 업무 능률도 저하되기 쉽다. 그뿐만 아니라 지나친 소음은 청각 장애와 같은 직업병을 유발할 수도 있다.

소음의 방지를 위해서는 소음을 내는 원천에 대한 관리와 사무실 내의 방음 설비 설치라는 두 가지 측면에서 생각할 수 있다. 방음 대책으로는 소음이 발생하는 기기나 작업은 한 곳에 집중시켜 유리 칸막이 등을 설치해 소음을 차단함으로써 일반 사무와 격리시키는 것이 좋으며, 전화기의 벨소리도 알맞게 조절한다.

소음을 줄일 수 있는 방안을 구체적으로 살펴보면 다음과 같다.

① 대화나 전화 통화 시 가능한 한 목소리를 낮춘다.

② 소음이 나는 사무 기기 아래에는 고무판을 깔아서 소리를 흡수하도록 한다.

③ 컴퓨터 프린터를 구입할 때는 될 수 있으면 소음이 나지 않는 종류를 선택한다.

④ 기계를 놓는 책상 바로 밑에는 음의 공명 작용을 막기 위해 서랍을 설치하지 않는다.

⑤ 사무실 바닥에는 카펫과 같은 탄력성 있는 소재를 택해 바닥에서 발생하는 소음뿐만 아니라 일반 소음도 흡수할 수 있도록 한다.

⑥ 외부 소음이 심한 곳(예: 버스 정류소 옆, 시장 주변)에 위치한 사무실일 경우에는 창문을 이중으로 하고 두터운 커튼 등을 사용해 소음을 줄인다.

⑦ 외래 방문객의 출입이 잦은 부서는 입구 쪽으로 집중 배치한다.

⑧ 사무실 배치를 합리적으로 하여 불필요한 보행을 줄인다.

⑨ 개방식 사무실일지라도 소음을 차단할 필요가 있는 경우 유리문, 유리벽과 같이 시야를 가리지 않는 벽을 사용한다.

⑩ 고객 왕래가 잦은 공간에는 조용한 클래식 음악을 트는 것도 좋다.

### 5) 전기 배선

전기 배선이 노출되어 있을 경우 미관상 좋지 않을 뿐만 아니라, 이동에 불편함을 줄 수 있다. 다음과 같은 상황에 유의해 노출된 배선이 없도록 한다.

① 사무실의 배선을 설계할 때 통로, 바닥면, 가구, 기기 등의 주위에 노출 배선이 없도록 주의한다.

② 업무 공간 이외의 회의 공간, 휴식 공간의 배선도 눈에 띄지 않도록 주의한다.

③ 배선을 효율적으로 처리하기 위해서는 이중 바닥을 설치하고 배선 처리가 가능한 사무 가구 및 파티션을 구입한다.

## 6) 사무실 장식물

사무실은 사무 작업을 수행하기 위한 공간이면서 그 조직의 이미지를 외부인에게 전달하는 장소이기도 하다. 특히 변호사를 찾아오는 손님을 맞이하는 응접실이나 변호사의 개인 사무실은 깨끗하면서도 적절한 장식이 필요하다. 난화분, 꽃꽂이 등으로 단조로운 사무실에 초록의 생기를 주거나 현대적 감각의 판화 한 점은 사무실의 분위기를 바꾸어 준다.

화분이나 꽃꽂이는 가까운 꽃집과 계약을 해서 일정한 주기로 바꾸어 주도록 하며 그림을 구입할 경우 판화가 무난하다. 고가의 그림을 구입하기보다는 사무실을 대상으로 그림을 대여해 주거나 정기적으로 교환해 주는 전문 업체도 있으므로 이러한 서비스를 이용함으로써 사무실 분위기에 맞는 판화나 그림을 골라 변호사의 취미와 취향에 따라 다양하게 사무실을 장식한다.

## 7) 사무 가구

사무 가구는 기능면에서 편리하면서도 색채나 모양이 전체 사무실과 조화를 이루는 가구를 구입하는 것이 좋다. 요즘은 다양한 사무 가구 제조 회사들이 있으므로 시장 조사를 자세하게 한 후 될 수 있으면 동일 브랜드의 사무 가구를 구입하는 것이 신속한 사후 서비스를 받을 수 있을 뿐만 아니라 나중에 구입하는 가구도 비교적 쉽게 기존 가구들과 색상과 디자인 등에서 조화를 이룰 수 있다.

〈표 10-1〉 사무환경 개선을 위한 사무 가구 구매 시 점검 사항

| 구분 | 점검 사항 |
|---|---|
| 환경 요건 | • 가구의 용도는 무엇인가?<br>• 1인당 사무 공간은?<br>• 레이아웃 시 소음, 색채, 조명, 배선 등을 고려했는가?<br>• 구성원들의 의견이 반영되었는가? |
| 가 격 | • 예산이 적정한가?<br>• A/S, 설치비, 설비비 등이 포함된 가격인가? |
| 효율성 | • 사무 환경 개선 후 계획대로 진행되고 있는가?<br>• 개선 전에 비해 업무 능률이 오르며 일하기 편한가? |

사무 가구에는 책상, 의자, 컴퓨터 책상, 각종 서류함, 캐비닛, 작업대 등 많은 종류가 있으며, 구입 시에는 가격뿐만 아니라 내구성, 기능성, 편리성 등을 다양하게 검토해야 한다.

## 10.3 사무실 관리

### 1) 변호사의 집무실

변호사의 집무실이나 회의실은 언제나 정리, 정돈되어 있어서 상사가 자신의 역량을 최대한 발휘해 업무를 수행해 나갈 수 있도록 전체적인 분위기를 유지해야 한다.

집무실의 환경이 좋고 나쁜 것은 사무 능률에 대단한 영향을 주게 되고 변호사의 집무실이나 응접실의 정리 상태는 내방객들의 방문 기업에 대한 이미지에 영향을 미친다는 점을 고려해서 비서는 환경 정리나 미화에도 세심한 신경을 써야 한다.

사무실 집기의 선정은 변호사의 기호, 격조, 품위, 실내와의 조화 등을 고려해 몇 가지 대안을 제시한 뒤 변호사가 결정하도록 하는 것이 좋으며, 사치스럽거나 호화롭게 느껴지지 않도록 주의해야 한다. 단순하면서도 실내의 품격을 높이고 상사의 개성을 나타내도록 하는 것이 바람직하다. 변호사가 난이나 식물을 좋아하는 경우에는 주기적으로 신경을 써야 한다.

또한 항상 도난 및 화재에 충분한 주의를 기울여야 한다. 특히 중요한 서류는 완전히 자물쇠로 잠글 수 있는 서류함과 캐비닛에 보관하고 가능하면 방을 비우지 않도록 하며, 방을 비울 때에는 믿을 수 있는 사람에게 부탁을 한다. 퇴근 시에는 화재 예방에 유의하고 전기코드 및 스위치, 플러그 등을 뺀다.

항상 쾌적한 환경에서 업무를 수행하고 또 내방객을 유쾌하게 맞이할 수 있게끔 다음과 같은 점에 유의해야 한다.

① 책상 위는 늘 가지런히 정돈하고 책상의 중앙을 넓게 비워 둔다.
② 책상과 의자를 바르게 놓으며 의자의 팔걸이나 등받이 커버가 깨끗한가 살핀다.
③ 커튼의 청결 상태와 레일에서 빠져 나온 것이 있는지 혹은 블라인드의 경우 적당한 간격인가를 확인한다.
④ 휴지통이나 재떨이의 청결 상태를 확인한다.
⑤ 달력이나 일력이 바른 날짜에 펼쳐져 있는가를 확인한다.
⑥ 시계는 정확한가를 확인한다.
⑦ 사무실 집기나 전화기의 청결 상태를 확인한다.
⑧ 액자가 비뚤어지거나 꽃이 시들지 않았는가를 확인한다.
⑨ 신문과 잡지는 최근의 것으로 잘 정돈되어 있는가를 확인한다.

특히 응접실은 언제든지 손님을 접대할 수 있도록 잘 정돈해 두어야 한다. 손님이 마시던 찻잔이나 메모지, 휴지통, 화분 등의 청결 상태에도 세심한 주의를 기울인다.

### 2) 사무 집기의 관리

상사의 책상 위에는 전화기, 전화번호부, 일정표, 문구류, 메모지, 명함철, 결재함 등의 비품을 놓아 두게 되는데, 이러한 것들은 미리 위치를 정해 놓고 언제든지 제자리에 정리 정돈해 둔다. 또한 볼펜, 연필과 같은 소모품을 넉넉히 준비해 모자라는 일이 없도록 하며 언제나 쓰기 쉽게 제자리에 둔다.

① 매일 사용하는 용지와 사무용품을 충분히 준비한다.
② 연필을 사용하는 상사를 위해서는 항상 충분히 준비해 깎아 둔다.
③ 볼펜은 잘 써지는지 수시로 점검하고 만년필에 잉크를 채워 둔다.
④ 날짜 스탬프(date stamp)는 매일 아침 제 날짜로 바꿔 놓는다.
⑤ 인주는 수시로 면이 고르게 손질하고 스탬프의 잉크를 보충한다.
⑥ 클립, 핀 등을 사용하기 쉽게 용기에 잘 정돈해 둔다.
⑦ 공동으로 사용하는 복사기나 프린터의 용지가 떨어져 있지는 않은지 수시로 체크하고 퇴근 전 용지 트레이를 채워 둔다.

비서는 상사의 사무실이나 응접실의 비품을 관리하기 위해 평소 다음과 같은 점에 유의해야 한다.

① 기구나 비품은 대장을 작성해 구입한 날짜와 고장 발생 시 수리한 경과 내용과 비용 등을 잘 알 수 있도록 빠짐없이 기록해 둔다.
② 기구나 부품이 더러워지거나 고장이 나면 즉시 관계 부서에 연락해서 수리 또는 교환한다.
③ 캐비닛이나 파일 박스의 열쇠를 잘 관리하고 도난 방지나 보안 유지에 유의한다.
④ 실내 청소와 비품의 손질을 철저히 하고, 차 끓이는 도구는 항상 청결하게 보관한다.
⑤ 화재 예방에 유의하고 소화기와 비상 전화의 취급 방법, 대피할 통로 등을 표시해 두고, 비상 시에 대피시켜야 할 서류를 평소 조직의 위기관리 절차(emergency procedures)에 따라 지정해 둔다.

**사무 환경**

최근 들어 많은 회사가 직원들 스스로 자신이 일하는 사무실 근무 환경을 만들 수 있는 자유를 부여하고 있다. 하루에 적게는 8시간, 많게는 12시간 일하는 환경을 제대로 조성해 줌으로써 직원들의 만족감을 높일 수 있을 것이다. 사무실을 설계하는 과정에서 동선, 사무 가구, 인테리어 등 근로자들의 아이디어를 브레인 스토밍하여 좀 더 편리하고 쾌적한 환경을 만들려고 노력한다. 회사의 성격에 따라 카페, 도서관, 호텔 비즈니스센터 등과 같은 분위기를 꾸미고, 사무 가구 회사들도 이러한 요구를 수용하기 위해 다양한 디자인의 사무 가구들을 출시하고 있다.

보스턴의 한 병원에서는 미숙아 관리 병동의 디자인을 간호사들이 직접 설계했는데 미숙아 각각의 침대머리에 산호 호흡기와 각종 응급 처치 기구들을 배치함으로써 업무의 효율성을 높였다. 보스턴 옆에 위치한 케임브리지 시 소재 겐자임 회사(Genzyme Corp.)는 근로자 중심 디자인(employee centered design)을 전격적으로 도입했다. 이 회사에서는 말단 직원까지도 찰스 강변, 켄달 공원 혹은 빌딩 중앙에 조명으로 장식된 실내 정원을 내다볼 수 있도록 했다. 이 건물의 디자인을 맡은 독일 Behnisch & Partner의 건축가인 마르틴 베르밍하우센 씨는 식물도 빛을 필요로 하는데 사람도 다르지 않다고 말하고 있다.

특히 근로자 중심 디자인은 바이오테크산업, 고품격 운동화 디자이너 등 우수한 인력의 확보가 경쟁력인 지식 산업을 중심으로 확산되고 있다. 우수한 인력들이 회사 내에서 자신의 직위와 능력에 합당한 환경을 제공받는다고 느낄 때 만족감과 창의력이 솟아나기 때문이다. 신발 회사인 리복은 작업장을 디자인할 때 40여 명의 신발 디자이너들과 의논했다. 창의적인 디자이너들은 서로 브레인 스토밍하기 위해 쉽게 접근할 수 있으면서도 집중할 수 있는 조용한 환경을 원했다. 그 결과로 세 사람이 원을 중심으로 배치되어 신발을 펼쳐 놓고 디자인하다가 필요할 때는 쉽게 모일 수 있도록 배치했고 또한 소음을 차단하기 위해 높은 벽을 설치했다.

## 10.4 사무실에서의 안전 수칙

### 1) 사무 직업병

#### (1) 컴퓨터 관련 직업병

비서나 사무원같이 직무상 컴퓨터 화면을 많이 대하는 직장인은 이로 인해 눈의 피로 현상, 시력 저하, 안구건조증, 눈의 충혈 등의 증세가 나타나는데, 이러한 증상들은 대개 초기 증상이다. 증세에 따라서는 만성 피로감, 독감 비슷한 증세가 오래 가기도 하고, 또는 여성들에게서는 조산, 유산 또는 생리 불순과 같은 증세가 오기도 한다. 발표된 보고에 따르면 어깨, 팔의 통증, 두통, 식욕 감퇴 등이 있으며, 더욱 심해지면 무관심, 고립감, 망각증 및 무력감까지도 동반된다고 하는 여러 의학 보고서들이 있다. 이러한 직업병을 VDT(Visual Display Terminal) 증후군 또는 OA(Office Automation) 증후근이라고 부른다.

이렇듯 컴퓨터의 장시간 사용으로 인해 생기는 컴퓨터 직업병은 컴퓨터의 사용 확대와 함께 매우 빠른 속도로 증가하고 있다. 미국과 일본 등지에서는 이에 대한 대책과 연구가 활발히 진행되고 있다. 컴퓨터 관련 직업병에 대한 환경적·제도적 배려는 회사 차원에서, 그리고 예방에 대한 관심은 각자가 가져야 한다.

가장 일반적이면서도 많이 발생하는 증세는 근시인데 본인의 감수성, 근무 시간, 근무 환경 및 조명도 등이 많은 영향을 미친다. 지나치게 밝은 조명은 화면에서의 반사광을 증가시키는 경향이 있다. 컴퓨터나 전자 기기에서 발생되는 전자파는 측면이나 후면에서 더욱 많은 양의 전자파가 발생한다. 또한 장시간 고정된 자세로 작업하면 목·어깨·팔 등에 결림 증세가 생기기도 한다.

위와 같은 갖가지 증상에 대한 예방으로서는 컴퓨터를 마주 대하는 시간을 단축하고, 매 30~40분 간격으로 사용을 중단한 뒤 잠시 먼 곳을 응시하거나 눈 운동을 하고, 자리에서 일어나 가벼운 스트레칭을 한다.

#### (2) 밀폐 건물 증후군

고층 건물의 사무실이 늘어나면서 밀폐 건물 증후군이 우리나라에서도 확산되고 있다. 밀폐 건물 증후군이란 환기가 불충분한 실내, 즉 창문이 거의 닫혀 있고 중앙 집중식 냉·난방을 하는 건물이나 아파트에 장시간 있을 때 나타나는 증세로서, 그 원인은 주로 가스성 화학 물질이나 담배 연기, 알데히드, 유기용제, 박테리아, 곰팡이 등이다.

증세로는 어지러움, 두통, 눈의 충혈, 눈이나 목의 따가움, 메스꺼움, 쉽게 피로해지는 것 등이고, 일단 건물 밖으로 나오면 이런 증세가 사라진다. 증후군에 대한 대책은 빌딩 내 금연, 청결과 환경 개선을 통한 미생물성 물질의 생성 억제 등이 있다.

### 2) 안전 사고

안전 사고는 공장에서나 공사 현장에서만 발생하는 것이라고 생각하는 것이 일반적이다. 그러나 사무실에서도 때때로 부주의로 인한 안전 사고가 발생한다. 바닥이 젖어 있거나 왁스가 너무 칠해져서 미끄러진다거나, 카펫의 가장자리가 들려져 있는 경우, 파일 박스가 열려져 있는 상태에서 부딪치는 경우, 전화 코드나 전기 코드 등에 걸려서 넘어져 다치는 경우도 종종 있으므로 항상 차분한 태도로 업무를 수행하며, 수리가 필요한 부분은 즉각 해당 부서에 알려 고치도록 한다.

또 화재 발생에 대해서도 항상 주의해야 한다. 현대식 사무실에는 대체로 화재 시 자동으로 물이 뿜어져 나오는 스프링클러가 설치되어 있으나 간단한 화재는 초기에 진화할 수 있는 소화기를 사무실의 일정 장소에 비치해 두고 사용법을 익혀 둔다.

### 3) 범죄에 대한 대비

현대 사회에 와서 범죄가 증가하고 있으며 사무실이나 그곳에서 일하는 사무원들도 항상 범죄의 대상이 될 수 있다. 근무 시간 중 잠시 자리를 비울 때도 귀중품이 들어 있거나 중요한 서류가 들어 있는 서류함은 잠그도록 한다. 사무실 안에서 배회하는 낯선 사람이 있으면 "어느 부서를 찾으십니까?" 혹은 "어느 분을 만나러 오셨습니까?"라고 물어 보고 내방객일 경우에는 적절히 안내하고, 그렇지 않고 수상한 경우에는 자체 경비나 건물 경비실에 연락한다. 기밀 유지를 위해 대형 로펌의 경우 면회실을 따로 두어서 일반 내방객들의 사무 공간으로의 접근을 제한하기도 한다.

회사 내에 비상 벨이나 무인 경비 시스템 등이 설치되어 있는 경우는 평소 그 위치와 사용법 등을 알아 두고, 정기적으로 해당 기관과 협의해 작동 여부와 성능을 확인하도록 한다. 금융기관에는 강도 침입과 같은 사태에 대비한 행동 지침이 따로 정해져 있으므로 이를 평소에 잘 알아 둔다. 은행에 입출금 업무를 하러 갈 때에도 될 수 있으면 대중 교통 수단보다는 회사 차를 이용하고 소매치기에 유의해야 한다.

직무상 다른 직원들이 퇴근한 후 늦게까지 남아 야근을 해야 하는 경우나 급한 업무를 방해 없이 집중해서 처리할 수 있는 밤 시간에 사무실에 남아 있게 되는 경우가 있는데, 이때 특히 범죄에 대한 경계심을 가져야 한다. 범죄를 예방할 수 있는 요령은 다음과 같다.

① 될 수 있으면 혼자 야근하지 않는다.
② 혼자 야근할 경우 건물 관리인에게 미리 알려 둔다. 필요한 경우 언제든지 관리인의 도움을 청할 수 있도록 전화 번호나 비상 연락 번호를 받아 두고 평소 인사를 하고 지낸다.
③ 문을 잠그고 전화나 비상 벨 옆에서 작업한다.
④ 모르는 사람이 엘리베이터에 있을 때 타지 않는다.
⑤ 엘리베이터를 탈 때에는 승강기 조작기 옆에 선다.
⑥ 지하 차고에 가야 할 경우 관리인의 도움을 청한다.

비서는 조직 내 기밀에 비교적 접할 기회가 많기 때문에 기밀을 얻고자 하는 경쟁사의 목표 대상이 될 수도 있다. 회사 근처의 음식점이나 찻집에서 큰소리로 회사나 업무 이야기를 하지 말며, 서류를 외부에 전달할 때도 회사의 이름이 적힌 봉투가 바깥으로 드러나지 않도록 유의한다.

## 10.5 사무 테크놀로지

오늘날의 사무실은 다양한 사무 정보를 효율적으로 처리하기 위해 각종 자동화된 사무

〈표 10-2〉 컴퓨터를 활용한 적용 업무 및 활용 분야

| 적용 업무 | 계산 처리 | 정보관리 | 문서 편집 · 전자 출판 | 통 신 |
|---|---|---|---|---|
| 활용 분야 | • 과학 기술 계산<br>• 통계 처리<br>• 회계관리<br>• 예산 편성 | • 데이터베이스<br>• 정보 서비스<br>• 통계 자료 관리<br>• 문서관리 | • 보고서 · 문서 작성<br>• 웹진 제작<br>• 사보 제작<br>• 컴퓨터 그래픽 | • 자료 공동 이용<br>• 이메일<br>• 전자 결재<br>• 자동응답 시스템 |

기기들을 사용하고 있다. 사무 기기는 단순한 팩스나 전화기에서 막대한 정보 처리 능력을 가진 범용 컴퓨터에 이르기까지 매우 다양하다. 컴퓨터를 활용해 처리할 수 있는 적용 업무 및 활용 분야는 <표 10-2>와 같다.

예전의 비서에게는 손님 접대와 전화 응대 등이 주요 업무였으나 컴퓨터와 통신의 발달과 함께 많은 업무가 자동화되고 비서의 업무 영역은 점차 넓어져 가는 추세이다. 정보의 홍수 속에서 자신에게 필요한 정보를 선별하고, 이것을 어떻게 관리하고 이용하느냐에 따라 자신의 경쟁력이 결정된다고 볼 수 있다. 이러한 정보를 선별, 관리, 보관하기 위해 각종 첨단 사무 테크놀로지의 종류와 적용 분야에 대한 이해를 가지고 이들 기기를 적극적으로 활용함으로써 사무 능률의 향상을 꾀할 수 있어야 한다.

사무 자동화 기기는 자료 처리 기능에 따라 분류해 볼 때 정보의 수집・생산・가공을 할 수 있는 기기, 정보의 저장・검색을 할 수 있는 기기, 그리고 정보를 전달할 수 있는 기기 등으로 나눌 수 있다.

## 1) 정보 처리 기기

### (1) 컴퓨터

컴퓨터는 가장 대표적인 사무 기기이다. 초기의 컴퓨터는 대형으로 주로 수치 계산에 사용되었지만 점차 소형화되고 다기능화되면서 오늘날의 사무 업무 처리에 필요 불가결한 존재로 자리잡고 있다. 은행, 증권 회사 같은 곳에서는 컴퓨터 없이 한 시간도 제대로 기능할 수 없을 것이다.

컴퓨터는 기억 용량, 처리 속도, 크기, 가격 등에 따라 다양하게 분류될 수 있다. 최근에 와서는 컴퓨터 기술 발전과 함께 크기는 점차 소형화되며 무게도 가벼워지고 가격은 저렴해지는 추세에 있다. 일반적으로 컴퓨터의 종류를 다음과 같이 분류한다.

**〈표 10-3〉** 정보 기기의 종류

| | |
|---|---|
| 정보 처리 기기 | 메인 프레임, 퍼스널 컴퓨터, 복합기 등 |
| 정보 전송 기기 | 팩시밀리, 원격 회의 시스템, 다기능 전화기 등 |
| 정보 저장 기기 | USB, 외장 하드, 대용량 스토리지 등 |
| 통신망 | 무선 LAN, 광역통신망, 이동통신망, 인터넷망 등 |
| 기타 사무 기기 | 복사기, 타임 레코더, 문서 세단기, 제본기 등 |

① **퍼스널 컴퓨터**(Personal Computer)

초기의 대형 컴퓨터가 여러 사람이 동시에 사용하는 방식이었다면 근래에 와서는 개인이 필요에 따라 자유로이 쓸 수 있다는 뜻에서 퍼스널 컴퓨터라고 하며, 크기가 작다고 해서 마이크로 컴퓨터라고도 한다. 초소형 휴대형 컴퓨터도 빠른 속도로 진화하고 있다.

② 메인 프레임(Main Frame)

규모가 큰 기업이나 조직에서 다량의 자료를 한꺼번에 처리할 수 있도록 지원하거나, 인공 지능 연구나 유전 탐사, 우주 탐색 등에 활용되는 고도의 전산·연구 기능을 가진 초대형 연구·개발용 컴퓨터를 말한다.

### (2) 프린터

컴퓨터의 기술 발전과 함께 프린터도 기능이 향상되고 가격은 해마다 큰 폭으로 떨어지고 있다. 사무실에서는 주로 레이저 프린터나 복합기를 사용하는데, 각기 장·단점과 사용상의 유의점이 다르다. 사무실 환경에서는 속도가 빠르면서 유지비는 저렴한 모델을 선정하는 것이 좋다. 작업량이 많지 않을 경우 프린터·팩스·스캐너·복사기 등의 기능을 함께 갖춘 복합기가 공간을 활용할 수 있어 편리하다.

프린터를 선정할 때의 기준을 예시하면 <표 10-4>와 같으며, 개별 회사의 실정에 맞는 프린터를 구입할 때 참고로 할 수 있을 것이다.

**[그림 10-1]** 복합기

**〈표 10-4〉** 프린터를 사용할 때의 비교 기준

| 비교 항목 | 프린터 A | 프린터 B | 프린터 C |
|---|---|---|---|
| 구입비 | | | |
| 유지비(소모품비 등) | | | |
| 선명도 | | | |
| 출력 속도 | | | |
| 컴퓨터 소프트웨어와의 호환성 | | | |
| 기타(소음, 크기 등) | | | |

### 2) 정보 전송 기기

정보를 전달하는 수단은 점차 다양화되고 있다. 여러 형태의 정보를 다른 사람에게 혹은 다른 지역으로 전달할 때는 신속성, 경제성, 기밀 유지의 필요성, 정확성 등을 고려해서 적절한 전달 수단을 선택하는 것이 중요하다.

#### (1) 팩시밀리

팩시밀리(facsimile)는 일반적으로 줄여서 팩스(fax)라고 불리며, 일반 전화 회선이나 팩시밀리 전용 통신망을 사용해 문서나 도면을 송·수신하는 기기이다.

팩시밀리의 특징은 한글, 영어, 숫자, 도형 등 정형화되어 있지 않은 이미지를 전달할 수 있다는 점이다. 이처럼 타자기에 익숙하지 않은 사람들도 손으로 쓴 문자를 특별한 훈련 없이 쉽게 전송할 수 있다. 또한 이것은 텔렉스나 전보와 마찬가지로 전송 후 증거가 남는다는 이점도 있다. 팩스는 이처럼 다른 통신 수단에 비해 여러 장점이 있어 다른 통신 수단들이 가진 한계점을 극복해 준다.

다른 통신 수단들과 비교한 팩시밀리의 장점은 다음과 같다.

〈표 10-5〉 팩시밀리의 장점

| 통신 수단 | FAX vs. 전화 | FAX vs. 우편, 인편 |
|---|---|---|
| 용도 | 그림, 도표 전달 가능 | 급증하는 정보량에 대처 |
| 전달성 | 부재 중 전달 가능 | 문서의 신속한 전달 |
| 비용 | 통신비 및 시간 절약 | 인편보다 비용 저렴 |
| 장점 | 다량의 정보 전달 시 높은 정확도 | 낮은 기밀 유출 가능성 |

신속한 문서 수신과 발신을 위해 유용하게 사용되는 팩스는 기본적으로 전화기로도 사용이 가능하다. 팩스의 사용이 많은 경우에는 팩스 전용 전화선을 별도로 설치하고, 팩스를 항상 받아 볼 수 있는 자동 수신 상태로 두어 언제든지 통신이 가능하도록 한다.

인터넷을 이용해 PC상에서 바로 팩스를 보낼 수 있는 서비스를 이용할 수 있다. 이러한 인터넷 팩스 서비스를 제공하는 회사에 접속해 클라이언트용 프로그램을 다운로드받아 컴퓨터 화면에서 대화 상자를 통해 전송한다.

팩스를 보낼 때 서류만 보내는 것보다 팩스 표지를 함께 보내야 한다. 간단히 기록할 내용이 있거나 수신자를 명확히 해야 할 필요가 있을 때 팩스 표지를 이용하면 본 문서에 기입하지 않아도 되므로 훨씬 깔끔하다. 또한 팩스 표지에는 수신처 및 발신처, 담당자, 연락처와 발송 일자 및 제목, 전송 매수 등을 기입할 수 있어 좀 더 정확하게 팩스를 보낼 수 있다.

[문서 10-1]은 팩스 표지의 예이다.

## 팩스 보내는 방법

**원고 준비**

- 종이는 구김없이 반듯하게 준비한다.
- 원고 내용은 선명한 상태로, 작은 글씨를 피한다.
- 명암은 글자에 넣지 않는 것이 좋다.
- 두 장 이상이 되면 팩스 표지(cover)를 준비한다.

▼

**원고 세팅**

- 내용 있는 면이 아래로 가고 백지 면이 위로 보이도록 넣는다.
- 가이드 폭을 맞춘다.
- 여러 장인 경우는 자동으로 밀려 들어간다(기종에 따라 한 장씩 수동으로 넣는 경우도 있음).

▼

**보내기**

팩스 번호를 누른다.

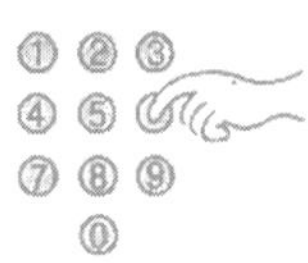

"삐" 소리가 들리면

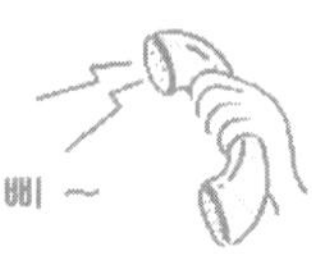


시작/입력 버튼을 누른다.

자동으로 밀려 들어간다.

## 팩스 받는 방법

**자동 수신**

- 사용하는 동안에 항상 전원 스위치를 'ON'으로 해 둔다.
- 자동 수신 모드 상태를 선택한다.
- 팩스에 전화 소리가 나면 자동적으로 원고를 받게 된다.

**수동 수신**

- 팩시밀리를 전화기로도 자주 사용하는 경우에는 수동 수신 모드로 사용한다.
- 전화가 울리면 수화기를 들고 통화한다.
- 통화 후 수화기를 든 채 '시작' 버튼을 누른다.
- 수신이 끝나면 상태를 확인하고 수화기를 내려놓는다.

### 국제 팩스 보내는 방법

해외로 팩스를 보내는 방법은 국제전화를 이용할 때와 마찬가지로 001, 002, 005, 00700 등의 로펌에서 자주 사용하는 국제전화 서비스업체를 이용하면 된다. 예를 들어, 미국 뉴욕에 있는 ABC 로펌(123-4567)에 팩스를 보내야 할 경우

국제전화 서비스업체 번호(001, 002 등)-1(미국 국가 번호)-212(뉴욕 지역 번호)
-123 4567(ABC 로펌 전화 번호)

위와 같이 차례대로 번호를 누른 뒤 전송 시작/입력 버튼을 누르면 된다.

[문서 10-1] 팩스 표지

법무법인
JOH & CHOI

서울특별시 서초구 서초동 123-21
대현빌딩 4층 (123-135)
TEL: 02-1234-1230 | FAX: 02-1234-1231

# 팩시밀리 전송

일　　　자:　　년　월　일
전 송 매 수:　　　장(표지 포함)
수　　　신:
참　　　조:
팩 스 번 호:
발　　　신: 법무법인 조앤최 변호사　　　(전화:　　--　　)(확인: _____)
　　　(팩스:　　　　　　　　, 이메일:　　　　　　　　)
제　　　목:

---

1. 귀사의 무궁한 발전을 기원합니다.

2.

3.

사　　　본: 법무법인 조앤최 변호사　　　(전화:　　--　　)(확인: _____)
　　　(팩스:　　　　　　　　, 이메일:　　　　　　　　)

▣ 수신 중 이상이 있을 때에는 본 사무소 전화 02-1234-1230으로 즉시 연락 주시기 바랍니다.

[문서 10-2] 영문 팩스 표지

Attorneys at Law
JOH & CHOI

4th Floor, Daehyun Bldg.
123-21 Seocho-dong,
Seocho-gu, Seoul 123-135
TEL: +82-2-1234-1230 | FAX: +82-2-1234-123
info@johchoi.com

# FACSIMILE COVER PAGE

DATE:
TOTAL NUMBER OF PAGES: (INCLUDING THIS COVER PAGE)
ATTENTION:
TO:
FAX NUMBER: 33(1) 555 0000
FROM: Ae-kyung CHOI
RE: SOLICITOR'S CONFIRMATION LETTER OF MORRIS PARIS

---

MESSAGE

Attached please find a copy of the solicitor's confirmation letter. We will arrange to forward the original to you soon. Thank you.

Attachment
cc: Mr. __________, Morris Paris (Fax: 33(1) 555 1000)

▣ If you had any trouble receiving this transmission, please call Joh & Choi at (82-2) 1234-1230.

### (2) 다기능 전화기

가장 일반적인 통신 수단으로 사용되어 온 전화기는 최근에 와서 전자 기술의 발달과 함께 다양한 기능이 추가되어 더욱 편리해졌다. 또한 다양한 전화 부가 통신 서비스가 개발됨에 따라 전화의 효용성은 더욱 높아졌다.

비서는 업무 성격상 전화를 많이 다루기 때문에 전화의 편리한 기능들을 잘 활용함으로써 능률적인 업무 처리와 함께 시간 절약이 가능해진다. 대표적인 부가 기능을 살펴보면 다음과 같다.

**① 발신 편의를 제공하는 기능**

- 자동 다이얼: 자주 사용하는 전화 번호들을 미리 등록시켜 두고 필요 시 번호 하나만 누르면 상대방을 호출해 준다.
- 재다이얼: 가장 최근에 다이얼한 전화 번호를 기억해 두었다가 재다이얼 키만 눌러 주면 다시 상대방을 호출한다.
- 발신 예약: 통화 내용을 미리 녹음해 두고 지정 시간에 자동 송신한다.
- 자동 호출: 상대방이 계속 통화 중일 때 통화가 끝나면 자동적으로 상대방을 호출한다.

**② 착신 기능**

- 스피커폰: 상대방의 음성을 스피커를 통해 청취가 가능하다. 통화를 원하지 않는 경우에는 다른 사람이 대신 전화를 받을 수 있다.
- 착신 전송: 부재 시 행선지의 전화 번호를 등록해 두면 걸려 온 전화가 등록해 둔 전화로 자동 전송된다.
- 전화 번호 표시: 전화가 걸려 왔을 때 응답하기 전에 상대의 전화 번호가 표시된다.
- 대리 통화: 전화가 걸려 왔을 때 자리에 없거나 바빠서 응답 못할 경우 다른 사람이 다른 전화기로 응답한다.
- 암호 번호 수신: 암호를 아는 사람만이 통화할 수 있다.

그 밖에 통화 횟수, 통화 시간, 요금, 통화 상대방의 기록이 자동적으로 작성됨으로써 전화 이용의 능률화를 추진하는 통화관리 기능도 있다. 또한 전화 기능 이외에 데이터 입력기의 역할도 수행한다. 예를 들면 열차 예약이나 자동 응답 시스템 등에 주민등록 번호나 비밀 번호 등을 입력하는 것이다.

### (3) 이메일 시스템

이메일 시스템(electronic mail system)은 정보 전달을 전자적 방식으로 하는 것으로 주로 컴퓨터를 통해 메시지를 송·수신하는 것을 말하며, 수신자가 원할 때 수시로 검색, 출력해 볼 수 있다. 다양한 이메일 기능을 활용해 업무의 효율화를 꾀할 수 있다.

① 우편 송신 기능

- 동시 받기 지정: 그룹을 설정해 같은 내용의 문서를 여러 사람에게 동시에 보낼 수 있는 기능
- 배포 목록 작성: 발신한 문서와 수신자의 목록을 작성하는 기능
- 직접 받기 지정: 특정 사람에게 메시지를 보낼 경우 수신자가 암호를 입력해야 내용을 볼 수 있도록 하는 기능
- 수취 일시 지정 송신: 수취 일시를 지정해 그 일시에 수취인에게 송신되는 기능
- 참조 · 비밀 참조: 같은 내용을 수신자 외 다른 사람이 동시에 받아볼 수 있는 기능으로 참조 기능은 수신자가 알게, 비밀 참조 기능은 수신자가 모르게 같은 내용의 메일을 보낸다.

② 우편 수신 기능

- 수신 우편물 목록 작성: 수신한 문서의 목록을 자동적으로 작성해 주는 기능
- 수신 우편물 검색: 찾고자 하는 내용을 주제어나 이름으로 검색하는 기능
- 전달: 일단 수신한 문서를 다른 수신처로 송부하는 기능
- 반송: 스팸 메일을 막기 위해 수신처 불명의 문서는 발신자에게 자동 반송하는 기능

#### (4) 원격 회의 시스템

원격 회의 시스템(teleconference system)은 지역적으로 떨어진 장소에 있는 사람들이 컴퓨터와 통신 수단을 이용해 한자리에 모이지 않고도 의사 소통을 하는 것을 의미한다. 부서 간 혹은 공장 및 지사 간에 원격 회의실이 설치되어 상호 멀리 떨어져 있는 관계자끼리 서로의 모습을 보면서 컴퓨터에 연결된 대형 스크린이나 전자 흑판 등을 이용, 업무 브리핑 및 상호 의견을 교환하면서 회의를 진행할 수 있다. 1 : 1 화상 채팅을 통해 문서를 실시간으로 주고받으며 실무 협의를 하는 것도 일종의 원격 회의 기능이다.

### 3) 정보 저장 · 보관 기기

대표적인 반도체 저장 매체로는 USB 메모리, 컴팩트 플래시(compact flash), 메모리 스틱(memory stick), 외장 하드 등이 있다. 지금까지의 저장 매체인 플로피 디스크나 CD와 같은 매체와는 달리, 고용량이면서 휴대가 간편하고 저장된 데이터를 읽고 쓰기가 편리한 소형의 플래시 메모리 카드를 말한다. 작고 빠르고 휴대하기 편리하다는 장점으로 인해 보편화되었다.

대용량 스토리지를 온라인상으로 대여해 주는 웹하드 서비스도 있으나 보안 문제가 있을 수 있으므로 로펌 자체적으로 대용량 스토리지에 저장하고 관리하기도 한다.

[그림 10-2] 반도체 저장 매체

## 4) 통신망

컴퓨터의 기능이 확대된 것은 통신 기술의 눈부신 발전에 힘입은 바가 크다. 초고속 통신망의 발달에 힘입어 인터넷이 급속도로 성장했고, 이러한 통신망의 발달에 따른 인터넷의 확산은 사내·외의 컴퓨터들을 연결해 각종 정보를 교환할 수 있는 체제를 가능하게 했다.

### (1) 인트라넷

인트라넷(intranet)은 인터넷 관련 기술과 통신 규약을 이용해 조직 내부 업무를 통합하는 정보 시스템을 말한다. 인트라넷은 인터넷 기술을 이용하기 때문에 적은 비용으로 큰 성과를 얻을 수 있고, 차세대 정보 기술로 빨리 전환할 수 있으며, 조직 내·외부의 정보를 결합하기 쉽다는 장점과 기회를 제공하는 반면에 정보의 보안 문제에 유의해야 한다.

### (2) 인터넷

인터넷(internet)은 랜(local area network: LAN) 등 소규모 통신망을 상호 접속하는 형태에서 점차 발전해 현재는 전 세계를 망라하는 거대한 통신망의 집합체가 되었다. 인터넷에서 이용할 수 있는 서비스는 이메일(e-mail), 파일 전송(FTP), 온라인 게임 등 다양하며, 동화상이나 음성 데이터를 실시간으로 방송하는 서비스나 비디오 회의 등 새로운 서비스를 제공하고 있다. 인터넷은 공연 예약, 생활 정보, 지식 검색 등의 실생활에 편리한 서비스를 가능하게 함으로써 인간에게 없어서는 안 될 중요한 요소로 자리매김했다.

## 5) 기타 사무 기기

### (1) 복사기

복사 업무는 가장 기본적이면서도 수행 빈도가 높은 업무이다. 사용하는 복사기의 기본 기능, 급지(給紙) 방식, 분당 속도, 특수 기능 등을 잘 알고 사용하도록 한다. 복사기의 사용 방법은 간단하지만 사용자의 주의 정도에 따라 복사 문서의 질이 달라진다.

일반적인 복사기의 종류는 다음과 같다.

① 일반 복사기

기본적인 복사 기능만을 갖춘 복사기로 일반 용지 복사기와 특수 용지 복사기가 있다.

② 다기능 복사기

복사는 물론 자동 분류(sorter), 자동 철하기(stapler), 자동 접기(folder) 및 제본(binder)에 이르기까지 모든 복사 관련 업무를 자동적으로 수행할 수 있는 복사기이다.

③ 지능 복사기

다기능 복사기에 컴퓨터 처리 기능까지를 추가해 문서의 복사는 물론 자료의 저장 및 일정 거리에 떨어져 있는 컴퓨터로부터 서류 및 사진을 전송받아 복사를 해 줄 수 있는 첨단 복사기이다. 복사기 위에 부착된 모니터 화면을 통해 원고 입력, 송고, 복사, 분류, 제본까지 작업 지시는 물론 작업 내용 확인을 화면을 통해 터치 스크린 방식으로 조작할 수 있다.

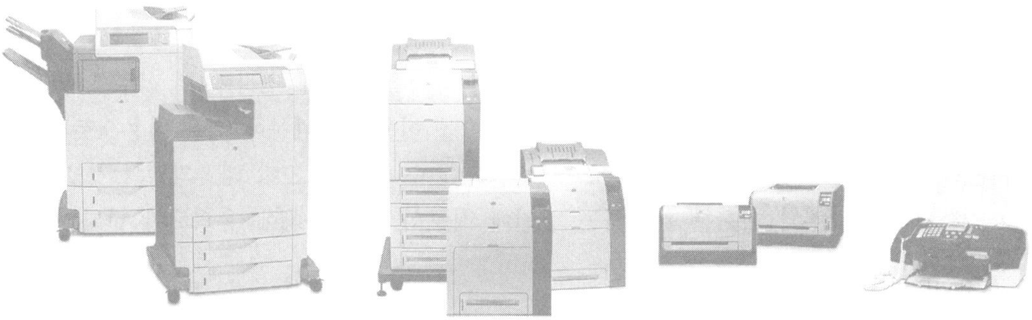

디지털 복합기 레이저 프린터 프린터 팩스

**[그림 10-3]** 다양한 사무 기기

**복사 시의 점검 사항**

- 복사기의 스크린은 얼룩 없이 깨끗한가?
- 스크린 유리에 흠이 가지 않도록 클립, 스테이플을 떼었는가?
- 원본에 얼룩은 없는가?
- 복사 상태가 선명한가? 잉크가 진하거나 흐리지 않은가?
- 적정 사이즈의 용지를 선택했는가?
- 복사본의 균형이 맞는가? 즉 상하 좌우의 여백이 동일한가?
- 원본의 연필이나 붉은 펜으로 쓰인 부분은 복사본에서 읽을 수 있는가?
- 컬러 복사인 경우 색상이 제대로 되었는가?
- 적정 비율로 축소 혹은 확대되었는가?
- 제본할 부분(좌측이나 상단)을 고려했는가?
- 원본과 복사본 모든 페이지가 빠지지 않고 순서대로 정리되었는가?

### 복사하는 방법

전원 스위치를 켜서 램프가 점등되어 복사 준비 상태가 되었는지 확인한다. 이 때, 대부분 복사기는 표준 모드, 즉 복사 배율은 등배(100%), 농도는 자동 노출, 장수는 1장으로 설정되어 있다.

⬇

원본을 세트한다. 커버를 올리고 복사하고 싶은 면을 아래쪽으로 하여 용지 크기에 따른 눈금 표시에 맞춘다.

⬇

용지 크기를 확인한다. 기계에 세트되어 있는 카세트의 크기를 확인한다. 용지 크기는 보통 A4, B5, A3, B4가 사용된다.

⬇

여러 장을 복사하기 전 우선 1장을 복사해 복사 상태를 확인한 후 복사 장수를 설정하고 필요한 만큼 숫자 키로 설정한다. 필요한 경우, 복사 정도를 흐리거나 진하게, 크기를 확대나 축소로 조정한다.

⬇

복사 버튼을 누른다. 복사 설정 장수를 변경하거나 연속 복사 중에 복사 동작을 멈추게 하고 싶을 때는 '복귀/정지 키'를 누른다.

⬇

복사 종료 시 잠시 예열 상태로 두려면 '기능 복귀 키'를 눌러 표준 모드로 되돌리고, 아니면 전원 스위치를 끈다.

복사 업무가 많은 경우에는 자동 분류, 자동 철하기, 자동 접기 등의 기능을 지원하는 지능 복사기를 이용하는 것이 효율적이다. 또, 기밀 문서를 복사할 때에는 원본과 복사본 모두 빠뜨리지 않고 챙기며, 파기해야 할 복사본은 내용이 노출되지 않게 폐기한다.

복사 용지를 보급할 때는 용지를 가볍게 손으로 간추린 후 용지 보급 카세트에 넣는다. 또 복사 중에 용지가 걸릴 때에는 종이가 걸린 위치를 확인하고('종이 걸림 위치 표시'를 확인) 무리하게 빼지 말고 걸린 종이를 뺀다. 종이가 찢어진 경우에는 남은 조각도 완전히 제거한다. 공기 중 습도가 높은 장마철에는 복사 용지에 습기가 많아 종이가 걸리기 쉬우므로 유의하며, 용지를 가득 채우고 쓰기보다는 수시로 보충하는 것이 좋다.

참고로 복사 용지의 크기는 다음과 같다.

A3: 297mm×420mm, A4: 210mm×297mm
B4: 257mm×364mm, B5: 182mm×257mm

### (2) 문서 세단기

중요 문서를 폐기할 때에는 반드시 원문이 보이지 않도록 처리한다. 문서 세단기는 문서를 작게 잘라 원형을 알지 못하도록 하는 데 사용된다. 문서를 폐기하기 전에는 반드시 폐기할 문서인지, 보관해야 할 문서가 포함되어 있지는 않은지, 그리고 재활용이 가능한 것인지 등을 점검한 후에 처리한다.

**문서 세단기 사용 시 유의점**

- 세단기 내부에는 손을 넣지 않도록 한다. 기계 내부에는 절단기가 있어 위험하다.
- 세단기가 빨아들이는 힘이 강력하기 때문에 종이 위에 손을 놓는다든지 종이를 잡지 않도록 한다.
- 종이 이외의 물건이 들어가지 않도록 한다. 클립, 비닐 테이프, OHP 필름 등은 넣지 않도록 주의한다. 특히 머리카락, 넥타이, 긴 목걸이, 팔찌, 옷소매 등이 함께 들어가면 위험하므로 유의한다.
- 한 번에 세단 가능한 최대 세단 장수는 기계에 따라 다양하므로 많은 양을 처리할 때에는 유의한다.

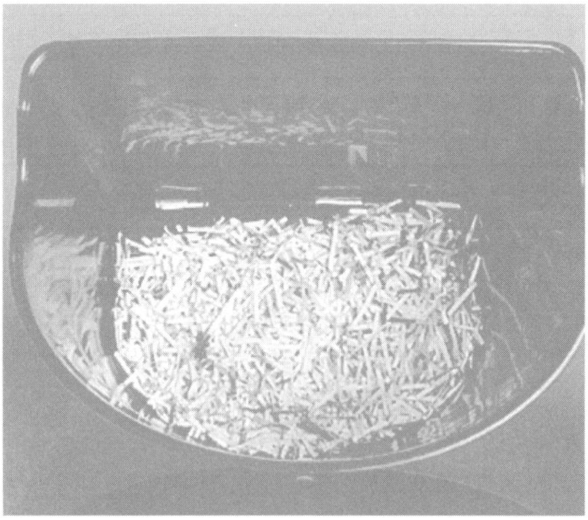

[그림 10-4] 문서 세단기

### (3) 문서 제본기

문서 제본기는 외부에 맡길 수 없는 기밀 서류나 소량으로 제작되는 서류의 제본에 매우 유용하다. 각종 보고서, 기획서, 입찰서, 견적서 등은 기밀성 유지를 요구한다. 따라서 외부에 복사, 제본을 맡기는 것보다 서류의 보안성을 유지하기 위해 사내에서 직접 제본하는 것이 바람직하다.

또, 기밀을 요구하지 않는 일반 서류나 책자들도 제본을 하면 문서의 정리나 보관에 편리하다.

〈표 10-6〉 제본의 종류 및 특징

| 구분 | 1. 플라스틱 링 제본 |
|---|---|
| 제본 방법 | 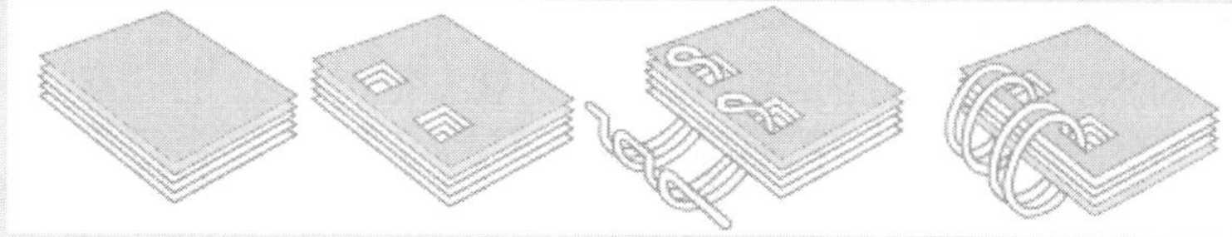 |
| 완성된 모양 |  |
| 장점 | - 제본 후에도 자료의 첨삭이 가능하고 간편하다.<br>- A4보다 작은 사이즈의 제본도 용이하다(링을 잘라 사용 가능).<br>- 부드러워 어린이나 유아들이 사용하기 좋다.<br>- 소모품을 재활용할 수 있다.<br>- 사용 방법이 비교적 쉬워 초보자에게 적합하다.<br>- 소모품이 저렴하고 구매하기가 쉽다(대부분의 사무비품점에서 구입 가능). |
| 단점 | - 360도로 자료를 접기가 쉽지 않다.<br>- 견고성이 떨어진다(자료가 빠져나올 수 있음).<br>- 많은 양을 제본할 때 제본이 쉽지 않다.<br>- 보관 시 문서 제목 등을 붙이기가 쉽지 않아 깔끔하지 않고 찾기가 힘들다. |
| | **2. 와이어 제본** |
| 제본 방법 | 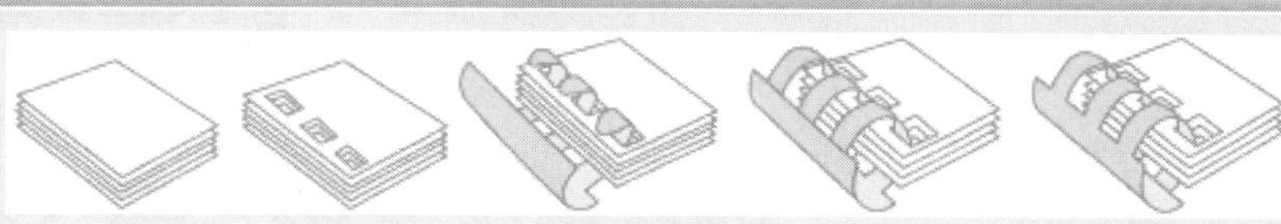 |
| 완성된 모양 |  |
| 장점 | - 360도로 자료를 펼치거나 접기 쉽다.<br>- 제본 후의 모양이 견고하고 고급스럽다.<br>- 링이 두껍지 않아 보관이 편하다. |

| | |
|---|---|
| 단점 | - 제본 후에 자료의 첨삭이 거의 불가능하다.<br>- 제본 시 실패율이 비교적 높다(기기 사용의 숙달이 요구됨).<br>- A4보다 작은 사이즈는 링을 자르기가 쉽지 않아 제본이 어렵다.<br>- 소모품이 비싼 편이다.<br>- 자료 제목을 붙이기 어려워 보관 시 찾기가 어렵다. |
| **3. 열 접착 제본** | |
| 제본 방법 | 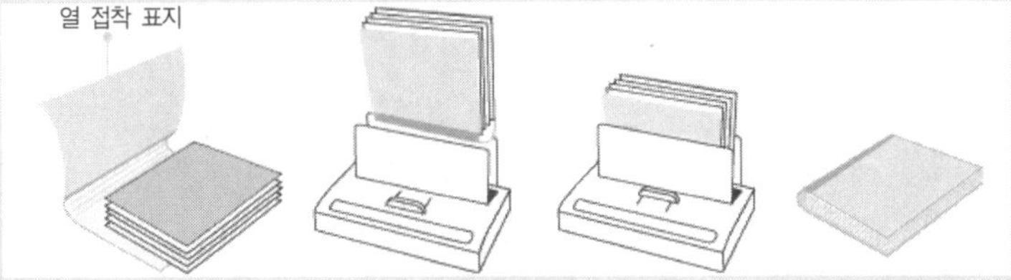 |
| 완성된 모양 |  |
| 장점 | - 사용이 간편하여 초보자도 쉽게 제본이 가능하다.<br>- 제본 후의 모양이 깔끔하고 고급스럽다.<br>- 자료의 제목을 붙이기 쉬워 보관 및 찾기가 쉽다. |
| 단점 | - 제본 후에 자료의 첨삭이 불가능하다.<br>- 자료를 180도 펼치기가 어렵다.<br>- 제본 후 견고성이 떨어진다(제본을 잘못할 경우 자료가 통째로 떨어지는 경우 발생).<br>- 소모품이 비싸다. |
| **4. 스트립 제본** | |
| 제본 방법 | 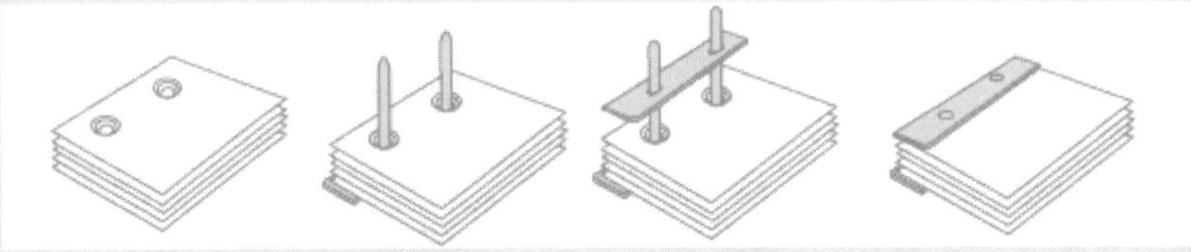 |
| 완성된 모양 |  |
| 장점 | - 사용이 간편하여 초보자도 쉽게 제본이 가능하다.<br>- 제본 후의 모양이 견고하고 깔끔하다.<br>- 많은 자료를 한꺼번에 제본하기에 편리하다. |

| | |
|---|---|
| 단점 | - 제본 후에 자료의 첨삭이 불가능하다.<br>- 자료를 180도 펼치기가 어렵다.<br>- 소모품 구매가 불편하다. |
| **5. 책 제본(무선 제본)** | |
| 제본 방법 |  |
| 완성된 모양 |  |
| 장점 | - 전문 제본소나 사무용품점에서 사용하는 제본 방식으로 책과 똑같은 제본물을 만들 수 있다.<br>- 제본이 견고하고 보관이 용이하다.<br>- 많은 양의 제본도 간편하게 할 수 있다. |
| 단점 | - 360도로 자료를 접기가 좀 어렵다.<br>- 개인이나 사무실 등에서 사용하기에는 가격이 부담스럽다.<br>- 자료의 첨삭이 불가능하다. |

※ 출처: 메리트(www.meritoa.com).

[링 제본]

[와이어 제본]

※ 출처: 카피어랜드㈜.

**[그림 10-5]** 제본기 사용 방법

## 10.6 비서의 업무와 사무 자동화

### 1) 비서 업무 지원 시스템

컴퓨터를 활용해 메시지의 송·수신, 일정 조정 등을 하게 되면 훨씬 효율적으로 업무 처리를 할 수 있다. 정보관리, 일정관리 등의 비서 업무를 효율적으로 처리할 수 있도록 도와주는 각종 소프트웨어들을 활용하면 편리하다.

이러한 프로그램들은 주요 간부의 일정관리, 보고 및 결재 사항에 대한 현황 관리, 관련 인사의 명함 관리, 전화 통화, 접견 및 방문 사항 관리, 선물·증정품 목록, 생일 등의 주요 날짜 관리, 그리고 전화 자동 다이얼 기능도 포함되어 있다. 또한 일정표와 각종 대장 인쇄 등도 할 수 있어 비서 업무의 많은 부분을 자동화시켜 주고 있다.

사무 자동화 시스템을 효율적으로 이용함으로써 비서는 훨씬 많은 시간을 절약할 수 있다. 예를 들면, 비서가 통화 중인 전화와 연결하기 위해 걸고, 끊고 기다렸다 다시 거는 번거로움이 반복되는 일, 연말에 작성하는 연하장이나 카드의 목록, 매일 작성하는 일정표, 회의 시간을 조정하기 위해 다른 비서에게 연락하는 업무 등에 소요되는 시간 등은 현저히 줄어든다.

### 2) 응용 소프트웨어를 사용한 업무 처리

#### (1) 워드 프로세싱(word processing)

자주 사용하는 양식이나 편지 내용은 기본형으로 저장해 두면 필요할 때마다 약간의 수정을 하면 신속하게 새로운 문서를 작성할 수 있다. 특히 워드 프로세싱의 메일 머지(mail merge) 기능을 이용하면 이름, 주소, 금액 등과 같은 약간의 내용만 다를 뿐 거의 같은 내용의 편지를 다수의 사람에게 보낼 때 매우 편리하다. 대표적인 프로그램으로는 MS-Word, 아래아 한글(hwp) 등이 있다.

#### (2) 전자 계산표(spreadsheet)

사무에서 자주 행하는 계산이나 표를 작성할 때 표의 각 난에 숫자만 입력하고 간단한 수식을 입력하면 많은 수치도 순식간에 자동적으로 계산해 준다. 은행이나 회계사무소 또는 수치를 많이 다루는 부서에서 예전 같으면 주산이나 탁상용 계산기를 사용해 오래 걸릴 업무도 이 소프트웨어를 사용하면 인력과 시간을 절감할 수 있다. 그뿐만 아니라 수치 정보를 각종 그래프로 표현해 주는 기능이 있어서 정보의 가공에도 매우 편리하다. 대표적인 프로그램으로는 MS-Excel 등이 있다.

### (3) 데이터베이스(database)

대량의 자료를 보관해 두었다가 필요에 따라 검색할 수 있다. 예를 들면 고객의 명단, 주소, 전화 번호 등을 데이터베이스에 입력해 두었다가 우편물 발송시 발송용 봉투의 주소를 출력하는 데 이용할 수 있다. 명함, DVD, 도서, 레코드 목록 등 각종 자료 관리에 유용하다. 대표적인 프로그램으로는 MS-Access 등이 있고, 컴퓨터 사용법을 잘 모르더라도 손쉽게 사용할 수 있는 비디오 대여점, 도서 대여점, 환자 관리 등과 같은 특수 업종 전용 데이터베이스가 많이 개발되어 있다.

### (4) 비즈니스 그래픽(business graphic)

기획, 프레젠테이션, 교육 자료를 제작할 수 있는 그래픽 프로그램의 사용이 늘어나고 있다. 특히 프레젠테이션을 자주 해야 하는 상사의 비서는 그래픽 프로그램을 활용해 효과적인 프레젠테이션 자료를 제작할 수 있어야 한다. 대표적인 프로그램으로는 파워포인트(powerpoint), 포토샵(photoshop) 등이 있다.

### (5) 그룹웨어(groupware)

회사에서 사용하는 그룹웨어는 각 회사의 서식이 정리되어 있어 쉽게 문서 작성이 가능하며, 전산 통합을 이용해 온라인 결재가 가능하고, 사원 간의 통신을 위한 메시징(messaging), 온라인 회의, 공지를 위한 게시판 등으로 구성되어 있다. 그룹웨어에서 가장 중요한 것은 회사의 업무 흐름(work flow)이 얼마나 프로그램에 잘 반영되어 있느냐이므로 보통 전문 회사에 의뢰해 개발하게 된다.

### (6) 전자 출판(Desk Top Publishing: DTP)

오늘날의 사무실에서는 고성능 컴퓨터, 고성능 레이저 프린터 DTP 소프트웨어, 스캐너 등을 갖추고 예전에 인쇄소에 맡기던 사보, 뉴스레터, 판촉물 등을 자체 제작하는 경향이 늘고 있다. 일반적으로 사용하는 워드 프로세싱 소프트웨어에도 전자 출판 기능이 많이 추가되어 창의력만 있으면 각종 다양한 문서를 제작할 수 있다.

미국 전문비서협회에서 제시하는 비서 교육 교과 과정에는 전자 출판을 주요 과목으로 포함하고 있다. 이는 비서들도 공문서 작성 등과 같은 기본적인 워드 프로세싱뿐만 아니라 전자 출판과 같은 고급 기능을 활용해 고품위의 문서 작성을 위한 좀 더 다양한 편집 기술을 익히는 노력이 필요함을 의미한다. 로펌에서 필요한 간단한 카탈로그나 팸플릿은 디자인 전문 업체에 맡기지 않더라도 얼마든지 제작 가능하다.

# 제 11 장 송무 업무 관리

로펌 업무 중 특히 송무 업무는 서류 작성 및 관리에 매우 세심한 기술이 요구된다. 모든 문서에서 정확성은 아무리 강조해도 지나치지 않지만 특히 법률 문서에서는 숫자에 소수점 대신 잘못 찍은 콤마(comma) 하나가 몇백만 달러의 손해를 가져온 록히드 마틴 회사 사례도 있을 만큼 오류는 치명적인 결과를 낳는다.

또한 문서에서 맞춤법에 어긋나거나 잘못된 철자가 발견되면 문서 전체의 신뢰도를 떨어뜨리기도 한다. 따라서 로펌 비서는 모든 문서를 꼼꼼히 확인해서 숫자, 계산 결과, 그래프, 문법과 철자 등 모든 형태의 정보에서 오류가 없도록 정확성을 기해야 한다. 특히 송무 업무에서는 로펌 자료가 소송과 관련되는 만큼 더욱더 정확성이 요구된다.

## 11.1 송무 업무의 종류

### 1) 민사 송무 업무

송무(訟務)란 소송에 관한 사무 또는 업무를 말하며, 법률회사는 다양한 분야의 송무를 맡아 처리하게 된다. 국내 대표 로펌인 광장, 김앤장, 세종, 율촌, 충정, 태평양, 화우(가나다 순) 등의 홈페이지에 나타난 민사 분야 송무의 종류를 종합해 살펴보면 <표 11-1>과 같다.

#### (1) 건설·부동산 분쟁

건설·부동산은 일반 산업과 달리 기술, 사람, 자본 등이 복합적으로 연계된 분야이다. 따라서 매우 복잡하고 다양한 법률적 분쟁이 발생하는 분야로 민사상, 형사상뿐만 아니라 건

〈표 11-1〉 민사 분야별 송무 업무

| | |
|---|---|
| ▶ 건설·부동산 분쟁 | ▶ 제조물 책임 |
| ▶ 공정 거래 분쟁 | ▶ 조세 및 관세 분쟁 |
| ▶ 기업 회생·파산 및 워크아웃 관련 분쟁 | ▶ 지적재산권 등 첨단기술 분쟁 |
| ▶ 노동 관련 분쟁 | ▶ 해상 분쟁 |
| ▶ 미디어·방송·정보통신 관련 분쟁 | ▶ 행정소송 |
| ▶ 보험 분쟁 | ▶ 헌법 |
| ▶ 신탁 분쟁 | ▶ 환경 분쟁 |
| ▶ 증권·금융 분쟁 | ▶ 회사 일반 분쟁 |
| ▶ 적대적 M&A 등 경영권 분쟁 | ▶ 가사 일반 소송 |
| ▶ 전문가 책임 분쟁 | |

설행정상으로도 수많은 분쟁이 끊이지 않는 분야이기도 하다. 기업의 입장에서는 이러한 분쟁을 해결해야만 사업을 진행시킬 수 있기 때문에 법률회사는 이러한 건설·부동산 관련 분쟁에 대해 매우 신속하고도 전문적인 서비스를 제공함으로써 클라이언트의 요구에 부응해야 한다. 건설·부동산 분쟁의 예로는 아파트 부실 시공으로 인해 생기는 법적인 분쟁 조정 및 소송이 이에 해당한다.

### (2) 공정 거래 분쟁

공정 거래 분야는 공정거래법, 약관규제법, 표시광고법, 하도급법 등과 관련한 공정거래위원회의 심결 절차 대리, 공정거래위원회의 처분에 대한 이의신청, 취소소송 등을 말한다. 고도의 전문성과 탁월한 송무 능력이 필요하므로 소송 업무 진행 시 전문 변호사, 전문 경제학자 및 공정 거래 관련 전문 인력 등으로 구성해 부당 지원행위, 부당 공동행위, 불공정 거래행위 등 공정 거래 사건의 모든 분야에 관한 소송 업무를 수행한다. 한때 모든 패스트푸드 업체가 음료 리필 서비스를 중단한 사실이 공정거래위원회의 심의 결과 담합행위로 적발되어 음료 리필 서비스를 재개한 사례가 있다. 이와 같은 공정거래위원회의 심의 절차 대리도 법률회사에서 하는 법률 서비스이다.

### (3) 기업 회생·파산 및 워크아웃 관련 분쟁

기업 회생 절차 등 도산법 절차와 기업 개선 작업은 경영 위기에 처한 기업의 입장에서는 기업 갱생의 활로를 개척하기 위한 유일한 길이며, 채권자들의 입장에서는 위기 상황에서 최대한의 적법한 채권 확보 절차를 밟음으로써 위험을 최소화해야 하는 매우 긴요한 법적 절차이다.

기업의 회생 또는 파산 절차 및 이와 관련한 기업의 인수·합병(M&A)은 모든 절차가 법원의 감독 하에 이루어진다는 점에서 통상적인 기업 업무나 M&A와는 많이 다르며, 이 분야의 법령은 민법 및 상법 등 일반의 법 제도에서도 큰 차이가 있다. 따라서 이에 대해 전문적이고 경험 있는 변호사의 법률 자문이 필요한 분야이기도 하다. 국내의 한 자동차 회사의 회생 및 회사 정리 절차를 로펌에서 맡아 법률 자문 및 도산 관련 소송 업무 등을 처리한 일이 이에 해당한다.

### (4) 노동 관련 분쟁

최근 노사 관계가 기업 경영의 성패를 좌우할 정도로 중요한 문제로 대두됨에 따라 기업도 노사 관계의 정립에 필요한 근로자 측과 사용자 측과의 핵심 갈등 관계를 파악하고, 노사 문제의 심층 분석을 통해 이를 해결하기 위한 법적 해법을 제시해야 한다.

법률회사에서는 기업의 구조조정에 수반되는 정리해고 등 각종 쟁점을 비롯한 인사 및 노무 관련 법률 문제 전반에 관해 포괄적이고 심도 있는 법률 자문을 제공하고, 퇴직금을 포함한 임금사건 및 해고사건 등 법원 및 노동위원회에 제기되는 다양한 종류의 노동 관련 쟁의에 관한 소송 업무를 수행한다. 또한 노동 관계의 분쟁이 현실화되면 쟁의 단계에서 신속하고 적절한 법적 구제 수단을 제시해 각종 대형 기업의 노사 분쟁, 정부 관계 처분 등에서 클라이언트의 요구를 효과적으로 실현하게 된다. 노동 관련 분쟁의 사례로는 금융계에서 있었던 계약직 직원의 근로자성(근로기준법상 근로자에 해당하는지 여부) 및 퇴직금 관련 소송이 이에 해당한다.

### (5) 미디어 · 방송 · 정보통신 관련 분쟁

새로운 고부가가치의 성장 동력으로 콘텐츠 산업이 부각되면서 방송, 인터넷, 게임, 영화 산업 등이 주목받고 있다. 이와 함께 미디어와 콘텐츠 산업에서 다양한 법률 이슈들도 생겨나고 있다. 이러한 법률 이슈들의 대부분은 기존의 틀과 다른 분석이 요구되는 새로운 것이기 때문에 기존 법률 이론을 뛰어넘는 새로운 해석이 필요하거나 새로운 입법을 필요로 한다. 또한 여론과 트렌드(trend)에 민감한 미디어 콘텐츠 기업의 입장에서는 사후적인 대처보다 사전 예방적인 대비로 지적재산권 등과 같은 전문적인 법률 서비스가 요구되고 있다. 최근에 있었던 mp3 음악 파일 교환 서비스 업체의 저작권 분쟁과 관련한 소송 대리 건을 예로 들 수 있다.

### (6) 보험 분쟁

법률회사는 국내외 생명보험 및 손해보험회사로부터 다양한 사건을 수임하여 처리한다. 생명보험 분야에서는 보험 약관 해석에 관한 사건, 보험 사기 관련 사건 및 불완전 판매 관련 사건을 다루며, 손해보험 분야에서는 전통적인 자동차보험사건 및 구상금청구사건을 비롯해 화재보험, 각종 배상책임보험 관련 사건 등을 처리한다. 또한 수출보험과 관련해 단기수출보험, 수출신용보증, 수출어음보험, 환변동보험 등 모든 유형의 수출보험사건을 처리하기도 한다. 보험 분쟁과 관련한 국내 사례로는 회계법인 감사 관련 배상책임 보험사건이 있다.

#### (7) 신탁 분쟁

주택건설사업과 도시정비사업, 도시개발사업 등이 활성화됨에 따라 부동산 신탁도 활성화되고 있는 추세이다. 또한 자산과 부동산에 관한 전문지식을 갖추고 수탁 부동산을 효율적으로 관리해 주는 부동산 신탁회사들이 다수 설립되어 활발하게 경쟁하고 있다. 최근 자본시장법이 시행되면서 과거 신탁업법의 적용을 받던 부동산 신탁 업무가 자본시장법의 적용을 받게 되었으며, 신탁법이 전면 개정되었다.

부동산 신탁은 개발신탁, 관리신탁, 처분신탁, 담보신탁 등 그 종류가 다양하고, 사업자와 신탁회사 간의 신탁계약 체결 과정에서 사업약정서 등 다양한 부속 계약들이 체결된다. 그 과정에서 신탁회사와 우선수익자, 사업자 사이에 우선수익권 분쟁, 공매처분 관련 분쟁, 사해행위를 원인으로 한 신탁계약 취소 분쟁 등 다양한 유형의 분쟁이 계속 제기되고 있다. 사례로는 클라이언트 회사의 담당 직원이 정교하게 위조한 인감으로 신탁금을 출금한 후 도주한 사안에서 채권의 준점유자에 대한 변제를 인정해 금융기관의 면책이 인정된 사건을 들 수 있다.

#### (8) 증권·금융 분쟁

일반적으로 증권·금융 분쟁이란 은행 및 보험 등의 일반금융기관, 증권회사, 자산운용회사, 투자자문회사, 부동산신탁회사 등 금융 및 증권 관련 모든 기관의 업무와 관련하여 발생하는 일체의 분쟁을 가리킨다. 증권·금융 분쟁 금액은 수십억 내지 수백억을 상회하는 액수에 이르는 경우가 많아 분쟁이 발생하는 경우 클라이언트가 부담하게 되는 경제적 이해와 리스크는 지대하다. 그렇기 때문에 법률회사는 증권·금융 거래에 대한 심도 깊은 이해를 바탕으로 분쟁의 쟁점을 정확하게 파악하고 타당한 법리를 제시함으로써, 클라이언트의 리스크를 최소화하고 최선의 결과를 도출할 수 있다.

#### (9) 적대적 M&A 등 경영권 분쟁

적대적 M&A는 단순한 법률 지식만이 아니라 클라이언트의 상황을 전체적으로 파악해 종합적인 장·단기 전략전술을 구사해야만 적대적 M&A 사건에서 최종적인 승리를 거둘 수 있다.

적대적 M&A는 우선 그 시작에서 종결에 이르기까지 상당한 시일이 소요되며, 그 과정에서 회사법, 자본시장법 등과 관련하여 전문적인 지식이 요구된다. 또한 해결하기 쉽지 않은 다수의 쟁점이 제기될 뿐만 아니라, 감독 당국의 조사 또는 각종 민사, 형사 절차도 동시에 진행되기 때문에 각 방면의 전문 변호사에 의한 신속하고 종합적인 법률 자문의 제공이 무엇보다도 요구되는 분야이다. 일반적으로 기업에서 많이 발생하는 경영권 분쟁 사건의 인수권 관련 소송을 예로 들 수 있다.

#### (10) 전문가 책임 분쟁

전문가 책임(professional responsibility) 분쟁은 일반적으로 클라이언트가 변호사(법무법인), 회계사(회계법인), 신용평가회사, 감정평가회사, 투자자문회사 등 전문가 집단을 상대로 전문가적 판단 또는 잘못된 의견 제공으로 인한 손해배상을 청구하는 분쟁을 말한다.

법률회사는 이러한 분쟁에 효과적으로 대응하기 위해 각 전문가 책임 분쟁에서 전문가 집단이 진정으로 필요로 하는 것이 무엇인지, 어떠한 법과 이론이 적용되는지, 다른 관계자들의 책임은 어떠한지, 어떠한 전문적 증거 자료가 필요한지, 전문가 집단이 어떠한 금전적 · 비금전적 리스크를 안고 있는지 등을 필수적으로 이해해야 한다.

### (11) 제조물 책임

소비자들의 의식 수준이 높아지고 소비자 주권이 더욱 강화되어 감에 따라 제조물의 안전성에 대한 소비자의 기대 수준도 더욱 높아져 가고 있다. 또한 2002년부터 제조물책임법이 시행되면서 국내에서도 제조물 책임과 관련된 소송이나 분쟁이 증가하고 있다. 이에 따라 종래에는 제조물의 안전성 결함으로 인한 제조자의 책임이 제조자가 의도했던 설계와 다르게 제조됨으로써 발생한 우발적이고 비정형적인 결함을 중심으로 법률 문제가 논의되었던 반면, 최근에는 제조자가 채택한 설계 자체의 결함이나 적절한 경고 의무 불이행을 문제삼는 경향으로 발전하고 있다. 자동차 부품 결함으로 인한 인명사고 등에 대한 소송이 이에 해당한다.

### (12) 조세 및 관세 분쟁

법률회사의 조세 및 관세 분쟁은 조세(국제조세 포함) 및 관세 관련 행정심판과 행정소송, 세무조사에 대한 대응 등을 담당하며, 공인회계사 · 세무사 · 관세사 등 전문가 집단과 유기적인 협력을 통해 분쟁의 모든 단계에서 고객의 이익을 극대화하는 최적의 서비스를 제공한다.

각종 조세 및 관세와 관련된 절세 계획 수립 관련 업무, 각종 조세 및 관세와 관련된 질의에 대한 법률 의견 제공 관련 업무, 국세청 · 관세청 등의 세무조사와 관련된 대비책 수립과 감사 지적에 대한 대응 · 반박 또는 설득 자료 및 의견 준비 등, 이의 신청 · 심사 청구 · 심판 청구 및 행정소송, 기타 조세 및 관세 관련 민사소송, 형사소송, 헌법소송 등 조세, 국제조세, 관세와 관련된 모든 업무를 취급한다.

### (13) 지적재산권 등 첨단기술 분쟁

지적재산권 분야 및 제조물 책임 분야에서 기업들 간의 기술력 제고를 통한 기업경쟁력 확보 및 기술자산의 중요성에 대한 인식이 높아지면서 비중 있는 분쟁이 갈수록 늘고 있다. 법률회사는 지적재산권과 관련한 권리 등록, 권리 행사, 권리 주장에 대한 대응에 관련된 각종 소송 대리 및 자문 등을 제공한다. 그뿐만 아니라, 부정 경쟁행위나 영업 비밀 침해와 관련된 각종 가처분 및 본안 소송의 대리 업무, 인터넷 도메인 및 각종 정보기술 분야 첨단기술 관련 관련 분쟁 및 소송에서의 소송 대리 및 자문 제공, 담배 소송, 술 소송 등 대형 제조물 책임 분야에서의 소송 대리 업무 및 각종 자문 제공 등을 수행한다.

### (14) 해상 분쟁

법률회사는 선주와 선주상호보험조합(P&I Club) 그리고 해상보험회사들을 대리해 해상법과 관련한 각종 문제 전반에 걸쳐 효과적인 법률 서비스를 제공한다. 해상보험/재보험 관련 사건을 비롯해 항공 및 기타 국제 교통 관련 법규, 선박 건조/해양 설비 그리고 국제 운송 거래 관련 분쟁 및 선박 매매와 관련한 계약 분쟁까지 광범위한 분야에 관해 자문을 한다. 변호사들은 깊이 있는 지식과 풍부한 실무 경험을 바탕으로 사무소 내의 다양한 전문 인력의 보좌를 받아 대규모 해상 사건부터 전형적인 용선 계약 관련 분쟁 사건에 이르기까지 각기 다른 상황에 처한 고객에게 맞는 맞춤 서비스를 제공한다.

### (15) 행정소송

행정소송은 각종 인허가, 수익적 처분의 거부처분, 제재처분 등에 관한 행정심판 및 행정소송뿐만 아니라, 처분 전 단계에서의 의견서 제출, 청문회에서의 의견 진술 등 법률 서비스를 제공하는 것을 말한다. 또한 일반 행정처분이 아닌 개발부담금 등 특별법상의 각종 부담금, 토지 수용, 병역 관련 업무, 환경 관련 업무, 공무원의 징계 및 지위 확인 관련 업무, 국회의원의 선거 무효 및 당선 무효 등 선거 관련 업무, 지방의회·교육위원회의 의결무효소송 등 기관 관련 업무 등 다양한 분야의 행정소송에 대한 법률 서비스를 제공하기도 한다.

### (16) 헌법

법률회사에서는 분야별 전문 변호사들이 팀을 이루어 각종 소송을 수행하게 되는데, 소송 과정에서 의뢰인의 이익을 효과적으로 보호하기 위해 관련 법률 조항에 대한 위헌법률심판 제청신청을 하거나 헌법소원을 제기할 경우가 있다. 특히 조세법 및 행정 관계 법률의 경우 다른 법률에 비해 기술적 측면이 강하고 현실적 필요성에 부응하기 위해 제정된 법률 조항이 많아 헌법재판소에서 위헌 결정을 받는 경우가 상당히 있다. 법률회사는 이와같이 위헌성 여부가 문제되었을 때 개정이 필요한 관련 법률 조항에 대한 위헌법률심판 제청신청 및 헌법소원 절차를 통해 정당한 법 적용이 이루어질 수 있도록 한다.

### (17) 환경 분쟁

광범위하게 확산되고 있는 환경 파괴에 대응하기 위해 다양한 환경 법령이 제정되고 기존 환경 법령이 강화되고 있으며, 많은 환경 관련 규정이 공표되고 있다. 이제 환경 문제는 국내에서 사업상의 결정을 하는 데 주요하게 고려해야 할 요인으로 대두되고 있다. 법률회사는 이러한 환경 분쟁 해결을 위해 전문가들을 구성해 환경, 보건 및 안전관리와 관련된 법률 사안 전반에 관한 서비스를 제공한다.

### (18) 회사 일반 분쟁

현대 사회에서 이루어지는 중요한 거래와 분쟁은 거의 대부분 회사 간에 이루어진다. 법률회사는 회사 간 거래 관계에서 발생하는 다양한 형태의 분쟁에 관해 수많은 회사로부터 각종 사건을 의뢰받아 처리하게 된다. 특히 금융, 증권, 보험 분야의 회사뿐 아니라 각 제조업체와 건설회사, 통신회사, 회계법인 등과 관련한 사건을 처리해 각종 분쟁을 해결한다.

#### (19) 가사 일반 소송

호주제 폐지를 비롯한 남녀 간 실질적 평등 등 많은 혁명적 변화가 도래함에 따라 분쟁이 발생하는 경우 새로운 가치관과 이를 반영하는 법률적 해결이 큰 비중을 차지하게 되었다. 가사사건의 법률 서비스 역시 가사사건 자체에 한정하지 않고 각 분야를 넘나드는 체계적이고 종합적인 법률 서비스를 제공하게 된다. 이를 위해 이혼과 재산 분할, 양육자 및 친권행사자 지정, 유아 인도, 입양, 상속, 유언, 가사 관련 세무 서비스, 호적 등 모든 분야를 다룬다.

### 2) 형사 송무 업무

국내 대표 로펌인 김앤장, 세종, 율촌, 충정, 태평양, 화우(가나다순) 등의 홈페이지에 나타난 형사 분야 송무의 종류를 종합해 살펴보면 다음과 같다.

〈표 11-2〉 형사 분야별 송무 업무

| | |
|---|---|
| ▶ 기업 형사 | ▶ 국제 형사 |
| ▶ 화이트 칼라 관련 형사 | ▶ 준법 감시·조사 |
| ▶ 일반 형사 | |

#### (1) 기업 형사

오늘날 기업의 활동이 다방면에 걸쳐 이루어지고 복잡해짐에 따라 기업의 활동과 관련된 형사적인 문제도 더욱더 다양해지고 전문적인 분야에 걸쳐 발생하고 있다. 법률회사는 기업과 관련된 다양한 형사사건을 수사한 실무 경험이 있는 검사 출신 변호사들과 법원에서 형사소송을 재판한 경험이 있는 판사 출신 변호사들이 중심이 되어 사건을 맡게 된다. 사건의 성격과 규모에 따라 금융, 증권, 보험, 조세, 관세, 외환, 공정 거래, 지적재산권, 환경, 노동 등 관련 전문 분야에서 오랫동안 일해 온 변호사, 회계사, 세무사, 관세사, 변리사, 노무사들이 함께 사건 팀을 구성하여 사건 발생 이전 및 재판 단계에 이르기까지 종합적이고 체계적인 변론 활동을 수행한다.

이 분야에 해당하는 예로는 회사 운영 과정에서 발생한 조세 포탈 사건에서 무죄 또는 집행유예로 이끌어 내는 형사사건이 있다.

### (2) 화이트 칼라 관련 형사

정치인, 고위직 공무원, 전문 경영인, 각 분야의 전문가들의 활동이 많아지고 감독 시스템의 체계화, 내부 제보 가능성이 증대함에 따라 각종 형사적인 문제들이 발생하고 있다. 법률회사는 화이트 칼라(white collar) 관련 팀을 구성하여 검찰 및 법원 출신의 현장 경험이 많은 변호사들을 주축으로 하여 수사 초기 및 재판 단계까지의 종합적인 법률 서비스를 제공한다.

### (3) 일반 형사

법률회사는 개인과 개인 간, 개인과 기업 간의 각종 재산 분쟁과 관련된 형사사건, 개인의 행정법규 위반 행위 등 여러 가지 형태의 일반 형사 문제를 맡게 된다. 이 때 검찰 및 법원 출신의 현장 경험이 많은 변호사를 주축으로 각 해당 분야의 전문 변호사들과 함께 사건 형태별로 팀을 이루어 관련 판례 분석, 외국 사례 연구 등을 다룬다.

### (4) 국제 형사

세계화, 국제화에 따른 영향으로 기업과 개인들의 국제적인 교류가 증대하고 있어 외국과의 형사적인 분쟁 발생 빈도가 증가하고 있는 추세이다. 법률회사에서는 미국 등 외국의 수사 및 재판기관에서 실무를 쌓은 외국법 자문가들과 함께 변론 활동을 한다.

### (5) 준법 감시 · 조사

각 국가기관의 조사 권한이 강화되고 기업의 규모가 커짐에 따라 내부 감시의 필요성 등이 증대되고 있다. 따라서 법률회사는 각 해당 분야 전문 변호사를 주축으로 내부 준법 감시, 국가기관 조사 단계에서 효율적으로 법률 서비스를 제공한다.

# 11.2 송무 업무의 관리 절차

로펌의 송무 절차는 크게 소송 수임, 소송 진행, 소송 종결의 3단계로 나뉜다. 송무 비서는 각 단계에 해당하는 업무를 수행할 때 책임감을 가지고 정확하고 빠르게 처리할 수 있어야 한다. 송무 절차의 각 단계에 대한 자세한 내용을 알아보자.

## 1) 송무 사건의 수임

소송 수임 단계에서는 먼저 클라이언트와 로펌 간의 소송위임계약서와 소송위임장을 작성한다. 이 때 로펌 측은 세금계산서 및 현금영수증 안내문도 함께 준비해서 클라이언트에게 교부해야 하는 점에 유의해야 한다. 계약을 체결한 뒤에 로펌 비서는 로펌의 업무용

ERP(로펌 업무용 ERP에 대한 설명은 '13.4 전자관리 시스템' 참고)와 사내 메일을 이용해 분쟁 사항을 체크한 뒤 '고객 사건 정보'를 작성하여 재무 회계실에 등록을 요청한다. 등록 요청 후에는 소송 기록을 만들어 수행 변호사의 비서에게 전달한 뒤 클라이언트에게 담당 변호사 지정 통지를 하게 되며, 이 때는 보통 팩스로 담당 변호사 지정 통지서를 전송하게 된다.

소송위임계약서와 소송위임장의 서식은 [문서 11-1]과 [문서 11-2]와 같다. 상담전은 변호사가 클라이언트와 상담을 하면서 회사의 상담전 양식에 간단하게 기록을 한다. 일반적으로 변호사가 모든 항목을 다 기재하지는 않으며 사건 번호, 전심 번호(예: 2심일 경우 1심 번호), 소송물가액 정도의 중요 항목에 기록을 한다. 소송사건에 따라 보수금 등 수시로 바뀌는 항목이 많으므로 상담전은 클라이언트와의 상담 확인을 위한 자료로 활용한다. [문서 11-3]은 송무 상담전의 예시이다.

담당 변호사 지정 통지서와 담당 변호사 지정서는 [문서 11-4]와 [문서 11-5]와 같다. 사건 진행 중 변호사가 변경되면 [문서 11-6]과 같이 담당 변호사 변경 통지를 한다.

### 2) 사건 개시

사건 개시(case open)는 로펌에 따라 bill code open이라고 하기도 한다. 아래의 예는 사건 개시와 관련한 국내 A로펌의 업무 절차이다.

① 새로운 사건 개시 시 NCS(New Client Sheet)를 작성하기 위해 주요 이슈, 회사 담당자, 담당 변호사를 꼭 알아야 한다.

② 개시된 사건은 항상 비서 팀장에게 확인을 받은 후 대표 변호사에게 제출해야 한다.

③ 대표 변호사의 확인을 받은 사건은 할당된 변호사 및 그 변호사의 담당 비서에게 메모랜덤을 복사해 전달해야 한다.

④ 새로운 사건을 담당해 관리하는 비서는 자신의 case list에 바로 업데이트하며, 연락처 리스트도 바로 업데이트해야 한다.

⑤ 메모랜덤을 작성할 때에는 항상 문서가 들어온 방식, 즉 이메일, 팩스, DHL, 퀵 서비스 등으로 나누어 작성한다.

⑥ 담당 비서는 자기의 사건을 항상 자신의 파일함에 알파벳 및 번호 순서로 나누어 정리하며, 파일의 위치도를 작성해 손쉽게 볼 수 있도록 한다.

⑦ 모든 이메일, 참고 문서 등은 빠짐없이 파일링 룸에 보관해야 한다. 임의로 비서가 판단해 누락시키지 않도록 주의한다.

⑧ 사건 개시 후 추후에 별다른 공지 없이 일을 함께 하게 되는 변호사의 경우에는 사건을 담당하는 비서가 반드시 NCS를 해당 변호사 및 해당 변호사의 담당 비서에게 복사해 주어야 하며, billing system과 공유 폴더 내의 case list도 업데이트한다.

**[문서 11-1]** 소송위임계약서

# 소송위임계약서

위임인(갑):
수임인(을): 법무법인 조앤최

위 당사자들은 아래 소송사건의 처리에 관한 위임계약을 다음과 같이 체결한다.

제1조(목적) 갑은 을에게 아래에 기재된 소송사건의 처리(이하 '위임사무'라 한다.)를 위임하고, 을은 이를 수임한다.

| 사건 번호 | | 사 건 명 | |
|---|---|---|---|
| 의 뢰 인 | | 상 대 방 | |
| 관 할 | | 소송물가액 | |

제2조(위임 한계) ① 갑이 을에게 위임하는 위임사무의 한계는 당해 심급에 한한다.
② 파기 환송된 사건이나 상소의 제기, 강제집행, 강제집행정지, 보전처분 등 부수적 절차에 관한 사항은 따로 정한다. 보전처분 사건의 경우, 이의사건 또는 취소사건은 별개의 위임사무로 한다.

제3조(수권행위) 갑은 을에게 따로 작성하여 교부하는 위임장 또는 선임서에 적은 자격과 권한을 수여한다.

중 략

이 계약의 성립을 증명하기 위하여 이 계약서 2통을 작성하고, 갑과 을이 각 1통씩 보관한다.

20××. . .

(갑) 의뢰인 성 명: (인)
주민등록 번호 또는 사업자 번호:
주 소:
(을) 수임인 변호사: 법무법인 조앤최
변호사 (인)
사무소: 서울시 서초구 서초동 123-21 대현빌딩 4층

[문서 11-2] 소송위임장

<table>
<tr><td colspan="3">소 송 위 임 장</td></tr>
<tr><td>사 건</td><td colspan="2"></td></tr>
<tr><td>원 고</td><td colspan="2"></td></tr>
<tr><td>피 고</td><td colspan="2"></td></tr>
<tr><td colspan="3">위 사건에 관하여 다음 표시 수임인을 소송 대리인으로 선임하고, 다음 표시 권한을 수여한다.</td></tr>
<tr><td>수 임 인</td><td colspan="2">법무법인 조앤최(Joh & Choi)<br>서울시 서초구 서초동 123-21 대현빌딩 4층</td></tr>
<tr><td>수권 사항</td><td colspan="2">1. 모든 소송행위<br>1. 반소의 제기 및 응소<br>1. 소의 취하, 화해, 청구의 포기 및 인낙, 참가에 의한 탈퇴<br>1. 복대리인의 선임<br>1. 목적물의 수령<br>1. 공탁, 공탁물 및 그 이자의 반환청구와 수령<br>1. 담보권 행사 최고 신청, 담보 취소 신청, 동 신청에 대한 동의, 담보 취소결정 정본의 수령, 동 취소 결정에 대한 항고권 포기<br>1. 상소의 제기</td></tr>
<tr><td colspan="2" rowspan="2">20××. . .<br><br>위임인 [개인일 경우 성명, 주소]<br>[법인일 경우 성명, 주소, 대표이사명]<br><br>○ ○ 지 방 법 원 귀 중</td><td>변호사회 경유</td></tr>
<tr><td></td></tr>
</table>

**[문서 11-3]** 송무상담전

# 송 무 상 담 전

☐ 수임 보류 중 ☐ Conflict Check ☐ Confidential

C/F(Client Information) 체크: 로펌과 관계되는 의뢰인(사외이사, 고문 여부 등)인지 전체 메일로 확인

등록일자 : 20××. . 수임 번호 :

| 의 뢰 인 | | 연락처 | 주소 | | | |
|---|---|---|---|---|---|---|
| 담당자 / 직위 | | | TEL | | Mobile | |
| 부 서 | | | FAX | | E-mail | |
| 의뢰 경위 | | | | | | |

| 수임 변호사 | | 책임 변호사 | | 수행 변호사 | |
|---|---|---|---|---|---|
| 관리 변호사 | | 출석 변호사 | | 소속 Team | |

| Category<br>(해당 분류 ○표기) | 행정: 일반행정 \| 토지 수용 \| 노동 \| 산재 \| 공정 거래 \| 부담금·과징금 \| 국세 \| 지방세 \| 관세 \| 특허 \| 기타<br>민사: 금융 \| 건설 \| 회사 \| 산업재산권 \| 보험 \| 보건 \| 의료 \| 운송 \| 부동산 \| 노동 \| 제조물 책임 \| 환경 \| 도산 \| 기타<br>중재: 상사중재 \| 언론중재<br>형사 \| 가사 \| 위헌 |
|---|---|

| Deal Amount | 원 | Due Date | 20 . . . | 예상 수입액 | 원/$ |
|---|---|---|---|---|---|
| Noteworthy<br>(해당 분류√표기) | ☐ YES (NW-R PF: ________ ) ☐ NO ☐ HOLD | | | | |
| Description | | | | | |

| 사건 개요 | | | | | | | |
|---|---|---|---|---|---|---|---|
| 사건 번호 | | 중요도<br>(A~D) | | 전심 번호 | | 소송물가액 | 원 |
| 사건명 | | | | 관할 관청<br>및 재판부 | | | |
| 당사자 | | | | 당사자 지위 | | | |
| 상대방 | | | | | | | |
| 기일 및 법정 | | | | 관련 사건 | | | |
| 상대방 대리인 | 상호 | | | 담당 변호사 | | | |
| | TEL | | | FAX | | | |
| 불변 기일<br>및 확인 사항 | 20 . . . / | | | 준비 책임자 | | | |

| 보수 약정 내역 | | | | | |
|---|---|---|---|---|---|
| 착수금<br>☐ VAT 별도<br>☐ VAT 포함 | 원 | 성공보수금<br>☐ VAT 별도<br>☐ VAT 포함 | 원 | 수임<br>형태 | ☐ Time-Bill 수임<br>☐ 심급별 수임<br>☐ 판결 확정 수임 |

| Conflict | 수임 변호사 | 송무<br>조세<br>공정거래<br>IP | 그룹(팀)장 변호사 | 대표 변호사 | 빌링팀 | 송무팀 | 작성자 |
|---|---|---|---|---|---|---|---|
| | | | | | | | |

[문서 11-4] 담당 변호사 지정 통지서

법무법인
JOH & CHOI

서울특별시 서초구 서초동 123-21
대현빌딩 4층 (123-135)
TEL: 02-1234-1230 | FAX: 02-1234-1231

# 팩시밀리 전송

일 자: 20 년 월 일
전 송 매 수: 장(표지 포함)
수 신:
참 조:
팩 스 번 호:
발 신: 법무법인 조앤최 변호사 [수임 변호사명](전화: - )(확인: ____)
(팩스: , 이메일: )
제 목: ○○청구 사건 담당 변호사 지정 통지

---

1. 귀사의 무궁한 발전을 기원합니다.

2. 저희 법무법인은 20××. . . 귀사로부터 귀사(원고)와 ○○○(피고) 사이의 ○○지방법원 20×× 가합 ○○호 ○○사건을 수임하였습니다.

3. 저희 법무법인은 위 사건의 담당 변호사로서 변호사 ○○○, ○○○를 지정하였음을 알려드립니다. 향후 소송 진행과 관련하여 궁금한 내용이 있으시면 언제든지 아래의 연락처로 담당 변호사들에게 연락 주시기 바랍니다. 감사합니다.

변호사 ○○○: 02-1234-1235
변호사 ○○○: 02-1234-1236

사 본: 법무법인 조앤최 변호사 [수행 변호사명](전화: - )
(팩스: , 이메일: )

▣ 수신 중 이상이 있을 때에는 본 사무소 전화 02-1234-1230으로 즉시 연락 주시기 바랍니다.

[문서 11-5] 담당 변호사 지정서

# 담 당 변 호 사 지 정 서

| 사 건 | |
|---|---|
| 당 사 자 | |
| 위 사건에 관하여 당 법인은 위 의 소송대리인/변호인으로서 변호사법 제50조에 의거하여 업무를 담당할 변호사를 다음과 같이 지정합니다. | |
| 담당 변호사 | |
| | 담당 변호사 연락처: 전화 / 팩스 |

20××. . .

**법무법인 조앤최**
서울시 서초구 서초동 123-21 대현빌딩 4층
대표 변호사 조계숙 (인) 최애경 (인)

귀 중

[문서 11-6] 담당 변호사 변경 통지서

법무법인
JOH & CHOI

서울특별시 서초구 서초동 123-21
대현빌딩 4층 (123-135)
TEL: 02-1234-1230 | FAX: 02-1234-1231

# 팩시밀리 전송

일　　자: 20×× 년 월 일
전송매수: 장(표지 포함)
수　　신:
참　　조:
팩스번호:
발　　신: 법무법인 조앤최 변호사 [변경 후 변호사명](전화: - )(확인: _____)
(팩스: , 이메일: )
제　　목: ○○청구 사건 담당 변호사 변경 통지

---

1. 귀사의 무궁한 발전을 기원합니다.

2. 저희 법무법인은 20××. . . 귀사로부터 귀사(원고)와 ○○○(피고) 사이의 ○○지방법원 20×× 가합 ○○호 ○○사건을 수임하여, 위 사건의 담당 변호사로 변호사 ○○○, ○○○가 담당 변호사로서 위 사건을 수행하여 왔습니다.

3. 그런데, 위 사건의 담당 변호사 ○○○가 금번에 (유학, 퇴직 등의 사유 기입) 됨에 따라 저희 법무법인은 위 사건의 담당 변호사를 ○○○로 변경하게 되었습니다. 앞으로 담당 업무의 차질 없는 인수인계 및 효율적인 소송 수행을 위하여 더욱 노력하겠습니다. 위 사항과 관련하여 궁금한 내용이 있으시면 언제든지 아래의 연락처로 담당 변호사들에게 연락 주시기 바랍니다. 감사합니다.

변호사 ○○○: 02-1234-1237
변호사 ○○○: 02-1234-1238

사　　본: 법무법인 조앤최 변호사 [변경 전 변호사명](전화: - )
(팩스: , 이메일: )

▣ 수신 중 이상이 있는 경우 본 사무소(02-1234-1230)로 즉시 연락 주시기 바랍니다.

### 3) 송무 사건의 진행

소송 진행 단계에서는 분쟁 사항을 다시 한 번 더 확인하고, 소송 기록 또는 고객 사건 정보 수령 시 로펌 업무용 ERP에 소송 정보를 등록한다. 다음으로는 소송위임장과 변호인 선임서 및 담당 변호사 지정서를 제출하며, 각종 서면을 작성해 제출하게 되는데 이 때에는 법원용, 소송 상대방용, 보관용을 준비해 제출한다. 로펌 비서가 소송 진행을 위해 준비하는 서류 중 불변 기일이 있는 서류는 다음과 같다.

① 소장(행정 90일), 항소장(14일), 상고장(14일), (즉시)항고장(7일), 재항고장(7일)

② 상고이유서(20일) / 답변서(10일): 불변 기한은 아니나 통상적으로 기한 내에 제출해야 한다.

③ 각종 이의신청서(14일)

④ 소취하부동의서*(14일)

* 항소장의 제출법원: 항소장에는 항소심 법원명을 기재하되, 제출은 1심 법원에 한다(단, 접수증명원은 1심 법원명으로 받는다).

* 상고장의 제출 법원: 상고장에는 상고심 법원명을 기재하되, 제출은 2심 법원에 한다(단, 접수증명원은 2심 법원명으로 받는다).

#### (1) 소송 기록

소송사건은 일반적으로 장기간에 걸쳐 진행된다. 그 기간 동안 이루어지는 소송 기록 자체가 하나의 파일이 되며, 참고 자료가 있을 경우에는 소송 봉투 안의 종이 폴더에 보관한다([문서 11-7] 참조). 소장 혹은 답변서로 소송 기록을 만들 경우, 소송 기록 표지에 의뢰인과 상대방의 기본 연락처 및 팩스 번호 등을 반드시 기재한다. 소송기록철의 기본 구성은 소송 기록([문서 11-8] 참조), 서증(갑호증, 을호증)([문서 11-13] 참조)이며, 호증의 양이 많은 경우에는 각각 표지를 만들어야 한다.

서증은 법원에 증거로 제출하는 문서를 말하며 갑호증은 원고 측과 관련하여, 을호증은 피고 측과 관련하여 법원에 제출하는 증거물 목록을 의미한다. 따라서 서증은 법원에 제출하는 것 이외에도 추가로 피고의 숫자만큼 사본을 준비해 두었다가 변론 준비 절차 기일에 재판장에게 한 통을 제출하고 나머지는 피고에게 주게 된다. 증거 서류가 많을 경우 번호를 매겨 첫 페이지 왼쪽 또는 오른쪽, 중간 상단 부분에 '갑 제1호증, 갑 제2호증의 1, 을 제1호증의 1' 등과 같은 형식으로 표시한다. 서증을 등본이나 원본이 아닌 사본으로 제출하는 경우에는 위와 같이 서증 번호를 붙이는 것 외에도 첫장과 끝장 사이사이에 일일이 간인을 하고, 끝장 하단 여백에 '원본과 상위 없음. 원고 ○○○'라고 적은 뒤 도장을 찍어야 한다. 피고에게 주는 서증 사본에도 같은 표시를 하는 것이 좋다.

---

* 소취하부동의서: 소취하에 대한 부동의서로 소송 취하에 대한 이의신청 서식을 의미함.

[문서 11-7] 소송 기록 봉투

| 담당 변호사 | | 소 송 기 록 | 수임 년 월 일<br>종료 년 월 일 |
|---|---|---|---|

| 사 건 명 | | |
|---|---|---|
| 제1심 | 제2심 | 대법원 |
| 법원 부<br>단독 | 법원 부 | |
| 호 | 호 | 호 |
| 법정 호 | 법정 호 | 법정 호 |

| 재판장 | | 주심 | | 재판장 | | 주심 | | 재판장 | | 주심 | |
|---|---|---|---|---|---|---|---|---|---|---|---|

| 의 뢰 인<br>( 고) | <br>전 화:<br>FAX: | 상 대 방<br>( 고) | <br>전 화:<br>FAX: |
|---|---|---|---|
| 항소 기간 | 년 월 일까지 | 상고 기간 | 년 월 일까지 |
| 항 소 일 | 년 월 일까지 | 상 고 일 | 년 월 일까지 |

| 기 일 | | | 기 일 | | |
|---|---|---|---|---|---|
| 기일 | 시간 | 진행 사항 | 기일 | 시간 | 진행 사항 |
| / | | | / | | |
| / | | | / | | |
| / | | | / | | |
| / | | | / | | |
| / | | | / | | |
| / | | | / | | |
| / | | | / | | |
| / | | | / | | |
| / | | | / | | |
| / | | | / | | |
| / | | | / | | |

| 비<br>고 | |
|---|---|

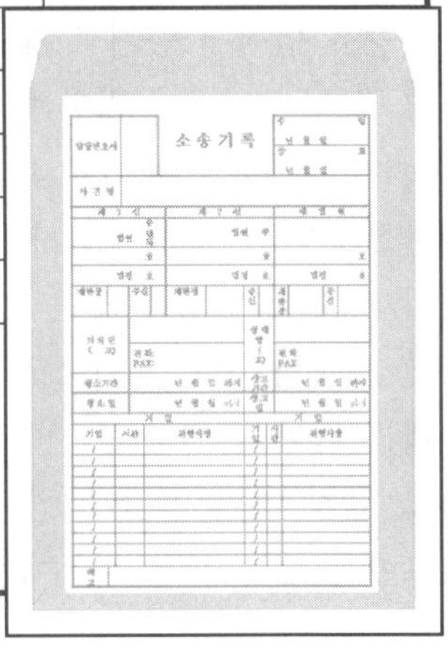

**[문서 11-8]** 민사/특별 소송기록

<table>
<tr><td colspan="8">민 사<br>특 별 소 송 기 록</td></tr>
<tr><td rowspan="5">사 건 번 호</td><td rowspan="2">제1심</td><td rowspan="2">호</td><td>재판부</td><td></td><td></td><td></td></tr>
<tr><td>재판장</td><td></td><td>주심</td><td></td></tr>
<tr><td rowspan="2">항소심</td><td rowspan="2">호</td><td>재판부</td><td></td><td></td><td></td></tr>
<tr><td>재판장</td><td></td><td>주심</td><td></td></tr>
<tr><td>상고심</td><td>호</td><td>재판부</td><td></td><td>주심</td><td></td></tr>
<tr><td>사 건 명</td><td colspan="6"></td></tr>
<tr><td>원 고</td><td colspan="6"></td></tr>
<tr><td>대 리 인</td><td colspan="6"></td></tr>
<tr><td>피 고</td><td colspan="6"></td></tr>
<tr><td>대 리 인</td><td colspan="6"></td></tr>
</table>

[문서 11-9] 소송 진행 상황표

# 소 송 진 행 상 황

| 날 짜 | 내 용 | 비 고 |
|---|---|---|
| 20××. 11. 12. | 소장 접수 | 중앙지방법원 |
| 11. 18. | 피고 OO주식회사 답변서 제출 | |
| 12. 29. | 준비명령 | |
| | | |
| | | |
| | | |
| | | |
| | | |
| | | |
| | | |
| | | |
| | | |
| | | |
| | | |
| | | |
| | | |

기본적으로 소송기록철과 호증철에는 소송 진행 상황표([문서 11-9] 참조), 서증목록표([문서 11-10], [문서 11-11], [문서 11-12] 참조)를 반드시 첨부해야 한다. 서증목록은 소송기록, 갑호증, 을호증 바로 뒤에 서증목록 용지를 넣어 변호인 측에서 제출된 서증이나 상대방으로부터 수령한 서증에 대한 목록을 작성해야 한다. 소송 기록 표지에는 사건명을 적고, 담당 변호사의 재판을 위한 편의 및 자료 제공을 위해 담당 사건에 대한 담당 재판부 기록을 반드시 소송기록철에 파일링해야 한다. 본안 사건 및 신청 사건 모두 파일 폴더 및 소송 기록으로 오픈하며, 봉투 기록 하단에는 항상 당사자를 표시한다.

소송 기록의 관리는 담당 비서의 파일 캐비닛이나 담당 변호사의 방에 보관하며, 서면을 제출하거나 법원문서, 상대방 서면 등을 수령한 경우, 재판 출석 후 기록을 정리한다. 또한 담당 비서는 담당 사건의 준비 서면 최종본 등을 컴퓨터 공유 폴더의 해당 케이스 폴더 안에 반드시 저장해야 한다. 대법원 사이트에서 수시로 기일을 확인해 달력에 체크해 두고, 담당 변호사가 법원에 다녀온 후에는 반드시 소송 진행 상황 보고를 해당 클라이언트에게 팩스로 송부한다. 종결된 소송기록철은 파일 룸에 보관하며, 일괄적으로 소송사건 리스트에서 관리한다.

그 절차를 좀 더 구체적으로 살펴보면 다음과 같다.

법률회사가 클라이언트에게 소송을 위임받아 소송이 진행되면 사건을 맡은 담당변호사의 비서는 소송기록철(소송 기록 봉투)을 만들어 해당 소송과 관련된 법률 서류 및 관련 자료를 준비한다. 소송기록철에는 기본적으로 소송 기록, 원고의 증거 서류인 갑호증과 피고의 증거 서류인 을호증을 넣는다.

소송기록철에는 클라이언트의 위치(원고 또는 피고)와 상관없이 원고/피고 양측이 제시한 갑호증과 을호증을 모두 넣어 소송 내용을 담당 변호사 측과 소송의 상대방 측이 서로 알 수 있게 한다. 소송기록철은 담당 변호사가 클라이언트와의 회의 및 법원 기일 출석 등에 가지고 다니며 소송 진행을 하게 된다.

**[문서 11-10]** Evidence Log - 영문 증거 목록

| Case: | | Event: | |
|---|---|---|---|
| Description of Evidences: | Date Acquired: | Acquired by: | How Acquired: |
| | | | |
| | Identifying Marks: | Marked by: | Date Marked: |
| | | | |
| Storage Location: | Custodian: | | Date: |
| | | | |
| Released to: | Date/Purpose: | | |
| | | | |

[문서 11-11] 서증목록표 1

# 증 거 목 록

| 증거 번호 | 제 출 | | 인 부 | 비 고 |
|---|---|---|---|---|
| | 변론 기일 | 서증명 | | |
| | | | | |
| | | | | |
| | | | | |
| | | | | |
| | | | | |
| | | | | |
| | | | | |
| | | | | |
| | | | | |
| | | | | |
| | | | | |
| | | | | |
| | | | | |
| | | | | |
| | | | | |
| | | | | |
| | | | | |
| | | | | |
| | | | | |

[문서 11-12] 서증목록표 2

# 서 증 목 록 제 출 서

사 건 20××가단12345손해배상(자)

원 고 홍 길 동

피 고 ○○화재해상보험 주식회사

위 사건에 관하여 원고는 다음과 같이 서증목록을 제출합니다.

다 음

| | |
|---|---|
| 갑 제1호증의 1 | 교통사고 보고(1) |
| 2 | 교통사고 보고(2) |
| 갑 제2호증 | 교통사고 발생보고서 |
| 갑 제3호증 | 교통사고 현장 약도 |
| 갑 제4호증 | 교통사고 발생 상황 진술서(김철수) |

20××. . .

원 고 홍 길 동

서울지방법원 제○○민사단독 귀중

[문서 11-13] 서증(호증)

사　건:

# (　　　　　　　) 호 증

☐ 원 고(　　　　　　):

☐ 피 고(　　　　　　):

법무법인
JOH & CHOI

도장

### (2) 문건 접수와 기일 관리

① 인지대 및 송달료 계산 및 청구

인지대란 민사소송을 위해 서류 접수 시 반드시 붙여야 하는 인지 금액을 말한다. 민사소송의 인지대 산정 기준은 <표 11-3>과 같다.

〈표 11-3〉 민사소송 인지대 산출법

| 소송가액 | 비율 | 가산액 | 산출 예시 | |
|---|---|---|---|---|
| | | | 소송가액 | 인지대 |
| 1천만 원 미만 | 1만분의 50(×0.005) | 없음 | 2,500,000원 | 12,500원 |
| 1천만 원 ~ 1억 원 미만 | 1만분의 45(×0.0045) | +5,000원 | 18,000,000원 | 86,000원 |
| 1억 원 ~ 10억 원 미만 | 1만분의 40(×0.004) | +55,000원 | 500,000,000원 | 2,055,000원 |
| 10억 원 이상 | 1만분의 35(×0.0035) | +555,000원 | 5,000,000,000원 | 18,055,000원 |
| 항소심 | 1심 인지대의 1.5배(×1.5) | | | |
| 상고심 | 1심 인지대의 2배(×2) | | | |
| 부동산 토지의 경우 | 공시지가×30/100×면적(㎡) | | | |

※ 위와 같은 기준에 의해 산출된 인지액이 1,000원 미만일 때 인지대는 1,000원으로 하고, 인지대가 1,000원 이상일 때 100원 미만의 단수(端數)가 있을 경우 그 단수는 절사함.

이 밖에도 예외적으로 지급명령이 있는 경우 1/10을 추가하여 계산하며, 제소 전 화해일 경우에는 1/5로 계산한다.

② 증거 자료 관리

녹취록, 사진, CD 등과 같은 증거 자료는 법원 제출용, 피고인(클라이언트)용, 원고인(상대방)용으로 총 3부를 만들어야 한다. 이 때 법원에 제출하는 증거 자료는 원본으로 제출해야 하고, 피고인과 원고인의 증거 자료는 사본으로 만든다.

무인(拇印)이란 피고인(클라이언트)이 교도소에 수감되어 있는 경우 선임계를 포함한 소송위임장을 작성할 때 피고인에게 도장이 없는 상태이기 때문에 엄지손가락의 지문을 찍는 것을 말한다. 현재 법원에서는 서류 작성 시 서명이나 무인보다는 도장을 찍는 날인을 원칙으로 하고 있으나, 인장을 지참하지 않았을 때 문제가 되지 않는다면 서명이나 무인(拇印)

즉 손도장으로 대신하기도 한다. [문서 11-14]의 무인증명신청서는 피고인에 관해 변호인 선임서([문서 11-15] 참조)에 찍힌 무인이 피고인 본인의 무인임을 증명해 주기를 바란다는 내용의 신청서이다.

법원에 업무 처리에 관해 협조를 요청할 필요가 있을 때는 [문서 11-16]과 같이 업무 처리 협조요청서를 해당 기관에 보낸다. 또 필요 시 변호사는 수감되어 있는 피고를 접견하게 되는데 [문서 11-17]과 같이 접견신청서를 작성해 구치소에 제출해야 한다.

[문서 11-18]은 접수증명원의 서식 예이다. 접수증명원이란 소송 사건과 관련된 특정 문서가 법원에 접수되었음을 공식적으로 증명하는 것으로, 문서가 접수되면 법적인 효력을 발휘할 수 있기 때문에 다른 부서에서 요구하는 경우가 있고 피고의 주민등록 발급 시 필요하기도 하다. 접수증명원에는 진행 중인 사건의 사건 번호와 원피고를 작성하고 문서 제출일, 제출 문서, 제출 신청인의 이름, 도장, 사건과의 관계, 법원명과 재판부명을 기재해 500원 정부 수입인지를 붙인 뒤 제출한다.

소장은 소장 표지([문서 11-19] 참조)와 소장 내용을 통합해 이르는 말로, 법원에 제출하는 정본과 본인 보관용, 피고에게 주는 부본(원본과 똑같이 만든 것) 최소 3통이 필요하다. 소장 양식은 법원 민원실에 비치되어 있는 것을 사용하거나 직접 작성하기도 한다. A4용지를 세로 방향으로 작성하는 것이 원칙이며, 소장이 2매 이상일 경우 소장 표지를 만들어 법원에 제출한다. 이 때 소장이 2매 이상으로 앞뒤가 이어지는 내용임을 표시하기 위해 앞·뒷장에 걸쳐 간인을 찍는다. 이렇게 만든 3통의 소장을 철하되 그 중 법원에 제출할 1통에 부속 서류를 첨부하고 소장 표지와 인지를 붙인다. 피고에게 갈 부본에는 소장만을 같이 제출하는데 이 때 상단 부분에 '부본'이라고 표기하면 된다. 소장 표지는 소장과 소장 부본 및 첨부 서류를 모두 작성한 뒤 가장 마지막에 작성한다.

납부서([문서 11-20] 참조)는 소장 표지 바로 뒤에 넣는다. 소장 표지에는 일반적으로 사건번호, 사건명, 원고, 피고, 대리인 회사명(로펌명), 대리인명(변호사명), 법원, 날짜, 전화번호, 팩스 번호의 항목 등을 넣는다.

#### ③ 제출 서류 마감일 관리

법원에 제출하는 서류는 모두 마감일이 정해져 있으므로 일정 기한의 여유를 갖고 서류를 준비해야 소송 일정 및 업무에 차질이 생기지 않는다. <표 11-4>는 제출 서류 및 민/형사에 따른 법원 제출 서류 마감일이다.

**[문서 11-14]** 무인증명신청서

# 무 인 증 명 신 청 서

사 건 번 호

사　건　명

피　고　인
(피　의　자)

위 사건에 관하여 별지 변호인 선임서에 찍힌 무인이 피고인(피의자) 본인의 무인임을 증명하여 주시기 바랍니다.

20××년　　월　　일

피고인(피의자)의 변호인
**법무법인 조앤최**
서울시 서초구 서초동 123-21 대현빌딩 4층
담당 변호사　○ ○ ○ (인)

귀중

[문서 11-15] 변호인 선임서

# 변 호 인 선 임 서

| 사　　건 | |
|---|---|
| 피 고 인<br>피 의 자 | |
| 위 사건에 관하여 법무법인 조앤최를 변호인으로 선임하였으므로 이에 변호인 선임서를 제출합니다. | |
| 첨부 서류 | 1. 담당 변호사 지정서<br>2. 선임권자의 자격 증명 |

20××.　.　.

선임인　성　명:　　　　　　(인)
　　　　주　소:
　　　　관　계:

위 본인의 무인임을 증명함.

| **법무법인 조앤최**<br>서울시 서초구 서초동 123-21 대현빌딩 4층<br>대표 변호사　조 계 숙, 최 애 경 (인)<br><br>귀 중 | 변호사회 경유 |
|---|---|

[문서 11-16] 업무처리 협조요청서

# 업 무 처 리 협 조 요 청 서

| 담당 변호사 | | 관할 법원 | | 담당 재판부 | |
|---|---|---|---|---|---|
| 의 뢰 인<br>(원고·피고) | | 상 대 방 | | 기 일 | |
| 사 건 명 | | 사건번호 | | 요 청 일 | |
| 담 당 직 원 | | | | 처 리 기 한 | |
| 협 조 요 망 사 항 | | | | | |
| | | | | | |

| 처 리 일 | 처 리 내 용 | 확 인 자 |
|---|---|---|
| | | |
| | | |
| | | |
| | | |
| | | |

[문서 11-17] 접견신청서

# 접 견 신 청 서

| 수용 번호 | 성 명 | 사건명 | 사건 번호 | 국·사선 | 선임 여부 |
|---|---|---|---|---|---|
| | | | | | |
| | | | | | |
| | | | | | |

위 사람을 접견하고자 합니다.

| 희망 시간 일시: 20××년 월 일, 오전/오후 시 |
|---|
| 주 소: 서울시 서초구 서초동 123-21 대현빌딩 4층 법무법인 조앤최 |
| 연 락 처: 02-1234-1230 |

20××. . .

위 변호인 법무법인 조앤최
담당 변호사 ○ ○ ○

서울구치소장 귀 하

[문서 11-18] 접수증명원

# 접 수 증 명 원

사　　　건　　　　　　　　　　　　　호　소유권이전등기

원고(피항소인)　　　　주식회사 ○○○

피고(항 소 인)　　　　○○○

위 사건에 관하여 ○○○이 20××년　월　일 귀원에 접수한 사실을 증명하여 주시기 바랍니다.

20××.　.　.

피고(항소인)의 소송대리인
법무법인 조앤최
담당 변호사 ○ ○ ○

서울중앙지방법원　귀중

[문서 11-19] 소장 표지

| 접 수 인 |
| --- |
| |

# 소　　　장

| 사 건 번 호 | |
| --- | --- |
| 배당순위번호 | |
| 담　　　당 | 제　　　　　단독 |

사 건 명

원　　고　○ ○ ○ (주민등록번호:　　　　-　　　　)

(주소:　　　　　　　　　　　　　　　　　　)

(연락처:　　　　　　　　　　　　　　　　　)

피　　고　□ □ □ (주민등록번호:　　　　-　　　　)

(주소:　　　　　　　　　　　　　　　　　　)

(연락처:　　　　　　　　　　　　　　　　　)

20××.　 .　 .

서 울 중 앙 지 방 법 원　 귀 중

[문서 11-20] 납부서

| 소　　　가 | [청구 취지에 있는 금액]　원 |
|---|---|
| 첨부할 인지액 | 원 |
| 첨부한 인지액 | 원 |
| 송　달　료 | 원 |
| 비　　　고 | |

〈표 11-4〉 법원 제출 서류 마감일

| | | |
|---|---|---|
| 소장 | | 원고가 제출 |
| 답변서 | | 소장 송달일로부터 30일 이내 |
| 보정명령 | | 재판장이 지정한 일정 기간 이내 |
| 조정 결정에 대한 이의 | | 결정문 송달일로부터 14일 이내 |
| 민사 | 항소 제기 기간 | 판결문 송달일로부터 14일 이내 |
| | 상고 제기 기간 | 판결문 송달일로부터 14일 이내 |
| | 상고이유서 제출 기간 | 대법원의 기록접수통지서 송달일로부터 20일 이내 |
| | 상고 이유에 대한 답변서 | 상고이유서 접수통지서 송달일로부터 10일 이내 |
| 형사 | 항소 제기 기간 | 선고일로부터 7일 이내 |
| | 항소이유서 제출 기간 | 항소법원 기록접수통지서 송달일로부터 20일 이내 |
| | 상고 제기 기간 | 선고일로부터 7일 이내 |
| | 상고이유서 제출 기간 | 대법원의 기록접수통지서 송달일로부터 20일 이내 |

④ 송무 관련 기일 관리[1]

기일(期日)이란 법원이 법관, 당사자 기타 소송관계인(증인 · 감정인 · 보조참가인 등)이 일정한 장소에 모여 소송행위를 함께 하도록 미리 지정한 일시와 장소를 말한다. 기일은 연월일 및 개시 시각을 표시하여 지정되지만 지정된 시각 그 자체가 기일이 아니고 개시된 때부터 그 종료에 이르기까지의 시간 전체를 의미한다.

기일은 그 때 행해질 소송행위의 목적에 따라서 변론 준비 기일, 변론 기일, 증거조사 기일(증인신문 기일 · 검증 기일 · 서증조사 기일 등), 판결선고 기일 등으로 불린다. 그 중에서 가장 중요한 변론 준비 기일 또는 변론 기일은 바로 변론의 준비 또는 변론을 목적으로 하여 지정 실시되는 기일이다. 다만, 변론 준비 기일과 변론 기일에서는 통상 당사자가 자신의 주장 사실을 입증하기 위한 증거조사가 병행되고 있어서, 사실상 변론 준비 기일과 변론 기일에는 증거 조사 기일이 포함, 실시되고 있는 것이 실무 관행이다. 변론이 수회의 기일에 걸쳐 열린 경우라도 법적 효과는 1회의 변론 기일에 계속 변론이 행해진 경우와 같게 된다. 다시 말하면 뒤의 기일의 변론은 항상 선행 기일까지의 변론을 전제로 하여 계속 실시되는 것이다.

1) 백과넷 법률용어사전/법령 백과사전 참조(http://www.100kwa.net/_man/txtLink.php?f1=..%2F%B1%E2%2F%B1%E2%C0%CF%B0%FA%20%B1%E2%B0%A3.txt)

〈표 11-5〉 기일의 종류

| 기일 종류 | 내용 |
|---|---|
| 변론 준비 기일 | |
| 변론 기일 | 민사사건이 접수되면 최초 원고 측의 주장과 근거를 받은 법원은 채무 관계에 대해 간단한 사항일 경우 '이행권고' 결정을 한다. 이행권고는 독촉절차로 피고 측이 송달을 받은 후 14일간 이의신청을 하지 않을 경우 판결과 같은 효과를 갖는데, 이행권고에 대해 이의가 있거나 최초 접수된 민사사건의 내용이 복잡하여 심리가 필요한 경우 법원이 잡는 기일을 말한다. 해당 변론 기일에는 원고와 피고가 판사 앞에서 왜 이 사건이 진행되는지, 원인을 따지고 채권, 채무를 공문서로 확인한다. |
| 변론 준비 기일 | 명백한 근거 자료와 이의의 사유가 명확하지 않은 경우, 판사는 정확한 심리를 위해 변론 준비 기일을 지정하여 당사자들의 목적 및 소를 위한 사실 관계를 확인하기도 한다. |
| 조정 기일 | 법률에 근거하여 사건을 따지기보다 당사자 간 합의에 의해 일을 원만히 처리하기 위할 때 별도로 기일을 정한다. 간단한 사항일 경우 판사 앞에서 합의 내용으로 조정조서를 작성하기도 하지만 복합적인 문제로 인해 당사자 간 조정이 필요할 때는 전문 지식을 가진 조정위원 앞에서 원고, 피고의 이야기를 듣고 적절한 수준으로 조정안을 내고 원고, 피고가 조정안에 동의하면 조정안에 서명을 한 후 판사 앞에서 인정하면 조정조서가 성립된다. |
| 선고 기일 | 선고(판결)가 나는 날을 말한다. |
| 공판 기일 | 판사, 검사, 피고인, 기타 소송관계인이 공판정에 모여서 소송행위를 하기 위해 정하는 시간을 말한다. 공판 기일에는 공판정에서 심리하는데, 공판정은 판사와 검사, 법원사무관 등이 출석하여 개정하며, 피고인이 공판 기일에 출석하지 않은 때에는 특별한 규정이 없으면 개정하지 못하는 것이 원칙이다. 공판정에서의 변론은 구두로 한다. |

재판 기일의 종류로는 준비 절차 기일, 변론 기일, 검증 기일, 감정 기일, 선고 기일, 공판 기일 등이 있다. 각 기일에 대한 자세한 내용은 <표 11-5>와 같으며, 기일 지정을 알리는 서식은 [문서 11-21]과 같다.

### 소송 기일의 관리

- 비서는 변호사의 상대방 대리인과의 재판 시간 예약(법정 및 기일 재확인) 및 배차를 신청한다.
- 재판 후 소송기록의 정리(법원 수령, 서면 정리 등) 및 차회 기일을 입력한다.

* 차회 기일 입력 방법: 사건관리 → 소송정보 → 소송관리 → 업무정보 → 정보 수정 → 차회 기일 입력 → 진행 상황 처리(첨부 서류 및 협조 사항) → 저장 → 출력 → 담당 변호사의 확인을 받아 클라이언트에게 팩스 발송

- 비서는 자신의 일정뿐만 아니라 변호사의 일정을 정리한 후 수시로 체크하여 변호사에게 일정을 상기(remind)시킨다.

### 선고 기일의 관리

- 선고일 전일 오전까지 소장, 청구취지변경신청서, 전심판결문 등과 대법원 사건 내역 조회서를 각 2부 작성하여 해당 송무실 담당자에게 전달한다.

* 형사사건의 경우, 선고일 전 담당 변호사에게 판결문의 등사 필요 여부를 확인하여 미리 판결등본교부신청(인지 1,000원)을 한다. 또한 형사사건은 선고일에 피고인이 반드시 출석해야 하므로, 불구속 피고인의 경우 이 사실을 미리 고지하여 법정에 출석할 수 있도록 한다.

- 선고 결과 확인 후 판결 결과를 즉시 담당, 책임, 수임 변호사에게 보고하고, 고객에게 판결 결과 통지서를 보낸다.
- 판결이 선고되면 바로 로펌 업무용 ERP에서 종결 처리해야 한다.

### 우리나라의 법정 배치도

[그림 11-1]은 국민참여재판이 진행되는 법정의 배치도이다. 배심원은 법정의 오른쪽에서 재판의 모든 과정을 지켜보고, 유무죄 판단과 양형에 관한 결정을 내리게 된다.

**[그림 11-1]** 우리나라의 법정 배치도

※ 출처: 대법원 전자민원센터 홈

#### ⑤ 소송 진행 상황 보고

로펌 비서는 소송 진행 상황에 대해 담당 변호사 및 클라이언트에게 일정한 주기 또는 특정 상황이 발생했을 때 보고해야 한다. 클라이언트에게는 이메일이나 팩스로 진행 상황을 보고하게 되는데, 일반적으로 이메일로 보고할 경우 변호사가 직접 작성해서 발송하는 형식을 취한다. 팩스의 경우에는 변호사가 소송 진행 상황에 대해 초안을 작성하면 로펌 비서가 팩스로 발송한다. 소송사건 진행 경과를 클라이언트에게 알려 주는 문서 양식은 [문서 11-22], [문서 11-23]과 같다. [문서 11-24]는 법원에 제출하는 준비 서면의 예이다.

선고 결과가 나오면 클라이언트에게 [문서 11-23]과 같이 그 결과를 알려 주어야 하며, 팩스로 전송할 때는 [문서 11-25]와 같이 통지한다. 법원의 판결(결정)문이 나오게 되면 [문

**[문서 11-21]** 소송사건 기일지정 알림문

**법무법인 JOH & CHOI**

**서울특별시 서초구 서초동 123-21**
**대현빌딩 4층 (123-135)**
**TEL: 02-1234-1230 | FAX: 02-1234-1231**

수 신:
참 조: (Fax. - )
제 목: 소송사건 기일지정 알림

| 사건번호 | | 사건명 | |
|---|---|---|---|
| 관 할 | | 상대방 | |

귀사(하)로부터 수임하여 처리하고 있는 위 사건의 재판 기일이 다음과 같이 지정되었기에 알려드립니다.

1. 종 류: □ 준비 절차 기일, □ 변론 기일, □ 검증 기일, □ 감정 기일,
□ 선고 기일, □ 공판 기일
2. 일 시: 20××. . . :
3. 장 소: 제 호 법정
4. 비 고: 기타 소송 진행에 대한 문의 사항이 있으시면 담당 변호사 ○○○(Tel. ○○○-○○○○), 담당 변호사 ○○○(Tel. ○○○-○○○○)에게 연락 주시기 바랍니다.

20××. . .

법무법인 조 앤 최
변 호 사 ○ ○ ○

**[문서 11-22]** 소송사건 진행 경과 서면 송부 알림문

법무법인
JOH & CHOI

서울특별시 서초구 서초동 123-21
대현빌딩 4층 (123-135)
TEL: 02-1234-1230 | FAX: 02-1234-1231

수　신:
참　조:　　　　　(Fax.　－　　　)
제　목: 소송사건 기일지정 알림

| 사건 번호 | | 사건명 | |
|---|---|---|---|
| 관　　할 | | 상대방 | |

귀사(하)로부터 수임하여 처리하고 있는 위 사건의 재판 기일이 다음과 같이 지정되었기에 알려드립니다.

1. 위 사건에 관하여 수령한 재판부의 준비명령(20××.　.　.까지) 및 원/피고 소송대리인의　.　.자 준비 서면을 보내드립니다.

2. [위 서면에 대한 법률회사의 코멘트나 클라이언트에 대한 요청 사항 등 기재]

3. [전항 정리할 시간이 없는 경우] 저희가 위 서면을 검토하기에 앞서 급히 보내드리오니, 위 서면과 관련해서 저희에게 알려 주실 사항이 있으면 언제든지 연락해 주시기 바랍니다. 저희는 위 서면을 검토한 후 필요한 경우 조만간 별도로 저희의 의견이나 요청 사항 등에 관하여 연락드리겠습니다.

4. 기타 소송 진행에 대한 문의 사항이 있으시면 담당 변호사 ○○○(Tel.　－　　), 담당 변호사 ○○○(Tel.　－　　)에게 연락 주시기 바랍니다.

20××.　　.　　.

법무법인　조 앤 최
변 호 사　○ ○ ○

**[문서 11-23]** 소송사건 진행 경과 기일 진행 알림문

법무법인
JOH & CHOI

서울특별시 서초구 서초동 123-21
대현빌딩 4층 (123-135)
TEL: 02-1234-1230 | FAX: 02-1234-1231

수 신:
참 조: (Fax. - )
제 목: 소송사건 기일지정 알림

| 사건 번호 | | 사건명 | |
|---|---|---|---|
| 관 할 | | 상대방 | |

•귀사(하)로부터 수임하여 처리하고 있는 위 사건의 재판 기일이 다음과 같이 지정되었기에 알려드립니다.

1. 위 사건의 변론 기일[준비 절차 기일, 감정 기일]이 20××. . . 오전 ○○시 ○○○호 법정에서 진행되었습니다.

2. 상대방은 . .자 준비 서면을 진술하고, 서증 갑 제○○호증의 1~갑 제○○호증(첨부)을 제출하였습니다.

3. 저희는 . .자 준비 서면을 진술하고, 서증 을 제○○호증의 1~을 제○○호증을 제출하였습니다.

4. 법원은 다음 변론 기일[준비 절차 기일, 감정 기일]을 20××. . . 오후 ○시 ○○분으로 지정하였습니다.

5. [기타 중요 진행 사항 내용 기재] OR [(그러한 사항이 있으나 시간이 부족한 경우) 법정에서 진행된 사항 중 추가로 설명드릴 사항은 별도로 정리하여 팩스나 유선 등으로 보고드리겠습니다.] OR [그러한 사항 없는 경우 본항 생략]

6. 기타 소송 진행에 대한 문의 사항이 있으시면 담당 변호사 ○○○(Tel. - ), 담당 변호사 ○○○(Tel. - )에게 연락 주시기 바랍니다.

20××. . .

법무법인 조 앤 최
변 호 사 ○ ○ ○

[문서 11-24] 준비 서면

| 변론 기일 | 20××. . . : |
|---|---|

| 주심 | 가 | 나 | 다 |
|---|---|---|---|

| 부본 영수 |
|---|
| 20××. . . |
| |

사 건 20×× 가합 1111 손해배상
원 고 ○ ○ ○
피 고 ○ ○ ○

# 준 비 서 면

20××. . .
원고 소송대리인
법무법인 조앤최
담당 변호사 ○ ○ ○
전화: - 팩스: -
이메일:

서울중앙지방법원 제 민사부 귀중

**[문서 11-24]** 사건 결과 통지서

법무법인
JOH & CHOI

서울특별시 서초구 서초동 123-21
대현빌딩 4층 (123-135)
TEL: 02-1234-1230 | FAX: 02-1234-1231

수 신:
참 조: (Fax. - )
제 목: 선고 결과 알림

| 사건 번호 | | 사건명 | |
|---|---|---|---|
| 관 할 | | 상대방 | |

귀사(하)로부터 수임하여 처리하고 있는 위 사건에 관하여 다음과 같이 알려드립니다.

1. 귀사(하)로부터 수임하여 처리하고 있는 위 사건에 관하여 20××. . . ○○지방법원으로부터 판결의 선고가 있었는바, 그 내용은 다음과 같습니다.

* 민사 판결 선고 결과 : 승소, 일부 승소, 패소 (확인된 주문 기재)
* 형사 - 주문 기재

2. (민사, 행정 사건의 경우) 자세한 사항은 판결문이 도달하는 대로 다시 보고드리겠습니다.

3. (형사 사건의 경우 유죄선고를 받았을 경우) 위 판결 선고일로부터 7일 이내에 항소(상고)를 제기하여야 하므로 본 안내문 수령 즉시 항소(상고)여부를 담당 변호사에게 알려 주시기 바랍니다.

4. 기타 소송 진행에 대한 문의 사항이 있으시면 담당 변호사 ○○○(Tel. - ), 담당 변호사 ○○○(Tel. - )에게 연락 주시기 바랍니다.

20××. . .

법무법인 조 앤 최
변 호 사 ○ ○ ○

[문서 11-25] 송무사건 결과 통지서(팩스 전송용)

법무법인
JOH & CHOI

서울특별시 서초구 서초동 123-21
대현빌딩 4층 (123-135)
TEL: 02-1234-1230 | FAX: 02-1234-1231

# 팩시밀리 전송

일 자: 20×× 년 월 일
전 송 매 수: 장(표지 포함)
수 신:
참 조:
팩 스 번 호:
발 신: 법무법인 조앤최 변호사 _________(전화: - )(확인: _________)
(팩스: , 이메일: )
제 목: ○○청구 사건 결과 통지

---

1. 귀사의 무궁한 발전을 기원합니다.

2. 저희 법무법인은 20××. . . 귀사로부터 수임한 귀사(원고)와 ○○○(피고)사이의 ○○지방법원 20××가합 ○○호 ○○사건의 종결 결과는 다음과 같습니다.

가. 판결 선고일: 20××. . .
나. 종결 결과:

3. 향후 소송 진행과 관련하여 궁금하신 내용이 있으시면 담당 변호사들에게 연락 주시기 바랍니다. 감사합니다.

사 본: 법무법인 조앤최 변호사 _________(전화: - )
(팩스: , 이메일: )

▣ 수신 중 이상이 있는 경우 본 사무소(02-1234-1230)로 즉시 연락 주시기 바랍니다.

**[문서 11-26]** 판결(결정)문 송부

법무법인
JOH & CHOI

서울특별시 서초구 서초동 123-21
대현빌딩 4층 (123-135)
TEL: 02-1234-1230 | FAX: 02-1234-1231

수 신:
참 조: (Fax. - )
제 목: 판결(결정)문 송부

| 사건 번호 | | 사건명 | |
|---|---|---|---|
| 관 할 | | 상대방 | |

귀사(하)로부터 수임하여 처리하고 있는 위 사건의 판결(결정)문 및 영수확인서를 보내드리오니, 수령하신 후 영수확인서에 날인하여 팩스 또는 우편으로 보내 주시기 바랍니다.

민사, 행정 본안사건의 경우

1. (전부승소) 위 판결문을 20×× . . 수령하였습니다. 상대방으로부터 항소(상고)가 제기될 경우 이를 확인하여 알려드리도록 하겠습니다.
2. (일부 승소 또는 패소의 경우) 위 판결문을 20××. . . 수령하였는바, 항소(상고)제기 만료일은 판결 수령일로부터 14일입니다. 따라서 그 이전에 항소(상고) 여부를 담당 변호사 ○○○(Tel. - ), 담당 변호사 ○○○(Tel. - )에게 알려 주시기 바랍니다

민사, 행정 신청사건의 경우

3. (일부 승소 또는 패소의 경우) 위 판결문을 20××. . . 수령하였는바, 항소(재항고)제기 만료일은 판결 수령일로부터 14일(즉시항고의 경우 결정 수령일로부터 7일)입니다. 따라서 그 이전에 항소(상고) 여부, 항고(재항고, 즉시항고) 여부를 담당 변호사에게 알려 주시기 바랍니다.
4. 기타 소송 진행에 대한 문의 사항이 있으시면 담당 변호사 ○○○(Tel. - ), 담당 변호사 ○○○(Tel. - )에게 연락 주시기 바랍니다.

위 사안은 변호사의 검토가 반드시 필요하오니 검토를 거쳐 당사자에게 통보하여야 할 것입니다.

20××. . .

법무법인 조 앤 최
변 호 사 ○ ○ ○
변 호 사 ○ ○ ○

첨 부: 판결문 및 영수확인서 1부

서 11-26]과 같이 클라이언트에게 판결문을 송부해 항소 또는 상고 제기를 할 것인지에 대해 담당 변호사에게 알릴 수 있도록 한다.

⑥ 법원 우편물 발송

내용 증명 판결문은 법원에서 당사자(클라이언트)에게 직접 발송한다. 로펌에서는 소송기록에 클라이언트로부터 받은 결정문 원본을 첨부해 두고, 사건 종결 후 클라이언트가 원하면 영수증을 작성하고 사본을 준다.

팩스로 판결문을 보낼 때는 [문서 11-28]과 같은 내용으로 판결문을 첨부해 클라이언트에게 전송한다.

영수확인서([문서 11-27] 참조)는 여러 상황에서 활용되는데 주로 사건 기록을 클라이언트에게 전달할 때 받는다. 선급금을 받았을 때 영수확인서를 받기도 하고, 상황에 따라 판결문을 클라이언트에게 송부할 때 함께 첨부하기도 한다. 이럴 경우 사건 기록을 클라이언트에게 전달하고 영수확인서를 받는다.

⑦ 송무 기록 관리

송무 사건의 종결통지서 작성 요령은 다음과 같다.

- 수행 변호사의 담당 비서는 송무사건의 판결(결정, 조정조서, 화해조서 등)을 전달받은 직후, 이 양식을 기재해 수행 변호사나 수임 변호사 중 어느 한 분의 결재를 받은 다음, 재무회계실 빌링 담당자에게 제출해야 한다(수행 변호사의 결재를 받은 때에는 수임 변호사에게 사본을 송부한다).
- '송무사건 종결통지서'[문서 11-29]의 양식은 재무회계실에서 송무사건의 승소보수금을 청구・관리하기 위한 것이므로, 완전 패소한 사건이나 승소 보수 약정이 없는 사건의 경우에는 작성할 필요가 없다.
- 클라이언트의 관리번호(reference number)가 있을 경우에는 의뢰인란에 함께 기재해야 한다.
- 종결 결과(승소, 일부 승소, 기타)와 성공보수금(부가세 포함 또는 부가세 별도) 및 약정란의 해당하는 곳에 O표를 한다.
- 성공보수금 항목의 '2. 계산'란에는 성공보수금의 산출 근거를 <표 11-6>의 성공보수금 산출 근거의 예와 같이 간략히 기재한다.

**[문서 11-27]** 영수확인서

# 영 수 확 인 서

사　　건　　○○가합 ○○○○호 [사건명 기재]

원　　고　　주식회사 ○○○

피　　고　　○ ○ ○

위 사건에 관한 판결문을 20××년　월　일자로 팩스 수령하였음을 확인합니다.

20××.　.　.

영　수　인

회 사 명:

부　　서:

직　　급:

성　　명:

법무법인 조앤최 담당변호사　○ ○ ○　귀하

[문서 11-28] 송무사건 종결 통지서

법무법인
JOH & CHOI

서울특별시 서초구 서초동 123-21
대현빌딩 4층 (123-135)
TEL: 02-1234-1230 | FAX: 02-1234-1231

# 팩시밀리 전송

일 자: 20×× 년 월 일
전 송 매 수: 장(표지 포함)
수 신:
참 조:
팩 스 번 호:
사 본: 법무법인 조앤최 변호사 ________(전화: - )
(팩스: , 이메일: )
발 신: 법무법인 조앤최 변호사 ________(전화: - )(확인: ________)
(팩스: , 이메일: )

제 목: ○○청구 사건 결과 통지

---

1. 귀사의 무궁한 발전을 기원합니다.

2. 저희 법무법인은 20××. . . 귀사로부터 수임한 귀사(원고)와 ○○○(피고) 사이의 ○○지방법원 20××가합 ○○호 ○○사건의 종결 결과는 다음과 같습니다.

가. 판결 선고일: 20××. . .
나. 판결 정본 송달일:
다. 종결 결과:
라. 항소장 제출 기한 만료일: 20××. . .

3. 향후 소송 진행과 관련하여 궁금한 내용이 있으시면 담당 변호사들에게 연락 주시기 바랍니다. 감사합니다.

첨부: 판결문 1부

▣ 수신 중 이상이 있는 경우 본 사무소(02-1234-1230)로 즉시 연락 주시기 바랍니다.

이 팩스에는 법률상 공개가 금지되거나 공개하여서는 안 되는 비밀정보가 포함되어 있을 수 있습니다. 이 팩스를 받으신 분이 해당 수신인이 아니거나, 또는 이 팩스를 해당 수신인에게 전달할 책임이 있는 직원 또는 대리인이 아닌 경우, 이 팩스를 공개 또는 전파하거나 복사하는 것은 엄격히 금지되어 있습니다. 만일 이 팩스가 잘못 전송되었을 경우에는 위 번호를 통하여 저희에게 즉시 알려 주시면 대단히 감사하겠습니다.

[문서 11-29] 송무사건 종결통지서

# 송무사건 종결통지서

작성일: 년 월 일

| | |
|---|---|
| 의뢰인<br>(자번호 있을 시 기재 요망) | |
| 법원 | |
| 사건 번호 | |
| 판결 선고일 | 20××. . . |
| 판결 송달일 | 20××. . . |
| 종결 결과 | 승소, 일부 승소, 기타( ) |
| 성공보수금 | 금 원(부가세 포함, 부가세 별도) |
| | <산출 내역><br>1. 약정: a. 승소 금액의 ( )% ☐<br>b. 착수금×승소 비율 ☐<br>c. 확정 금액 ☐<br>d. 기타 ☐<br>2. 계산: |

| 비 서 | 수행/수임 변호사 |
|---|---|
| | |

〈표 11-6〉 성공보수금 산출의 예

| No. | 계약 조건 | 산출 금액 |
|---|---|---|
| 1 | 승소 금액의 5% 약정 | 승소 판결 금액: 568,000,000원<br>산출 금액: 568,000,000×5%=28,400,000원 |
| 2 | 착수금×승소 비율 | 소가: 736,000,000원<br>판결 금액: 662,400,000원<br>착수금: 4,000,000원<br>산출 금액: 4,000,000×(662,400,000/736,000,000)=3,600,000원 |
| 3 | 확정 금액(약정서상) | 가처분 결정 시 약정승소금: 5,000,000원 |
| 4 | 기타 | 성공보수 약정-'인용시 5,000만 원(VAT 포함) or 합의금의 10%'<br>합의금: 400,000,000원으로 결정<br>성공보수금 청구액: 400,000,000×10%=40,000,000원(VAT 포함) |

### (1) 송무 사건의 종결

#### ① 보수금 청구 회람

송무 사건을 종결하기 위해 보수금 청구안을 회람하게 된다. 이것은 청구하기 전 관련 변호사의 회람을 통해 내용의 정확성을 확인하고자 하는 것이다. 회람이 완료되면 [문서 11-30]과 같이 소송비용 청구서를 클라이언트에게 발송한다.

#### ② 소송 기록 회수 및 폐기

사건이 종결되면 소송 기록을 클라이언트가 회수해 가거나 로펌이 클라이언트의 동의를 얻어 보존 기간 경과 후 폐기하기도 한다([문서 11-31] 참조). 변호사의 판단에 따라 소송 기록을 보관하기도 하고([문서 11-32] 참조), 폐기하기도 하는데([문서 11-33] 참조) 반드시 확인서를 작성해 계약서 모음집에 철해 두어야 한다.

#### ③ 계약서와 소송 기록 보관

송무 사건과 관련하여 체결된 모든 계약서는 일정 기간 모아서 하나의 모음집으로 정리해 보관한다. 보관 기간이 경과하면 원본은 폐기하고 사본을 전자 파일 후 영구 보관한다.

소송과 관련된 모든 기록은 사건별로 소송 기록 봉투에 넣은 후 회사 내 중앙저장소(centeral file room)에 보관하다가 보관 기간이 경과하면 외부 저장소에 일정 기간 보존 후 폐기한다. 소송 기록은 법원에서 보존하기 때문에 전자 파일화할 필요는 없다.

**[문서 11-30]** 소송비용 청구

법무법인
JOH & CHOI

서울특별시 서초구 서초동 123-21
대현빌딩 4층 (123-135)
TEL: 02-1234-1230 | FAX: 02-1234-1231

수 신:
참 조: (Fax. - )
제 목: 소송비용 청구

| 사건 번호 | | 사건명 | |
|---|---|---|---|
| 관 할 | | 상대방 | |

귀사(하)로부터 수임하여 처리하고 있는 위 사건의 소송비용 내역을 알려드리오니 아래 구좌로 조속히 입금하여 주시면 감사하겠습니다.

1. 금 ○○○,○○○원
   내역: □ 소장, □ 항소장, □ 상고장, □ 반소장에 첨부될 인지대, 송달료
   인지대: ○,○○○,○○○원 (소가×0.004+55,000원)
   송달료: 45,200원
   기 타: □ 송달료 추납, □ 인지대 추납, □ 검증, 감정료, □ 증인 여비,
   □ 민사예납금, □ 집행 비용 등등

2. 송금하실 은행 구좌–예금주 법무법인 조앤최
   ○○은행 123-00-12345
   △△은행 132-021-13579

3. 입금 후 담당 비서(○○○, ☎ ○○○-○○○○), 담당 변호사 ○○○(☎ ○○○-○○○○), 담당 변호사 ○○○(☎ ○○○-○○○○)에게 전화 주시면, 업무 처리 후 그 결과를 다시 알려드리겠습니다.

20××. . .

법무법인 조 앤 최
변 호 사 ○ ○ ○
변 호 사 ○ ○ ○

[문서 11-31] 클라이언트 발송용 소송기록 회수·폐기 확인서

# 소송기록 회수·폐기 확인서

| 사건 번호 | 20××가합12345호 | 사건명 | 손해배상(기) |
|---|---|---|---|
| 관　　할 | 서울지방법원 민사○○부 | 당사자<br>상대방 | ○ ○ ○<br>○ ○ ○ |

귀사로부터 수임하여 처리하고 있는 위 사건이 [판결 확정 등으로 사건이 최종 종결되거나 위임 관계 종료 등으로 수임 업무를 더 이상 수행하지 않게 된 경위를 입력(예: 판결 확정, 소 취하, 사임 등)] 되어 다음과 같이 확인서를 보내드리오니 수령하신 후 확인서에 날인하여 팩스(02) 1234-1231 또는 우편으로 보내 주시기 바랍니다.

□ 소송 기록 회수
　위 사건에 관한 소송 기록 일체를 20××.　.　.자로 수령하였음을 확인합니다.
　회수 방법－방문 수령

□ 소송 기록 폐기
　위 사건에 관한 소송 기록 일체를 법무법인 조앤최가 폐기하는 것에 동의합니다.

□ 기타

확 인 자－회사명 :
　　　　　부　서 :
　　　　　직　급 :
　　　　　성　명 :
　　　　　연락처 :

기타 문의 사항이 있으시면 담당 변호사 ○○○(Tel.　 -　 )에게 연락 주시기 바랍니다.

위 사건에 관한 기록 일체를 의뢰인에게 반납 또는 폐기하는 절차에 관하여 검토하였음을 확인합니다.

| 확인 일자 | 책임 변호사 | 담당 비서 | 팀장 | P.S. 등록 |
|---|---|---|---|---|
| | | | | |

[문서 11-32] 변호사용 소송기록 보관 확인서

# 소송기록 보관 확인서

| 사건 번호 | 20××가합12345호 | 사건명 | 손해배상(기) |
|---|---|---|---|
| 관　　할 | 서울지방법원 민사○○부 | 당사자<br>상대방 | ○ ○ ○<br>○ ○ ○ |

위 사건은 향후 업무에 계속적으로 이용할 필요가 있는 등의 특별한 사정이 있어 보관할 것을 확인함.

| 보유 기간 | 확인 일자 | 책임 변호사 | 담당 비서 | 팀장 | P.S. 등록 |
|---|---|---|---|---|---|
| 20××-○○-○○<br>~ 20××-○○-○○ | 20××-○○-○○ | | | | |
| 기록의 범위 | | | | | |
| 기록 일체 | | | | | |

---

| 기간 연장 | 확인 일자 | 책임 변호사 | 담당 비서 | 팀장 | P.S. 등록 |
|---|---|---|---|---|---|
| 20××-○○-○○<br>~ 20××-○○-○○ | 20××-○○-○○ | | | | |

□ 기록 폐기(또는 의뢰인 반환)
위 사건의 보유 기간이 종료되었으므로, 소송 기록 일체를(파기 내지 의뢰인 반환)함을 확인함.

| 확인 일자 | 책임 변호사 | 담당 비서 | 팀장 | P.S. 등록 |
|---|---|---|---|---|
| | | | | |

[문서 11-33] 변호사용 소송기록 폐기 확인서

# 소송기록 폐기 확인서

| 사건 번호 | 20××가합12345호 | 사건명 | 손해배상(기) |
|---|---|---|---|
| 관　할 | 서울지방법원 민사○○부 | 당사자<br>상대방 | ○ ○ ○<br>○ ○ ○ |

위 사건이 [수임 포기-(예: 판결 확정, 소 취하, 사임 등)]로 종결되어 기록 일체를 폐기하는 절차에 관하여 검토하였음을 확인합니다.

＊ 폐기 요청 사유

□ 반환할 자료가 없음
□ 자료가 있으나 반환할 필요성이 없음

| 확인 일자 | 책임 변호사 | 담당 비서 | 팀장 | P.S. 등록 |
|---|---|---|---|---|
| | | | | |

## 4) 사건 종결

프로젝트 혹은 소송이 끝난 경우에는 사건을 종결(case closing)한다. 이 때에는 반드시 bill이 청구되었는지 확인한 후에 처리 절차를 밟아야 한다. [그림 11-2]는 국내 A로펌의 사건 종결 절차이다.

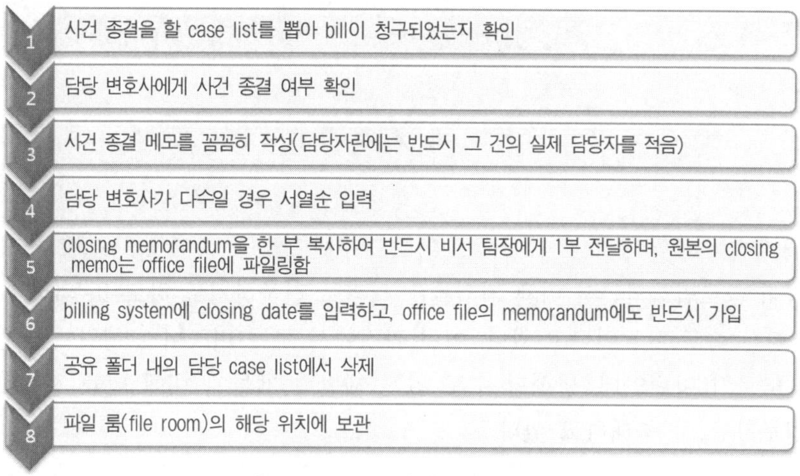


**[그림 11-2]** 사건 종결 절차

# 제 12 장 자문 업무 관리

기업환경이 글로벌화되면서 이제 기업들은 해외로 진출하기도 하고 또 외국 기업들의 한국 진출도 빠른 속도로 늘어나고 있다. 이런 과정에서 모든 비즈니스 행위에는 반드시 법률적 문제가 따르기 마련인데, 발생할 수도 있는 제반 문제들에 대해 법률 전문가가 자문을 해 주는 업무가 점차 증대하고 있다.

법률회사의 변호사들은 크게 송무 팀과 자문 팀으로 나뉜다. 자문 팀은 주로 다양한 법률적 문제를 검토하게 되는데, 의뢰인과의 법률 상담과 자문이 주요 업무가 된다.

## 12.1 자문 업무의 종류

국내 대형 로펌의 홈페이지에서 소개된 대표적인 자문 업무의 종류를 종합하면 <표 12-1>과 같다. 다양한 영역에서 발생하는 자문 업무들을 살펴보자.

〈표 12-1〉 자문 업무

| | |
|---|---|
| ▸ 금융 | ▸ 지적재산권 |
| ▸ M&A | ▸ 엔터테인먼트/스포츠 |
| ▸ 투자 | ▸ 정보통신(IT) |
| ▸ 부동산 | |

### (1) 금융

법률회사는 금융 관련 법령에 따라 은행, 증권 및 금융 업무에서 발생하는 다양한 법적 문제와 관련해 국내 금융기관 및 모든 금융 거래에 적용되는 자문을 제공한다.

법률회사에서 은행, 증권, 금융 분야와 관련하여 수행하는 주요 업무 분야로는 자산 유동화, 프로젝트 금융, 항공기 및 선박 금융, 금융 법규 준수, 자본시장 및 증권 거래, 은행 차입 등이 있다. 이에 따라 법률회사는 클라이언트의 사업 목표와 운영에 영향을 미치는 관련 법률 제도의 변경과 발전에 대한 최신 정보 및 지식을 갖추고 모든 형태의 법률적 자문을 전문적이고 효율적으로 제공하게 된다. 또한, 국내 금융 관련 법령에 대한 철저한 이해와 분석을 바탕으로 금융감독 당국과의 긴밀한 업무 협조를 통해 적절한 시기에 자문 제공이 이루어질 수 있도록 한다.

### (2) M&A(Mergers and Acquisitions)

기업의 인수·합병 거래는 법률회사에서 제공하는 법률 서비스에서 중요한 업무 분야 중 하나이다. 법률회사는 국내외 M&A 거래와 관련해서 클라이언트의 다양한 요구에 맞추어 최적의 해결책을 제공하게 된다. 법률회사의 M&A팀은 클라이언트의 수요에 적합한 거래 구조 및 전략을 수립하고, 해당 거래에 필수적으로 요구되는 법률 실사와 제반 계약서, 기타 서류의 작성 및 협상을 수행한다. 또한, 해당 거래와 관련해서 정부 또는 감독기관과의 긴밀한 협의를 토대로 한 정부 인허가, 승인, 신고 등을 수행해서 고객이 추진하는 거래의 성공적 완결을 이끌어 내기 위해 종합적인 법률 검토 및 전문적인 자문을 제공한다.

### (3) 투자

법률회사에서 제공하는 대표적인 투자 분야의 자문으로는 사모 투자, 외국인 투자, 해외 투자 등이 있다. 사모 투자에 관한 자문으로는 투자 펀드 및 기타 투자 기구의 설립 및 자금 조달 등 사모 투자 펀드 및 벤처 캐피털이 수행하는 모든 형태의 활동에 대한 전문적 지식과 경험을 보유한 변호사들이 자문을 하게 된다. 국제적인 사모 투자 펀드가 한국 투자자들을 대상으로 펀드에 대한 투자 기회를 제공하는 것과 관련해 증권 및 조세 이슈 등에 대한 자문을 제공하며, 최근에는 주요 사모 투자 전문 회사들의 설립 건을 자문하기도 한다.

외국인 투자는 외국 기업의 국내 투자에 관한 전문적인 자문을 제공하는 것으로, 한국 시장 진출을 위한 계획 단계에서의 기초적인 자문, 현지 법인 또는 사무소의 설립 절차 대행은 물론, 설립 후 사업 활동에 대한 자문 등을 담당하게 된다. 한국으로 진출하고자 하는 외국 기업이 국내에 자회사, 합작법인, 지점 및 연락사무소 등 다양한 진출 방식 중에서 가장 적합한 사업 형태를 선택할 수 있도록 법률 자문을 제공하며, 필요한 정부 인허가 서류를 작성하고 신고를 대행하는 업무를 처리한다.

해외 투자는 한국 기업의 해외 투자 분야에 관한 전문적인 자문을 제공하는 것을 말한다. 이와 관련해 법률회사는 세계 각 지역에 대한 법적 환경을 고려해서 각 지역별 전문그룹을 운영하기도 한다. 한국 기업의 해외 진출, 현지 법인 설립, 부동산 취득·개발, 외국 기업과의 공동 투자, 외국 기업과의 M&A, 세무, 노동, 환경, 공정 거래 등 해당 국가의 법적 환경과 정부 정책에 관한 정보를 제공하고 현지 법률 사무소들과의 긴밀한 협조를 토대로 최적의 법률 자문 서비스를 제공한다.

#### (4) 부동산

부동산은 전통적으로 기업의 중요한 물적 기반으로만 인식되었으나, 이제는 주요한 투자 대상으로 인식되고 있어 부동산 투자가 활성화되고 있다. 최근에는 국내 부동산에 대한 투자 업무뿐 아니라 새로운 부동산 개발 업무도 활발히 이루어지고 있으며, 국내 기업의 해외 부동산 개발과 관련된 업무도 많다. 법률회사에서는 국내 부동산에 대한 투자, 개발 자문을 비롯해 국내 기업을 대리하여 해외 부동산 개발 업무에 관한 자문 서비스도 제공한다.

#### (5) 지적재산권

산업 발전의 원동력이 되어 왔던 기술은 고전적인 어떤 재산권보다 더 중요한 '보이지 않는 재산권'으로 보호되고 있다. 기업의 지적재산권은 기술 혁신 능력을 의미하고 또한 시장에서의 경쟁력을 의미하기 때문에 법률회사는 클라이언트의 지적재산권을 효과적으로 취득하고 관리하고 보호할 수 있도록 한다. [문서 12-1]은 상표권 침해에 대한 중지 요청 공문의 사례이다.

특허, 상표 등의 전통적 지적재산권 분야, 영업 비밀 및 제조물 책임 분야, 전자상거래 및 소프트웨어 개발, 사용 등 첨단 정보기술(IT) 분야 관련 각종 자문과 계약서 검토와 협상 대리 등의 자문 및 업무를 처리한다. 지적재산권 관련 자문의 법률 수요는 계속 증가하는 추세이며 중요한 영역이 되고 있기 때문에 법률회사에서는 지적재산권과 관련해 종합적인 법률 서비스를 제공할 수 있도록 많은 경험과 지식을 지닌 전문팀을 구성하기 위해 우수 인재들을 영입한다. 그뿐만 아니라 세계 각국의 저명한 로펌과 특허사무소와의 글로벌 업무 협조 체제를 확보해 수행한다.

#### (6) 엔터테인먼트/스포츠

비교적 신생 산업 분야인 미디어와 콘텐츠 산업에서는 다양한 법률 이슈들이 생겨나고 있다. 법률 이슈들의 대부분은 기존의 틀과 다른 분석이 요구되므로 이러한 법률 문제에 대해서는 기존 법률 이론을 넘는 새로운 해석이 필요하거나, 새로운 입법을 필요로 하기도 한다. 엔터테인먼트와 스포츠 분야는 극장, 비디오, 음반, 드라마, 방송, 음악, 인터넷, 뉴미디어 및 신기술 등 폭넓은 핵심 분야를 망라하는 전문 지식을 바탕으로 한 국제적인 업무 수행 능력을 갖추어 자문 업무를 수행하게 된다.

#### (7) 정보통신(IT)

정보통신 분야의 자문 업무로는 인터넷 도메인 분쟁, 웹사이트 운영 및 인터넷 커뮤니티를 둘러싼 법적 책임 등과 관련한 자문 업무를 수행한다. 특히, 인터넷 서비스 제공 회사(ISP), 사이버 쇼핑몰(cyber mall), 인터넷 포털 사이트 운영 등과 관련한 법률 서비스를 제

**[문서 12-1]** 상표권 · 서비스표권 침해 중지 등 요청 통보

법무법인
**JOH & CHOI**

**서울특별시 서초구 서초동 123-21**
**대현빌딩 4층 (123-135)**
**TEL: 02-1234-1230 | FAX: 02-1234-1231**
**info@johchoi.com**

20××년 0월 00일

수 신 : ○○피자
경기도 ○○시 △△동 12-2번지
대표자 □□□
발 신 : ◇◇ 주식회사
대리인 법무법인 조앤최
변호사 최애경
서울특별시 서초구 서초동 123-21 대현빌딩 4층
(전화번호: 02-1234-1230, 팩스번호: 02-1234-1231)
제 목 : 상표권·서비스표권 침해 중지 등 요청 통보

법무법인 조앤최는 위 발신인(이하 ""◇◇""라 함)을 대리하여 귀하에게 다음과 같이 상표권·서비스표권 침해 중지를 요청합니다.

- 다 음 -

◇◇는 레스토랑업 등을 지정 서비스업으로 하는 등록 서비스표권 "○○피자"를 보유하고 있고, 그 외에 "△△", "◆◆" 등 표장에 대하여도 등록 상품권 및 서비스표권을 보유하고 있습니다(첨부 서비스표권 등록원부(발췌) 참조).

- 서비스표(등록 제12345호) "○○피자"

- 지정서비스업 "레스토랑업, 식당체인업, 피자전문점업, 피자전문체인업" 등 관련

그런데, 귀하는 현재 아무런 권한도 없이 ◇◇의 위 상표, 서비스표 또는 기타 표장들을 사용하면서 음식점 영업을 하고 있습니다. 이러한 귀하의 행위는 ◇◇의 상표권 또는 서비스표권을 침해하는 것입니다.

상표권 또는 서비스표권 침해에 해당하는 경우, 그 침해자는 민사적으로는 침해로 인한 손해를 배상하여야 할 뿐만 아니라(민법 제750조, 상표법 제67조), 형사적으로는 7년 이하의 징역 또는 1억 원 이하의 벌금에 처해질 수도 있습니다(상표법 제93조).

- 중 략 -

회신 기한: 본 통보문 발송일부터 14일 이내
회 신 처: ◇◇ 주식회사(대표이사 ○○○)
(송달 주소) 서울특별시 서초구 서초동 123-21 대현빌딩 4층
담당자 법무팀 홍○○ 부장, 이○○ 대리
(전화 번호) 02-1234-1230

만일 본 통보문 발송일부터 14일 이내에, ◇◇가 귀하의 위 회신을 수령하지 못하거나, 귀하가 침해 중지(증빙 포함) 및 위 각서의 제공을 하지 않는 경우에는, 법무법인 조앤최는 ◇◇를 대리해 귀하에 대하여 민・형사상 소송을 포함한 가능한 모든 법적 조치를 진행할 수밖에 없음을 양지하시기 바랍니다.

모쪼록, 원만히 본 건이 해결되기를 희망합니다.

첨부
1. 서비스표권 등록원부(발췌)

20××. 5. 20.
법무법인 조앤최
변호사 최 애 경

공한다. 또한 전자상거래 관련 법규 개정, 소프트웨어 라이선스 및 기술 도입 계약 등 법적 분쟁의 예방 및 권리 침해 예방에 대한 수요가 늘어남에 따라 소프트웨어 라이선스 업무 및 기술 도입 계약 등과 관련한 법률 자문을 제공한다.

## 12.2 자문 업무의 관리 절차

### 1) 자문 업무의 수임

#### (1) 자문 업무의 종류

① 단건

단건(case by case)으로 계약하는 자문 업무의 경우 일회성으로 프로젝트 계약서를 검토하거나 법률의견서를 작성하는 것을 말한다.

② 고문 계약

고문 계약은 로펌과 클라이언트 간에 일정 기간 동안 계약을 하여 법률 서비스를 제공하는 것을 의미하며, 단위 기간 동안 얼마만큼의 법률 서비스를 제공하는가에 따라 계약금이 달라진다. 예를 들어, 1년 동안 한 달에 7시간씩 150만 원으로 고문 계약을 했을 경우 계약 기간 동안은 정해진 서비스 수수료를 받으나 1년이 넘은 시점에서는 시간당 요율로 바꿀 수 있다.

#### (2) 사건 개시

송무와 마찬가지로 자문 업무도 사건 개시(case open)와 관련한 업무 절차에 따라 수행하게 된다. 자세한 내용은 176쪽의 '2) 사건 개시'를 참조한다.

#### (3) 계약서 편집법

계약서를 작성할 때는 주로 MS-Word 프로그램을 사용한다. 모든 국/영문 계약서의 여백은 1인치로 지정하며, MS-Word의 페이지 설정에서 좌우상하 여백을 1인치로 설정한 후 본문을 작성한다.

담당 변호사가 계약서 서명본 편집 지시를 내리면, 계약서를 전체적으로 살펴보면서 오탈자, 띄어쓰기, 줄 띄기, 간격 등이 정확한지 살펴본다. 한 페이지 안에서 조나 항과 함께 본문이 같이 있지 않고, 조나 항이 맨 아랫줄에 위치해 다음 장에 본문이 있는 경우에는 반드시 페이지 나누기를 하여 각 페이지 맨 위에 조나 항과 함께 본문이 올 수 있도록 한다.

페이지 번호는 반드시 로마자 소문자(i, ii, iii, …)로 표시하고, 계약서 본문의 첫 페이지는 페이지 번호를 넣지 않는다. 표지와 목차, 계약서 본문은 각각 '구역 나누기'(다음 페이지)로 설정해 표지와 목차, 계약서가 각각 따로 페이지 번호가 매겨지도록 하는데 이것은 머리글이나 바닥글이 있을 경우에도 따로 설정하기 위해서이다. 단, 계약서 본문은 '페이지 나누기'로 설정해 계약서 본문의 페이지 번호가 이어지도록 하며 '당사자 소개-전문-용어 정의-조항' 등의 순서로 작성한다. 일반적으로 계약서 작성을 용이하게 하기 위해 로펌마다 정해진 서식이나 템플릿(template)이 개발되어 있다.

#### (4) 계약서 표지 서식

모든 계약서의 표지 서식은 통일되어야 한다. 특히 한 프로젝트 내 모든 서명본의 표지 크기에 신경쓰도록 한다. 영문 계약서의 경우, 텍스트 상자에 음영이 있더라도 임의로 국내 계약서 표지 서식으로 수정할 필요는 없다.

#### (5) 계약서

쌍방이 계약서에 서명을 함으로써 본격적인 자문 법률 서비스가 시작된다. 먼저 계약서 서식을 이용해 필요 사항을 입력한 후, 계약서상에 오류가 없는지 면밀히 검토한 후 출력한다. 자문계약서를 출력할 때 양질의 용지를 사용하며, 도장을 찍거나 간인을 할 경우 선명하게 나오도록 찍는다. 자문계약서는 서류의 왼쪽 윗 귀퉁이에 삼각형 탭을 씌워 스테이플러로 찍으며, 최종본은 스캔해 공유 폴더에 저장해 보관한다. 또한 원본을 송부하지 않을 때에는 항상 메인 오피스 파일(main office file) 안의 비닐 파일에 넣어 보관한다.

자문계약서는 2부를 출력해 직인 및 간인한 후에 해당 클라이언트에게 2부를 송부한다. 클라이언트에게 송부한 시점으로부터 최장 2주 내에 꼭 날인 최종본을 받도록 한다. 원본이 송부되어 온 경우에는 원본은 회계 팀에 보내고, 사본은 오피스 파일의 비닐 파일 안에 1부 보관하며, 사건에 배당된 변호사가 여러 명일 경우 담당 변호사에게도 확인용 사본을 보낸다. 또한 양측의 간인이 된 자문계약서를 PDF 파일로 만들어 공유 폴더의 해당 사건 폴더 내에 저장한다.

자문계약서를 PDF 파일로 전환할 때에는 아크로뱃(Acrobat)이 설치되어 있는 경우에만 가능하다. 아크로뱃이 설치된 경우에는 MS-Word의 도구창 가장 아랫줄 왼쪽에 PDF 전환 아이콘이 생성되며, "PDF 파일로 전환(Convert to Adobe PDF)" 아이콘을 클릭해서 다른 이름으로 저장하면 바로 PDF 파일로 전환이 완료된다. 그러나 아크로뱃이 설치되어 있지 않은 경우에는 다기능 복사기나 스캐너로 스캔을 하여 손쉽게 파일을 만들 수 있다.

단건과 정기적 고문계약에 따른 법률자문 계약서, 법률고문 위촉계약서 서식의 예는 [문서 12-2], [문서 12-3], [문서 12-4], [문서 12-5]와 같고, 문서 송부 서식은 [문서 12-6], [문서 12-7]과 같다.

**[문서 12-2] 미국 로펌의 New Client Sheet 예**

## New File

Client (Check One)
_______ INDIVIDUAL ________________________________________
Last First Middle
Initial
_______ ENTITY ________________________________________
(Use complete name & common abbreviations; place articles[e.g. The] at end.)
_______ CLASS ACTION ________________________________________
(File Name, ex.: Popcorn Antitrust Litigation)

Matter (Check One)
_______ NON-LITIGATION
_______ LITIGATION
_______ Approved for litigation by – MUST BE INITIALED by submitting attorney!!

Nature of the Case
_______Area of law code _______ Summary of work or dispute: ________
________________________________________

Client Contact (N/A for Class Actions)
Name: ________________________________________
Company: ________________________________________
Street: ________________________________________
City, State, Zip: ________________________________________
Telephone: ________________________________________
*New Adverse Parties:
________________________________________
________________________________________
________________________________________
*New Related Parties (for Class Actions, Names Plaintiffs Only):
________________________________________
________________________________________
________________________________________
*Will be entered into computer system by Bus. Dept. AFTER approval by Managing Partner.

## Closed File

Date Closed: __________ Atty. or Sec. Initials: __________
__________ Attach Pleadings and/or File Indexes. If indexes are not available, attach brief description of what is contained in the file(s). SEND FILES, THIS FORM, AND INDEX TO FILE ROOM.

Routing Lists

| | (Initial) | | | |
|---|---|---|---|---|
| | New File | Date | Closed File: | Date: |
| Submitting by | ______ | ______ | ______ | ______ |
| Sec. of Submitting Person | ______ | ______ | ______ | ______ |
| Managing Partner | ______ | ______ | ______ | ______ |
| Business Department | ______ | ______ | ______ | ______ |
| File Department | ______ | ______ | ______ | ______ |
| Firm Newsletter | ______ | ______ | ______ | ______ |
| Docket for Litigation | ______ | | | |
| EnviroLaw(Computer Center) Add? | ______ | | | |
| IdeaLaw(Computer Center) Add? | ______ | | | |
| JobLaw(Computer Center) Add? | ______ | | | |

**[문서 12-3]** 단건의 법률자문 계약서

# 법률자문 계약서

____[고객명]____ (이하, "갑"이라 한다.)는 법무법인 조앤최(이하 "을"이라 한다.)와 [계약 체결일]자로 다음과 같이 본 법률자문 계약을 체결한다.

1. 법률자문의 제공

갑과 을은 갑이 을에게 법률자문 제공을 요청하는 경우 이 계약에 정한 조건에 따르기로 합의한다.

2. 담당 변호사의 지정

을은 ________ 변호사를 담당 변호사(이하 "담당 변호사"라 한다.)로 지정한다. 을은 갑이 자문을 요청한 사항에 대한 적절한 자문을 제공하기 위하여 필요할 경우, 위 담당 변호사 외의 다른 담당 변호사를 지정할 수 있다.

-중 략-

6. 계약 기간

이 계약은 20××년 월 일부터 발효하고, 발효일로부터 1년간을 계약 기간으로 한다. 다만, 당사자 일방이 계약 기간 만료 30일 전까지 서면으로 다른 의사 표시를 하지 않으면, 같은 조건으로 1년간씩 자동 연장된다.

20××. . .

(갑) 의뢰인 성 명: (인)
주민등록 번호 또는 사업자 번호:
주 소:

(을) 수임인 변호사: 법무법인 조앤최
변호사 (인)
사무소: 서울시 서초구 서초동 대현빌딩 4층

**[문서 12-4]** 고문계약에 따른 법률자문 계약서

# 법률자문 계약서

[고객명] (이하, "갑"이라 한다.)는 법무법인 조앤최(이하 "을"이라 한다.)와 [계약 체결일]자로 다음과 같이 본 법률자문 계약을 체결한다.

## 전 문

1. 고객은 [고객의 업무 영역]에 종사하는 법인으로서 [필요에 따라 고객의 전반적인 경영 또는 ○○○ Project]에 필요한 법적 자문을 받고자 한다.

2. 조앤최는 계약, 민사, 상사, 회사 관계, 조세, 지적 소유권, 국제 거래 등 관련 법 분야 전반에 대하여 법적 자문을 제공하고 있는 종합 법무법인이다.

3. 고객은 조앤최로부터 법적 자문을 받기를 희망하며, 을은 고객을 위하여 법적 자문을 제공하기를 희망한다.

위 전문 및 상호 합의를 바탕으로 아래와 같이 합의한다.

## 합의 사항

제1조(법률 자문)

조앤최는 고객의 요청이 있는 경우, 일반적·법적 질의에 대한 구두 또는 전화에 의한 상담, 문서 작성, 감정 등 법적 자문을 제공한다.

제2조(법률자문료)

① 법률자문료는 고객의 요청에 따라 법적 자문을 제공하는 담당 변호사 또는 법무조사역이 위 법적 자문 제공에 소요한 시간에 그 변호사 또는 법무조사역이 위 법적 자문 제공에 소요한 시간에 그 변호사 또는 법무조사역의 시간당 보수액을 곱한 금액으로 한다(부가가치세 별도, 이하 같다).

② 고객을 위해 법적 자문을 제공할 담당 변호사의 시간당 보수액은 현재 금 [최저 금액]에서 금 [최고 금액]의 범위에서 담당 변호사의 경력 및 질의 내용의 난이도에 따라 산정하며, 시간당 보수액의 변동액이 있는 경우 조앤최는 즉시 고객에게 이를 통지한다.

③ 조앤최의 법률자문 시 발생되는 제반 비용(복사비, 통신비, 출장비 등)은 별도로 청구한다.

④ 조앤최는 제①항 및 제③항의 법률자문료 및 비용을 최소화하기 위하여 최대의 노력을 기울이기로 한다.

- 중 략 -

제6조(기타)

① 조앤최는 고객에 대하여 최상의 법률자문을 제공하기 위하여 최대의 노력을 하여야 한다.

② 본 계약상 규정되지 않은 사항에 관하여는 변호사법, 민법 등 관련 법규에 따른다.

③ 본 계약상 당사자 간에 분쟁이 있는 경우 서울중앙지방법원을 그 관할 법원으로 한다.

위 사항을 증명하기 위하여 고객과 조앤최는 본 계약서를 2통 작성하여 각 1통씩 보관한다.

[고객 이름]
[고객 주소]
대표이사 ○ ○ ○

법무법인 조앤최
서울시 서초구 서초동 대현빌딩 4층

**[문서 12-5]** 고문계약에 따른 법률고문 위촉 계약서

# 법률고문 위촉 계약서

위촉인(이하, "갑"이라 한다)이 법무법인 조앤최(이하 "을"이라 한다)를 법률고문으로 위촉함에 있어서 갑과 을은 다음과 같이 약정한다.

1. 을은 갑의 요청에 따라 갑이 당면한 법률 문제 중 소송 및 중재를 제외한 부분에 관하여 자문에 응한다.

2. 갑과 을은 소송 중재에 관하여는 이 계약과 별도의 약정에 의하여 위임 및 수임한다.

3. 갑은 이 약정에 따른 월정 고문료로서 매월 일에 금 원(부가가치세 별도)을 지급한다.

4. 갑은 위 3항의 월정 고문료와는 별도로 을의 서면 회신 또는 방문 내지 유선 상담에 대한 자문료로서, 을이 법률 검토, 조사, 서면 작성, 상담에 들인 시간을 기준으로 시간당 ○○만 원에서 ○○만 원(부가가치세 별도)의 범위 내에서 담당 변호사의 경력과 질문 내용의 난이도에 따라 산정하여 월별로 청구하는 보수를 지급한다. 다만 을은 매월 자문료 중 위 3항의 월정 고문료의 ○○%에 해당하는 금액 범위 내에서는 별도 보수를 청구하지 아니한다.

5. 을은 을 자신이나 그의 다른 고객과의 사이에 이해 관계의 충돌이 생길 우려가 있는 사건에 관하여는 갑의 법률사무를 수임하지 아니할 수 있다.

6. 이 고문계약은 20××. . .부터 발효하고, 계약 기간은 발효일로부터 1년으로 한다. 다만 계약 기간 만료 30일 이전까지 갑 또는 을이 별도의 의사 표시가 없으면 동일한 내용으로 자동 갱신된다.

7. 기타.

20××. . .

(갑) 위촉인:

(을) 법률고문: 법무법인 조앤최

[문서 12-6] 문서 송부 서식

법무법인
JOH & CHOI

서울특별시 서초구 서초동 123-21
대현빌딩 4층 (123-135)
TEL: 02-1234-1230 | FAX: 02-1234-1231
info@johchoi.com

# 문서 송부

20××년 ○월 ○○일

수　　신 : ○○은행 / 수탁업무팀
참　　조 : ○ ○ ○ 차장
발　　신 : 변호사 ○ ○ ○ / 변호사 ○ ○ ○ / ○ ○ ○ 팀장
제　　목 : ○○초등학교 외 2개교 신·개축 ○○○민간투자사업
Our Ref.: S123C456

아래 서류를 보내드리오니 업무에 참조하시기 바랍니다. 첨부 서류와 관련하여 의문 사항이 있으시면 직통 번호 02-1234-1212로 연락 주시기 바랍니다.
감사합니다.

| 번호 | 문서명 | | 부수 | 비고 |
|---|---|---|---|---|
| 1 | 주주협약 서명본 | | 1 | 원본(간인본) |
| 2 | △△은행 | 위임장 | 1 | 원본 |
| 3 | | 법인인감증명서 | 1 | 원본 |
| 4 | 약정서 바이블 | | 1 | 열제본 |

상기 서류의 수령 사실을 확인합니다.

수 령 인:
직책/직위:
수 령 일:

첨부 서류를 수령하신 분은 서명/날인하신 후 저희 사무소의 FAX로 보내 주시면 감사하겠습니다.

[문서 12-7] 문서 송부 서식

Attorneys at Law
JOH & CHOI

4th Floor, Daehyun Bldg.
123-21 Seocho-dong,
Seocho-gu, Seoul 123-135
TEL: +82-2-1234-1230 | FAX: +82-2-1234-1231
info@johchoi.com

## CONFIRMATION OF RECEIPT

Date: September ○○, 20××
To: ○○ Bank AG, Hong Kong Branch
Cc: Ms. ○○ ○○○○
From: ○○ Kim / ○○ An / ○○ Yang / ○○ Lee
Re: ○○○○ Ltd., US$20,000,000 Zero Coupon Exchangeable Bonds due 20××
Our Ref.: A456A1

We hereby enclose the following documents. Should you have any questions, please don't hesitate to call(TEL: +82-2-1234-1212). Please confirm receipt by countersigning below and return a copy of this letter by fax.

| No. | TITLE | QUANTITY | REMARKS |
|---|---|---|---|
| 1 | Global Bond | 1 | Original |

We confirm receipt of the documents listed above.

Date:
By:
Name:
Title:

**[문서 12-8]** Case Closing Memo

Closing Date: 년 월 일

# CASE CLOSING MEMO

(REF NO.: )

1. 관련 사항
   (1) 고객 상호 :
   (2) 관계자 성명 :
   (3) 사건 의뢰일 :
   (4) 실제 담당 변호사 :

2. 사건의 내용 :

3. 특기 사항 : BILL 청구 완료

4. 파일 보관 기간 : [보관 기간 후 폐기]

서 명: ____________________

Atty:

서 명: ____________________

Atty:

서 명: ____________________

Partner Atty:

서 명: ____________________

Partner Atty:

## 2) 자문 업무의 진행

로펌 비서는 담당 변호사의 원활한 자문 업무의 진행을 위해 의견서(Agreement)를 잘 관리해야 한다. 의견서를 출력할 경우에는 자문계약서와 마찬가지로 양질의 용지에 뽑아야 한다. 도장을 찍거나 간인을 할 경우에도 선명하게 나오도록 찍고, 영문 의견서인 경우에는 담당 변호사의 영문 서명을 받아야 한다. 의견서는 서류 왼쪽 윗 귀퉁이에 삼각형 탭을 씌워 스테이플러로 찍으며, 최종본은 스캔을 하여 공유 폴더에 저장해 보관한다. 또한 원본을 송부하지 않을 때에는 항상 해당 사건 파일 안에 정리해 보관한다.

회계법인은 감사 결과를 보고할 때 감사 대상 회사에 대한 정보가 필요하다. 따라서 1년에 한두 차례 회계법인은 감사 대상 회사에 대해 로펌이 진행하고 있는 소송건이 있는지 여부를 문의해 온다. 이 때 모든 비서에게 메모랜덤을 보내 확인 후 회계법인에 그 결과를 회신한다. 메모랜덤은 공유 파일로 모든 비서에게 회람되며 담당 비서가 그 결과를 수합하여 회계법인에 보고하는 것이다.

자문 업무도 송무와 마찬가지로 자문과 관련하여 체결된 모든 계약서는 일정 기간 모아서 하나의 모음집으로 정리해 보관한다. 보관 기간이 경과하면 원본은 폐기하고 사본을 전자 파일 후 영구 보관한다. 소송과 관련된 모든 기록은 사건별로 소송기록 봉투에 넣은 후 회사 내 중앙저장소(centeral file room)에 보관한다([문서 12-8] 참조).

## 3) 사건 종결

프로젝트 혹은 소송이 끝난 경우에는 사건을 종결(case closing)한다. 이 때에는 반드시 bill이 청구되었는지 확인한 후에 처리 절차를 밟아야 한다. 종결 절차는 자문 업무 종결 절차와 같다([그림 11-2] 참조).

# 제 13 장 문서관리

로펌에서는 다양한 양식과 수많은 문서가 유통된다. 많은 문서가 전자 문서의 형태로 송수신되고 보관되지만 종이 문서의 비중은 여전히 높다. 특히 법률 절차에 따라 각종 다양한 형태의 서식을 사용하여 처리하는 업무의 비중이 절대적으로 높은 만큼 전자 문서와 종이 문서를 효과적으로 관리하는 것은 매우 중요하다. 로펌 비서는 문서의 접수부터 문서의 폐기에 이르기까지 주기에 따른 처리와 관리에 관한 절차를 숙지해야 한다.

## 13.1 문서의 수 · 발신

### 1) 문서의 접수와 배부

문서의 접수와 배부 업무는 대형 로펌의 경우 비서가 담당하지 않고 총무팀이 주로 하는 업무이지만, 소형 법률회사의 경우에는 비서가 담당하기도 한다. 외부에서 도착되는 모든 문서는 총무과와 같은 담당 부서에서 일괄적으로 접수해 도착 문서의 누락을 예방하고, 접수한 것을 확인 등록한 후 관계 부서에 신속하게 배부한다. 이 과정에서 분실 등의 사고가 발생하는 일이 없도록 각별히 주의해야 한다.

문서의 접수·배부 방법에는 접수된 문서를 개봉하지 않고 문서 담당 부서에서 직접 수신처 앞으로 배부하는 방식과, 접수된 문서를 문서 담당 부서에서 개봉하고 내용에 따라서 관계 부서를 판정해 해당 관계 부서에 배부하는 방식이 있다. 개봉하지 않고 직접 수신처에 배부하는 방법에 의하면 모든 문서가 내용의 검토 없이 수신자나 수신처에 송달되므로 광고문과 같은 필요하지 않은 문서까지도 전달되고 문서의 긴급성을 알 수 없어 문서 처리의

〈표 13-1〉 문서 접수 대장

| 일련 번호 | 접수 일자 | 발신기관명 | 문서 번호 | 제목 | 처리과 | 인수자(서명) |
|---|---|---|---|---|---|---|
| 06-217 | ××. 8. 3 | 한국화재보험 | 한화 08-03 | 보험증권 | 총무과 | 김상진 |
| | | | | | | |
| | | | | | | |
| | | | | | | |

신속성을 저해할 수 있다. 반면, 개봉 후 관계 부서에 배부하는 방법은 문서 처리 담당 부서에서 문서의 중요성을 판단해 적정 부서나 담당자에게 보내 주기 때문에 효율적일 수 있다. 문서의 접수 방법은 조직의 규모와 특성에 따라 다르지만 매일 전달되는 대량의 문서를 어떻게 효율적으로 처리하는가는 업무에 큰 영향을 끼친다.

우편물 처리에서 수신된 우편물은 우편물 기록부나 문서 접수 기록대장에 접수 연월일, 발신처, 수신인, 주무과, 문서 제목, 첨부물 등과 등기 우편물인 경우 등기 번호를 기재하고 해당 부서나 개인에게 배부한다. 봉투에 주무 부서가 표시되어 있지 않은 경우에는 개봉해서 내용을 보고 관계 부서로 보내는데, 이 때 봉투를 같이 첨부하고 간단히 메모에 개봉하게 된 설명을 적는다.

비서에게 도착한 우편물 처리 방법은 상사와의 업무 관계에 따라 다르다. 상사가 비서에게 우편물 개봉을 허락하지 않는 경우는 분류만 하면 되고, 상사에 따라 비서에게 우편물을 개봉해서 읽어 보고 적절히 처리하도록 권한을 위임하기도 한다. 권한을 위임받은 비서는 우편물을 개봉해 중요도에 따라 분류하고, 광고나 일상적인 내용의 답신이 요구되는 경우는 자신이 직접 처리해 상사의 업무 부담을 덜고, 중요한 내용의 우편물은 즉시 상사에게 전달해 처리될 수 있도록 한다.

## 2) 수신 문서의 처리

수신된 우편물은 상사 개인에게 보내 온 편지나 친전 편지 등은 개봉하지 말고 상사에게 직접 전한다. 또한 은행, 증권 회사에서 온 편지 등의 개봉 여부는 상사의 지시에 따른다.

수신 문서는 받은 날짜가 중요하므로 문서를 개봉하고 서류의 여백에 접수 일부인(date stamp)을 찍는다. 접수 일부인은 다음과 같은 장점이 있다.

① 날짜에 늦지 않도록 회신을 빨리 쓰게 된다. 또 여러 사람에게 회람해야 할 경우 서둘러 회람을 끝내게 된다.

② 우편 사정으로 연착했을 경우 사업상 차질이 와도 해명이 가능하다.

③ 일부인이 없는 경우, 문서를 편철해 두었을 때 그 서류가 언제 접수된 것인지 모르기 때문에 차후에 참조할 때 차질이 올 수 있다.

수신 문서는 내용을 살펴보고 상사에게 보일 것, 다른 부서로 보낼 것, 대리로 처리할 것, 폐기할 것 등으로 분류해 처리한다. 상사에게 전달할 우편물은 공적인 것과 사적인 것으로 분류한다. 또한 내용의 중요도에 따라서도 분류해 긴급 서신, 중요 서신, 개봉하지 않은 서신은 위에 올려 놓고, 광고 등은 자료로 필요한 것 이외에는 폐기한다. 청구서, 견적서, 송장 등 숫자나 금액이 기입되어 있는 것은 계산 착오나 기입 누락이 없는가를 검토한 후 제출한다. 또한 답장을 쓸 때에는 참조가 될 자료를 첨부하기도 하고, 문서의 내용을 요약해 전달할 수도 있다.

상사 부재 시에는 문서나 우편물을 폴더나 큰 봉투 속에 넣어 책상 위에 놓아 둔다. 이때 후일 처리를 필요로 하는 문서에는 메모를 첨부해 둔다.

비서가 처리해야 할 문서도 내용을 읽고 중요도나 긴급성에 따라 분류한다. 사후 처리를 필요로 하는 업무는 메모해서 티클러 파일(tickler file)의 해당 날짜에 끼워 두거나 업무계획서에 메모해 둔다. 동봉물의 표시가 있는 경우에는 봉투 속에 실제로 들어 있는 것과 대조해 본다.

발송한 편지의 답장이 수신되었을 경우에는 발신했던 편지의 사본을 찾아 첨부해 두고 상품 안내서나 광고문은 상사에게 필요하다고 생각되는 것에 한해 적절한 때에 전달하도록 한다.

수신된 우편물의 봉투는 대개 하루 정도 보관하고 폐기하는 것이 일반적이며, 다음의 경우에는 내용물과 함께 봉투를 보관해야 한다.

① 편지 속의 발신인 주소와 봉투의 주소가 다를 때
② 편지 속에 발신인 주소와 성명이 없을 때
③ 첨부되어야 할 동봉물이 보이지 않을 때
④ 겉봉에 찍힌 소인 날짜와 편지 안에 찍힌 날짜가 차이가 많을 때
⑤ 잘못 배달된 편지가 회송되어 돌아와 회신이 늦어지는 이유가 될 때
⑥ 봉투에 수신인 회사 주소가 잘못 적혀 있을 때
⑦ 발신인 주소가 변경되었을 때
⑧ 소인이 찍힌 입찰이나 계약서 등의 서류 봉투를 법적 증거로 이용할 필요가 있을 때

### 3) 발신 문서의 처리

발신 문서는 전자 파일로 보관하되 필요할 경우 복사본을 만들어 보관하는 것이 원칙이다. 같은 조직 내에서 전달하는 경우 비밀을 요하는 문서는 봉투에 넣어서 직접 전달하며, 중요 문서를 전달할 때에는 수령인이나 인수자의 서명을 받는다.

조직의 외부로 문서를 발송할 때에는 접수할 때와 마찬가지로 문서 담당 부서나 문서 담당자가 일괄해서 발송하거나 비서가 발송하며, 특히 다음의 사항을 유의해야 한다.

① 문서의 수신인 주소가 정확히 작성되었는지 다시 한 번 확인한다. 같은 문서를 여러 사람에게 발송하는 경우에는 반드시 봉투와 문서의 수신인 주소가 동일하게 작성되었는가를 확인한다.
② 동봉물(첨부 서류)이 있는 경우 정확히 넣었는가를 확인한다. 각각 다른 편지에 여러 종류의 동봉물(청구서, 영수증, 자료 등)을 동봉할 때에는 서로 바뀌지 않도록 유의한다.
③ 특별 우편물은 봉투에 특별 우편물 표기를 한다. '친전(親展, personal & confidential)', '빠른 우편(express),' '등기(registered)' 등을 기입하거나 고무인 등을 찍는다. 다른 우편물과 섞일 염려가 있는 경우에는 수취인의 편의를 생각해 'XX 재중' 등의 표기를 하고, 친전이라고 쓴 것은 확실히 봉한다.
④ 첨부 서류가 있거나 친전(confidential)으로 할 경우에는 반드시 등기로 발송해야 한다.
⑤ 요금 별납 우편, 후납 우편은 특별히 인쇄되어 있는 봉투를 사용하거나 스탬프를 찍는다.
⑥ 투명 창이 있는 봉투(window envelope)를 사용할 때에는 수신자의 주소와 성명이 잘 보이도록 한다.
⑦ 봉투의 입구를 확실히 봉해 배달 도중 개봉되지 않도록 한다.
⑧ 중요한 우편물의 발신은 비서가 따로 발신부를 만들어 기록해 두는 것이 후일 참고를 위해 바람직하다.

### 4) 이메일의 활용

이메일(electronic mail: e-mail)은 컴퓨터를 수단으로 해서 정보를 메시지 형태로 송신자에게서 수신자로 전달하는 시스템이다. 회사 내에서나 회사 간에도 인터넷이나 인트라넷으로 이메일을 주고받는 것이 일반 우편보다 더 보편화되었다. 이메일이 널리 이용되는 것은 다른 통신 수단과 비교해 다음과 같은 장점을 가지고 있기 때문이다.

① 시간과 거리에 무관한 전달
② 서류 작업의 감소
③ 메시지의 자동 보관
④ 신속한 전달
⑤ 개인의 직접 전달 효과
⑥ 편리한 수신과 전달

그러나 이메일의 사용에는 무분별하게 전달되는 스팸 메일(정크 메일)의 수신, 컴퓨터 바이러스의 배포, 기밀 유지의 어려움 등의 단점도 존재하므로 유의해서 사용한다.

## 우정사업본부(http://www.koreapost.go.kr) 이용하기

우정사업본부
KOREA POST

### 1. 국내 특급 우편

- 등기 취급을 전제로 국내 특급우편 취급지역 상호간에 수발하는 긴급을 요하는 우편물로서 통상의 송달 방법보다 빠르게 송달하기 위하여 접수된 우편물을 약속한 시간 내에 신속히 배달하는 특수취급제도로 '당일특급'과 '익일오전특급'으로 구분한다.
- 당일특급: 접수국에서 행선지별로 고시된 접수 마감 시간 이내에 접수한 우편물을 특별운송편에 의하여 배달국까지 송달한 후 배달국에서는 가장 빠른 배달편을 이용하여 접수 당일 20:00까지 수취인에게 배달해 준다.
- 익일오전특급: 접수국에서 행선지별로 고시된 접수 마감 시간 이내에 접수한 우편물을 가장 빠른 운송편에 의하여 배달국까지 송달한 후 배달국에서는 가장 빠른 배달편을 이용하여 접수 익일 12:00까지 수취인에게 배달해 준다.
- 익일특급: 접수 익일까지 수취인에게 배달되며 토요일 및 공휴일은 배달되지 않는다.
- 참고 사항: 30kg까지 보낼 수 있으며, 다음 우체국에서는 야간 및 휴일에도 취급한다.

| 평일(18:00~20:00) | 토요일(09:00~13:00) | 휴일(09:00~13:00) |
|---|---|---|
| 서울중앙, 부산, 대구, 광주(4국) | 5급 이상 총괄국 | 서울중앙, 부산, 대구 |

- 평일 우체국 업무 시간은 9:00~18:00(우편)이며, 토요일에 우편 업무가 가능한 우체국은 시 · 군 · 구 단위 주요 우체국(대부분 총괄국)이며, 업무 시간은 9:00~13:00까지이다(읍 · 면 · 동 단위 우체국은 휴무).

### 2. 민원 우편

- 정부 각 기관에서 발급하는 민원 서류를 우체국을 통하여 신청하고, 발급된 민원 서류를 집배원이 각 가정이나 직장에 배달
- 호적등 · 초본, 주민등록등초본, 공사립학교 졸업증명서, 납세완납증명, 토지건물등기부등본, 병적증명서, 경력증명서 등 행정기관 및 각급 학교에서 발급하는 민원 서류 이용 가능
- 우체국 창구에 비치된 신청서에 민원 발급 신청 내용 기재(창구 직원이 직접 안내)한 뒤 민원우편 봉투를 구입해 우편으로 신청민원 발급 수수료를 신청서와 동봉 발송(송금료 면제)
- 민원 신청인 → 접수 우체국 → 민원 발급기관 배달 우체국 → 민원 발급기관 → 민원 발급기관 접수 우체국 → 배달 우체국 → 민원 신청인
- 모든 송달 과정은 빠른 우편으로 취급

### 3. 국제 특급우편(EMS)

- 공신력 - 급한 편지, 서류나 소포 등을 가장 빠르고 안전하게 외국으로 배달해 주는 국제우편 서비스로서 국가기관인 정보통신부 우정사업본부가 공신력 있는 우편 당국과 체결한 특별 협정에 따라 취급
- 신속성 - 서울에서 오전에 부치면 도착 국가에서 통관검사를 거칠 필요가 없는 우편물(서류)의 경우 도쿄, 홍콩 등 가까운 곳은 1~2일, 기타 국가는 2~4일 이내에 배달
- 조회 가능 - 미국, 일본, 영국, 홍콩 등 주요 국가(계속 확대 중)로 발송한 국제 특급우편물의 경우에는 국제적으로 연결된 컴퓨터망을 통하여 배달 여부가 즉시 조회 가능하며, 컴퓨터 조회가 되지 않을 경우에도 이용자가 원하면 팩시밀리나 이메일을 통하여 신속하게 조회하고 그 결과를 알려 줌
- 취급 가능 물품
  - 업무용 서류(official communication)
  - 상업용 서류(commercial papers)

- 컴퓨터 데이터(computer data)
- 금융기관 간의 교환 수표(check clearances)
- 상품 견본(business samples)
- 마그네틱 테이프(magnetic tape)
- 마이크로필름(microfilm)
- 상품(merchandise: 나라에 따라 취급을 금지하는 경우도 있음)

• 특수 취급의 종류, 배달 통지와 보험 취급

• 종류
  - EMS(Express Mail Service): 전세계(143개국) 우체국 간에 특별 우편운송망을 통하여 가장 빠르고 안전하게 우편물을 배달하는 특급우편 서비스이다.
  - EMS 프리미엄(EMS premium): 우리나라 우체국과 세계적 특송 업체인 TNT사가 제휴하여 우편물을 빠르고 정확하게 배달하는 서비스이다.
  - 초특급우편 서비스(EMS Time Certain Service): 일본, 싱가포르, 홍콩 등 일부 지역에 대하여 발송 다음날 09 : 00에서 14 : 00까지 배달하는 초특급 국제우편 서비스이다.

#### 4. 전자 우편 서비스

주주총회, 정기총회, 동창회 등의 모임 안내, 경조 인사, 창업 등 신규 사업 안내와 관련된 홍보물 등 같은 내용의 우편물을 다수의 사람에게 발송할 때는 우체국의 전자 우편을 사용하면 매우 편리하다. 우편물 내용과 주소가 담긴 디스켓을 우체국에 접수하거나 인터넷 우체국에서 내용을 작성하면 우체국이 직접 우편물을 제작해 다수의 수신자들에게 발송, 배달해 준다.

서비스의 종류로는 봉투식(소형, 대형) 우편, 그림엽서식 우편, 접착식 우편 등이 있으며, 비교적 저렴한 가격으로 제작 및 발송을 대행해 주며 전국에서 접수와 배달 서비스가 가능하다.

#### 5. 우편 요금표와 우편번호 검색

우편 요금표

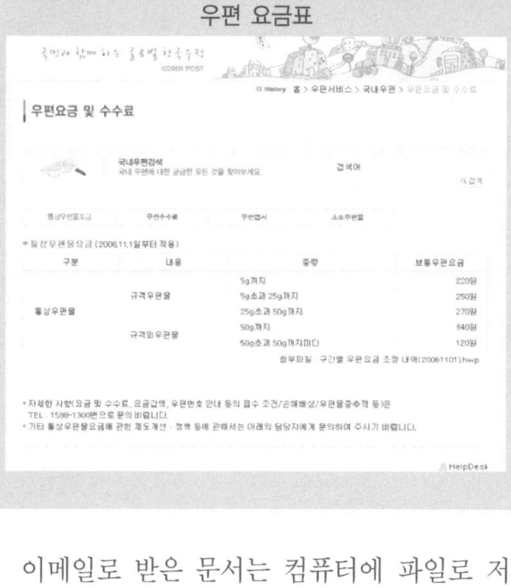


우편번호 검색

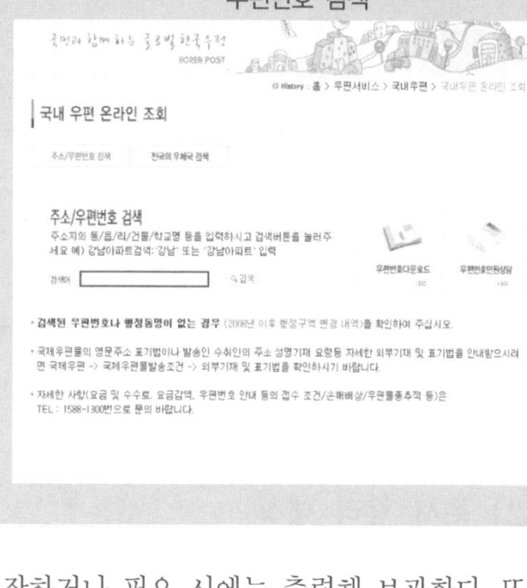


이메일로 받은 문서는 컴퓨터에 파일로 저장하거나 필요 시에는 출력해 보관한다. 또한 필요 없는 내용은 바로 삭제하고 정기적으로 메일 박스를 관리해 중요한 내용의 문서가 저장 용량 부족으로 전달되지 못하는 경우가 발생하지 않도록 주의한다.

### 5) 국제 특송/운송 서비스

국제 특급우편(Express Mail Service: EMS)은 급한 편지, 서류나 소포 등을 빠르고 안전하게 외국으로 배달해 주는 국제 특급우편으로 우정사업본부가 외국의 공신력 있는 우편 당국과 체결한 특별 협정에 따라 취급한다.

해외로 서류나 물품을 보낼 때 세계적인 서비스망을 갖춘 Federal Express(FedEx), DHL, UPS와 같은 글로벌 특송 서비스를 이용할 수 있다. 고객이 전화 한 통만 하면 물품이나 서류를 발송인으로부터 직접 받아다가 수취인의 집이나 사무실까지 신속하고 정확하게 배달해 주는 서비스이다.

가격면에서는 우체국을 이용하는 것보다 비싸기는 하나 시간을 다투는 견본품이나 중요한 서류는 자체적인 전용 항공기와 서비스망을 갖춘 글로벌 운송 서비스 업체를 이용하면 편리하다. 서류와 같은 소량 화물은 물론 대량 화물도 운송이 가능하며 온라인으로 화물이 어느 곳에 있는지 실시간 확인 가능하기 때문에 매우 편리하다.

## 13.2 문서의 정리

### 1) 문서 정리의 필요성

문서 정리(filing)란 말 그대로 문서가 필요할 때 이용할 수 있도록 정리해 두는 것을 의미한다. 이는 단순한 저장과는 다른 개념으로 사무실에 있는 문서를 내용이나 목적에 따라 체계적으로 분류·보관하고 필요에 따라 폐기·보존한다.

오늘날 사무실에서 작성되거나 다른 부서나 기관에서 접수되는 문서의 양은 매우 많다. 따라서 이를 잘 분류하지 않으면 필요할 때 찾아 사용하기 힘들다. 문서 정리는 불필요한 문서를 적시에 폐기하고, 저장할 필요가 있는 문서를 일정한 기준에 맞춰 관리함으로써 누구나 쉽게 찾을 수 있도록 한다. 체계적으로 정리된 문서는 필요할 때 의사 결정을 위한 정보로 효과적으로 사용할 수 있으며, 사무 환경이 개선되고 문서 관리에 사용되는 비용을 절감할 수 있다.

### 2) 문서 정리 대상

문서에는 다른 기관과 관련된 수·발신 문서와 사내에서 유통되는 문서로 분류할 수 있다. 이러한 자료 중에서 일시적으로 사용되고 보존의 가치가 없는 문서는 문서의 보관 대상에서 제외된다. 문서 정리의 대상이 되는 문서는 다음과 같다.

① 일반 문서: 수・발신 문서의 사본, 품의서, 보고서, 조사서, 의사록, 증서 등
② 법률 서류: 각종 민사소장, 내용 증명, 행정소송, 공증 등
③ 계약 서류: 계약서 일반, 무역 계약서, 지적재산권 계약서, 회사 관련 계약서 등
④ 자료: 정기 간행물, 스크랩, 팸플릿 등
⑤ 도서: 사전, 육법 전서, 참고 도서 등
⑥ 기타: 중요한 자료나 문서의 마이크로필름, 중요 자료가 저장된 각종 저장 매체 등

### 3) 문서 정리 과정

문서는 목적에 따라 작성되고 필요한 곳으로 전달된다. 전달된 문서는 해당 사무가 처리된 후 보관되거나 폐기된다.

사무실에서 받은 문서는 다음의 과정에 따라 정리된다.

① 문서의 편철: 문서의 내용에 관한 처리가 완결되면 참고 자료 등의 불필요한 문서는 폐기하고 보존 또는 차후에 활용할 가치가 있는 문서는 묶어서 문서철을 만든다.
② 문서의 보관: 문서철은 내용의 처리가 끝난 날이 속한 연도의 말일까지 각 부서의 관리 책임하에 부서 내 문서 보관함에 넣어 두고 활용한다.
③ 문서의 보존: 보관 기간이 끝난 문서는 보존문서 기록대장에 등록한 다음 문서의 보존 기간에 따라 문서관리 주관 부서에서 폐기할 때까지 보존함이나 보존 장소에 유지, 관리한다.
④ 문서의 인계: 처리과에서 보존 기간이 끝난 문서는 보존 문서 인계・이관서를 작성해 문서과로 인계하고, 문서과에서는 보존 기간이 만료될 때까지 보존해야 한다.
⑤ 문서의 이관: 보존 기간이 경과한 후에도 규정에 의거한 심의 결과 폐기하지 않기로 결정한 문서를 문서관리 주관 부서에 보존 요청한다.
⑥ 문서의 폐기: 보존 연한이 경과한 문서는 문서관리 주관 부서 혹은 각 과에서 세단하거나 일괄 처분한다.

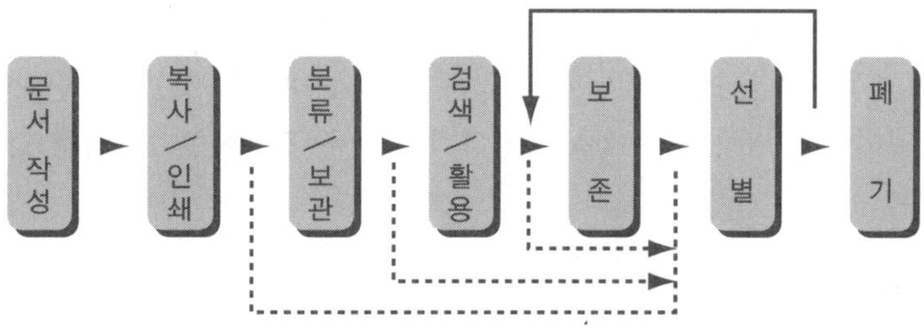


**[그림 13-1]** 문서의 순환 과정

## 4) 문서 정리의 기본 원칙

### (1) 문서 정리 방법의 표준화

문서 정리는 회사 전체에 걸쳐 점진적으로 혹은 동시에 실시하게 되므로 문서 정리 방법 전반에 대한 내부 규정을 제정해 표준화하도록 한다.

### (2) 문서 검색의 용이화 및 신속화

필요한 문서를 쉽게, 그리고 신속하게 찾을 수 있도록 한다. 문서가 보관된 서류함이나 서랍의 위치를 누구나 쉽게 알 수 있도록 소재를 명시해 둔다.

### (3) 문서의 적시 폐기

기록 서류들은 작성 당시에는 중요한 정보물이 되지만 시간의 경과에 따라 불필요하게 되고 일정 기간이 지난 후에도 버리지 않는다면 곧 쌓여 정보가 아닌 짐이 된다. 쓸모없는 서류들을 폐기하지 않으면 정작 필요한 자료를 찾는 데 많은 시간을 소비하게 된다. 따라서 일정한 기간을 정하고 규칙에 따라 폐기하는 것을 습관화 · 제도화해야 한다.

### (4) 부수의 제한

원본이 명확하게 정리되어 있는데도 각자 복사본을 가지고 있는 경우를 흔히 본다. 꼭 필요한 자료는 꼭 필요한 곳, 꼭 필요한 사람에게만 배포하고 있는가를 다시 한 번 검토해야 한다. 또 자료 수집도 필요한 것만 한정하도록 하고 새로운 자료 입수 시 오래된 자료는 즉시 폐기한다.

## 5) 문서 정리의 순서

### (1) 검사(inspecting)

문서가 파일 단계인지 먼저 확인한다. 아직 처리가 끝나지 않은 문서가 정리되도록 전달되는 경우도 있기 때문이다. 그 문서를 파일로 정리해도 되는 상태이면 문서에 문서 정리인을 날인하고 담당 취급자의 날인과 처리 날짜를 기입한다.

### (2) 주제 결정(indexing)

문서를 어느 제목으로 정리할 것인가를 정하기 위해 내용을 읽는다. 문서의 내용이 기술적이거나 전문적이어서 비서가 주제를 결정하기 어려운 경우에는 그 업무 담당자에게 문의한 뒤 결정한다.

### (3) 주제 표시(coding)

문서의 제목으로 정한 주제에 붉은색 밑줄을 긋는다. 이와같이 밑줄을 그어서 제목이 되는 주제를 표시하거나 문서 내에 제목이 될 만한 주제가 나와 있지 않은 경우 여백에 제목을 기재해 밑줄을 그어 두면 문서가 대출되었다 반납되었을 때 쉽게 밑줄 친 제목을 보고 다시 정리할 수 있다.

### (4) 상호 참조 표시(cross referencing)

한 장의 문서는 한 곳에만 보관되는 것이 일반적이지만, 내용이나 문서의 특성에 따라 두 개 이상의 항목에 해당되거나 나중에 활용하고자 찾을 때 두 개 이상의 제목으로 요청될 가능성이 있는 문서의 경우에는 주된 제목의 폴더에 문서를 넣어 둔다. 또한 관계가 적은 편 제목의 폴더에는 상호 참조표를 넣어 둠으로써 어느 경우라도 검색이 용이하도록 한다. 혹은 복사해서 양쪽에 보관할 수도 있다. 상호 참조를 위한 문서 제목에는 밑줄을 긋고 옆에 X로 표시한다.

### (5) 분류 및 정리(sorting & storing)

문서를 한 장씩 편철하느라 파일 캐비닛을 여러 번 여닫지 말고 동선(動線) 절약을 위해 우선 큰 묶음으로 순서를 나눈 뒤 재분류해 가나다 혹은 번호순으로 정리한다.

분류 정리한 다음 우선 서류함 외부의 색인표를 보고 적절한 파일 캐비닛을 열어서 가이드(guide)와 폴더(folder)의 명칭을 보고 해당 폴더를 찾아 올바른 위치에 삽입한다.

#### 문서 정리 용구

**1. 파일 캐비닛(filing cabinet)**

문서를 넣어 두는 서류함(file box)을 말하며, 2단식 · 3단식 · 4단식 등이 있다. 그 밖에도 가로 직립식 캐비닛용 파일 상자, 서랍 보관용 파일 상자, 책꽂이식 파일 보관 선반, 수평식 파일 보관대, 자동화된 파일 보관 체계함 등이 있다.

**2. 서랍 라벨(file drawer lables)**

서랍 밖의 라벨에는 서랍 안에 어떤 내용물이 들어 있는지를 알 수 있도록 적절한 명칭을 붙여 둔다. 라벨에 기록된 표제는 그 서람 안에 보관된 자료들의 내용을 알려 준다.

**3. 가이드(file drawer guides)**

폴더들을 그룹별로 구분해 각 그룹별 폴더의 제일 앞에 끼워서 세워 두는 두꺼운 표지판을 말한다. 가이드는 필요한 자료를 쉽게 찾을 수 있게 하며 폴더가 구부러지거나 처지는 것을 막아 주는 역할도 한다.

**4. 폴더(file folders)**

두꺼운 종이를 겹쳐서 그 사이에 문서를 넣을 수 있도록 한 것으로 '파일철'이라고도 한다. 보통 두꺼운 재질 또는 비닐로 만들어져 있고, 내용상 관계가 있는 문서를 한 곳으로 통합시켜 파일한다. 폴더는 관련 가이드의 뒤에 배치하며, 최근 문서가 위에 오도록 철한다.

**5. 폴더 라벨(folder labels)**

폴더의 내용을 표시하기 위해 폴더명을 기입하는 종이이다. 폴더에 넣어 둔 서류의 이름이나 제목명을 써서 붙이고 가이드별로 통일된 색깔의 라벨을 붙인다.

[그림 13-2] 문서 정리 박스

## 6) 문서 정리 방법

문서를 어떻게 하면 쉽게 찾아서 이용할 수 있는가에 초점을 맞춘 여러 가지 분류 정리 방법이 파일링 시스템에 적용된다. 가장 많이 쓰이는 방법으로는 문서의 발신자나 발신 지역, 문서의 주제 등을 기준으로 분류해 가나다순으로 배열하는 방법과 번호를 지정해 번호순으로 배열하는 방법이 있다.

### (1) 가나다식 문서 정리 방법(alphabetic filing system)

편철하고자 하는 문서를 상호별, 대표자별, 지역별, 장소별로 분류 정리하는 방법으로 빈번하게 주고받는 문서들의 파일링에 많이 사용된다.

한글이나 알파벳순으로 배열하는 이 방법은 상호나 대표자의 명칭별로 정리하는 방법에만 사용되는 것이 아니고, 지역별 정리 시에는 지역과 장소의 명칭, 주제별 정리 시에는 그 문서의 주제 명칭 정리에 공통적으로 이용되며, 모든 문서의 배열에 기초를 형성하고 있다.

① 명칭별 분류법

거래자나 거래 회사명에 따라 이름의 첫 머리글자를 기준으로 해서 가나다순 혹은 알파벳순으로 분류한다. 전화번호부가 명칭별 정리 방식을 따르고 있다.

② 주제별 분류법

문서 내용에 따라 주제를 결정하고 이 주제를 토대로 문서를 분류, 정리하는 방법이다. 주제는 분류자에 따라 표시가 달라질 수 있으므로 미리 주제 결정 방식과 용어 분류 기준표를 만들어 사용한다. 주로 거래 상대방이 없는 자료의 분류에 주로 활용되며, 조직체에서 일상적으로 사용하는 조직 명칭, 사무 명칭을 분류 용어로 사용한다.

③ 지역별 분류법

거래처의 지역이나 범위에 따라 가나다순으로 분류하는 방법이다. 먼저 장소에 따라서, 다음에는 명칭 혹은 항목에 따라서 문서를 한글 혹은 알파벳순으로 배열해 장소적 구분이

〈표 13-2〉 명칭별 분류법의 장·단점

| 장 점 | 단 점 |
|---|---|
| • 동일한 개인 혹은 회사에 관한 문서가 한 곳에 집중<br>• 직접적인 정리와 참조가 가능하며 색인이 불필요<br>• 가이드나 폴더의 배열 방식이 용이<br>• 다양한 서류의 처리가 용이 | • 비슷한 명칭이 밀집<br>• 명칭 특히 조직명의 표시 방법에 따라 문서가 분산 |

〈표 13-3〉 지역별 분류법의 장·단점

| 장 점 | 단 점 |
|---|---|
| • 장소에 따른 문서의 집합이 가능<br>• 직접적인 정리와 참조가 가능<br>• 다양한 문서의 처리가 가능 | • 지역별로 분류한 다음 한글이나 알파벳순으로 구분하기 때문에 착오가 많고 노력이 많이 듦<br>• 지역 명칭과 같이 장소의 이름을 모르면 자료 찾기 힘듦<br>• 카드 색인 의존도 높음 |

필요한 관리에 적합하다. 예를 들면, 판매 회사가 판매품과 고객과의 관계를 지역별로 파악하고자 할 때 사용된다.

**(2) 번호식 문서 정리 방법**(numeric filing system)

숫자가 가이드나 폴더의 검색에 사용되기 때문에 번호식 정리라고 불린다. 명칭별 정리가 직접적으로 정리하는 방법인데 반해 번호식 정리는 문서가 정리용 서랍에 수용되기 전

〈표 13-4〉 국영문 도서 분류 기준표의 예

| | | | |
|---|---|---|---|
| 340 | 법률 일반 | 340 | Law |
| 341 | 국제법 | 341 | International Law |
| 342 | 헌법 | 342 | Constitutional & Administrative Law |
| 344 | 행정법 | 343 | Public Law |
| 345 | 기타 제법 | 344 | Social Law |
| 346 | 형법 | 345 | Criminal Law |
| 347 | 민법 | 346 | Private Law |
| 348 | 소송 | 347 | Civil Procedure & Courts |
| 349 | 법령, 규칙, 관계 | 348 | Law of Individual States and Nations |

〈표 13-5〉 번호식 문서 정리의 장·단점

| 장 점 | 단 점 |
|---|---|
| • 정확성<br>• 문서 구분에 번호를 사용해 기밀성 유지<br>• 무한 확장 가능<br>• 카드 색인을 그대로 거래처의 목록표로 사용 | • 간접적인 정리 방법<br>• 인건비, 비용이 많이 듦 |

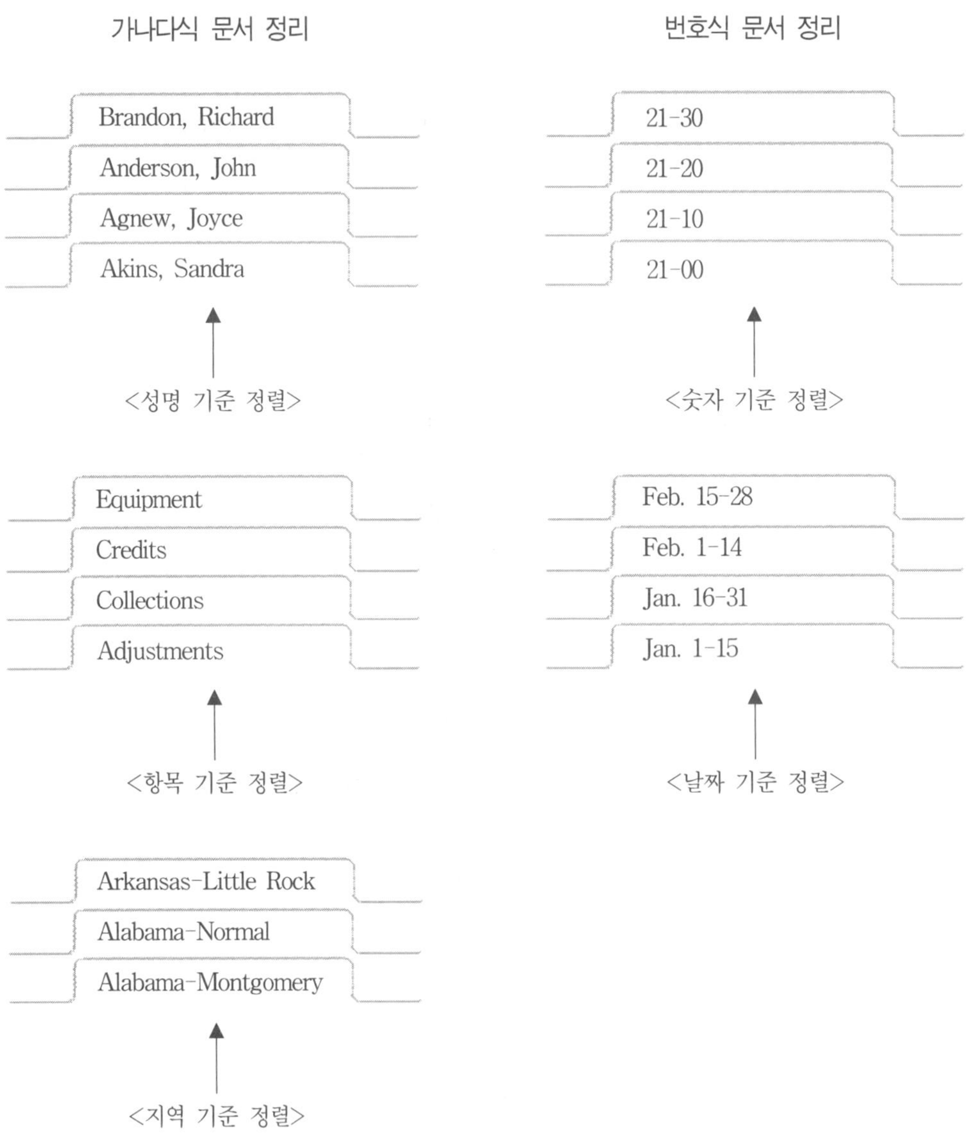


**[그림 13-3]** 가나다식 문서 정리와 번호식 문서 정리 비교

에 혹은 서랍에서 인출되기 전에 명칭에 붙여진 번호를 확인하기 위해 한글이나 알파벳순으로 되어 있는 카드 색인을 보아야 하는 간접적인 방법이다.

주로 ① 상당히 장기간에 걸쳐 비정기적인 시기에 빈번히 사용되는 경우, ② 광범위한 상호 참조를 해야 하는 특정한 사건이나 계약, ③ 명칭보다 번호를 기준으로 하는 업무, ④ 정보를 이용하거나 검색할 때 번호를 사용함으로써 보안성이나 비밀성이 유지될 수 있는 경우, ⑤ 빠른 속도로 보관 대상물들이 늘어나는 경우에 사용된다.

#### (3) 기타 분류법

① 혼합식 분류법(mixed filing system): 편의에 따라서 문서를 주제별・명칭별・형식별 등 다양한 방법으로 혼합 분류해서 배열하는 방법

② 형식별 분류법: 품의서, 보고서, 계약서, 의사록 등 문서가 가지고 있는 형식별로 정리하는 방법

③ 표제별 분류법: 견적서, 생산월보, 판매일보 등의 문서의 표제에 따라 분류・정리하는 방법

④ 프로젝트별 분류법(일건별 정리): 어떤 구체적인 행사나 프로젝트별로 발생에서 완결까지의 모든 과정과 관련된 문서를 하나의 파일로 정리하는 방법

### 7) 문서의 보존과 폐기

#### (1) 문서의 보존

문서는 활용 기간이 끝나면 보존 기간을 거쳐 폐기한다. 보존 기간은 미리 정해진 사무관리규정에 따르되 문서의 성격에 따라 일반적으로 1년, 3년, 5년, 10년, 영구보존 등으로 분류한다. 문서는 생산기관, 보존 기간, 생산 연도 및 분류번호별로 보존한다. 보존하고 있는

생산 부서: 생산 연도:

| 일련 번호 | 보존 기간 | 문 서 철 | | 보존처 (서고) | 폐기 (연월일) |
|---|---|---|---|---|---|
| | | 분류 번호 | 제목(수량) | | |
| | | | | | |
| | | | | | |
| | | | | | |
| | | | | | |
| | | | | | |

[그림 13-4] 보존문서 기록대장

문서의 현황을 파악하기 위해 문서과, 처리과 및 중앙기록보존소에 각각 보존문서 기록대장을 비치해야 한다. 문서기록대장은 보존 기간별로 구분해 보존이 시작되는 시기부터 기록한다.

이관된 문서를 보존할 서고에는 보존 문서 진열용 서가를 준비하고 보존 문서의 변질이나 병충해를 막기 위한 적절한 시설을 갖춘다. 보존 장소를 최대한 활용하기 위해 가급적 이동식 서가를 이용하며, 적절한 온·습도 유지 및 소독을 철저히 하고 항상 청결하게 관리한다. 또한 보존 문서의 관리 책임자를 지정해 문서의 보존 및 대출을 관장하도록 한다. 보관 시에 사용했던 폴더, 바인더 등은 그대로 옮겨 사용한다.

#### (2) 문서의 폐기

문서의 원활한 활용을 위해 불필요한 문서는 제때에 폐기해야 한다. 보존 기간이 경과한 문서는 즉시 폐기 처분해야 하며, 폐기 처분 시에는 다음과 같은 점에 유의해야 한다.

① 폐기하고자 하는 문서가 재차 필요할 것인가의 여부는 사업 및 사무의 성격과 과거의 사례를 참고해 판단한다.

② 폐기하고자 하는 문서가 어떤 예측할 수 없는 이례적인 사건이나 사정에 의해 재차 필요하게 되는 경우의 유무를 검토한다.

따라서 어떤 종류의 문서를 언제 폐기할 것인가 하는 문제는 매우 중요하므로 일단 폐기 기준을 수립해 두는 동시에 구체적으로 결정할 때에는 책임자가 신중한 태도를 가져야 하며, 비밀 문서는 반드시 문서 세단기를 이용하거나 소각한다.

문서를 폐기할 때는 보존문서 기록대장에 폐기 사실을 빨간색으로 기입하고 폐기인을 날인한다.

## 13.3 파일링 규칙

로펌에서는 효과적인 문서관리를 위해 참조 번호(case reference number)를 대외적으로는 기밀을 유지하고, 대내적으로는 효과적인 관리를 하기 위해 사용한다. 새로운 사건(case)을 시작할 때는 간결하면서도 알아보기 쉬운 참조 번호를 정하도록 한다.

새로운 클라이언트나 회사의 사건을 맡게 되는 경우 참조 번호를 클라이언트 회사명(영문), 클라이언트 개인 이니셜(initial), 프로젝트명, 사건 번호별이나 이메일 주소를 참조 용어로 정하는 것이 효과적이다.

Reference 예)
법무법인 조앤최(Joh & Choi / xxx@johnchoi.com) → JOHNCHOI or JNC
최애경(Choi Ae Kyung) → CAK

위의 예와 같이 사건의 참조 번호를 정하면 관계자 외에는 어떤 파일인지 알기가 쉽지 않다. 의견서와 같은 문서가 대외적으로 발급되어 나가는 경우나 팩스, 이메일, 문서 송신 등에 참조 번호를 기재할 경우에는 대외용 코드를 적어 기밀이 유지되도록 한다.

오피스 파일(office file)의 네임 태그(name tag)는 레이블의 색깔로 구분하여 각 사건의 변호사별 개인 파일을 쉽게 알아볼 수 있도록 한다.

## 13.4 전자관리 시스템

예전에는 사건의 증빙 자료로서 주로 문서가 많이 통용되었으나 오늘날의 로펌에서는 문서뿐만 아니라 그림, 사진, 음성, 동영상, 멀티미디어 등 다양한 형태의 정보들이 관리되고 활용된다. 로펌 차원에서도 로펌 내에서 유통되는 모든 정보를 전자문서화시켜서 관리하고, 더 나아가 지식 경영의 주요한 기반으로 활용하고 있다.

### 1) 전자문서의 작성 및 보관

문서가 작성, 처리되어 의사 결정 과정을 형성하는 단계를 전산화시킴으로써 문서 유통 과정에서의 불필요한 시간 낭비를 줄인다. 즉 문서의 수・발신 및 배부를 컴퓨터 온라인상에서 처리함으로써 불필요한 처리 과정의 중복을 피하고 문서 수발에 따르는 시간, 인력, 비용 등을 절감한다.

문서의 보관 단계에서도 문서를 대용량의 전자 매체에 데이터베이스 형식으로 효율적으로 저장하고 보관함으로써 저장 공간의 효율화를 도모하고 신속하고도 정확하게 검색할 수 있도록 한다.

법률회사에서는 자체 개발한 사내 인트라넷 시스템이나 ERP(Enterprise Resource Planning: 전사적 자원관리 기능)를 사용해 로펌 업무를 수행하며, 이런 추세에 따라 상업용 로펌 전문 ERP 시스템도 점차 많아지고 있다. 로펌의 ERP는 업무 장소에 구애받지 않고 국내 또는 해외 지사의 업무가 통일적으로 이루어질 수 있도록 지원한다는 점에서 일반 기업에서 사용하는 ERP와 유사하다. 그러나 법률 실무 시스템은 소송사건을 비롯한 각종 신청, 심판, 심사, 중재, 이의 신청, 수사 단계에서의 수임 등 법률회사에서 발생하는 모든

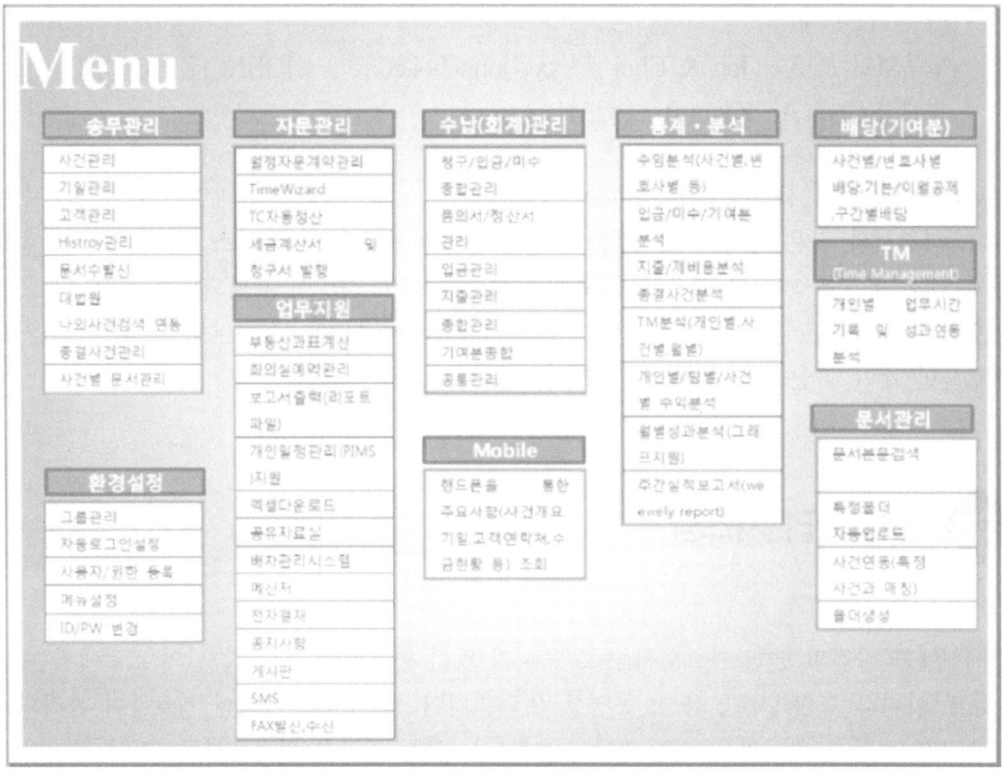


[그림 13-5] 상업용 로펌 전문 ERP 메뉴의 예

※ 출처: ㈜한결비즈텍 LawTop (www.lawtop.co.kr)

| | |
|---|---|
| 문서 번호 | 부서를 선택하면 번호가 자동 부여된다. |
| 문서 제목 | 기안문서의 제목을 입력한다. |
| 기록물철 | 기록물철을 선택하고 팝업 창이 뜨면 단위 업무를 선택한다. |
| 시행 일자 | 전자 달력으로 연월일을 지정한다. |
| 전송 방식 | 전산망/우편/인편/팩스/등기/이메일 등을 지정한다. |
| 공개 구분<br>공개 등급 | 공개, 부분 공개, 비공개로 구분한다. |
| 수신자명 | 1인의 수신자를 지정한다. |
| 수신자 지정 | 여러 명의 수신자를 지정한다. |
| 쪽수 | 시스템에서 자동으로 나온다(첨부와 별도로 쪽수 설정). |
| 첨부 파일 | 첨부 파일을 선택하고 첨부물 쪽수를 클릭한다. |

[그림 13-6] 전자문서 결재함

업무를 수행할 수 있도록 한 로펌 분야의 전문 시스템이라는 차이점이 있다.

로펌의 ERP는 크게 업무용과 오퍼레이션 시스템으로 나뉜다. 로펌 업무용 ERP는 회계, 계약금 및 보수금의 청구, 고객 정보, 사건 정보, 과거 프로젝트 검색 등을 할 수 있도록 시스템이 구축되어 있으며, 양식 템플릿 이용 시에는 문서를 작성한 뒤 프린트를 하여 담당자가 서명을 한다. 오퍼레이션 시스템은 로펌에서 사용하는 인트라넷을 말하며, 회사의 공지사항, 입사 공지, 휴가 신청 등과 관련된 사항을 확인할 수 있다.

### 2) 전자결재

전자결재 시스템은 미리 설정된 결재 라인에 따라 자동으로 결재 파일을 다음 결재선으로 넘겨 주는 기능을 가지고 있다. 또한 저장된 결재 문서들을 다시 불러내어 재가공할 수 있으므로 기안서를 재작성하는 번거로움을 줄여 준다.

전자결재 시스템을 활용했을 때의 장점은 문서 양식을 단순화시키고 문서 작성과 유통을 표준화시켜 줄 뿐만 아니라 문서 작성자의 실명제(實名制)를 통해 투명성은 물론 사무 처리의 신중성을•높여 준다.

# 제 14 장 정보관리

디지털 정보사회에 본격적으로 진입하면서 정보의 양은 기하급수적으로 늘어나고 있다. 수많은 정보 중에서 필요한 정보를 효과적으로 검색, 선별, 가공, 유통시킬 수 있는 능력은 로펌 비서에게 매우 중요한 역량이라 할 수 있다. 상사와의 효과적인 커뮤니케이션을 통해 상사가 필요로 하는 정보를 적시에 그리고 적절한 형태로 가공하여 제공할 수 있어야 한다.

## 14.1 지시와 보고

### 1) 지시받기

상사의 지시를 충실히 이행한다는 것은 비서로서의 기본적인 자세이자 의무이다. 상사로부터 지시를 받을 때에는 잘못 듣는다든지 미리 짐작한다든지 하는 일이 없도록 특히 주의해야 한다. 하루를 시작할 때 메모장 노트에 날짜를 적고 지시받는 모든 사항과 전화 메모 등을 적어 나간다. 자리를 잠시 비울 때라도 메모 노트가 책상 위에 펼쳐져 있지 않도록 유의한다.

지시를 받을 때 주의해야 할 점을 살펴보면 다음과 같다.

#### (1) 지시를 받을 때는 메모를 할 것

정확히 메모하는 것은 지시 내용을 정확하게 파악하고 이행해 나가는 데에 매우 중요하다. 상사가 불렀을 때는 "예"라고 먼저 큰소리로 대답한 뒤 메모장과 펜을 준비해 상사에게 가서 지시의 요점을 받아 적어야 한다. 메모할 때는 육하 원칙, 즉 '언제, 어디서, 누가, 무엇을, 어떻게, 왜'를 중심으로 적는다.

**(2) 우선 끝까지 듣고 질문할 것**

이해가 안 되는 점이 있으면 중간에 상사의 말을 끊지 말고 메모해 두었다가 지시가 끝난 후에 질문한다.

**(3) 지시를 받은 뒤 간단히 복창해 확인할 것**

지시를 다 받고 난 뒤에는 지시 내용을 요령 있게 복창하여 잘못 들었거나 빠뜨린 것이 없나 확인해야 한다. 금액, 마감 기일 등 숫자는 꼼꼼히 확인하고 또한 이해하기 어려운 점이 있으면 충분히 이해할 때까지 질문을 해야 한다. 상사가 바쁜 것 같다고 해서 확인하지 않고 지레 짐작으로 일을 잘못 처리하지 않도록 유의한다.

**(4) 지시받은 업무에 즉시 착수할 것**

지시를 받으면 바로 일을 시작해야 한다. 만약 현재 하고 있는 업무의 진행 상태로 보아 지시를 받아도 바로 시작하기 어렵겠다고 판단될 때는 상황을 솔직하게 설명하고 우선 순위에 대한 지시를 받는다.

## 2) 보고하기

지시를 받은 실행 결과를 지시를 내린 상사에게 보고한다. 보고에서 가장 중요한 것은 언제, 어떤 방법으로 하느냐 하는 것이다. 아무리 완벽하게 수행해도 상사가 필요로 하는 타이밍에 맞추지 못하면 효용이 떨어진다.

**(1) 보고를 필요로 하는 경우**

보고는 단지 지시를 받은 업무에 관련된 것만 하는 것이 아니라 상사의 업무와 관계가 있는 정보를 얻었을 때도 보고해야 한다.

보고를 해야 하는 경우는 다음과 같다.

① 지시받은 업무가 끝났을 때
② 장기적·계속적인 업무에서 진행 상황을 보고해야 할 때
③ 지시받은 일이나 이미 승인된 작업 계획이 도중에 변경될 때
④ 상사가 담당하고 있는 업무와 관련된 정보를 입수했을 때

또, 보고를 할 때에는 다음과 같은 사항에 유의한다.

① 명령, 지시받은 일을 끝내면 즉시 보고한다.
② 보고는 결론을 먼저 말하고 이유, 경과 등의 순으로 한다.
③ 미리 보고할 내용을 정리해서 육하 원칙에 따라 요점을 미리 메모해 둔다.

④ 보고는 요점을 강조하되 추측이나 지레짐작은 피하고 사실을 객관적으로 설명한다. 보고는 사실을 있는 그대로 정확하게 전하는 것이다.

⑤ 시일이 걸리는 일은 중간 보고를 통해 경과, 상황 등을 빠짐없이 보고한다.

⑥ 보고는 지시한 사람에게 한다. 그러나 지시한 사람이 직속 상사가 아닌 경우 상사에게도 보고한다.

⑦ 보고가 끝나면, 그 보고에 대한 상사의 의견이나 지시를 메모해서 필요에 따라 파일해 둔다. 이 때 보고의 주제, 연월일의 기입을 명확히 한다.

### (2) 보고 방법

보고에는 구두(口頭)로 하는 보고와 문서에 의한 보고의 두 가지 방법이 있다. 보고 내용이 특히 긴급을 요할 때는 우선 구두로 보고하고 나중에 서면 보고를 한다.

#### ① 구두에 의한 보고

기밀 사항, 긴급 사항, 서면 설명으로는 불충분한 사항, 간단한 내용, 관리층에 빨리 보고해야 할 문제 등의 발생 시에 효과적이다.

- 면담을 통한 보고: 보고자는 우선 보고할 수 있는 분위기를 조성하고 침착한 태도로 보고 내용을 이해하기 쉽게 설명한다. 용어는 표준어를 사용하고 체계적이고 논리적으로 예를 들어가며 조리 있게 보고한다.
- 전화에 의한 보고: 짧은 시간 내에 보고 내용을 정확하게 전달하기 위해 사전에 보고의 제목, 순서, 결론, 건의 등에 관해 요약 메모한다. 전화 보고 시에는 상대방의 시간 사정을 고려해 통화해야 한다. 우선 결론부터 보고한 후에 내용을 요약·설명하며, 이해하기 쉬운 용어로 간단 명료하게 보고하며 중요한 부분은 반복 확인한다.

#### ② 문서에 의한 보고

보고서를 작성하거나 통계표, 도표 등을 목적에 적합하게 작성해 보고한다. 보고서를 작성할 때는 다음과 같은 사항에 유의한다.

- 보고서를 읽는 대상을 생각하고 작성할 것: 업무가 바쁜 상사라면 한눈에 결론이 이해되도록 작성하고 문장은 되도록 짧게 그러나 논리적으로 작성한다.
- 문서는 가능한 한 항목별로 소제목을 붙인다. 단순한 문장의 나열이 아니라 내용을 잘 나타내는 소제목을 붙이거나 도형, 워드 아트(Word Art) 기능 등을 이용한 입체적인 편집을 통해 이해하기 쉽고 읽기 쉽게 한다.
- 결론은 앞에 쓰고 경위나 설명은 뒤에 쓴다.
- 사실과 의견, 추측과 인용을 명확히 구분한다.
- 도표, 그래프 등 시각적 표현 방법을 활용한다.

## 14.2 기밀 정보의 보안

로펌 비서는 업무를 통해 회사나 상사, 그리고 클라이언트에 관한 많은 기밀 정보를 다루게 된다. 자신이 다루는 정보의 중요성을 파악해 기밀이 외부에 누출되지 않도록 각별히 보안에 신경써야 한다. 순간의 부주의나 사소한 실수가 회사나 클라이언트에게 치명적인 결과를 가져올 수도 있으므로 항상 조심하는 태도가 필요하다. 평소 유의해야 할 점을 정리하면 다음과 같다.

① 중요한 서류, 메모의 원본이나 사본을 쓰레기통에 함부로 버리지 않고 문서 세단기(paper shredder)를 이용해 파기한 후 버리고, 문서 세단기가 없는 경우에는 여러 번 찢어서 버린다.

② 회사 내 친한 동료나 다른 부서의 윗사람에게도 함부로 기밀을 말하지 않는다.

③ 서류 취급 시 회사에서 정한 기밀 등급(극비, 대외비 등)에 따라 규정에 유의해 다룬다.

④ 서류함 열쇠 등은 눈에 띄지 않는 곳에 보관한다.

⑤ 컴퓨터나 팩스, 복사기 사용 시 보안에 유의한다. 예를 들면 컴퓨터로 중요한 서류를 작성하다 스크린에 내용이 나타나 있는 상태에서 자리를 뜨거나 중요 서류를 복사한 후 원본을 복사기에 두고 오지 않도록 유의한다.

⑥ 사무실이나 회의실을 정비하면서 보안에 특별한 이상이 없는지 살핀다.

⑦ 서류함, 하드디스크, 외장 하드 등의 보안을 철저히 한다.

⑧ 중요한 서류는 회사 밖으로 가지고 나가지 않도록 한다. 예를 들면 밀린 업무를 집으로 들고 가면서 관련 서류를 함께 가지고 가는 행위 등이다.

⑨ 회사 밖의 사적인 모임에서 큰소리로 회사나 상사와 관련된 이야기를 하지 않는다.

⑩ 내방객이나 클라이언트가 회사나 상사의 근황에 관해 필요 이상으로 자세히 물을 때 일단 주의하고 개략적인 답변만 한다.

## 14.3 정보 수집

산업 사회에서는 축적된 기술과 그 활용 방법에 대한 노하우(know-how)가 중요하게 여겨졌지만 지식정보 사회에서는 필요한 지식이나 정보를 어디에서 획득할 수 있는가 하는 정보의 원천을 알아내는 노웨어(know-where)가 중요하게 되었다. 이는 하루에도 수천, 수만의 새로운 지식이나 정보가 탄생되고 있고, 이 새로운 정보들은 인터넷과 같은 고도로 발달된 교통 및 통신 수단에 의해 전 세계적으로 유통되고 있기 때문이다. 이제는 나 자신의 노하우를 개발하고 축적해 가는 것도 중요하지만 다른 사람들이 가지고 있는 노하우를 파악하고 이를 입수해 활용하는 기술, 즉 노웨어가 필요하다.

따라서 평소 정보의 출처에 대한 관심을 가지고 필요한 정보를 필요한 곳에 가서 찾아올 수 있는 능력을 갖추어야 한다. 그뿐만 아니라 획득한 정보를 효과적으로 관리하고 또 필요한 경우에는 다른 사람들과 공유함으로써 정보를 상호 교환할 수 있는 네트워크를 구축할 수도 있다.

수집한 정보를 바탕으로 정보를 분석, 가공하기도 하는데, 예를 들면 수치를 도표화하거나 긴 문장을 간단한 형태의 프레젠테이션 자료로 요약함으로써 상대방에게 효과적으로 정보를 전달할 수 있다. 특히 브리핑이나 프레젠테이션을 자주 해야 하는 경우 뛰어난 정보 가공 기술을 갖춘다면 훨씬 큰 능력을 발휘할 수 있을 것이다.

### 1) 신문 스크랩

사무실에서는 일간지 이외에도 여러 종류의 경제 신문을 구독한다. 어떤 변호사는 비서가 대략적으로 신문을 훑어보고 주요 기사는 눈에 띄도록 밑줄을 그어 두면 자신이 보고 스크랩해 두기를 원하는 정보이면 보관 지시를 내리는가 하면, 어떤 상사는 자신이 먼저 읽고난 후 스크랩할 기사를 선정해 주면 비서가 잘라서 보관하는 방식을 취하기도 한다. 혹은 인터넷신문에서 해당되는 기사를 찾아 출력하기도 한다. 어떤 형태로 신문 정보를 수집하든지 간에 주의해야 할 사항은 다른 할 일도 많은데 신문만 보고 있다는 느낌을 주지 않도록 해야 한다. 따라서 짧은 시간에 큰 제목을 중심으로 훑으면서 평소 유의해서 살펴야 할 신문의 고정란을 미리 파악해 두면 짧은 시간에 여러 종류의 신문을 살필 수 있고 좀 더 자세하게 읽고 싶은 내용은 점심 시간 등을 이용하도록 한다.

효과적인 정보 수집을 위해서는 정보 요구와 정보 수집 목표를 결정하고, 정보 수집 범주와 범위를 정하는 것이다. 그 다음 단계에서 필요한 일은 구체적으로 수집, 점검되어야 할 신문의 면, 난, 기사 등을 꼼꼼하게 검토해 상사의 정보 요구와 정보 수집 목표에 가장 적합한 신문 2, 3종을 선별한다.

스크랩은 항상 몇 가지 주제로 구분해서 정리해야 하며, 스크랩에는 반드시 출처(정보원)와 날짜 정보가 포함되어야 한다. 특히 비서가 관심 있게 보아야 할 난은 클라이언트 회사의 동향, 경조사, 인사 동정란, 신문 광고 등이며, 화환을 보내거나 경조사 전보를 보내야 할 곳이 있으면 상사에게 보고하고 지시를 받는다.

〈표 14-1〉 정보의 종류

| | |
|---|---|
| 시사, 경제 정보 | 경제 동향, 클라이언트 회사 동향, 주가 추이 등 |
| 인물 정보 | 인물 동정(승진 등), 부음, 경조사, 인물 프로필 자료 |
| 보고서 자료 | 프로젝트 보고서, 기획서 등 |
| 상사 발표 자료 | 각종 발표문 보도 자료(기자 회견, 잡지 투고, 회의 주제) |
| 상사 개인 자료 | 신용 카드, 법인 카드, 비자, 여권, 주민등록증, 자동차 면허증, 각종 마일리지 카드, 접속 코드 및 비밀 번호 |
| 네트워크 관리 | 전화 번호(동창회, 포럼, 클럽 등), 고객 리스트, 예약처 등 |

그 밖에 재계 동정, 주식 정보, 부동산 정보, 과학기술 정보 등 다양한 분야의 정보를 살핌으로써 일반적인 상식을 넓혀 나가야 한다.

### 2) 잡지 스크랩

잡지는 특정한 주제나 분야에 대한 내용을 편집해 정기적으로 발행하는 간행물이다. 신문과 비교하면 발간 주기가 다르고, 시사성(時事性)이 적으며, 장기적인 정보를 제공한다는 특징이 있다. 사회가 전문화되고 다양화되면 그만큼 잡지의 수도 증가하고 내용도 다양해진다. 따라서 정기적으로 대형 서점의 잡지 코너에 들러 관심 분야에서 어떠한 새로운 잡지들이 출간되었는지를 살펴보는 것이 중요하다.

잡지의 기사를 읽을 때는 우선 곧 읽어야 할 기사, 나중에 읽어도 되는 기사, 읽지 않아도 상관없는 기사 등 3단계로 분류한다. 당장 읽어야 하는 기사만 먼저 읽고, 나중에 읽어도 되는 기사는 뜯어내어 스테이플러로 철해 두고 불필요한 기사는 버린다. 잡지는 한 번 읽고 나면 다시 보는 경우가 드물다. 자료로서 가치가 있는 내용은 그 자리에서 메모하거나 페이지를 뜯어서 보관한다. 스크랩할 때는 복사를 한 뒤 내용을 읽고 제목에 따라 분류해 일정한 규격으로 스크랩북에 보관하거나 내용을 스캔해서 컴퓨터 파일로 보관한다. 중요한 기사 자료는 즉시 복사해 분류 기준에 따라 파일하고, 기타 참고 자료들은 일정 기간 보관 후(3~6개월) 가치가 있는 자료만 선별하여 스크랩한다.

### 3) 인터넷 정보 검색

비서들이 찾을 수 있는 정보의 대상은 매우 광범위하고 다양하다. 그러나 일과 중 비서가 정보를 찾는 데 할애할 수 있는 시간은 그다지 많지 않다.

상사에게 필요한 정보를 효율적으로 찾기 위해서는 인터넷을 이용하는 것이 바람직하다. 일부 대기업에서는 사내망을 통해 경영진에게 필요한 관련 자료를 매일 제공하고 있기도 하며, 홍보실 등에서 정리한 내용이 매일 아침 보고되기도 한다. 비서는 자신이 속한 기업과 상사와 관련된 정보를 좀 더 신속하고 정확하게 검색해서 내용을 확보하고, 이해하려는 노력이 필요하다. 비서 업무와 관련된 인터넷 정보는 <표 14-2>와 같다.

#### (1) 신문 기사 검색

국내 뉴스를 무료로 검색할 수 있는 곳은 한국언론재단 사이트(www.kinds.or.kr)가 대표적이다. 이 사이트는 종합 일간지 10종을 비롯해 경제지, 영자지, 지방 일간지, TV 방송 뉴스, 시사 잡지까지 검색할 수 있는 종합 뉴스 데이터베이스이다.

또, 각종 검색 엔진에서 제공하는 주제 등록 서비스를 이용하면 자신이 등록한 관심 분야

〈표 14-2〉 로펌 비서와 관련된 인터넷 정보

| | |
|---|---|
| **법률 정보 관련** | • 대법원 사이트(소송사건 경과 확인, 법률사건 무료로 검색, 법인 등기부등본 발급 가능)<br>• 법률 신문(예: 인터넷 법률신문, 대한법률신문, 법률저널로스쿨)<br>• 법률 포털 사이트(예: 로앤비(lawnb), 로마켓(lawmarket)) |
| **변호사 활동 관련** | • 로스쿨<br>• 법률 관련 학회<br>• 학술 세미나 |
| **전화 서비스/ 예약 업무** | • 전화 번호 찾기<br>• 지도 찾기<br>• 인터넷 예약하기<br>• 경조사 카드 발송하기 |
| **국내외 출장 업무** | • 호텔, 항공사 가격 비교 및 예약<br>• 여행사<br>• 출장지 관련 정보<br>• 기후 정보 |
| **문서/총무 및 경조사 업무** | • 인터넷 뱅킹<br>• 꽃 배달 서비스<br>• 서식(書式) 사이트<br>• 인물 동정(CEO 프로필, 경조사 및 인사) |

**NOD(News on Demand) 맞춤 신문**

독자들이 받아 보고자 하는 뉴스의 특정 분야나 사건명, 인물명, 회사명, 상품명 등과 수신하고자 하는 이메일 주소를 미리 서비스 회사에 등록시켜 두면 뉴스가 발생할 때마다 바로 등록 내용을 확인, 해당 뉴스를 독자에게 배달하는 서비스

www.lawtimes.co.kr

www.kinds.or.kr

**[그림 14-1]** 인터넷을 이용한 신문 기사 검색

에 대한 뉴스를 매일 제공받을 수 있으므로 매우 편리하다. 이 밖에도 각종 통신 업체에서 제공하는 뉴스 클리핑, 또는 NOD(News on Demand) 방식의 뉴스 검색도 매우 유용하다.

### (2) 인물 정보 검색

신문 기사 검색의 경우와 마찬가지로 인터넷을 통해 인물 정보 검색 서비스를 이용해 인물에 대한 정보를 손쉽게 얻을 수 있다. 언론사나 검색 포털 사이트에서는 국내외 주요 인사에 대한 인물 정보를 무료 혹은 유료로 제공한다. 또한 법률 포털 사이트에서는 로펌 ID와 비밀 번호를 입력하면 한국의 법조인을 모두 검색할 수 있는 서비스를 제공한다.

people.joins.com

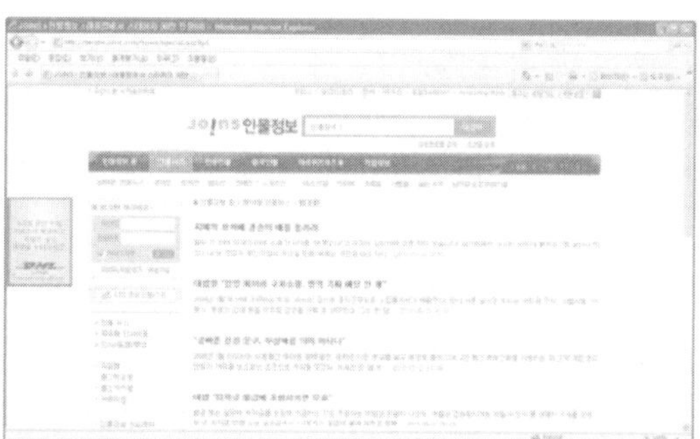

people.nate.com

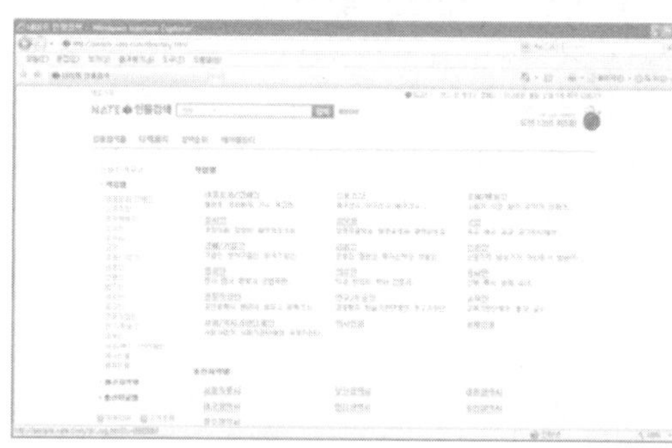

**[그림 14-2]** 인터넷을 이용한 인물 정보 검색

### (3) 회사 정보 검색

인터넷 사이트의 회사 정보 검색 서비스를 통해 해당 회사의 기본적인 정보뿐만 아니라 회사 자산 상태나 연간보고서(annual report) 등에 관한 세부적인 정보를 볼 수 있다.

www.e-kisinfo.com

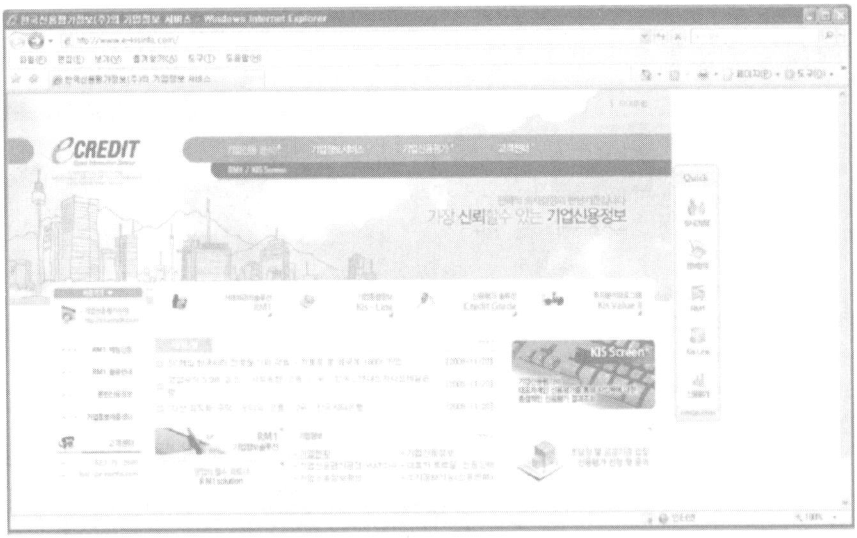


[그림 14-3] 기업 정보 검색

## 14.4 명함 관리

### 1) 명함 관리의 중요성

명함은 원래 성명이나 주소, 근무처, 직위 등을 적은 것으로 자신을 알리거나 연락처 등을 메모한 것인데, 최근에는 홍보 수단으로까지 발전해 다양한 명함이 사업 관계에서 사용되고 있다.

로펌 비서가 관리해야 할 명함에는 담당 변호사의 명함과 본인의 명함, 그리고 업무 관계로 변호사나 비서가 받은 클라이언트의 명함 등으로 분류할 수 있다. 비서의 명함은 본래의 목적 이외에도 상사가 부재 중이거나 직접 상사의 연락처를 가르쳐 주기 곤란한 경우 제시할 때 사용할 수 있으며, 담당 변호사의 명함은 항상 여유분을 두어 떨어지는 일이 없도록 관리한다. 또, 책상과 상사의 명함 지갑 등의 비치 장소에 항상 여유 있게 비치해 두어 떨어지는 일이 없도록 한다.

사업 관계에서 받은 다양한 명함은 상사의 인간 관계와 사업 관계를 파악할 수 있는 자료임과 동시에 관리의 대상이 된다. 효과적인 명함 관리를 통해 상사의 갑작스러운 거래처의 연락 번호 요구 등에도 신속히 대응할 수 있어야 할 뿐 아니라 효과적인 인맥 관리도 할 수 있다.

## 2) 명함 정리의 기준

명함은 주로 앞면에는 한글이나 한자, 뒷면에는 영문으로 이름과 직책, 주소 등이 기재되어 있으나, 최근에는 로펌의 글로벌화와 함께 영문으로만 작성된 명함이나 클라이언트 국가의 언어로 된 명함을 따로 제작해 사용하기도 한다.

명함을 정리하는 기준은 회사마다 다를 수 있지만 한자, 한글, 영문 등을 기준으로 일괄적으로 분류하거나 회사명이나 이름을 기준으로 분류할 수도 있다. 이름을 기준으로 할 경우에는 명함이 많지 않을 때 효율적이며, 회사를 기준으로 할 경우에는 회사명을 가나다순으로 정리한 다음, 다시 성명을 기준으로 정리한다. 명함의 한자가 어려운 경우 뒷면의 영문을 확인하거나 이름용 한자가 정리된 파일 등을 보관했다가 활용한다.

항상 주기적으로 명함을 정리해 명함첩에 파일하거나 명함관리 프로그램에 입력하되 인사 이동 등에 유의해 직위나 소속 등이 변경될 때는 즉시 업데이트한다.

## 3) 명함 관리 용구

### (1) 명함첩

명함 크기의 투명한 비닐 포켓에 명함을 넣어서 앞뒤로 확인할 수 있도록 구성된 형태로, 견출지를 이용해 회사명이나 가나다순의 색인을 달아서 사용하면 편리하다.

### (2) 명함 정리함

명함 크기의 케이스에 회사명이나 가나다 색인을 달아서 명함을 차례로 끼워 두는 형식이다. 명함 정리가 간편하며, 교환이 용이하다.

### (3) 회전식 명함 정리 기구

투명한 비닐 포켓이 회전식으로 부착되어 명함의 내용을 즉시 확인할 수 있도록 구성된 형태로, 명함을 꺼내지 않고 내용을 확인할 수 있다는 장점이 있으나 많은 명함을 관리하기에는 불편하다.

### (4) 명함 관리 프로그램

명함 관리 프로그램은 명함의 내용을 컴퓨터 프로그램으로 입력해 관리하거나 명함 이미지를 스캔해서 관리할 수도 있다. 인터넷상에서 제공하는 무료 프로그램 또는 엑셀(Excel)이나 액세스(Access)와 같은 프로그램을 이용하면 편리하다.

컴퓨터 명함 관리 프로그램의 장점은 업데이트가 용이하고 검색이 가능하며, 다른 프로그램과의 연계가 가능해 메일 머지나 라벨을 출력하는 것이 가능하다. 필요한 내용만 출력해서 관리할 수 있다는 것도 장점이다.

[그림 14-4] 명함 관리 용구

명함을 스캔해서 엑셀 파일로 자동 전환해 주는 명함 관리 전용 하드웨어(명함 스캐너)를 사용하면 편리하다.

## 14.5 프레젠테이션 자료 제작

법률회사에서는 회의, 협상, 교육, 훈련 등 여러 성격의 행사에서 정보를 효과적으로 전달하기 위한 방안으로 프레젠테이션(presentation)을 활용하고 있다. 로펌 비서는 상사가 효과적으로 프레젠테이션을 할 수 있도록 자료 수집, 시각 자료(visual documents) 준비, 기자재 준비 등을 보좌할 수 있어야 할 뿐만 아니라 관리직을 겸하고 있거나 경험이 많은 로펌 비서의 경우에는 자신이 직접 사내 직원 교육과 훈련 내용의 프레젠테이션을 해야 하는 경우도 있다.

프레젠테이션의 준비 방법, 매체 선정, 자료 준비 및 작성 등에 관해 살펴보자.

### 1) 프레젠테이션의 준비

#### (1) 효과적인 시간 배분

프레젠테이션의 성격에 따라 다르기는 하지만 시간은 될 수 있는 대로 15분을 넘지 않도록 한다. 연구 결과에 의하면, 시간이 경과함에 따라 수신자의 집중력이 떨어지므로 길어도 20분이 넘지 않도록 한다. 주어진 예정 시간보다 오히려 짧게 준비해 끝난 후 참석자의 질문이나 의견 혹은 피드백 등을 유도함으로써 프레젠테이션의 효과를 높일 수 있다. 시간이 길어지는 경우에는 중간에 휴식 시간을 넣든가, 사용하는 시청각 기자재를 다른 것으로 바꾸는 등의 배려를 함으로써 주의를 환기시킨다.

또한 점심 시간 직전이나 직후, 혹은 퇴근 직전 등은 주의력이 떨어지는 시간이므로 피한다. 따라서 상사의 회의 일정이나 프레젠테이션 일정을 잡을 때 이러한 점들을 고려해 시간을 정한다.

### (2) 기자재 선정 및 준비

프레젠테이션에서 시각적(視覺的)인 자료가 없는 프레젠테이션이란 생각할 수가 없을 정도로 근래에 와서 시각적 매체를 사용하는 빈도가 높아지고 있다. 그 이유로는 청각에만 의존할 때보다 시청각을 동시에 사용하면 전달 효과가 클 뿐만 아니라 수신자가 오랫동안 정보를 기억하는 데에도 도움이 되기 때문이다.

시각적 효과를 주는 여러 매체 중에서 비즈니스에서는 컴퓨터와 빔 프로젝터(beam projector)가 일반적으로 널리 활용된다. <표 14-3>은 각종 기자재의 장·단점을 비교한 것이다.

〈표 14-3〉 시각 기자재의 장·단점

| 기자재명 | 장점 | 단점 |
|---|---|---|
| 빔 프로젝터<br>(beam projector) | • 컴퓨터의 화면을 그대로 투사할 수 있다.<br>• 화상이 선명하고 깨끗하다.<br>• 동영상 기능을 가지고 있다.<br>• 대규모 회의장에서도 가능하다. | • 빔 프로젝터가 설치되어 있는 장소에서만 사용이 가능하다. |
| 오버헤드 프로젝트<br>(overhead projector: OHP) | • 원고를 손쉽게 만들 수 있다.<br>• 장소에 구애받지 않는다.<br>• 회의장을 어둡게 할 필요가 없다.<br>• 자신의 필요에 따라 사용할 수 있다.<br>• 비교적 저렴하다. | • 대규모의 회의장에서는 보기 힘들다. |
| 화이트 보드 | • 손쉽게 사용할 수 있다.<br>• 소규모의 워크숍에서 회의를 진행하면서 사용할 수 있다. | • 글을 쓰고 있는 동안 커뮤니케이션이 중단된다.<br>• 동시에 많은 사람에게 보일 수 없다. |
| LCD/PDP<br>전자 칠판 | • 기존 칠판을 사용할 때보다 집중도가 높다.<br>• 동영상, 음악, 사진 등 다양한 자료를 사용할 수 있다.<br>• 화면에 직접 판서/터치가 가능하다.<br>• 화질이 뛰어나고 선명하다.<br>• 인터넷 연결이 가능해 회의 중에도 필요한 자료를 바로 찾을 수 있다. | • 구입 비용이 다른 기자재에 비해 비싸다.<br>• 장시간 사용시 화면에 열이 많이 발생한다. |

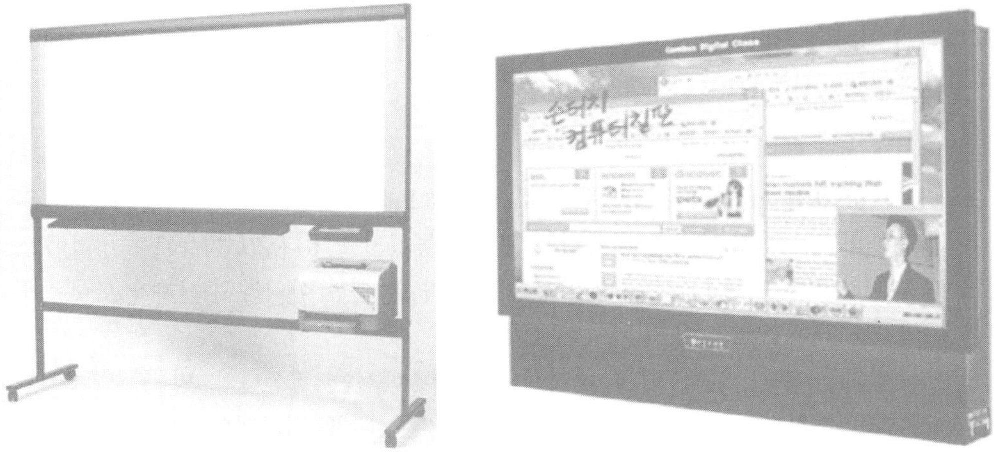

[그림 14-5] 전자 칠판

## 2) 시각 자료 작성시 유의할 점

컴퓨터, 통신 기술이 개발될수록 다양한 매체가 나오겠지만 회사 내 프레젠테이션에서는 주로 빔 프로젝터나 OHP를 많이 이용하고 있다. 시각 자료를 작성할 때는 간단 명료하게 작성해야지 장문의 보고서와 다름이 없다면 이러한 시각 기자재를 따로 사용할 필요가 없을 것이다.

가장 많이 사용되는 컴퓨터와 빔 프로젝터, 그리고 파워 포인트를 활용해 시각 자료를 작성할 때의 유의 사항을 살펴보면 다음과 같다.

① 여러 장의 자료를 준비할 때는 각 장마다 형식을 통일시키는 것이 필요하다.

② 여백: 내용을 빽빽하게 배치하는 것보다 상하 좌우 여백을 적절히 안배하는 것이 보기에 부담감이 없다.

③ 문자체: 명조체보다 글자에 각이 진 고딕체가 더 선명하다. 또, 제목이나 강조할 내용은 글자를 굵게 하거나 적절한 크기로 확대한다.

④ 같은 페이지에는 같은 주제에 관련된 문장, 단락만을 중요 단어(keyword) 중심으로 간략하게 싣는다. 즉 'one page one message'의 원칙을 지키도록 한다.

⑤ 시각 자료의 장수는 지나치게 많은 것보다 꼭 필요한 자료나 그래프를 선별한다.

⑥ 숫자는 도표보다 그래프화하는 것이 효율적인 전달 방법이며, 문장은 요약, 단문화시킨다.

- 문장을 잘 읽고 단락마다 요약한다.
- 단락마다 요약한 문장을 중요 단어 중심으로 쓴다.
- 중요 단어에 밑줄을 치는 등 표시를 한다.

• 중요 단어를 원이나 사각형으로 둘러싸고 상호 관계를 나타내는 화살표를 붙인다.
• 목적에 맞는 차트가 있을 경우 보기 쉽게 정리한다.
• 눈에 띄게 하고 싶은 포인트는 강조한다.

⑦ 동영상 자료는 전문적인 영상 편집 프로그램을 이용하거나, MS Window에서 기본적으로 제공되는 무비 메이커로 편집하여 효과적인 시각 자료로 활용한다.

로펌의 수임 제안과 같은 제안서는 프레젠테이션 제작 전문가를 통해 만들지만, 내부 및 외부 회의 자료, 담당 변호사의 발표 및 내부 세미나 자료 등을 비롯해 금융감독원 등에서 외부 강의를 하는 변호사를 위한 강의용 프레젠테이션 자료는 로펌 비서가 흔히 만드는 프레젠테이션 자료라 할 수 있다.

프레젠테이션을 자주 실시하는 변호사를 보좌하는 로펌 비서는 여러 가지 양식을 고안해서 컴퓨터에 저장해 두고 필요할 때 양식을 검색해 내용을 기입해 나가는 형식으로 업무를 정형화하는 것도 좋은 방법이다.

## 3) 프레젠테이션할 때의 주의 사항

### (1) 회의장의 크기와 환경

프레젠테이션을 할 회의장은 참석자의 숫자에 알맞은 크기의 회의장을 택하도록 한다. 지나치게 넓으면 주의가 흩어지기 때문에 알맞은 크기의 회의장을 확보하지 못한 경우에는 참석자들의 좌석을 앞쪽으로 배치한다.

빔 프로젝터를 사용할 때는 햇빛이 정면으로 비치거나 문에 가까운 쪽은 피한다. 전원(電源)의 위치도 미리 파악하며 기자재 사용시 불편함이 없도록 한다. 또한 소음이 심한 곳은 피하며, 습도와 온도도 쾌적하게 조절한다.

### (2) 발표자의 태도

① 태도, 자세: 발표자는 양발을 어깨 넓이로 벌린 자세로 서서 이야기하되 필요에 따라 자세에 변화를 주도록 한다. 그러나 어깨나 등이 굽은 자세로 이야기하거나 호주머니에 손을 넣는 등의 행위는 금한다. 발표 시에는 시각적 · 청각적인 의사 전달 수단뿐만 아니라 손짓 등의 몸짓(body language)이 의외로 상대에게 강렬하게 전달될 수 있기 때문에 적절한 제스처를 쓰되 과다하게 사용하지 않도록 유의한다.

② 옷차림: 옷차림은 지나치게 색상이 화려한 것은 피하고 단순하면서도 감각이 돋보이는 비즈니스 차림이 무난하다. 지나치게 요란한 복장이나 귀걸이 같은 장신구는 피함으로써 시선이 발표자의 옷차림에 가는 경우가 없도록 유의한다.

③ 목소리: 목소리는 힘있는 그러나 낮은 톤이 무난하다. 강조를 할 곳에서는 크고 작음을 활용하고 명확하고도 또렷한 목소리를 유지하도록 노력한다.

### (3) 발표 시의 유의점

① 가능하면 프레젠테이션 장소에서 리허설을 해 봄으로써 조명, 전원, 좌석 배치에 따른 문제점을 사전에 발견할 수 있을 뿐만 아니라 발표 당일 눈에 익은 환경에서 편안한 마음으로 발표하는 데에 도움이 된다.

② 준비한 대본에 지나치게 의지하지 말고 발표 전 충분한 연습을 통해 편안한 태도로 문어체가 아닌 회화체로 발표한다.

③ 프레젠테이션의 목적을 먼저 밝힌다. 우리나라나 일본과 같은 동양 문화권에서는 프레젠테이션을 할 때 우선 인사말과 서론을 장황하게 늘어놓는 경향이 있다. 그리고 현상의 설명이나 현상으로부터 이끌어 낸 문제점을 얘기하고 계속해서 문제 해결을 위한 대안을 설명한다. 마지막 결론으로서 무엇을 하고 싶은지 또한 무엇을 원하는지를 설명한다. 그러나 효과적인 프레젠테이션에서는 서두에 프레젠테이션의 목적이나 목표, 전체 구성, 시간 배분을 설명함으로써 수신자의 주의를 집중시키도록 한다.

④ 수신자의 입장에서 전달하도록 한다. 수신자가 같은 분야의 전문인이 아닌 경우에는 지나치게 어려운 전문 용어나 영어 약어 등은 될 수 있는 대로 피하고 쉽게 풀어서 설명한다.

⑤ 빔 프로젝터를 사용해 프레젠테이션을 할 때에도 스크린만을 응시할 것이 아니라 한 번씩 수신자를 향해 시선을 줌으로써 수신자의 반응을 파악할 수 있을 뿐만 아니라 일방적인 자료의 전달이 아닌 쌍방 의사 소통의 효과를 높일 수 있다.

# 제 15 장 빌링과 회계 실무

모든 형태의 회사에서와 마찬가지로 로펌에서도 수익에 대한 정확한 회계적 계산은 매우 중요하다. 법률 서비스에 대한 대금을 청구하는 것을 빌링(billing)이라고 하는데, 대형 로펌에는 빌링을 전담하는 사무직원을 따로 두기도 한다. 그러나 비서가 이 업무를 수행하는 경우도 많기 때문에 빌링 절차에 대해 알아보자.

## 15.1 빌링(billing)

### 1) 송무 사건의 빌링

법률소송 사건이 종결되면 클라이언트는 로펌에 소송위임계약서의 약정에 의거하여 계약서에 기재한 위임사건 처리에 대한 성공보수금을 지급한다. 변호사 및 전문 보조인력들이 위임사무 처리를 위해 사용한 일체의 시간(클라이언트와 상담하거나 연구 또는 출장에 소요된 시간 포함)에 로펌이 정하고 있는 시간당 보수율을 곱해 산출된 금액(부가가치세 별도)을 지급하는 것이다. 로펌은 지방 출장비, 교통비, 법원 인지대와 서류 비용, 식사 및 음료, 복사비 등 부대 비용 발생 시 이를 클라이언트에게 따로 청구한다. 단, 클라이언트와 로펌이 상호 합의하는 경우에는 보수 한도액을 정할 수 있으며, 이러한 합의가 있는 경우에는 소송위임계약서의 특약 사항란에 기재한다.

소송위임계약 체결과 동시에 클라이언트는 일정 금액의 계약금을 지급한다. 로펌은 매월(매분기별) 말 이전에 전월(전 분기)에 사용한 시간에 대해 계산한 보수 및 발생한 비용 내역과 함께 추가 청구할 금액이 있는 경우에는 그 금액을 청구하고, 클라이언트는 청구를 받

[문서 15-1] 클라이언트 발송용 보수금 청구 서식

법무법인
JOH & CHOI

Invoice No.: AB10230412 20××년 ○월 ○○일

수 신: ○○물산㈜
서울시 강남구 역삼동 555-13 ○○빌딩 8층 (우편번호 234-531)
참 조: ○○○ 계장
제 목: 법률자문 보수금 청구(일반 자문)

당 사무소는 귀사에게 20××년 01월 03일부터 20××년 03월 19일까지 제공한 법률자문에 대하여 다음과 같이 보수 지급 및 비용 상환을 청구합니다.

1. 보수금: 14,102,000원

| 변호사명 | 시간 | 금액(원) |
|---|---|---|
| 김○○ | 9.2 | 5,152,000 |
| 이○○ | 17.5 | 5,250,000 |
| 박○○ | 14.8 | 3,700,000 |
| 합 계 | | 14,102,000 |

2. 선급 비용(복사비, 통신비 등): 110,000원
3. 부가가치세(10%): 1,421,200원
4. 합계: 15,633,200원

위 청구서에서 기재된 금액을 20××년 4월 13일까지 아래의 계좌로 송금하여 주시면 감사하겠습니다.
(타인 명의로 송금할 경우, 입금 확인을 위하여 연락 부탁드립니다.)
문의 사항이 있으시면 담당자(○○○ 대리, 123-1220)로 연락하여 주시기 바랍니다.

계좌 번호: ○○은행 100-05-123456
예 금 주: 법무법인 조앤최

변호사 홍 길 동

첨부: 세금계산서, 자문 내역서

| 담당 | 과장 | 팀장 | 책임 변호사 | 수임 변호사 | 그룹장 |
|---|---|---|---|---|---|
| | | | | | |
| / | / | / | / | / | / |

[문서 15-2] 클라이언트 발송용 영문 보수금 청구 서식

Attorneys at Law
**JOH & CHOI**

Daehyun Bldg.
Seocho-Dong, Seocho-Gu
Seoul, Korea 123-456
TEL: +82-2-1234-4567 | FAX: +82-2-1234-7890

Mary Smith
Refrigeration, Inc.
P.O. Box 10083
500 East Fifth Street
Los Angeles, CA 90014

Billing Date: 08/15/20××
Acct. Number: 4345AS3234
Previous Bal. in Trust
$2,825.00

| DATE | PROFESSIONAL SERVICES | INDIV. | TIME | AMOUNT |
|---|---|---|---|---|
| 7/6/×× | Telephone conference with Stevenson re June 20×× minutes | MJB | .50 | $62.50 |
| 7/7/×× | Preparation of June 20×× minutes: prepared for review at next meeting of the board of directors | MJB | 1.00 | $125.00 |
| 7/9/×× | Conference with Stevenson at home | MJB | .25 | $-0- |
| TOTAL FOR THE ABOVE SERVICES | | | 1.75 | $187.50 |
| | | | | |
| DATE | EXPENSES | | | |
| 7/7/×× | Photocopy documents; June 20×× minutes (for board meeting) | | | $25.00 |
| TOTAL FOR ABOVE EXPENSES | | | | $25.00 |
| TOTAL BILLING | | | | $212.50 |
| CURRENT BALANCE IN TRUST | | | | $2,612.50 |

**[문서 15-3]** 자문 내역서

## ㅇㅇ물산㈜

(20××/03/02~20××/04/15)

| 일반 자문 내역 | 변호사명 | 시간 | 작업 내용 |
|---|---|---|---|
| 20××-03-02 | 김ㅇㅇ | 1.1 | XXX 중재 건 관련 자료 및 쟁점 검토 동건 관련 내부 협의 및 고객과 협의 |
| 20××-03-02 | 이ㅇㅇ | 2.3 | XXX 중재 건 관련 고객과 협의 및 판결문 검토 |
| 20××-03-03 | 이ㅇㅇ | 4.7 | XXX 중재 건 판결문 분석 |
| 20××-03-04 | 김ㅇㅇ | 0.7 | 쟁점 검토 및 진행 관련 고객과 협의 중국 내 절차 검토 |
| 20××-03-04 | 이ㅇㅇ | 2.3 | XXX 중재 건 판결문 분석 |
| 20××-03-05 | 김ㅇㅇ | 1.8 | 쟁점 및 자료 검토 동건 관련 내부 협의 및 고객과 협의 |
| … | … | … | … |

**[문서 15-4]** Typical Manual Timeslip/Time Record Form

PC – Phone Conference
R – Review
LR – Legal Research
OC – Office Conference
L – Letter
T – Travel
D – Dictation
CT – Court Hearing

| Time Conversation | | | |
|---|---|---|---|
| 6Minutes = | .1Hour | 36Minutes = | .6Hour |
| 12Minutes = | .2Hour | 42Minutes = | .7Hour |
| 15Minutes = | .25Hour | 45Minutes = | .75Hour |
| 18Minutes = | .3Hour | 48Minutes = | .8Hour |
| 24Minutes = | .4Hour | 54Minutes = | .9Hour |
| 30Minutes = | .5Hour | 60Minutes = | 1.0Hour |

| Date | Client/Case | File No. | Service Performed | Attorney | Time Hours & Tenths | |
|---|---|---|---|---|---|---|
| 5-7-×× | Smith v. United Sales | 118294 | Summarized 6 depositions; Client; Δ(Defendant) Helen; Δ Barney, Δ Rose; Witness Forrest & Johnson | BLP | 6. | 5 |
| 5-8-×× | Marcel v. True Oil | 118003 | PC w/Client Re: Settlement offer; Discussions w/Attorney; Memo to file Re: offer | BLP | . | 3 |
| 5-8-×× | Johnson v. State | 118118 | PC w/Client's Mother, PC w/Client; LR Re: Bail; Memo to file; R correspondence | BLP | . | 75 |
| 5-8-×× | Potential claim of Watkins v. Leslie Grocery | Not Assigned Yet | OC w/Client;(New client); Reviewed facts; Received medical records Re: accident; Conf. w/atty | BLP | 1. | 5 |
| 5-8-×× | Smith v. United Sales | 118294 | Computerized searches on depositions for attorney | BLP | . | 75 |
| …… | …… | …… | …… | …… | …… | …… |

※ Δ는 피고(defendant)를 뜻하는 법률 약칭임.

**[문서 15-5]** 법률 자문 보수금 청구 문서

## Project Code: ○○물산/gen

| 일반 자문 내역 | 변호사명 | 시간 | 작업 내용 |
|---|---|---|---|
| 20××-03-02 | 김○○ | 1.1 | 중재 건 관련 자료 및 쟁점 검토, 내부 회의, 고객과 회의 |
| 20××-03-02 | 이○○ | 2.3 | XXX 중재 건 관련 고객 회의, 판결문 검토 |
| 20××-03-03 | 이○○ | 4.7 | XXX 중재 건 판결문 분석 |
| 20××-03-04 | 김○○ | 0.7 | 쟁점 검토, 진행 협의, 중국 내 절차 검토 |
| 20××-03-04 | 이○○ | 2.3 | XXX 중재 건 판결문 분석 |
| … | … | … | … |

| 변호사명 | 시간 | 시간당 보수액(원) | 총금액(원) |
|---|---|---|---|
| 김○○ | 9.2 | 500,000 | 4,600,000 |
| 이○○ | 17.5 | 300,000 | 5,250,000 |
| 박○○ | 14.8 | 200,000 | 2,960,000 |

**[문서 15-6]** Timesheet Record for a Case

**Time Records for Case Name: Smith v. United Sales Case No.: 118294**

| Date | Client/Case | File No. | Service Performed | Attorney | Time Hours & Tenths | |
|---|---|---|---|---|---|---|
| 5-7-×× | Smith v. United Sales | 118294 | Summarized 6 depositions; Client; Δ(Defendant) Helen; Δ Barney, Δ Rose; Witness Forrest & Johnson | BJP | 6. | 5 |
| 5-8-×× | Smith v. United Sales | 118294 | Computerized searches on depositions for attorney | BJP | . | 75 |
| 5-8-×× | Smith v. United Sales | 118294 | Drafted and prepared deposition notice to Witness Spring | BJP | . | 25 |

※ Δ는 피고(defendant)를 뜻하는 법률 약칭임.

은 날로부터 15일 이내에 그 금액을 지급하게 된다. 클라이언트가 청구 내역에 이의가 있는 경우에는 청구를 받은 날로부터 1주일 이내에 제기해야 하며, 클라이언트와 로펌은 그 이의를 상호 협의해서 해결하는 과정을 거친다.

클라이언트는 위임사무의 성공이나 실패에 무관하게 보수금을 지급한다. 단, 클라이언트와 로펌이 합의하는 경우 성공이나 실패에 따라서 금액을 조정할 수 있으며, 이런 합의가 있는 경우에는 소송위임계약서의 특약 사항란에 기재하면 된다.

로펌에서 클라이언트에게 발송하는 보수금 청구 서식은 [문서 15-1]과 같다. 클라이언트에게 보수금 청구서를 보낼 때에는 세금계산서와 자문 내역서를 첨부해 보내는데, [문서 15-2]는 보수금 청구를 위한 자문 내역서의 예이다.

### 2) 자문 사건의 빌링

자문 빌링도 송무와 마찬가지로 변호사 및 전문 보조인력들이 위임사무 처리를 위해 사용한 일체의 시간에 로펌이 정하고 있는 담당 변호사의 시간당 보수율을 곱해 산출된 금액(부가가치세 별도)을 청구([문서 15-5] 참조)한다. 클라이언트와의 전화 상담과 면담을 비롯해 해당 자문 건에 소요된 모든 업무 시간을 기록([문서 15-3], [문서 15-4] 참조)해 청구하며 교통비, 복사비 등 부대 비용은 별도로 청구한다. 단, 클라이언트와 로펌이 상호 합의하는 경우에는 보수 한도액을 정할 수 있으며, 이러한 합의가 있는 경우에는 소송위임계약서의 특약 사항란에 기재한다.

## 15.2 회계 처리

로펌의 회계 처리는 주로 컴퓨터 응용 소프트웨어를 사용한다. 비서가 개별적으로 인트라넷 시스템에 내역을 입력해 청구하고, 대형 로펌은 경리 팀에 영수증을 첨부한 청구서를 보내 일괄 처리하기도 한다.

#### (1) 교통비 정산 내역서

출장 등으로 인해 변호사가 사용한 교통비는 총무부에 제출해 비용 청구를 하게 된다. 이때 영수증과 교통비 정산 내역서를 함께 첨부해야 하며, 교통비 정산 내역서에는 날짜, 출장자명, 출발지 및 도착지, 교통 수단, 요금, 사용 목적 등을 정확하게 기입해 월 단위로 제출한다.

〈표 15-1〉 교통비 정산 내역서

| 일 시 | 출장자 | 출발지 | 도착지 | 교통 수단 | 사용 목적 | 요 금 | 비 고 |
|---|---|---|---|---|---|---|---|
| 5월 14일 | 홍길동 | 삼성역 | 서초역 | 지하철 | 등본 발급 | 1,400 | |
| 5월 14일 | 홍길동 | 삼성역 | 교대 | 택시 | 문건 접수 | 7,800 | |
| | | | | | | | |
| | | | | | | | |
| | | | | | | | |
| | | | | | | | |
| | | | | | | | |
| 총 청구 금액 | | | | | | 245,000원 | |

(2) 기타

지출결의서([문서 15-7] 참조)는 사용한 내역의 종류에 따라 정해진 양식에 내용을 기입하고 반드시 영수증을 첨부한다.

로펌에서 자주 발생하는 비용의 종류는 아래와 같다.

- ▶ 교육지원비
- ▶ 출장여비
- ▶ 사무용품비
- ▶ 야근교통비
- ▶ 야근식대
- ▶ 우편료
- ▶ 접대비
- ▶ 회의식대

소규모 로펌에서는 비품이나 음료수 구입비를 직접 회계 처리하고 대형 로펌의 경우에는 총무부에 제출해 일괄 처리한다. 변호사의 여가활동비나 어학교육비는 개인당 일정 할당액이 있는데 정해진 기간 내에 쓰지 않으면 이월되지 않는다(예: 한 달에 30만 원의 어학교육비 지원).

[문서 15-7] 지출결의서

# 지 출 결 의 서

| 신청 부서 | 신청자 | 실장, 팀장 확인 |
|---|---|---|
| | | |
| | 20××-　- | |

| 주관 부서 | 담당 변호사 확인 | 수임 변호사 확인 |
|---|---|---|
| | | |
| | | |

| | | | | | | |
|---|---|---|---|---|---|---|
| 신청 | 신청 부서 | | | | | |
| | Client | | | | | |
| | Matter | | | | | |
| | Supplier | | | | | |
| | 건명 | | | | | |
| | 신청 사유 | | | | | |
| 지출 | 계정 번호 | 내역 | 단가 | 개수 | 금액 | 관리 항목 |
| | | | | | | |
| | | | | | | |
| | | | | | | |
| | | | | | | |
| | | | | | | |
| | | | | | | |
| | | | | | | |

| 회계 부서 | 담당 | 수령인 | 회계 담당 | MP 변호사 |
|---|---|---|---|---|
| | | | | |
| | | | | |

| Check No. | |
|---|---|

※ 뒷면에 영수증을 부착하여 제출할 것.

# 제 16 장 로펌 비서의 경력 개발

로펌 비서직을 준비하는 학생이나 현직에 근무하는 로펌 비서는 사회 변화의 방향을 파악해 항상 스스로를 준비하고 계발해 나가는 노력이 무엇보다 중요하다. 더구나 우리나라에서도 평생 고용의 시대가 끝나고 회사의 필요에 따라서 언제든지 직원을 해고할 수 있고 또 개인은 자신의 능력을 인정해 주고 대우해 주는 직장으로 언제든지 옮길 수 있는 노동시장의 자유경쟁 시대가 열렸다. 따라서 자유경쟁 시장에서 항상 자신의 가치를 높이고 자신을 경쟁력 있게 만들기 위해서는 스스로 커리어 관리(career management)를 하지 않으면 안 된다. 젊었을 때 잠시 종사하는 직업이 아니라 평생 전문직으로서 로펌 비서직을 갖기 위해서는 지속적으로 자신의 능력을 계발해 나가야 한다.

## 16.1 로펌 비서로 취업하기

현재 로펌 비서는 과거의 수동적인 역할에서 변호사의 법률 업무와 고객관리를 적극적으로 돕는 업무 조력자로 발전해 가고 있는 추세이다. 이에 따라 많은 로펌들이 신입 비서 채용에 신중을 기하고 있다.

로펌은 기업 특성상 보수적인 성향이 강하기 때문에 채용 시에는 지원자의 태도와 자질, 학점, 외국어에 중점을 둔다. 학점의 경우 학창 시절의 성실성을 나타내는 자료이기 때문에 로펌 비서가 되고 싶은 학생이라면 기본적으로 학점관리를 소홀히 해서는 안 될 것이다. 로펌 비서의 자질은 특히 로펌의 특성으로 인해 성실성 · 책임감 · 정확성은 기본이 되어야 하며, 선천적인 자질이 부족할지라도 자신의 끊임없는 노력과 교육, 경험을 통해 전문 로펌 비서로서 자질을 길러 나가는 노력이 필요하다.

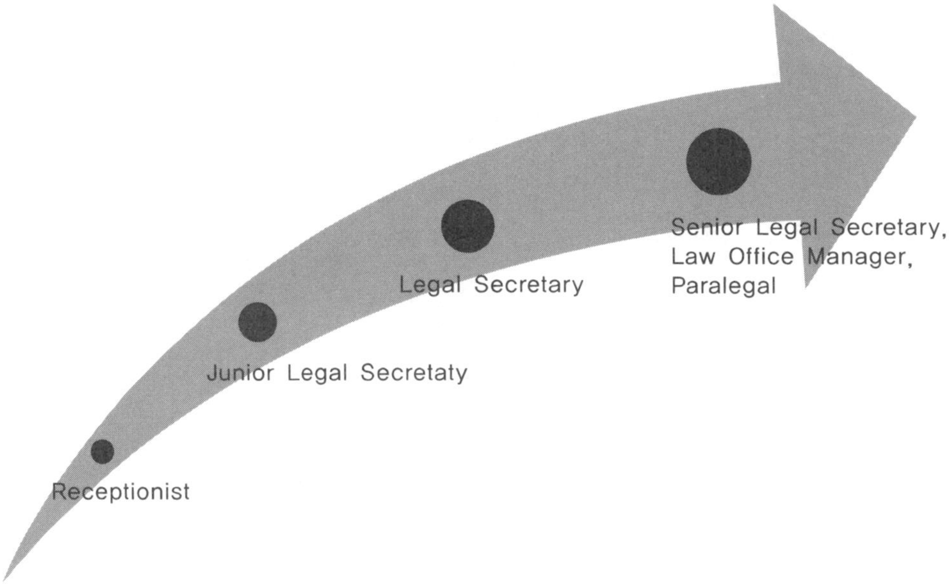


**[그림 16-1]** 로펌 비서의 직급 체계

로펌 비서의 첫 단계라 할 수 있는 리셉셔니스트는 보통 2년제 대학의 학력이면 지원 가능하며 로펌을 찾아온 손님을 맞이하는 첫 번째 직원이기 때문에 이미지와 태도, 자세를 중요시한다.

특히 로펌 업무 영역의 글로벌화와 함께 로펌 비서는 외국어에 대한 구술 및 작문 능력을 활용하여 업무를 원활히 진행하는 능력이 요구된다. 단순히 외국어 실력이 좋은 정도보다는 제2외국어를 유창하게 하거나 원어민 수준의 영어 회화를 구사할 수 있다면 다른 지원자들과 차별화될 것이다.

## 16.2 로펌 비서의 자기 계발

### 1) 목표관리

비서로서 비교적 근무 환경이 안정적인 로펌에 취업하는 것은 커리어의 시작에 불과하다. 직업인으로서 가져야 할 올바른 직업 의식과 직업 윤리를 갖춘 전문직 로펌 비서로 성장하기 위해서는 현재의 위치에 만족하기보다는 미래를 향해 끊임없이 자기를 계발해야 한다. 자기 계발을 하기 위한 구체적 방법에 대해 인식하고, 이를 실제 생활에 적용하려는 노력이 필요하다.

### (1) 목표의 수립

자기 계발이란 자기 능력을 높이는 일이며 이는 시간이 감에 따라 저절로 이루어지는 것이 아니라 자기 계발을 통해 성취하고자 하는 목표가 뚜렷해야 가능하다. 많은 로펌 비서가 업무를 처리할 때 우선 순위에 따라 계획을 세우고 능숙하게 일을 하지만 막상 자신의 커리어를 관리하기 위해 목표와 계획을 세울 때는 구체적으로 무엇을 어떻게 시작해야 할지 잘 모른다. 효과적인 자기 계발을 위해서는 달성 목표를 세움으로써 추진 방향이 확실하게 설정되며, 지금 어떠한 노력을 더 해야 할 것인가를 구체적으로 알게 해 준다. 즉, 목표 달성을 위한 계획이 세워짐에 따라서 능력을 계획적으로 높일 수 있게 된다. 물론 목표를 세웠다고 해서 다 달성할 수 있는 것은 아니며 많은 사람이 그 목표에 도달하지 못하기도 한다. 그러나 통계에 의하면 목표를 세우고 그 목표를 추구하는 사람이 그렇지 않은 사람보다 교육이나 훈련에서 일반적으로 더 많은 것을 성취한다.

목표를 설정한 뒤에는 목표를 신속하게 달성하기 위해 어떻게 하면 좋을까를 생각해야 하는데, 그것은 일상 생활에도 연결되게 함으로써 자기의 삶에 활기를 얻게 된다. 또한 자기가 설정한 목표가 충분한 가치가 있다고 생각하고 반드시 해낸다는 굳은 결의가 있어야 한다.

그리고 자기 계발을 위한 일정표를 짜서 적은 노력일지라도 한 걸음 한 걸음 쌓아가야 한다. 끈기있게 매일 노력하는 생활이 습관화되면 더욱 바람직하다. 또한 주기적으로 진행 상황을 점검하는 것이 필요하다.

### (2) 목표 설정과 실행

목표관리에 의한 자기 계발이 성공적으로 이루어지기 위해서는 먼저 효과적인 목표를 설정하고 이를 실행해야 한다.

효과적인 목표 설정과 실행 방법은 다음과 같다.

① 먼저 목표를 구체적으로 적어 본다. 처음부터 완벽한 목표 설정이 힘들지라도 적어 나가는 과정에서 목표가 더 명확해지기 때문이다. 목표는 반드시 원대할 필요는 없으며, 자신의 현재 능력, 환경을 고려해 실현할 수 있는 합리적인 목표를 세우는 것이 좋다. 이 과정에서 자신이 가진 능력과 한계점에 대해 고려해야 한다. 예를 들면 차분하고 논리적이기보다 매우 감성적이고 즉흥적인 성격의 소유자가 변호사가 되겠다라고 목표를 세우는 것은 자신의 적성과 능력에 대해 충분히 고려하지 않은 것으로 볼 수 있다.

② 실현 가능한 목표를 세워야 한다고 해서 너무 쉽게 성취할 수 있는 목표보다는 도전할 만한 가치가 있는 목표를 세운다.

③ 모호한 목표보다는 구체적인 목표를 설정한다. 예를 들면, 단순히 '공부를 열심히 하겠다'는 목표를 세우는 것보다 '하루에 두 시간 토익 공부를 하겠다'는 식의 목표가 바람

직하다.

④ 단기적인 목표와 장기적인 목표가 서로 조화되도록 설정한다. 올해의 목표, 5년 후의 목표, 30년 후의 목표, 생애 목표 등을 설정함으로써 방향을 더욱 명확히 할 수 있다. 여러 개의 목표가 서로 조화되어야 하며, 어떤 목표는 다른 목표보다 더 많은 시간과 노력을 필요로 하기도 한다. 예를 들면, "졸업 후 로펌 분야에서 전문 비서가 되겠다"는 목표를 성취하기 위해서는 자격증의 취득, 컴퓨터 능력 향상, 영어 실력 향상 노력 등 여러 개의 상호 연관된 단기 목표를 설정할 수 있다.

⑤ 목표를 설정할 때 그 목표를 추구하는 과정에서 발생하는 비용과 손해를 충분히 인식해 설정하도록 한다. 예를 들면 석사 학위를 취득하기 위해 야간 대학원에 진학할 경우 휴가, 여가 시간, 사회 생활, 가족 생활 등 개인의 사적인 생활은 당분간 희생할 것을 감수해야 한다. 이 과정에서 회사와 가족들의 이해와 도움 없이는 학위 취득이 불가능하다.

⑥ 추구하고자 하는 목표에서 요구하는 기술과 지식에 대해 충분히 인식한다. 예를 들면 현재 리셉셔니스트이지만 대표 변호사의 비서가 되고 싶다라는 목표를 세운다면 그 사람은 가졌으나 자신은 가지지 못한 기술이나 능력을 꾸준히 습득하도록 노력한다. 유능한 로펌 비서가 되고 싶다는 목표를 세웠다면 주위에서 자신이 본받고 배울 만한 구체적인 역할 모델이 있을 때 훨씬 쉽게 목표를 달성할 수 있다.

⑦ 목표를 정기적으로 점검한다. 목표를 정할 당시에는 가장 중요하다고 생각되었던 목표들도 일정 기간이 지나고 나면 자신의 관심이 바뀌거나 주위 환경적인 요소 때문에 더 이상 추구할 수 없는 목표가 되어 버리는 경우도 있다. 따라서 중·장기 목표일 경우 매년 혹은 매 6개월마다 점검하는 것이 필요하다.

⑧ 일정 시간이 지나면 평가할 수 있도록 목표를 정한다. 연간 목표였으면 연말에, 월간 목표였으면 월말에 얼마나 성취했는지를 평가해 보아야 한다. 만약 성취하지 못했으면 그 이유와 개선 방안에 대한 평가가 동시에 이루어져야 한다.

⑨ 다른 사람에게 목표를 알린다. 일단 목표가 정해지면 상사, 가족 및 친구들에게 목표를 알린다. 예를 들면 토익 시험에서 850점 이상 받겠다라고 목표를 세우고 이를 주위에 알리면 그 목표에 대해 격려하는 사람이 있는 반면 과연 그게 가능할까라고 의문을 표시하는 사람도 있을 것이다. 그러면 자신이 할 수 있음을 증명하기 위해서라도 더 많은 노력을 기울일 것이고 또 주위에서 그 목표를 달성하도록 이해하고 도와 줄 수도 있을 것이다.

⑩ 실패를 두려워하지 않는다. 능력이 있는 많은 사람이 그 능력을 충분히 발휘해 성공하지 못하는 이유 중의 하나는 어떠한 일을 시작하려고 할 때 실패를 두려워해 아예 시작조차 하지 못하거나 실패했을 때의 주위의 평가나 비난이 두려워 용기를 내지 못하는 경우가 많이 있다. 다시 한 번 강조하지만 실패를 하더라도 목표를 세워서 추구하

는 사람이 그렇지 않은 사람보다 성공할 확률이 더 높다. 거듭되는 실패를 거울삼아 대통령에까지 이른 링컨을 비롯한 많은 사람의 사례에서 우리는 도전의 중요성을 배울 수 있다.

### (3) 목표의 유형

대부분의 직장인은 일을 통해 자아 실현을 하려고 노력한다. 너무 현재 일에만 매달리다 보면 어느 순간 자아를 상실한 것을 발견하게 된다. 최근에 증가하는 명예 퇴직자의 경우 자신의 목표를 일과 직장에만 맞추었기 때문에 퇴직을 한 후 생의 의미에 대해 많은 갈등을 겪거나 낙심해 건강을 잃는 것을 종종 볼 수 있다. 따라서 생의 여러 측면을 고려해 균형 잡힌 목표는 일상 업무를 위한 것, 자신의 향상과 미래의 커리어를 위한 것, 그리고 현재와 장래의 윤택한 삶을 위한 것으로 나눌 수 있다.

#### ① 일상 업무를 위한 목표

일상 업무 속에서 필요한 지식과 기술을 배우는 것을 목표로 하는 경우이며 목표가 구체적이고 명확해야 한다. 먼저 현재 자신이 직무를 수행할 때 부족하다고 느끼는 지식이나 업무 관련 기술을 어떠한 것이 있는지 파악한 후 부족한 점을 향상시키기 위해 목표를 세우고 노력해야 한다.

직장에서 즉시 실현해야 할 과제에 대해서는 회사가 사내 또는 사외 연수를 통해 본인의 뜻과는 관계없이 공부시키는 것이 일반적이다. 그러나 실제로 알아두면 좋은 지식과 기술의 습득을 회사가 모두 지원해 주지는 않는다. 즉 자기가 스스로 공부하고 노력해 그 지식과 기술을 습득해 자기 계발을 해나가야 한다.

또한 자기 계발에서 얻은 성과를 일상의 직무에 반영해 가야 한다. 즉 자기 계발의 성과가 업무에 반영됨으로써 목표 추구의 가치가 있게 되는 것이다. 최근에는 외국어 및 컴퓨터 활용 능력 등을 비롯해 많은 직업 능력 및 기능 시험이 있다. 이런 시험을 목표로 하여 적극적으로 자기 계발을 위해 노력하는 그 자체도 가치 있는 일이다.

#### ② 자기 향상을 위한 목표

단기적으로 현재 자신의 업무를 잘 수행할 수 있는 능력을 갖춘 후에는 미래에 자신이 도달하고자 혹은 성취하고자 하는 직위와 업무에 대해 중・장기 계획을 세우고 꾸준히 노력해 가는 자세가 필요하다. 예를 들면 학교를 졸업하고 로펌에서 일하고 있는 초급 비서가 우선은 자신의 업무 수행에 필요한 능력을 갖추기 위해 회사에서 사용하는 컴퓨터 소프트웨어 활용법 등을 배워야 하겠지만 어느 정도 적응이 되고 나면 법률 문서의 종류나 업무 내용 등에 관심을 가지고 더 공부할 수도 있을 것이다.

5년이나 10년 후 자신이 성취하고자 하는 바를 실천 계획을 가지고 실행에 옮기는 비서와 그렇지 않은 비서는 미래에는 물론이고 현재의 생활에서도 많은 차이가 난다. 따라서 현재의 바쁜 업무에만 매달리기보다는 미래를 생각하는 시간을 가져야 한다. 미래를 준비하는 사람만이 빠르게 변화하고 있는 환경에서 적응하며 발전할 수 있다는 생각을 항상 염두에 두어야 한다.

③ 삶의 질을 위한 목표

생활 주기의 변화와 소득 수준의 향상으로 사람들은 삶의 질을 추구하게 되었다. 자기의 잠재 능력의 개발이나 어학 능력·기획력·창조력의 연마 등 비교적 업무에 관계 있는 능력 개발에서부터 취미, 운동, 여행, 종교활동, 봉사활동 등 개인 생활 속에서 자신의 여가와 취미활동을 통한 자기 계발에 이르기까지 그 폭이 매우 넓다.

건강, 봉사활동, 경제력 향상, 결혼 생활, 가족 관계 등 다양한 개인의 목표를 일에 대한 목표와 병행하여 추구해야 한다. 우선 학창 생활 동안 평생을 통해 꾸준히 할 수 있는 운동과 취미를 계발하는 것이 좋다. 그 밖에도 해외 여행, 각종 스포츠 활동에의 참가, 연극과 음악회, 전시회, 박물관 탐방, 그림이나 소설의 창작, 공공기관이나 대학의 시민 강좌나 문화센터, 평생교육원 프로그램 등 다양한 관심을 가지고 주의를 기울이면 자기 계발 기회는 물론 자신의 생활을 풍요롭게 할 수 있는 시간을 가질 수 있다. 개인의 활발한 취미 생활과 여가활동을 통해 직업이나 직장에도 더욱 긍정적인 영향을 미칠 수 있다.

## 16.3 로펌 비서의 자기 계발 방안

### 1) 직무를 통한 자기 계발

많은 사람이 학습은 주로 학교 정규 교육을 통해 이루어진다고 생각하기 쉬우나 실제로 학습은 태어났을 때부터 죽을 때까지 지속적으로 그리고 모든 환경에서 이루어지는 것이다. 특히 직장에서 직무를 통한 학습은 매우 중요하다. 일과 학습은 개인과 조직의 성장에 직접적인 연관 관계가 있다. 오늘날과 같이 급속하게 변하는 시대에는 경쟁자나 경쟁 회사보다 빨리 배우지 못하는 조직과 개인은 뒤떨어질 수밖에 없다.

우리는 무엇을 배웠던가에 대한 것은 인식해도 어떠한 과정을 통해 배웠던가에 대한 인식은 거의 하지 않는다. 직무 경험을 통한 의도적인 학습은 자기 계발을 위한 매우 효과적인 방법이다. 학습에 시간과 노력을 들이는 것은 우리 자신과 미래에 대한 투자이다. 우리는 경험을 통해 직관적으로 배우게 된다. 그러나 일을 통해 저절로 배울 수 있는 것은 아니다. 스스로 무엇을, 어떻게, 얼마나, 그리고 어떠한 속도로 배울 것인가를 결정해 모든 학습의 기회를 적극적으로 그리고 의도적으로 잡을 때에 비로소 학습은 일어날 수 있다. 이 때

일은 일상적인 것이 아니라 배울 수 있는 기회로 다가올 수 있다. 직무에서의 학습은 지식, 직무 기술, 경험의 증대로 인해 현재의 직무 수행 능력을 향상시킬 수 있으며, 미래에 더 많은 책임을 맡을 수 있는 능력을 키우는 것을 의미한다.

그러면 로펌 비서 직무를 통해 배울 수 있는 방법을 구체적으로 살펴보자.

**(1) 변호사의 의사 결정 방법과 업무 처리 방법을 관찰한다**

로펌 비서는 조직 내에서 발생하는 다양한 문제에 대해 변호사는 어떠한 기준에서 어떠한 결정을 내리는가를 살펴보고, 자신이라면 어떻게 처리할 것인가 또 그 결과는 어떻게 달라질 것인가에 대해 여러 각도로 분석해 보는 습관을 키운다.

**(2) 문서 작성 시에 문서의 내용을 읽고 이해한다**

컴퓨터로 문서를 작성할 때, 기계적으로 내용만 입력할 것이 아니라 작성하고 있는 문서의 내용을 이해하는 것이 상사가 하는 일에 대해 배울 수 있는 좋은 기회가 된다. 왜 그 서류가 만들어졌고, 어떠한 내용을 담고 있으며, 예상되는 업무 처리 절차 등을 생각해 보면 업무 파악에 많은 도움이 된다.

**(3) 배달되는 우편물을 통해 업무를 이해한다**

비서는 일반적으로 상사의 우편물을 개봉하고 정리해서 상사에게 전달하는 책임이 있다. 이 때 배달되는 편지 · 문서 · 메모는 업무나 조직의 상황에 대해 좀 더 알 수 있는 훌륭한 자료원이 된다. 배달되는 문서에 대한 답변도 연결해서 보면 업무가 어떻게 진행되는지에 대해 알 수 있다. 이 때 상사 앞으로 오는 개인적인 편지나 인사(人事)에 대한 사내비(社內秘) · 사외비(社外秘)에 관한 사항은 개봉하지 않도록 하며, 실수로 보게 되었으면 외부에 누설되지 않도록 주의한다.

**(4) 회사의 법률 서비스 제공 분야와 업종에 대해 조사하고 배운다**

일상적으로 주위에서 일어나는 일에 대한 이해 외에도, 회사의 법률 서비스 제공 분야와 업종에 대한 지식을 얻도록 노력해야 한다. 조직 내에서 발행되거나 유통되는 인쇄물과 보고서들을 유의해서 읽어 본다. 회사와 관련된 분야의 신문 기사가 나오면 스크랩을 하는 등 평상시에도 항상 관심을 두도록 한다.

**(5) 기존의 방법이 아닌 더 나은 개선책을 생각한다**

업무를 수행하다 보면 기존의 방법보다 시간과 비용을 적게 투자하고 같은 효과를 거둘 수 있거나 더 나은 성과를 얻을 수 있는 방법이 있다. '지금까지 계속해 오던 방법이다' 또는 '전임 비서가 그렇게 해왔기 때문에 업무 방법을 바꿀 수 없다'라는 사고에서 벗어나 생각을 해보면 새로운 아이디어가 떠오를 수 있다.

최근에는 사원 제안 제도가 있어서 사원들이 아이디어를 제출하면, 평가를 거쳐 좋은 아이디어는 회사 운영에 반영하고 안이 채택된 사람들에게는 물질적 · 심리적인 보상을 하는 회사도 있다.

## 2) 평생 교육

평생 교육(life long education)이란 학교 교육뿐만 아니라 가정 교육, 사회 교육 등을 망라해 연령에 제한을 두지 않고 전 생애에 걸친 교육을 통해 삶의 질을 향상시키는 것을 목적으로 한다. 과거에는 학교에서 배운 것을 평생 동안 활용할 수 있었으나 변화의 속도가 빠른 지금은 그렇지 않다. 5년 전에 통용된 지식은 반쯤은 쓸모가 없으며, 전문적인 지식은 2년의 주기도 길다고 한다.

이와같이 변화하는 환경에 새롭게 요청되는 정보를 습득하기 위한 교육이 체계적으로 필요하며, 비서 또한 비서로서의 직무를 수행하기 위해서는 끊임없는 자기 계발이 이루어져야 한다. 급변하는 현대 사회에서는 이러한 태도로 노력하지 않으면 유능한 비서가 될 수 없다. 평생 교육은 정규 교육 과정을 통해 이루어지기도 하지만 다양한 비정규 과정 및 자신의 적극적인 노력을 통해 이루어진다.

### (1) 대중 매체의 활용

신문, TV, 라디오는 날마다 대하는 유력한 정보원이다. 젊은 층은 인터넷에서 주로 뉴스를 접하지만 로펌 비서는 이들을 잘 활용하느냐 못하느냐에 따라 업무 성과에서도 커다란 차이가 날 수 있다. 정보의 보고(寶庫)라고도 하는 대중 매체, 그러나 목적 의식을 명확히 갖고 있지 않으면 가치 있고 유용한 정보라도 그냥 넘기기가 쉽다. 따라서 그 활용법을 알고 대하는 것이 좋다.

① 신문

㉠ 경제 신문, 전문 업종 신문을 활용한다

경제 신문은 경제 동향이나 회사 정보 등 시사 일간지에 없는 전문적인 정보를 제공한다. 비서 업무를 수행하는 일뿐만 아니라 회사 전체의 운영에 대한 이해를 위해서도 경제 신문은 유용한 정보를 제공해 준다. 특히 상사의 업무에 대한 이해와 이를 잘 보좌하는 데 많은 도움을 준다. 경제 기사는 다른 기사에 비해 어느 정도 사전 지식이 있어야 이해하기 쉽다. 최소한 기사에 쓰이는 용어에 대한 사전 지식이 있어야 한다. 성의를 가지고 경제, 시사 사전 등을 활용해 그때 그때 의문점을 해결해 나간다. 주위에 경제학이나 경영학을 전공한 동료나 선배가 있으면 모르는 개념과 용어에 대해 적극적으로 가르침을 받는다.

㉡ 인사나 재계 동향란에 유의한다

재계의 동향이나 인사 이동과 관련된 내용이 나온 면은 주의 깊게 보도록 한다. 상사나 업무와 관련되어 있는 인사들에 대한 승진 · 전근이나 경조사에 대한 기사를 항상 점검한다.

또한 회사와 관련되는 내용들은 신문에 표시를 하거나 복사해서 상사에게 보이도록 한다.

㉢ 주요 기사는 스크랩한다

신문 활용의 관건은 스크랩을 어떻게 하느냐에 달려 있다. 매일 신문을 자르고 정리하고 보관하는 일이 귀찮게 느껴질지 모르지만, 체계적으로 정리된 신문 스크랩은 업무 수행에 필요한 기초 자료의 구실을 해 주며 자신의 정보 자료원을 만드는 밑거름이 된다. 정보관리 방법으로는 자료를 컴퓨터에 입력하거나, 스캔해서 저장하거나, 신문사 인터넷 서비스를 활용하거나, 또는 통일 규격으로 복사해 두는 방법 등이 있다.

㉣ 취업 정보를 획득한다

취업 정보에서도 신문이 신속성·공식성에서 가장 앞선 매체 중의 하나이다. 신문 정보를 이용한 취업의 가능성 외에 취업에서 빼놓을 수 없는 자격증에 대한 정보도 신문을 통해 얻을 수 있다.

㉤ 이해하기 쉽고 압축된 만화로 시사 흐름을 읽는다

신문에 나오는 만화에는 중요하고 사회적으로 화제가 되는 내용에 대한 정보가 압축되어 있다. 신문 만평란이나 사회면 만화는 그 날의 시사 흐름과 동향에 대한 내용을 담고 있다. 신문에 익숙하지 않고 흥미를 느끼지 못하는 사람일지라도 짧은 시간 내에 재미있게 시사 흐름과 동향을 읽을 수 있다는 장점이 있다.

㉥ 광고에 주의한다

신간 서적의 광고는 반드시 내용을 살펴 독서 계획을 세울 때 참고로 하는 것이 좋다. 경제지나 경영관리 분야의 책이나 잡지는 광고 내용을 보는 것만으로도 참고가 된다. 그리고 화제가 되는 책이나 베스트셀러는 시대 흐름에 뒤처지지 않게 읽는다.

**② TV와 라디오**

㉠ 프로그램을 선택해서 시청하거나 청취한다

중요하지 않은 프로그램은 시간을 낭비하기 때문에 각종 프로그램 가운데 주제를 선별해서 시청·청취하는 것이 바람직하다.

㉡ 교육 방송을 충분히 이용한다

교육 방송 프로그램 중에서 어학 강좌, 경제·경영 강좌, 교양 강좌 등은 자기 계발에 상당한 도움을 주므로, 좀 더 계획성 있게 이용하는 것이 바람직하다. 라디오 교육 방송과 텔레비전 교육 방송을 시간대와 내용에 따라 잘 활용하도록 한다.

㉢ 라디오 방송을 이용한다

최근 라디오 프로그램 역시 상당한 기술 발전과 과감한 투자로 그 정보 효과가 놀라울 정도로 향상되고 있다. 이러한 라디오 방송도 정보의 안테나 역할을 하게 되는 것이다. 집에서나 직장에서 단순 작업을 할 때 다른 사람들에게 방해가 되지 않는 범위 내에서 라디오 방송을 청취하면 시간의 활용도를 높일 수 있다.

### (2) 사내 연수 프로그램

최근에는 사내 연수 프로그램을 활발하게 설치하는 로펌이 늘어나고 있다. 업무에 직접적으로 도움이 되는 연수는 물론 폭넓게 자기 능력을 계발하기 위한 각종 연수에도 적극적으로 참여하는 것이 바람직하다. 이러한 사내 연수나 회사에서 추천하는 외부 훈련 프로그램은 자신의 전문 분야를 개발·확립한다는 점에서 바람직하다. 특히 대형 로펌을 중심으로 사원의 업무 능력 향상이나 자기 계발을 위한 사내 대학, 기술 대학 등 각종 프로그램에 대한 투자가 이루어지고 권장되고 있으며, 대학 학력까지 인정해 주는 경우도 있다.

### (3) 사외 연수 프로그램

회사 내에서 열리는 사내 연수 외에도 회사 바깥에서 열리는 여러 교육 과정을 통한 재교육의 방법이 있다. 사외 연수는 직종이 다른 사람들의 모임이기 때문에 지식 이외에 인간관계를 형성하는 좋은 기회도 된다. 사외 연수는 대학, 대학원, 학원, 각종 협회, 단체, 기업 등 사회교육기관에서 많이 개설한다.

이러한 사외 연수의 장점은 다양한 사람들과 네트워크할 수 있고 비슷한 분야에 종사하는 사람들이 만나 서로 힘이 되어 줄 수 있다는 점이다. 예를 들어 같은 직종이나 같은 지역에 있는 로펌 비서들이 함께 모여 정기적인 모임과 함께 회원들이 필요로 하는 교육 프로그램을 실시하다 보면 상호 이해가 깊어지고 정보 교환도 되어 열성을 갖게 한다.

사외 연수는 자기 자신이 어떤 문제 의식으로 자신을 성장시키려고 하느냐 하는 목적을 확실히 하여, 목적에 맞는 연수를 선택해야 한다.

〈표 16-1〉 로펌 비서의 자기 계발을 위한 교육 훈련 프로그램

| 구분 | 내용 |
|---|---|
| 정규 프로그램 (교육 제도) | * 방송통신대학, 야간대학(학사 과정) |
| | * 이화여대 국제사무학과(구, 비서학과) 대학원<br>* 경영대학원, 행정대학원, 정보대학원 등 각종 특수대학원(석사 과정)<br>* 평생교육원: 법률, 경영, 정보 관계 등<br>* 이화여대 국제회의센터: 전문비서 교육 과정의 로펌 비서 과정 |
| 비정규 프로그램 | * 사내교육: 경영, 전산, 외국어 교육 및 예절, 기초교양 강좌<br>* 사외교육: 한국비서협회나 전문기구 주최의 세미나 및 연수 프로그램 |

### (4) 학위 과정

고등학교나 전문대학을 졸업하고 현직에 종사하고 있는 로펌 비서의 경우 야간 학위 과정을 통해 자기 계발을 할 수 있다. 그러나 학위 과정을 계속하기 위해서는 본인의 끊임없는 노력과 상사의 이해 없이는 불가능하다. 또한 공부로 인해 회사나 상사의 업무에 차질이 있어서는 안 되므로 회사 업무, 시간, 건강 등을 다각적으로 검토해야 한다.

방송통신대학, 학점은행제 등을 통해 경영학, 행정학과 같은 관리과학 분야나 영어영문학과, 일어일문학과 등의 어학 분야에서 학사 학위를 취득함으로써 해당 분야에 대한 지식을 넓혀 나갈 뿐 아니라 자신의 자질을 높이고 실력을 쌓아 스스로를 준비함으로써 더 나은 미래를 위해 대비할 수 있다.

또한 4년제 대학을 졸업하고 현직에 종사하는 경우에는 일반대학원이나 특수대학원을 이용해 최신 전문 지식과 능력을 습득할 수 있다. 도움이 되는 전공으로는 경제학, 경영학, 정보 테크놀로지, 심리학, 기업법, 회계학, 인적 자원 개발, 커뮤니케이션 등 여러 인접 사회과학 영역들이 있다.

### 3) 비서 자격 시험

자격 시험의 장점은 현재의 업무에 도움이 되는 능력 및 기술 계발이나 미래에 필요로 하는 능력에 대해 조직적으로 준비함으로써 객관적인 자격증을 획득할 수 있다는 점이다.

특정한 자격 취득을 위해서는 충분한 준비 기간을 두고, 계획을 세워서 노력해야 한다. 자격 취득을 위한 요점을 정리하면 다음과 같다.

① 목적을 확실히 한다. 즉, 취득하고자 하는 구체적인 자격 시험의 종류와 단계를 확정해 준비한다.

② 회사와의 공사(公私)를 확실히 한다. 취득하고자 하는 자격이 회사와 공적인 관계가 없다면 그 준비를 위해 사적인 시간을 활용해야 한다.

③ 자격의 난이도를 고려한다. 자신의 관점과 수준을 고려하여 취득 가능한 자격을 우선 준비하는 것이 바람직하다.

④ 수험 계획은 무리없이 장기간으로 세운다. 지나치게 빠른 시일 내에 시험을 준비하게 되면 회사의 공적인 일에 좋지 않은 영향을 미칠 수도 있으므로, 충분히 사전 계획을 세워 시험을 준비하는 것이 좋다.

⑤ TV나 라디오를 통한 통신 교육을 활용한다. 각종 대중 매체를 통해 특정 자격 시험에 필요한 정보를 수집하는 것도 바람직하다.

<표 16-2>는 비서가 되기 위해 꼭 취득해야 하는 비서 자격 시험의 주요 내용이다. 대학 재학 기간 동안 미리 준비해 자격증을 취득하면 로펌 비서로서 필요한 지식이나 능력을 익힐 수 있을 뿐 아니라 취업 시에도 많은 도움이 된다. 시험은 필기 시험과 실기 시험으로 나뉘는데, 실기 시험은 컴퓨터 활용 능력, 워드프로세서, 속기 등의 자격을 따면 된다. 필기 시험은 객관식 유형으로 출제되며 전 과목 평균 60점 이상, 각 과목은 40점 이상 취득해야 합격할 수 있다.

〈표 16-2〉 비서 자격 시험 개요

| 검정 방법 | 등급별 | 시험 과목 | 문제 수(항) | 제한 시간 |
|---|---|---|---|---|
| 필기 시험 | 1급 | 비서실무<br>경영일반<br>사무영어<br>사무정보관리 | 20<br>20<br>20<br>20 | 80분 |
| | 2급 | 비서실무<br>경영일반<br>사무영어<br>사무정보관리 | 20<br>20<br>20<br>20 | 80분 |
| | 3급 | 비서실무<br>사무영어<br>사무정보관리 | 20<br>20<br>20 | 60분 |
| 실기 시험<br>(2012년<br>변경 예정) | 1급 | 컴퓨터 활용 능력 1, 2급 / 워드프로세서 1, 2급 / 속기 1, 2급 | | |
| | 2급 | 컴퓨터 활용 능력 1, 2급 / 워드프로세서 1, 2급 / 속기 1, 2급 | | |
| | 3급 | 컴퓨터 활용 능력 1, 2, 3급 / 워드프로세서 1, 2, 3급 / 속기 1, 2, 3급 | | |

### 4) ALS/PLS/PP

미국 법률비서협회(NALS: National Association of Legal Secretaries)에서는 고유의 자격 시험을 만들어 법률 비서의 자격을 공인하고 있다. 자격증은 난이도와 종류에 따라 ALS, PLS, PP 세 가지가 있다.

ALS(Accredited Legal Scretaries) 자격증은 법률 비서 자격증의 기초(basic) 단계 자격증으로, 1년 이상 비서 경력 혹은 NALS의 법률 교육 프로그램(Legal Traning Course)을 이수한 경우에 시험에 응시할 수 있는 자격이 생긴다. 참고로 ALS의 시험 과목은 다음과 같다.

Part 1: Written Communication
Part 2: Office Procedures and Legal Knowledge
Part 3: Ethics, Human Relations, and Judgement

ALS
The basic certification for legal professionals

이 세 과목은 한 번에 모두 응시해야 하며, 시험에 합격하지 못했을 경우에는 재시험이 가능하다. 시험에 합격하면 5년 유효한 증명서를 받게 되며 NALS의 규정에 근거한 계속교육을 받았을 경우 연장이 가능하다. 시험은 매년 3, 6, 9, 12월에 시행된다.

PLS(Professional Legal Secretary)는 법률 비서 자격증의 고급(advanced) 단계 자격증이다. PLS는 사무기술의 습득 정도, 변호사/고객/기타 다른 직원과의 대인 관계 능력, 책임감과 실무에서의 진취성 및 판단력, 절차법/법률도서관/법원 서류 준비에 관한 업무 지식을 평가하고자 만들어졌다. 지원 자격은 법률 분야에서 3년의 경력을 가지고 있는 사람이라면 누구나 응시할 수 있다. 또한 고등교육 이상의 학위를 갖고 있거나, ALS 또는 기타 관련 자격증을 취득한 사람은 최대 1년의 경력이 면제된다. 참고로 PLS의 시험 과목은 다음과 같다.

Part 1: Written Communications
Part 2: Office Procedures and Technology
Part 3: Ethics and Judgement
Part 4: Legal Knowledge and Skills

이 네 과목은 한 번에 모두 응시해야 하고, 전체 또는 일부 과목에 합격하지 못한 경우에는 재시험을 볼 수 있다. 시험에 합격한 증명서는 5년간 유효하며, 5년마다 갱신을 하거나 CLE(Continuing Legal Education)를 받거나 활동하는 것으로 갱신할 수도 있다. 시험은 매년 3월과 9월에 시행된다.

PP(Professional Paralegal)는 NALS 회원들의 요청에 의해 2004년에 새롭게 개설된 자격증으로, 사무관리 실무(procedural skills) 및 커뮤니케이션 능력 정도, 절차법/법률도서관/법원 서류 준비에 관한 고급 업무 지식, 실체법에 관한 업무 지식 및 변호사의 관리하에 특별히 위임된 실질적인 법률 업무 수행 능력, 변호사/고객/기타 다른 직원과의 대인 관계 능력, 법률 윤리 규범에 따른 책임감과 실무에서의 진취성 및 판단력을 평가하고자 만들어졌다. 지원 자격은 패러리걸 또는 법률 비서로 5년의 경력을 가지고 있는 사람이라면 누구나 응시할 수 있다. 또한 2년제 대학 이상의 학위를 갖고 있거나 기타 관련 자격증 또는 패러리걸 자격증을 소지하고 있는 사람은 1년의 경력이 면제되며, 패러리걸 학위증을 소지하고 있는 사람은 2년의 경력이 면제된다. 참고로 PP의 시험 과목은 다음과 같다.

Part 1: Written Communications
Part 2: Legal Knowledge and Skills
Part 3: Ethics and Judgment Skills
Part 4: Substantive Law

이 네 과목은 한 번에 모두 응시해야 하며 단, PLS 자격증 소지자는 Part 4만 응시하면 된다. PLS와 마찬가지로 전체 또는 일부 과목에 합격하지 못한 경우에는 재시험을 볼 수 있다. 시험에 합격한 증명서는 5년간 유효하며, 5년마다 갱신을 하거나 CLE(Continuing Legal Education)를 받거나 활동하는 것으로 갱신할 수도 있다. 시험은 매년 3월과 9월에 시행된다.

## 16.4 네트워킹과 멘토링

### 1) 네트워킹

사회적으로 성공한 사람들의 경우 네트워크(network)가 각계각층에 고루 퍼져 있어 그 네트워크를 자산으로 활동을 펼쳐 나가게 된다. 이러한 인간 관계는 하루아침에 저절로 얻어지는 것이 아니라 평소 꾸준히 키워 나가고 쌓아 나가지 않으면 안 된다.

비서는 효과적인 업무 처리뿐만 아니라 자신의 계발을 위해서도 지속적으로 인맥, 즉 네트워크를 형성해 나가는 것이 바람직하다. 또한 비서 직무의 성격 자체가 많은 중요한 사람들을 접할 수 있는 위치에 있으므로 적극적인 관계 형성을 할 수가 있다. 먼저 자신이 관계하고 있는 혹은 알고 있는 사람들을 점검해 볼 필요가 있다. 자신은 그다지 아는 사람이 많지 않다고 생각하는 사람도 곰곰이 따져보면 의외로 많은 인적 자산을 가지고 있는 것을 알게 된다. 대부분의 사람은 그것을 깨닫지 못한 채 활용하지 않고 있을 따름이다.

사람은 일생 동안 학교, 직장, 종교집단, 사회집단, 취미활동 등 각종 집단을 통해 많은 사람과 만나게 된다. 단지 이러한 만남을 한 번의 만남으로 끝내 버리는 사람과 단 한 번의 만남도 소중하게 여기고 그 관계를 키워 나가는 사람과의 차이는 굉장히 크다. 따라서 적극적인 인간 관계를 형성할 마음의 준비와 태도로 많은 사람과 개방적이고도 우호적인 관계를 유지하려는 노력이 중요하다.

예를 들면 입사한 지 얼마 안 된 비서가 비행기 편을 예약하기 위해 거래 여행사에 전화를 걸었을 때 예약만 기계적으로 하고 끝낼 것이 아니라 상대방에게 자신을 소개하고 잘 부탁한다는 인사말과 함께 상대방의 이름을 알아 두고 관계를 구축한다. 다음 번 예약 때에도 그 담당자를 찾아 안부 인사와 함께 예약을 하면 만나기 이전에 벌써 자연스럽게 친근감이 형성되고 또 기회가 있으면 만나서 커피를 함께 할 수도 있을 것이다. 이런 관계가 형성되고 나면 성수기에 예약이 힘든 상황이 발생하더라도 상대방으로부터 적절한 도움을 받을 수 있다.

효율적인 업무 수행을 위한 네트워킹(networking)도 중요하지만 자신의 계발을 도모할 수 있는 인사들과의 관계 형성도 중요하다. 전문 업무 수행 시에 의문점이 발생할 때, 혹은 자신의 문제 해결에 조언이나 충고의 말을 청할 수 있는 스승이나 선배 혹은 전문가들을 많이 알아 두는 것도 중요하다. 한국비서협회(www.kaap.org)에 가입하거나 로펌 비서를 대상으로 하는 커뮤니티에 가입하는 것도 네트워킹의 좋은 방법 중 하나이다.

외부 기관에서 주최하는 세미나나 강연에 참석하는 것도 자기 계발의 인맥을 넓힐 수 있는 좋은 기회이다, 단지 강연을 들을 뿐 아니라 강사는 물론 참가자들과 적극적으로 인간 관계를 형성해 교제를 강화해 나가는 것이 중요하다. 이런 사람들로부터 회사 내에서는 얻기 힘든 정보를 수집하는 경우가 많다. 참가자들을 권유해 정기 세미나 같은 것을 만드는 것도 네트워크의 유지와 확대를 위한 한 방법이다. 또한 업무와 관련된 인터넷 동호회에 가입해 네트워크와 지식을 동시에 넓힐 수 있다. 예를 들면 삼성경제연구소(www.seri.org) 홈페이지에서는 마케팅, 파워 포인트 제작 등 분야별로 많은 동호회가 활동하고 있는 것을 볼 수 있다.

각종 자원봉사단체나 종교 모임, 취미 클럽에의 참여도 자신의 생활을 더욱 풍요롭게 할 수 있을 뿐만 아니라 네트워킹을 넓혀갈 수 있는 좋은 기회이기도 하다. 이러한 단체에서는 사회 각 분야의 사람들이 다 참여하기 때문에 다양한 관계를 구축할 수 있다.

네트워킹을 유지할 때 중요한 것은 필요할 때 상대방의 도움이나 정보를 구하기도 하지만 나 스스로도 상대방에게 언제든지 그 이상의 도움과 정보를 제공할 용의와 준비가 되어 있어야 하며, 평소 꾸준한 관계를 유지해야 한다는 것이다. 일방적으로 도움을 청하기만 하거나 필요한 경우에만 연락해 도움을 요청하는 관계는 결코 오래 지속될 수 없다.

## 2) 멘토링

멘토(mentor)란 인생을 살아갈 때나 직장에서 풍부한 지식과 경험을 갖추고 필요할 때 조언이나 안내, 가르침 등을 장기적으로 제공해 주는 사람이라고 할 수 있다. 멘토링(mentoring)이란 멘토의 경험을 통해 멘티(mentee)가 다양한 지식과 지혜를 배우는 관계를 의미한다. 멘토는 비공식적인 인간 관계 혹은 이미 내가 알고 있는 누군가의 관계에서도 찾을 수 있지만 직장 내에서는 선임자가 될 수도 있고 비서에게는 선배 비서나 상사가 될 수도 있다.

비공식적인 멘토링은 주위에서 필요한 전문성과 지식 또는 기술을 갖추고 있는 사람을 찾아 멘토가 되어 줄 것을 요청해야 한다. 반면 공식적인 멘토링은 회사나 업무와 관련된 모임이나 사내 멘토링 프로그램을 통해 지도를 받을 수 있다. 성공적인 멘토링은 신뢰와 커뮤니케이션을 바탕으로 이루어지기 때문에 초기에 상호 신뢰와 존경을 쌓는 것이 매우 중요하다.

비서에게는 상사가 가장 훌륭한 멘토가 될 수 있으며 자신의 멘토가 될 수 있는 상사를 보좌하는 것이 매우 바람직하다. 멘토는 멘티가 조직 내에서 수평적 이동과 승진을 할 수 있는 기회를 제공해 줄 뿐 아니라 멘티가 경력 개발을 할 수 있도록 지도하고 보호해 주기도 하기 때문이다. 따라서 입사 초기에 적극적으로 사내에서 자신의 멘토가 되어 줄 수 있는 사람을 찾아 가르침을 받음으로써 회사에 빨리 적응할 수 있을 뿐만 아니라 회사 내에서 지속적인 경력 개발을 해 나갈 수 있을 것이다.

## 16.5 로펌 비서직 경험을 바탕으로 한 경력 전환

### 1) 다른 직종으로의 전환

비서는 일단 변호사와 회사로부터 신임을 받으면 로펌 내 다른 직종으로의 전환이 비교적 쉽다. 비서로 몇 년 경력을 쌓다 보면 회사 내 부서의 업무 내용과 회사 내외의 다양한 사람들에 대해 알게 되고 또 비서직을 통해 쌓은 지식과 능력을 다른 업무에서도 잘 활용할 수 있기 때문이다. 외국계 회사의 인사 담당자가 헤드 헌팅에 종사하는 사람들 중 비서직 출신이 많은 것도 이러한 이유 때문이다.

비서로 몇 년 경력을 쌓고 난 뒤 오피스 매니저(office manager), 인사/교육 담당자, 패러리걸(paralegal)로도 많이 발탁되는데, 특히 규모가 크지 않은 외국계 회사에서는 오피스 매니저에 대한 수요가 점점 늘어나고 있다. 오피스 매니저는 인사, 구매, 총무 등 다양한 행정 지원 업무를 총괄하며 최고경영자나 관리자를 지원하고 조직의 목적 달성을 돕는다.

그 외 로스쿨로 진학하여 법조계에서 두각을 나타내는 전직 비서들을 쉽게 찾아볼 수 있다.

### 2) 회사 설립

많은 회사원의 경우와 마찬가지로 비서의 경우에도 조직 내에서 성장의 한계에 부딪쳤을 때 혹은 직장 경험을 바탕으로 자신의 사업을 시작하고 싶을 때 여러 방안을 생각할 수 있다. 외국의 경우 비서직으로 시작해 최고경영자의 자리까지 오른 사람들이 있는가 하면 비서로서의 경험을 살려 사업에 성공한 사례를 많이 찾아볼 수 있다.

비서는 최고관리자들을 측근에서 보좌하면서 그들의 의사 과정과 문제 해결 과정을 지켜보는 가운데서 계발한 경영자적인 소양과 자질 및 비서 경력을 통해 구축한 인적 네트워킹을 활용함으로써 성공적으로 독립 사업체를 설립하고 이끌어 나갈 수 있다. 전직 비서들이 자신의 경험을 살려 운영할 수 있는 회사의 종류는 다음과 같다.

① 인력 소개 회사(manpower service): 기업체에 임시직 혹은 정식 직원들을 소개해 주는 회사
② 사무관리 회사: 복사/제본, 대량 우편물 발송, 워드 프로세싱/편집 등을 대행하는 회사
③ 여행사: 출장 및 여행 전반에 관련된 교통편, 숙박편 안내 및 제공
④ 이벤트 사업: 각종 이벤트를 기획에서 실행에 이르기까지 일괄적으로 구상해 기업체에 판매하거나 기업체를 대신해서 행사를 일괄적으로 준비하는 회사

⑤ 컨벤션 개최 대행사: 국제 행사 개최나 대형 회의 개최 전반에 관한 사항의 준비 및 실행을 대행해 주는 회사
⑥ 비서·사무 교육/훈련 컨설팅: 예비 비서의 교육 및 현직 비서들의 재교육을 실시하고 각종 능력 계발 프로그램을 구상해 제공하는 회사
⑦ 사무 기기/가구/비품 회사: 각종 사무용 기기, 비품 및 가구들을 판매하고 특히 사무실의 재설계 및 인테리어 서비스를 제공하는 회사

그 외 어떤 유형의 사업이든지 자신의 능력과 관심 분야에 따라 설립해서 운영할 때 비서로서의 조직 생활 경험은 많은 도움이 될 것이다.

## 16.6 로펌 비서, 패러리걸, 오피스 매니저의 비교

법률 서비스가 잘 정착되어 있는 미국의 로펌 체제에서 로펌 사무직 특성을 살펴보면, 미국은 법률시장의 규모 및 법률 서비스 제공에서 한국에 비해 세분화·체계화되어 있기 때문에 로펌 비서와 패러리걸, 오피스 매니저의 업무 구분이 명확하다. 또한 주(state)마다 로펌 비서의 등록이나 허가에도 조금씩 차이를 보이기도 한다. 이에 비해 한국은 이 세 직업의 구분이 뚜렷하지 않고 로펌 비서가 모든 업무를 맡아 하는 것이 일반적이다. 미국 캘리포니아 주의 경우를 예로 로펌 비서와 패러리걸, 오피스 매니저 세 분야의 업무 차이점을 비교해 보자.

### 1) 로펌 비서

로펌 비서(legal assistant)는 클라이언트의 원활한 법률 소송을 위해 담당 변호사에게 법률 문서 및 지원 업무를 담당하는 전문 사무직이다. 로펌 비서는 변호사가 아니기 때문에 변호사의 고유 업무 영역의 법률 서비스 제공이나 재판에서의 대변과 같은 업무는 하지 못한다.

미국의 로펌 비서는 패러리걸과 동일한 학력을 갖지만 자치주 내에서 법적으로 인정되는 회사에 소속되어 있어야 한다. 또한 로펌 비서 자격증의 유효 기간은 2년으로 만료가 되기 전 갱신을 해야 한다. 패러리걸의 경우, 특정 변호사와 클라이언트만을 위해 일하는 것이 아니기 때문에 등록증이 필수 요구 사항은 아니다.

**미국 로펌 비서의 업무 영역**

로펌 비서는 담당 변호사의 지시에 따라 법률 서류를 작성하는 과정에서 미처 예상치 못한 곤란한 상황이 생기지 않도록 모든 세부 사항 내용이 서류에 기입되었는지를 확인해 꼼꼼히 준비한다. 또한 소송과 관련된 모든 법률 서류를 보관하며, 관련 책과 간행물 등을 담당 변호사에게 참고 자료로 제공해 주기

도 한다.

**미국 로펌 비서가 할 수 없는 업무 영역**

- 변호사를 대신해 법정에서 대변할 수 없음.
- 변호사에게 법률 자문을 할 수 없음.
- 변호사에게 법률 서류에 어떠한 정보를 넣어야 하는지 알려 줄 수 없음.
- 법률 서류 내용을 해석해 줄 수 없음.
- 서식을 선택해 줄 수 없음.

## 2) 패러리걸

패러리걸(paralegal: 법무조사역)은 변호사의 법률 서비스 업무를 보조하기 위해 일정한 교육과 훈련을 받은 전문가를 말한다. 패러리걸은 클라이언트를 위해 독자적으로 일할 수 없고 변호사와의 계약을 통해 고용된다.

**미국 패러리걸의 업무 영역**

패러리걸은 증거 수집, 연구 수행, 목격자들과의 인터뷰, 그 밖에 담당 변호사의 지시가 있는 업무 수행을 함으로써 법률 문서들을 준비해 변호사의 업무를 돕는다.

**미국 패러리걸이 할 수 없는 업무 영역**

- 클라이언트로부터 소송과 관련된 비용을 정하거나 받을 수 없음.
- 클라이언트를 위해 독자적으로 법률 서류를 준비해 줄 수 없음.
- 변호사를 대신해 법정에서 대변할 수 없음.
- 변호사에게 법률 자문을 할 수 없음.

## 3) 오피스 매니저

전문가(professional) 그룹이 로펌 본연의 업무에 전념하는 동안 오피스 매니저(administrative office manager: 사무관리자)는 로펌 전반의 행정 사무를 총괄해 운영이 원활히 이루어지도록 관리한다. 우리나라 작은 규모의 법률사무소에서는 사무장이라고 부르기도 한다. 로펌 규모에 따라 하는 업무에 차이가 있을 수 있지만 일반적으로 인사, 총무, 회계 등의 관련 업무를 관장한다.

오피스 매니저는 비서의 경력 경로에서 최종 단계로 적어도 10년 이상의 비서 업무 경력이 있어야 하고, 로펌의 경영관리에 관련된 전문적 지식, 고도의 사무 기술과 커뮤니케이션 능력을 갖추고 조직 전체의 움직임을 파악해 상황 판단을 할 수 있는 능력이 필요하다. 또한 외국어에 능통함은 물론 국제화된 기업 조직 속에서 경영 활동에 참여하기 위해 어학 능력 이외에 여러 문화에 관련된 지식이 필요하다. 조직의 전문 사업에 특별한 지식을 가지고 한 분야를 다룰 수 있는 전문성이 요구된다.

# 부 록

# 부록 1. 법률 약어

기본적으로 법률 용어는 법전에서 비롯된다. 법전이란 성문 법전을 일컫는 말로 구체적으로는 법조문을 말하며, 일반적으로 법률 용어들은 이 법조문에서 생성된다. 법률 용어는 주로 한자로 되어 있기 때문에 로펌 비서는 한자를 많이 알고 있는 것이 큰 도움이 된다. 특히 송무 비서는 법률 용어의 한자를, 자문 비서는 법률 관련 용어의 영어 단어들을 알고 있어야 하며, 법률 용어 사전을 구비하여 항상 곁에 두고 용어에 익숙해지도록 노력해야 한다.

일반 기업뿐만 아니라 로펌에서도 빠른 업무 처리와 편의성을 위해 약어를 많이 사용하는 추세이다. 공식적인 문서 작성 시에는 약어가 아닌 원어를 사용하는 것이 원칙이며, 업무상 약어를 사용할 때는 정확한 스펠링으로 적어야 한다.

## 영문 약어

| A | |
|---|---|
| ACK | Acknowledge |
| ADM | Administration |
| ADMT | Amendment |
| ADV | Advice |
| AFFD | Affidavit |
| AGMT | Agreement |
| AOI | Articles of Incorporation |
| APPCN | Application |
| APPVL | Approval |
| ARB | Arbitration |
| ART | Article |
| ASAP | As Soon As Possible |
| ASNT | Assignment |
| ASSO | Association |
| ATTN | Attention |
| ATTY | Attorney |
| B | |
| B/D | Board of Directors |
| B/L | Bill of Landing |
| BET | Between |
| BL | Billing |
| BLDG | Building |
| BLVD | Boulevard |

| C | |
|---|---|
| C-DCSN | Court Decision |
| C/P | Conditions Precedent |
| CC | Copy to |
| CLM | Claim |
| CLNT | Client |
| CMTS | Comments |
| CNSL | Counsel |
| CNT | Contract |
| Co. | Company |
| COI | Certificate of Incorporation |
| CONF | Conference |
| CONT'D | Continued |
| CORP | Corporation |
| CPMS | Compromise |
| CPY | Copy |
| CRPD | Correspondence |
| CT | Court Hearing |
| CVR | Cover |
| CW | Conference with |
| D | |
| D | Dictation |
| DCSN | Decision |
| DD | Date |

| | |
|---|---|
| DD | Due Diligence |
| Dept. | Department |
| DIC | Dictation |
| DIR | Director |
| DOC | Document |
| DR | Draft |
| E | |
| ENCL | Enclosure |
| EPB | Economic Planning Board |
| ESQ | Esquire |
| EVL | Envelope |
| EXEC | Execution |
| F | |
| FLWG | Follwing |
| FM | From |
| FN | Finalize |
| FNL | Final |
| FXF | Fax from |
| FXT | Fax to |
| G | |
| GOV'T | Government |
| GRTY | Guarantee |
| H | |
| HR | Hour |
| HRG | Hearing |
| HTL | Hotel |
| I | |
| ICW | Intra Office Conference with |
| INC | Incorporated |
| INDV | Individual |
| INFO | Information |
| INT'L | International |
| ISS | Issue |
| J | |
| J/V | Joint Venture |

| L | |
|---|---|
| L/C | Letter of Credit |
| L/G | Letter of Guarantee |
| L/P | Low Priority |
| L | Letter |
| LG | Legal |
| LD ADV | Legal Advice |
| LIC | License |
| LIT | Litigation |
| LR | Legal Research |
| LTD | Limited |
| LTR | Letter |
| M | |
| MATL | Material |
| MEMO | Memorandum |
| MGR | Manager |
| MOF | Ministry of Finance |
| MOV | Memorandum of Understanding |
| MRG, MORT | Mortgage |
| MSG | Message |
| MT | Meet |
| MTG | Meeting |
| MW | Meeting with |
| N | |
| N(&) | and |
| NEGO | Negotiation |
| O | |
| OC | Office Conference |
| OFC | Office |
| OPL | Opinion Letter |
| OPN | Opinion |
| ORG | Original |
| P | |
| P/N | Promissory Note |

| PC | Phone Conference |
|---|---|
| PERS | Personal |
| PLS | Please |
| POA | Power of Attorney |
| PR | Prepare |
| PREP | Preparation |
| PROB | Problem |
| PROM | Promotion |
| Q | |
| QTE | Quotation |
| QUES | Question |
| R | |
| R | Review |
| RCV | Receive |
| RCVD | Received |
| RE | Regarding |
| REDR | Redraft |
| REG | Regulation |
| REGIS | Registration |
| RESO | Resolution |
| RGDS | Regards |
| RLTD | Related |
| RLY | Relay |
| RMD | Remind |
| RSCH | Research |
| RV | Revise |
| RVD | Revised |

| RW | Review |
|---|---|
| S | |
| S/H | Shareholder |
| SEC | Secretary |
| SPCH | Speech |
| T | |
| T-COURT | Trip to the Court |
| T/P | Top Priority |
| T/S | Time Sheet |
| T | Travel |
| TA | Technical Assistance |
| TCW | Telephone Conference with |
| TECH | Technology |
| TEL | Telephone |
| TF | Telephone Form |
| TKS | Thanks |
| TM | Trademark |
| TP | Type |
| TRANS | Translation |
| TW | Telephone with |
| U | |
| UNQTE | Unquotation |
| W | |
| W/ | with |
| W/O | without |
| W/S | Work Sheet |
| WL | We will |

## 부록 2. 민법 관련 한자

법률 조항의 대부분이 한자로 되어 있기 때문에 송무 업무에서는 한자를 많이 알고 있는 것이 업무를 처리할 때 도움이 된다. 최근 한자로 되어 있는 법률 조항을 한글로 바꾸고 한글만으로는 이해하기 어렵거나 혼동할 우려가 있는 말에 한해 한자를 함께 적기 위한 노력을 기울이고 있는 추세이지만, 아직까지 법률 용어는 한자로 많이 표현되기 때문에 로펌 비서는 한자도 잘 알고 있어야 한다.

### 민법 관련 한자

| | |
|---|---|
| 관습법(慣習法) | 사회생활에서 반복적으로 행해지는 관행이 사회 일반인의 법적 확신에 의해 뒷받침됨으로써 규범력을 획득한 것 |
| 법률 관계(法律關係) | 법에 의해 규율되는 생활 관계 |
| 권리(權利) | 일정 이익을 향수하기 위해 법이 인정한 힘, 권리, 법력설 |
| 의무(義務) | 반드시 따라야 할 법률상의 구속 |
| 지배권(支配權) | 타인의 협력이 필요하지 않고 일정 객체를 직접 지배할 수 있는 권리 |
| 청구권(請求權) | 특정인이 다른 특정인에 대해 일정 행위를 요구하는 권리 |
| 형성권(形成權) | 권리자의 일방적 의사 표시만으로 권리 변동을 생기게 하는 권리 |
| 항변권(抗辯權) | 청구권 행사에 대해 그 작용을 저지할 수 있는 효력을 가지는 권리 |
| 권리 능력(의무 능력)(權利能力(義務能力)) | 의무 능력 권리 또는 의무의 주체가 될 수 있는 지위 또는 자격 |
| 의사 능력(意思能力) | 당사자가 자신이 한 의사 표시가 어떠한 효과를 가져오는지에 대해 이해 내지는 판단할 수 있는 능력 |
| 책임 능력(責任能力) | 법률행위에서 의사 능력의 관념을 불법행위에서 평가 |
| 행위 능력(行爲能力) | 단독으로 유효한 법률행위를 할 수 있는 지위 또는 자격 |
| 한정치산자(限定治産者) | 심신박약자 또는 재산 낭비로 자기나 가족의 생활을 궁박하게 할 염려가 있는 자로서 법원으로부터 한정치산 선고를 받은 자 |
| 금치산자(禁治産者) | 심신 상실의 상태에 있는 자로서 법원으로부터 금치산 선고를 받은 자 |
| 부재자(不在者) | 종래의 주소나 거소를 떠나서 당분간 돌아올 가망이 없는 자 |
| 실종선거(失踪宣告) | 부재자의 생사가 일정 기간 불분명한 경우 일정한 절차에 따라 법원이 그 부재자에 대해 실종선고를 하고 사망한 것으로 다루는 제도 |
| 사단법인(社團法人) | 일정 목적을 위해 결합한 사람의 단체, 즉 사단을 실체로 하는 법인 |
| 재단법인(財團法人) | 일정 목적에 바쳐진 재산, 즉 재단이 그 실체를 이루는 법인 |
| 물건(物件) | 유체물 및 전기, 기타 관리할 수 있는 자연력 |
| 법률행위(法律行爲) | 의사 표시를 요소로 하는 법률 요건 |
| 비진의 표시(非眞意表示) | 자기가 하는 표시행위의 객관적인 의미가 자신의 내심의 진의와 다르다는 것을 알면서 한 의사 표시 |
| 허위 표시(虛僞表示) | 상대방과 통정하여 하는 진의 아닌 허위의 의사 표시 |
| 착오(錯誤) | 의사와 표시의 불일치를 표의자가 모르는 경우 |

| | |
|---|---|
| 사기에 의한 의사 표시(詐欺에 의한 意思表示) | 표의자가 타인의 기망행위로 말미암아 착오에 빠지고 그러한 상태에서 한 의사 표시 |
| 강박에 의한 의사 표시(强迫에 의한 意思表示) | 표의자가 타인의 강박행위에 의해 공포심을 가지게 되고 그 해악을 피하기 위해 마음에 없이 행한 진의 아닌 의사 표시 |
| 대리(代理) | 표의자 아닌 다른 자에게 그 법률 효과가 귀속되는 제도 |
| 복대리인(復代理人) | 대리인이 그의 권한 내의 행위를 하게 하기 위해 대리인의 권한으로 즉 그의 이름으로 선임한 본인의 대리인 |
| 표현대리(表見代理) | 대리인에게 대리권이 없음에도 불구하고 대리권이 있는 것과 같은 외관을 형성하고 이에 본인이 어느 정도 원인을 주고 있는 경우 |
| 무효(無效) | 법률행위가 성립한 때부터 법률상 당연히 그 효력이 없는 것으로 확정된 것 |
| 취소(取消) | 일단 유효하게 성립한 법률행위에 취소 원인이 있는 경우 취소권자가 그 법률행위를 취소할 수 있고 그렇게 되면 소급해서 무효로 처리하는 것 |
| 조건(條件) | 법률행위의 효력 발생 또는 소멸을 장래의 불확실한 사실에 의존케 하는 법률행위의 부관 |
| 기한(期限) | 법률행위 효력의 발생 소멸 또는 채무의 이행을 장래에 발생할 것이 확실한 사실에 의존하게 하는 법률행위의 부관 |
| 시효(時效) | 일정 사실 상태가 일정 기간 동안 계속된 경우 사실 상태가 진실한 권리 관계에 합치 여부를 묻지 않고서 법률상 일정 효과를 부여하는 제도 |
| 제척 기간(除斥期間) | 일정한 권리에 관해 법률이 예정하는 그 권리의 존속 기간 |
| 물권(物權) | 특정 물건을 직접 지배해서 이익을 얻는 배타적인 권리 |
| 물권적 청구권(物權的請求權) | 물권 내용의 실현이 침해를 받거나 또는 받을 염려가 있는 경우에 물권자가 그 침해자에 대해 침해의 배제 또는 예방을 청구할 수 있는 제도 |
| 채권행위(債權行爲) | 채권채무를 발생시키는 법률행위 |
| 물권행위(物權行爲) | 직접 물권의 변동을 가져오는 법률행위 |
| 등기(登記) | 부동산 등기부에 부동산의 표시 및 권리 관계 기재 |
| 가등기(假登記) | 부동산 물권 및 그에 준하는 권리의 설정 이전 변경 소멸의 청구권을 보전하기 위해 미리 예비로 하는 등기 |
| 등기청구권(登記請求權) | 등기 의무자가 등기 신청에 협력하지 않는 경우 등기 권리자가 등기 의무자에게 협력을 청구할 수 있는 권리 |
| 선의취득(善意取得) | 평온 공연하게 동산을 양수한 자가 선의 무과실로 동산을 점유한 경우 양도인이 정당한 소유자가 아닌 때에도 즉시 소유권을 취득하는 제도 |
| 혼동(混同) | 서로 대립하는 두 개의 법률상 지위 또는 자격이 동일인에게 귀속하는 것 |
| 점유(占有) | 물건을 사실상 지배하는 경우 그 지배를 정당화시켜 주는 법률상의 권리가 있느냐 여부를 묻지 않고서 현재 그 사실상의 지배 상태에 대해 일정한 법률 효과를 부여하려는 것 |
| 점유보조자(占有補助者) | 가사상, 영업상 기타 유사한 관계에 의해 타인의 지시를 받아 물건에 대한 사실상의 지배를 하는 때 물건을 사실상 지배하고 있지만 점유자가 되지 못하는 자 |

| | |
|---|---|
| 간접 점유(間接占有) | 간접 점유자가 일정한 점유 매개 관계를 원인으로 하여 직접 점유자를 매개로 간접으로 점유하는 것 |
| 준점유(準占有) | 물건이 아닌 재산권을 사실상 행사하는 것 |
| 상린 관계(相隣關係) | 인접 부동산 소유자 상호간 이용 조절을 위해 민법이 규정하는 권리 관계 |
| 공동 소유(共同所有) | 하나의 물건을 2인 이상 다수인이 공동으로 소유하는 것 |
| 공유(共有) | 물건이 지분에 의해 수인의 소유로 되는 것 |
| 합유(合有) | 법률 규정 또는 계약에 의해 수인이 조합체로서 물건을 소유하는 것 |
| 총유(總有) | 법인이 아닌 사단의 사원이 집합체로서 물건을 소유하는 것 |
| 준공동 소유(準共同所有) | 수인이 공동으로 소유권 이외의 재산권을 소유하는 것 |
| 명의신탁(名義信託) | 당사자 간 신탁에 관한 채권계약에 의해 신탁자가 실질적으로 그의 소유에 속하는 부동산의 등기 명의를 실체적인 거래가 없는 수탁자에게 매매 등의 형식으로 이전해 두는 것 |
| 지상권(地上權) | 타인의 토지에 건물, 기타 공작물이나 수목을 소유하기 위해 그 토지를 사용하는 권리 |
| 법정지상권(法定地上權) | 토지 소유자와 건물 소유자가 서로 다른 경우 부득이하게 당사자 간에 토지에 대한 이용 관계를 설정할 수 없는 경우 법률상 당연히 지상권이 성립한 것으로 간주하는 제도 |
| 구분지상권(區分地上權) | 토지의 상하 중 일정 범위를 지정하여 그 범위에서만 지상권의 효력이 미치도록 한 것 |
| 지역권(地役權) | 일정 목적을 위해 타인의 토지를 자기 토지의 편익에 이용하는 권리 |
| 전세권(傳貰權) | 전세금을 지급하고 타인의 부동산을 점유하여 그 부동산의 용도에 좇아 사용 수익하며 그 부동산 전부에 대해 후순위 권리자 기타 채권자보다 전세금에 관한 우선변제권이 인정되는 특수한 용익물권 |
| 유치권(留置權) | 타인의 물건 또는 유가증권을 점유한 자가 그 물건이나 유가증권에 관해 생긴 채권을 가지는 경우 채권 변제받을 때까지 그 물건이나 유가증권을 유치할 수 있는 권리 |
| 질권(質權) | 채권자가 그 채권 담보로 채무자 또는 제3자가 제공한 동산 또는 재산권을 점유하고 그 동산 또는 재산권에 대해 다른 채권자보다 자기 채권의 우선변제를 받을 권리가 있는 담보물권 |
| 물상대위(物上代位) | 설사 목적물이 멸실 되더라도 그 목적물의 가치를 대표하는 것이 있게 되면 담보물권은 그 대표물 위에 효력을 미치는 것 |
| 저당권(抵當權) | 채무자 또는 제3자가 점유를 이전하지 아니하고 채무의 담보로 제공한 부동산, 기타 목적물에 대해 우선변제받을 권리를 가지는 담보물권 |
| 근저당(根抵當) | 장래의 증감 변동하는 불특정 다수의 채권에 대해 목적물이 담보하는 일정 한도를 정해 저당권을 설정하는 것 |
| 양도담보(讓渡擔保) | 채권 담보의 목적으로 담보 목적물의 소유권을 채권자에게 이전하여 그 목적 범위 내에서만 소유권을 행사케 하는 담보계약 |
| 채권(債權) | 특정인이 다른 특정인에 대해 특정의 행위를 청구할 수 있는 권리 |

| | |
|---|---|
| 채무(債務) | 채권에 상응하여 채권자에게 일정한 행위를 부담하는 의무 |
| 특정물채권(特定物債權) | 특정물의 인도를 목적으로 하는 채권 |
| 종류채권(種類債權) | 일정한 종류에 속하는 물건 중에서 일정량의 인도를 목적으로 하는 채권 |
| 금전채권(金錢債權) | 일정액의 금전의 인도를 목적으로 하는 채권 |
| 이자(利子) | 금전, 기타 대체물의 사용 대가로서 원본액과 사용 기간에 비례하여 지급되는 금전, 기타 대체물 |
| 선택채권(選擇債權) | 채권의 목적이 선택적으로 정해져 있고 선택으로 수개의 급부 가운데 어느 하나가 목적으로 확정되는 채권 |
| 임의채권(任意債權) | 채권의 목적은 어느 하나에 특정되어 있으나 채권자 또는 채무자가 다른 급부를 가지고 본래의 급부에 갈음할 수 있는 권리, 대용권 보충권를 가지는 채권 |
| 자연채무(自然債務) | 채무자가 임의로 급부를 하지 않는 경우에도 채권자가 그 이행을 소로써 구하지 못하는 채무 |
| 책임(責任) | 채무자의 일반 재산이 채권자의 강제집행의 목적으로 되는 것 |
| 이행 지체(履行遲滯) | 채무가 이행기에 있고 또한 이행이 가능함에도 불구하고 채무자가 그에게 책임 있는 사유로 위법하게 채무의 내용에 좇은 이행을 하지 않는 것 |
| 이행 불능(履行不能) | 채권이 성립한 후에 채무자에게 책임 있는 사유로 이행이 불가능하게 된 경우 |
| 불완전이행(不完全履行) | 넓은 의미에서 채무 관계에 기한 의무를 위반한 경우로서 이행 지체나 이행 불능에 해당되지 않는 것 |
| 강제이행(强制履行) | 채무자가 채무 이행이 가능함에도 불구하고 임의로 채무를 이행하지 않을 때 채권자가 법원에 청구하여 강제적으로 채권의 내용인 급부를 실현시키는 것 |
| 손해(損害) | 채무의 이행이 있었더라면 채권자가 받았을 이익과 불이행으로 채권자가 현재 받고 있는 이익의 차액 |
| 손익상계(損益相計) | 채무 불이행으로 인해 채권자에게 손해 발생과 동시에 이익도 발생하는 경우 손해에서 이익을 공제한 것이 실제 손해배상액이 됨. |
| 과실상계(過失相計) | 채무 불이행에 관해 채권자에게 과실이 있는 경우 법원이 손해배상 책임 및 금액 산정 시에 이를 참작하는 것 |
| 채권자대위권<br>(債權者代位權) | 채권자가 자기 채권을 보전하기 위해 자기의 이름으로 채무자의 권리를 행사할 수 있는 권리 |
| 채권자취소권<br>(債權者取消權) | 채무자가 채권자를 해함을 알고 제3자와 재산권을 목적으로 한 법률행위를 한 경우 채권자가 자기의 이름으로 제3자에 대해 그 법률행위를 취소하고 일탈된 재산의 원상회복을 소송으로 구할 수 있는 권리 |
| 채권자 지체<br>(債權者遲滯) | 채권자의 일정한 협력행위가 있어야 변제의 결과를 가져올 수 있는 채무에서 채권자가 일정한 협력행위를 하지 않는 경우 |
| 연대채무(連帶債務) | 수인의 채무자가 채무 전부를 각자 이행할 의무가 있고 채무자 1인의 이행으로 다른 채무자도 그 의무를 면하게 되는 경우 |
| 부진정 연대채무<br>(不眞正連帶債務) | 채무자 사이에 공동 목적에 의한 주관적인 관련이 없는 연대채무 |

| | |
|---|---|
| 보증채무(保證債務) | 채권자와 보증인 사이에 체결된 보증계약에 의해 성립하는 채무로서 주채무자가 그 채무를 이행하지 않는 경우 보증인이 이를 이행해야 할 채무 |
| 채권양도(債權讓渡) | 채권의 동일성을 유지하면서 계약에 의해 채권을 이전하는 것 |
| 지명채권(指名債權) | 채권자가 특정되어 있는 채권 |
| 지시채권(指示債權) | 특정인 또는 그가 지시하는 자에게 변제해야 하는 증권적 채권 |
| 무기명채권(無記名債權) | 특정 채권자의 이름을 기재하지 않고 그 증권의 정당한 소지인에게 변제해야 하는 증권적 채권 |
| 면책증서(免責證書) | 채무자가 증서의 소지인에게 선의로 변제를 하면 소지인이 정당한 권리자가 아닌 경우에도 면책되는 효력을 가지는 증서 |
| 채무 인수(債務引受) | 채무의 동일성을 유지하면서 제3자가 계약에 의해 채무를 인수하는 것 |
| 병존적 채무 인수(竝存的 債務引受) | 종래 채무자는 그대로 있으면서 제3자가 채무 관계에 가입해서 채무자가 되고 종래 채무자와 더불어 동일 내용의 채무를 부담하는 계약 |
| 변제(辨濟) | 채무의 내용인 급부가 실현됨으로써 채권이 만족을 얻게 되는 것 |
| 변제 제공(辨濟提供) | 채무자는 채권자의 협력만 있으면 되는 단계까지만 이행하면 되는 것이고 이 경우에는 채무 불이행 책임을 지지 않도록 하는 것 |
| 변제 충당(辨濟充當) | 채무자가 동일 채권자에 대해 같은 종류를 목적으로 한 수개의 채무를 지는 경우에 변제의 제공이 그 채무 전부를 소멸케 하지 못하는 때에는 그 급부를 가지고 어느 채무의 변제에 충당할 것인가를 정하는 것 |
| 변제자 대위(辨濟者代位) | 제3자 또는 공동 채무자 등이 채무자를 위해 변제를 함으로써 구상권을 취득한 경우 변제자가 그 구상권의 범위 내에서 채권자의 채권 및 그 담보에 관한 권리를 행사할 수 있는 제도 |
| 대물변제(代物辨濟) | 채권자의 승낙을 얻어 채무자가 부담하고 있는 본래의 급부에 갈음하여 다른 급부를 현실적으로 함으로써 채권을 소멸시키는 것 |
| 공탁(供託) | 채권자가 변제를 받지 아니하거나 받을 수 없는 때 또는 변제자가 과실 없이 채권자를 알 수 없는 때에는 변제자는 채권자를 위해 변제의 목적물을 공탁소에 임치하여 채무를 면하는 제도 |
| 상계(相計) | 채무자가 채권자에 대해 자기도 또한 동종의 채권을 갖는 경우에 채무자의 상계의 의사 표시만으로 그 채권과 채무를 대등액에서 소멸시키는 것 |
| 갱개(更改) | 당사자가 채무의 중요 부분을 변경함으로써 신채무를 성립시키는 동시에 구채무를 소멸시키는 계약 |
| 면제(免除) | 채무자에 대한 채권자의 일방적 의사 표시로 채무를 소멸시키는 것 |
| 혼동(混同) | 채권과 채무가 동일인에게 귀속하게 된 사실 |
| 계약(契約) | 사법상의 일정한 법률 효과 발생을 목적으로 하는 당사자의 합의 |
| 약관(約款) | 계약의 일방 당사자가 다수의 상대방과 계약을 체결하기 위해 일정한 형식에 의해 미리 마련한 계약의 내용이 되는 것 |
| 교차청약(交叉請約) | 당사자 간에 같은 내용의 청약을 서로 한 경우 계약의 성립을 인정하는 것 |
| 의사 실현(意思實現) | 청약자의 의사 표시나 관습에 의해 승낙의 통지가 필요하지 아니한 경우 계약이 승낙의 의사 표시로 인정되는 사실이 있는 때 성립하는 것 |

| | |
|---|---|
| 동시이행항변권(同時履行抗辯權) | 쌍무계약에서 생기는 대립하는 채무 사이에 이행상의 견련 관계를 인정하려는 제도 |
| 위험 부담(危險負擔) | 쌍무계약의 당사자 일방의 채무가 당사자 쌍방의 책임 없는 사유로 후발적 불능이 되어 소멸한 경우 그에 대응하는 상대방의 채무도 소멸하는지의 문제 |
| 제3자를 위한 계약(契約) | 계약으로 생기는 급부청구권을 계약 당사자가 아닌 제3자가 취득하도록 하는 계약 |
| 해제(解除) | 계약은 유효하게 성립했는데 계약 당사자 일방이 그 계약상 의무를 이행하지 않는 경우 상대방이 일정 요건하에 그 계약을 처음부터 없었던 것으로 하는 것 |
| 증여(贈與) | 당사자 일방이 무상으로 재산을 상대방에게 수여하는 의사를 표시하고 상대방이 이를 승낙함으로써 그 효력이 생기는 계약 |
| 매매(賣買) | 당사자 일방이 재산권을 상대방에게 이전할 것을 약정하고 상대방이 그 대금 지급을 약정함으로써 그 효력이 생기는 계약 |
| 교환(交換) | 당사자 쌍방이 금전 이외 재산권을 서로 이전할 것을 약정함으로써 성립하는 계약 |
| 소비대차(消費貸借) | 당사자 일방이 금전, 기타 대체물의 소유권을 상대방에게 이전할 것을 약정하고 상대방은 그와 같은 종류 품질 수량으로 반환할 것을 약정함으로써 성립하는 계약 |
| 준소비대차(準消費貸借) | 당사자 쌍방이 소비대차에 의하지 아니하고 금전, 기타 대체물을 지급할 의무가 있는 경우에 당사자가 그 목적물을 소비대차의 목적으로 약정한 때 소비대차의 효력이 생기는 것 |
| 사용대차(使用貸借) | 당사자 일방이 상대방에게 무상으로 사용 수익하게 하기 위해 목적물을 인도할 것을 약정하고 상대방은 이를 사용 수익 후 반환할 것을 약정함으로써 성립하는 계약 |
| 임대차(賃貸借) | 당사자 일방이 상대방에게 목적물을 사용 수익하게 할 것을 약정하고 상대방이 이에 대해 차임을 지급할 것을 약정함으로써 성립하는 계약 |
| 보증금(保證金) | 임대인이 임차인의 차임 지급 의무 목적물 보관 의무 등을 담보하기 위해 관행상 교부받는 금전 |
| 고용(雇傭) | 당사자 일방이 상대방에 대해 노무를 제공할 것을 약정하고 상대방이 이에 대해 보수를 지급할 것을 약정함으로써 성립하는 계약 |
| 도급(都給) | 당사자 일방이 어느 일을 완성할 것을 약정하고 상대방이 그 일의 결과에 대해 보수를 지급할 것을 약정함으로써 성립하는 계약 |
| 현상광고(懸賞廣告) | 광고자가 어느 행위를 한 자에게 일정한 보수를 지급할 의사를 표시하고 이에 응한 자가 광고에 정한 행위를 완료함으로써 성립하는 계약 |
| 임치(任置) | 당사자 일방이 상대방에 대해 금전이나 유가증권, 기타 물건의 보관을 위탁하고 상대방이 이를 승낙함으로써 성립하는 계약 |
| 위임(委任) | 당사자 일방이 상대방에 대해 사무의 처리를 위탁하고 상대방이 이를 승낙함으로써 성립하는 계약 |
| 조합(組合) | 2인 이상이 서로 출자하여 공동사업을 경영할 목적으로 결합한 단체 |
| 종신정기금(終身定期金) | 당사자 일방이 자기나 상대방 또는 제3자의 종신까지 정기로 금전, 기타의 물건을 상대방 또는 제3자에게 지급할 것을 약정함으로써 성립하는 계약 |

| | |
|---|---|
| 화해(和解) | 당사자가 서로 양보하여 당사자 간 분쟁을 종지할 것을 약정함으로써 성립하는 계약 |
| 사무관리(事務管理) | 의무 없이 타인을 위해 그의 사무를 처리하는 행위 |
| 준사무관리(準事務管理) | 사무관리의 요건 중 관리 의사가 결여된 경우 |
| 부당이득(不當利得) | 법률상 원인 없이 타인의 재산 또는 노무로 인해 이익을 얻고 이로 인해 타인에게 손해를 가한 경우 그 이익을 반환하게 하는 제도 |
| 불법행위(不法行爲) | 고의 또는 과실로 인한 위법행위로 타인에게 손해를 준 경우 손해를 배상할 책임이 있게 하는 제도 |
| 약혼(約婚) | 장차 혼인을 하려는 당사자 사이의 혼인 약속 |
| 혼인(婚姻) | 혼인하려는 당사자 간의 자유 의사에 기한 혼인 계약 |
| 면접교섭권(面接交涉權) | 친권자이나 양육자가 아니기 때문에 현실적으로 자를 보호 양육하고 있지 아니한 어버이가 그 자와 직접 면접 서신 교환 또는 기타 접촉하는 권리 |
| 재산분배청구권<br>(財産分割請求權) | 부부 이혼 시 재산 관계도 정리해야 하는 바 이를 위해 배우자 일방이 타방에 대해 재산의 분할을 요구하는 권리 |
| 사실혼(事實婚) | 혼인 신고를 하지 않은 혼인에 준하는 특별 관계 |
| 인지(認知) | 혼인 외 출생자를 그 생부 또는 생모가 자기의 자(子)라고 인정하는 행위 |
| 준정(準正) | 법률상 혼인 관계 없는 부모 사이에 출생한 자(子)가 그 부모의 혼인을 원인으로 하여 혼인 중 출생자의 신분을 취득하는 것 |
| 가(家) | 호주를 중심으로 하여 호주와 가족이라는 신분 관계로 법률상 상호간에 연결된 관념적인 호적상의 가족단체 |
| 가족(家族) | 일가의 구성원으로서 호주가 아닌 자 |
| 상속(相續) | 사람의 사망으로 인해 일정한 사람이 그 사람의 재산 등을 포함한 권리 의무를 포괄적으로 승계하는 것 |
| 상속회복청구권<br>(相續回復請求權) | 상속인이 아닌 사람이 고의로 혹은 잘못하여 사실상의 상속을 하는 경우 정당한 상속인은 그의 상속권이 침해되었으므로 자기의 정당한 권리를 찾기 위해 진정하지 않은 상속인에 대해 상속회복 청구를 할 수 있는 것 |
| 대습상속(代襲相續) | 상속인이 될 사망자의 직계비속 또는 형제자매가 상속 개시 전에 사망하거나 결격자가 된 경우 그 직계비속이 있는 때에는 사망하거나 결격된 자의 배우자도 그 직계비속과 함께 동순위로 공동상속인이 되며 그 직계비속이 없을 때에는 단독상속인이 되는 것 |
| 상속의 결격<br>(相續의 缺格) | 상속인에 대해 법정 사유가 발생할 경우 재판상 선고를 기다리지 않고 법률상 당연히 그 상속인의 피상속인을 상속하는 자격을 잃는 것 |
| 공동상속(共同相續) | 수인의 공동상속인이 있는 경우 공동상속인이 일단 공동으로 상속재산을 승계하는 것 |
| 상속분(相續分) | 공동상속의 경우 상속재산 전체에 대해 수인의 공동상속인이 각각 배당받을 몫의 비율 |
| 기여분(寄與分) | 공동상속인 중에서 피상속인의 재산 유지 또는 증가에 관해 특별히 기여했거나 피상속인을 특별히 부양한 자가 있을 경우 이를 상속분 산정에 고려하는 제도 |

| | |
|---|---|
| 상속재산의 분할<br>(相續財産의 分割) | 상속 개시로 인해 생긴 공동상속인 간 상속재산의 과도적 공유 관계를 종료하고 상속분에 응해 그 배분 귀속을 확정시키려는 일종의 청산행위 |
| 한정승인(限定承認) | 상속인이 상속으로 인해 얻은 재산의 한도에서 피상속인의 채무와 유증을 변제하는 상속 형태 또는 그와 같은 조건으로 상속을 승인하는 것 |
| 재산의 분리<br>(財産의 分離) | 상속 개시 후 상속 채권자, 유증받은 자, 상속인의 채권자의 청구에 의해 상속재산과 상속인의 고유재산을 분리시키는 가정법원의 처분 |
| 유언(遺言) | 유언자 사망과 동시에 일정 법률 효과 발생 목적으로 일정 방식에 따라 일정한 법정 사항에 대해 하는 상대방 없는 단독행위 |
| 유증(遺贈) | 유언에 의한 재산의 무상증여 |
| 유류분(遺留分) | 피상속인의 재산처분의 자유에 일정 비율액의 제한을 두어 그 비율액만큼 상속인에게 보장하는 제도 |

※ 출처: www.madam1.net/zero/view.php?id=FreeBoardnew1&no=1069

## 부록 3. 자문 업무 관련 영어

최근 로펌의 국제화로 인해 영어 실력은 로펌 비서가 기본적으로 갖추어야 할 필수 요건이다. 또한 외국인 클라이언트의 자문 업무를 담당하는 변호사의 비서는 영어 법률 용어를 알고 있어야 빠른 업무 처리가 가능하다.

### Types of Laws

| Key Terms | Meaning |
|---|---|
| law | ① 법의 총칭, ② 특정 법을 지칭, ③ (구체적인) 법안,<br>④ 법에 관련된 직업의 총칭 |
| act | 의회나 법 관련 심의 기구 등의 최종 생산물로 특히 구체적인 법안 |
| bill | (국회 등에) 계류 중인 법안 |
| ordinance | (US) 주로 시 단위에서 제정하는 법안이나 조례 |
| statute | 의회를 통과한 법(제정법) |
| regulation | 행정기관에서 발표한 법적인 강제력이 있는 규칙이나 명령 |
| enforcement decree | 시행령, 주로 한국이나 중국에서 사용하는 용어로 법(act)이나 규칙(regulation)보다 하위 단계의 규정 |

### 주요국의 3심 법원

| | Korea | US federal court | US state court (New York) | US state court (California) | UK |
|---|---|---|---|---|---|
| Court of final appeal 최종심(상고) 법원 | The Supreme Court of the Republic of Korea | United States Supreme Court | Court of Appeals | Supreme Court | The Supreme Court |
| Court of appeal 항소법원 | Seoul High Court | United States Court of Appeals | Appellate Divisions of the Supreme Court | Courts of Appeal | Court of Appeal |
| Court of first instance 1심법원 | Seoul Central District Court | United States District Court | Supreme Court | Trial Court | Crown Court |
| 비고 | | | 미국의 주법원은 1심, 2심, 3심을 다루는 법원의 명칭이 모두 다르므로 주의 필요 | | |

※ 출처: 이동욱(2010).

## Documents in Court

| Key Terms | Meaning |
|---|---|
| affidavit | 진실을 말하겠노라고 공증인 앞에서 서약한 문서(보증서 혹은 각서)로 주로 법정 서류로 인정됨.<br>- affidavit of support: 보증각서<br>- statement under oath: 각서, 서약서 |
| answer | 답변서 |
| brief | 변론 취지서 |
| complaint | 기소장 |
| pleading | 소장 |
| motion | 법원에 제출한 신청서, 요청서, 청원서 |
| notice | 통지서 |
| warrant | 영장<br>- search warrant: 수색영장<br>- arrest warrant: 구속영장 |
| writ | 영장<br>- writ of attachment: 압류영장 |
| subpoena | 소환장 |

## 계약서 및 법률 관련 용어 영문명

| 국문명 | 영문명 |
|---|---|
| 공사도급계약서 | Construction Contract |
| 금융 조건(T/S) | Term Sheet |
| 실시 협약(C/A) | Concession Agreement |
| 대출약정서 | Loan Agreement |
| 선순위 대출약정서 | Sub Loan Agreement |
| 후순위 대출약정서 | Senior Loan Agreement |
| 역외 대출약정서 | Offshore Loan Agreement |
| 근저당권계약서 | Kun-Mortgage Agreement |
| 주주협약 | Pledge of Shares Agreement |
| 주식매매 계약서 | Share Sale and Purchase Agreement |
| 수수료 약정서 | Fee Letter |
| 주식근질권 설정계약서 | Share Pledge Agreement |
| 예금근질권 설정계약서 | Account Pledge Agreement |
| 보험근질권 설정계약서 | Insurance Pledge Agreement |
| 양도담보 설정계약서 | Assignment Agreement |
| 공증 | Notarization |
| 확정 일자 | The Fixed Date Stamp |
| 특수목적회사(SPC) | Special Purpose Company |
| 금융감독위원회(FSC) | Financial Supervisory Commission |
| 금융감독원(FSS) | Financial Supervisory Service |
| 대법원 | The Supreme Court |
| 지방법원 | Disrtict Court |

이 밖에도 미국이나 한국에서 활동하는 한인 변호사들을 위해 클라이언트들에게 좀 더 분명하고 정확하게 법률 용어를 설명해 주는 한국어 법률용어집 서비스(www.legalglossary.ca/dictionary)를 제공하는 인터넷 사이트도 있다. 법률 용어를 영어로 입력한 뒤 '한국어'를 선택하면 한글 설명을 볼 수 있다.

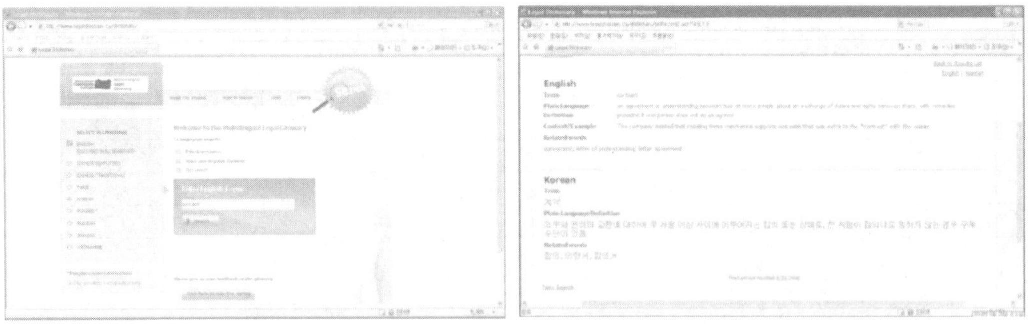


**[그림]** 한국어 법률용어집 서비스

# 참고 문헌

## 국내 문헌


김근식(2006). "공증제도의 개선 방안에 관한 연구," 동의대학교 석사학위 논문.

김기장(1991). "법률회사의 구조적 특성과 업무 특성에 관한 연구," 성균관대학교 석사학위 논문.

김원규 · 조영숙(2004). 비서학, 남두도서.

김진원(2009). "한국의 로펌: 경제 전쟁을 진두지휘하는 변호사들의 이야기." 리걸 타임즈.

박현정(2005). "소규모 사무실의 실내디자인 특성과 표현 경향을 적용한 법률사무소 공간 기획안," 홍익대학교 대학원 석사학위 논문.

신왕철(2004). "법률시장 개방에 관한 연구," 부산외국어대학교 석사학위 논문.

이동욱(2010). 국제법률영어, 도서출판 원.

이재상(2009). 신형사소송법, 박영사.

정유정 · 최애경(2007). "한국 법률비서의 역량 중요도에 관한 연구," 비서학논총, 제16권 제1호, 한국비서학회.

조계숙 · 최애경(2006). 비서실무론, 대영문화사.

조계숙 · 최애경(2006). 현대비서학, 대영문화사.

황미선(2010). "한국 법률비서의 직무에 관한 연구," 이화여자대학교 석사학위 논문.

황정희(2002). "법률비서의 직무분석에 관한 연구: DACUM 직무분석 자료를 바탕으로," 이화여자대학교 석사학위 논문.

황혜경(2001). "한국 법률비서들을 위한 평생교육 프로그램," 이화여자대학교 석사학위 논문.

송무 업무 분야. Retrieved March 2010. From the World Wide Web(http://www.kimchang.com/USR_main.asp??=LEGAL/PRACTICE/list_by_group&lang_cd=kr)

송무 업무 분야. Retrieved March 2010. From the World Wide Web(http://www.shinkim.com/m02/service_00.asp)

업무 분야. Retrieved March 2010. From the World Wide Web(http://www.leeko.com/kor/index.asp).

## 국외 문헌


Edwards, L. L.(2002). *Law Office Skills*, Delmar Cengage Learning.

Everett-Nollkamper, P.(2008). *Fundamentals of Law Office Management*, Delmar Cengage Learning.

Gelb, A. and Levine, K.(2003), *A Survival Guide for Paralegals: Tips from the Trenches*, Delmar Cengage Learning.

Halbert, T. and Ingulli, E.(2008). *Law and Ethics in the Business Environment*, SouthWestern College/West.

NALA(2004). *NALA Manual for Paralegal and Legal Assistants: A General Skills and Litigation Guide for Today's Professionals*, Delmar Cengage Learning.

Roper, B.(2006). *Practical Law Office Management*, Delmar Cengage Learning.

# 찾아보기

## ㄱ



## ㄴ

ㅂ



ㅅ

## ㅇ



## ㅈ

ㅎ

# 저자 소개

## 조계숙

- 이화여자대학교 비서학과 졸업
- 동 대학 대학원 경영학과 졸업(경영학 석사)
- 성균관대학교 대학원 경영학과 졸업(경영학 박사)
- 캐나다 항공사 근무
- 이화여자대학교 정보과학대학원장, 재무처장 역임
- 현재 이화여자대학교 경영대학 국제사무학(구 비서학과) 전공 교수

<저서 및 논문>

- 현대비서학, 대영문화사
- "직무 특성에 따른 개인 반응에 관한 연구" 외 논문 다수

## 최애경

- 이화여자대학교 비서학과 졸업
- State University of New York at Albany 대학원 상업교육학과 졸업(교육학 석사)
- 동 대학 대학원 교육학과 졸업(교육학 박사)
- Bank of America 수석비서 근무
- 이화여자대학교 전문직업개발원장, 이화인증원장, 대외협력처장, 경력개발센터원장 역임
- 현재 이화여자대학교 경영대학 국제사무학(구 비서학과) 전공 주임교수

<저서 및 논문>

- 현대비서학, 대영문화사
- 인간관계의 이해와 실천, 도서출판 청람
- 비서일반, 교육부
- 비서실무, 교육부
- "대학생 경력 개발을 위한 e-포트폴리오 시스템 구축과 운영에 관한 연구" 외 논문 다수

**로펌 비서 실무**

펴낸날 / 제1판 제1쇄 2011년 2월 25일
지은이 / 조계숙 · 최애경
펴낸이 / 임춘환
펴낸곳 / 도서출판 대영문화사
주소 / 서울 용산구 청파동 1가 178-2 ㊙ 140-869
등록 / 1975년 12월 26일 제3-16호
전화 / (02)716-3883, (02)714-3062
팩시밀리 / (02)703-3839
우체국 온라인 / 011353-02-009106


ISBN 978-89-7644-354-0

〔값 15,000원〕